les 2 volumes . 2 vol.
22996

# LA
# GUERRE FRANCO-ALLEMANDE

DE

1870-71

Châteauroux. — Typ. et Stéréotyp. A. Majesté et L. Bouchardeau.

# LA GUERRE FRANCO-ALLEMANDE

DE

## 1870-71

HISTOIRE POLITIQUE, DIPLOMATIQUE ET MILITAIRE

PAR

## A. WACHTER

ÉDITION REMANIÉE ET AUGMENTÉE

### TOME PREMIER
DE LA DÉCLARATION DE GUERRE A LA CHUTE DE L'EMPIRE

*La vérité; rien que la vérité !*

PARIS

IMPRIMERIE ET LIBRAIRIE MILITAIRES DE L. BAUDOIN

SUCCESSEUR DE J. DUMAINE. MAISON FONDÉE EN 1685

30, RUE ET PASSAGE DAUPHINE, 30

1895

Tous droits réservés.

# PRÉFACE

Mon premier volume était entièrement terminé il y a huit ans et, depuis cette époque, tout en réunissant les matériaux du second, j'avais presque renoncé à la publication de mon travail, tellement j'étais peu disposé à reprendre le rôle de Cassandre que j'avais joué avec trop de succès, hélas ! en 1869 et en 1870, à la veille de notre conflit avec la Prusse. Mais deux incidents graves survenus dans le courant de l'an passé m'ont brusquement décidé à finir ma tâche et à rappeler à mes concitoyens des vérités qu'ils affectent d'oublier ou de ne pas vouloir entendre.

Le premier de ces incidents est celui de l'article du *Figaro*, attribué à un de nos généraux les plus énergiques et dans lequel notre défaite, en cas de guerre avec notre voisin, était annoncée comme certaine. Les principaux motifs mis à l'appui de cette sinistre prophétie étaient des plus sérieux ; les voici résumés sous une forme laconique et, je crois, intelligible pour tous : l'armée n'est pas centrée ; sa mobilisation relève à la fois du président de la République, des Chambres et du ministre de la guerre ; le chef d'état-major général relève du ministre seul en temps de paix, du généralissime en temps de guerre ; le généralissime n'a qu'une action des plus limitées sur le choix de ses principaux lieutenants. Ceux-ci sont nommés en conseil des ministres, sur la proposition de leur collègue de la guerre, et le généralissime n'est intervenu préalablement qu'au seul titre de président de la haute commission de classement et de vice-président du conseil supérieur de la guerre. De là des lenteurs, des tiraillements et un manque de cohésion inévitables tant que subsistera notre organisation militaire et gouvernementale.

L'Allemagne, au contraire, a un généralissime tout désigné dans la personne de l'empereur ; la situation de ce généralissime n'est pas à la merci du caprice d'un président de la République, d'un président du Conseil ou d'un ministre de la guerre quelconque, il est le chef indiscuté du peuple tout entier. Il domine dans leur intégralité tous les grands rouages de l'armée : le personnel des officiers par son cabinet militaire, indépendant du ministre de la guerre ; l'instruction et les mouvements par son grand état-major, également indépendant du ministre de la guerre ; l'administration générale et le recrutement par son ministère de la guerre. L'empereur est l'unique moteur et directeur de cette énorme machine qui marche à son moindre signe. De là pour nous une évidente et dangereuse cause d'infériorité.

Le deuxième incident est celui de la réponse du ministre de la guerre à l'interpellation d'un ancien membre de la Commune de 1871 qui désignait l'inspirateur de l'article du *Figaro*. Le ministre promettait de rechercher le coupable et la question a été enterrée, pour l'excellente raison qu'elle n'aurait pas dû être soulevée. Au fond, personne n'ignore que la coexistence d'une armée permanente de terre et de mer de plus de six cent mille hommes avec un gouvernement anonyme et sans responsabilité nettement définie, est un problème dont la solution paraît difficile à tout le monde et presque impossible aux hommes expérimentés. Le ministre de la guerre, ne se sentant ni l'influence ni l'autorité nécessaires pour sévir contre un officier d'une réputation très au-dessus de la sienne, exposé à disparaître à la première crise ministérielle avec sa responsabilité d'un jour, a depuis gardé le silence sur l'incident si malencontreusement soulevé. Il a bien fait.

La prophétie du *Figaro* n'en subsiste pas moins et je n'ai lu nulle part une réfutation concluante des arguments invoqués à son appui. Nos gouvernants semblent plus préoccupés d'empêcher un général d'acquérir une grande situation que d'organiser le commandement sur des bases rationnelles. Leur mot d'ordre est évidemment de laisser l'armée sans chef.

La situation actuelle empirera à mesure que disparaîtront les officiers de plus en plus rares qui ont fait les grandes guerres de Crimée, d'Italie, de France et su acquérir une certaine notoriété. On peut se demander ce que représentera un commandement tricéphale composé d'un généralissime, d'un ministre et d'un chef d'état-major sans passé militaire, sans campagnes et qui, à cause de l'intervention constante du Conseil des ministres dans leur nomination, apparaîtront à l'armée, non comme les chefs désignés par sa confiance et son affection, mais comme les féaux d'une camarilla opportuniste ou radicale. L'absurde séparation de l'armée de terre et de l'armée coloniale empêchera les officiers de la première d'acquérir l'expérience de la conduite des troupes en campagne et diminuera rapidement le peu de prestige dont jouissent encore nos officiers coiffés du chapeau à plume blanche.

Ce qui m'effraie : ce sont les éloges hyperboliques adressés aux troupes à propos de la moindre manœuvre ;

on vante leur endurance pour avoir passé une huitaine de jours en plein air pendant la belle saison, et l'on exagère le talent, l'énergie et la sagacité des généraux qui ont enlevé une position défendue par des canons sans obus et des fusils sans balles. Ce sont encore les histoires débitées à l'inauguration des innombrables monuments élevés à la gloire des braves gens morts pour la patrie ; sous le prétexte d'honorer les vaillants, les orateurs officiels prétendent généraliser l'héroïsme et se répandent en compliments à l'adresse des survivants.

Cette persistance à exalter nos qualités et à rabaisser nos adversaires possibles constitue un véritable danger. Dans ma jeunesse, j'entendais toujours parler d'Austerlitz, d'Iéna, de Friedland, jamais de la Katzbach, de Gross-Beeren, de Leipzig ; bien entendu le désastre de Waterloo était dû à la trahison (!) du maréchal Grouchy. Les vaincus d'Iéna ont étonné Napoléon I$^{er}$ par l'énergie sauvage dont ils ont donné des preuves réitérées dans les années 1813, 1814, 1815 et leurs écrivains militaires n'ont cependant jamais dénigré le soldat français. Le parti pris de dénigrement à l'égard d'un ennemi sérieux est une faute, car la confiance que l'on crée par ce procédé artificiel se transforme vite en un profond et irrémédiable découragement au premier insuccès.

En étudiant attentivement la guerre de 1870, il est difficile de ne pas reconnaître à quel point la France, la vieille Gaule, est restée inférieure à elle-même dans l'année terrible. Après en avoir rapidement esquissé les péripéties dans l'histoire que j'ai publiée en 1872, où le manque de documents et l'état de siège m'empêchaient de dire toute la vérité, j'ai voulu reprendre mon premier travail pour l'édification de la génération actuelle et pour lui apprendre par quelle série de fautes nous avons abouti rapidement à un désastre sans précédent dans l'histoire moderne. Dépêchons-nous d'organiser le commandement de l'armée et suivons les conseils de l'inspirateur de l'article du *Figaro*; je le connais, c'est un esprit judicieux quoique peu sympathique et d'une singulière franchise dans ses moments d'expansion.

Avant 1870, Napoléon III avait aussi été averti de la supériorité acquise à la longue par l'armée prussienne, grâce à un travail incessant, mais il n'a pas su lire le *Mané, Thécel, Pharès* inscrit dans les plus récentes publications allemandes. Je me rappelle que, peu de semaines avant la mort du maréchal Niel, il parut dans la *France* un article très étudié dans lequel on démontrait, avec chiffres à l'appui, que nous ne pourrions mobiliser que les 250.000 hommes fournis par le maréchal Le Bœuf en juillet 1870, et encore à la condition de laisser nos places fortes à l'abandon sans garnisons suffisantes. L'article était bien documenté et de nature à faire impression à une époque où, comme l'a écrit dernièrement un ex-ministre, grand ami de Gambetta, l'idéal de la jeunesse était la haine de l'empire et du militarisme, idéal négatif s'il en fut.

Mon camarade, le général Còlson, chef du cabinet du maréchal Niel, me pria de venir m'entendre avec lui pour une réfutation de cet article décourageant qui avait certainement pour auteur un officier attaché à l'état-major du ministre ; cet état-major était alors constitué par le *Dépôt de la guerre*, sous la direction du général Jarras, une incapacité méconnue. Après m'avoir exposé en détail le mécanisme très imparfait de la mobilisation des armées d'opérations qui absorbaient tous les combattants disponibles, mobilisation que je connaissais fort bien, il ajouta, sur mon interruption « Et les places fortes ? » : Nous en assurerons les garnisons avec la garde nationale mobile.

Cette prétendue réserve ne pouvant être exercée pendant plus de quinze jours par an et n'étant ni habillée, ni armée, ni équipée, je me retirai sous une mauvaise impression et... la réfutation resta à l'état de projet.

A la mort de Niel, qui s'inquiétait de l'attitude agressive de la Prusse, l'empereur parla de confier le portefeuille de la guerre soit au général Fleury, soit au général Castelnau. Cette idée de Napoléon III causa une vive émotion dans les cercles militaires et le général Decaen, un de nos généraux les plus éminents, ne craignit pas de dire, je cite ses paroles : « Si l'empereur veut mettre à notre tête un intrigant comme Fleury ou un garde national comme Castelnau, je demanderai ma retraite à l'empereur lui-même en la motivant. » Le propos fut rapporté à Napoléon III qui en tint compte et, pour notre malheur, porta son choix sur le général Le Bœuf, commandant supérieur à Toulouse.

Cet officier, d'une bravoure légendaire qui n'avait d'égale que son infatuation, ne tint aucun compte des appréhensions manifestées par son prédécesseur et, loin de consolider et de renforcer les effectifs insuffisants de l'armée, proposa aux Chambres deux lois néfastes : le remplacement et la réduction du contingent annuel ; il autorisa en outre les commandants des divisions militaires à accorder des congés en masse.

De là, nouvel émoi dans l'armée qui considérait une guerre avec la Prusse comme inévitable à brève échéance. L'intendant général Guillot, directeur général du contrôle et de la comptabilité au ministère de la guerre, mon ancien professeur d'administration à l'Ecole d'état-major sous Louis-Philippe et camarade de promotion de Le Bœuf à l'Ecole polytechnique en 1830, était atterré. Faisant appel à l'affection qu'il m'avait constamment témoignée depuis vingt-cinq ans, il me pria instamment de publier dans le *Constitutionnel*, très lu et très influent à l'époque, un article démontrant que la France ne disposait même plus des faibles effectifs prévus par la loi du budget. Inutile d'ajouter qu'il me donnait à l'appui de sa demande des chiffres d'une exactitude irréfutable.

Mon article eut un retentissement énorme ; le maréchal Le Bœuf en conçut un ressentiment tel qu'il demanda le jour même à l'empereur ma révocation de rédacteur du *Constitutionnel* et de rédacteur en chef du journal militaire du cabinet des Tuileries. En même temps, Clément Duvernois reçut l'ordre de faire paraître en tête du *Peuple français* un article de deux colonnes, rédigé par le chef du cabinet du ministre de la guerre et dans lequel mes assertions étaient traitées de billevesées !!

Appelé au cabinet de M. Conti, je déclarai nettement que le ministre de la guerre était en train de faire le malheur de la France, qu'en six semaines je me chargeais de démontrer son incapacité, et je terminai ma virulente sortie en m'écriant, de façon à être entendu de la pièce voisine où travaillait l'empereur : « Le maréchal vous perd, la guerre avec la Prusse est fatale, notre défaite est certaine et sa première conséquence sera le départ de... » et je montrai du geste la porte du cabinet de travail de Sa Majesté. Sur cette objurgation je pris mon chapeau pour avoir une autre explication avec M. Gibiat, directeur du *Constitutionnel*, en présence du rédacteur en chef, mon ami Robert Mitchell, et de mon collaborateur Edouard Simon, du *Mémorial diplomatique*, les seuls témoins survivants des deux scènes que je viens de raconter. Ils ne me démentiront pas.

Par une de ces contradictions auxquelles l'empereur avait habitué son entourage, après avoir accordé au ministre de la guerre l'article du *Peuple français* et fait défense à

M. Gibiat de m'autoriser à y répondre, il exigea mon maintien au *Constitutionnel* et à la tête du journal militaire de son cabinet. Enfin, pour comble de contradiction, quand le ministre de la guerre présenta au Corps législatif son projet de remplacement, je fus invité à insérer dans ma feuille militaire le rapport du colonel baron Stoffel dans lequel cet officier insistait sur l'adoption du service obligatoire.

Le jour même de la déclaration de guerre, je donnai ma démission motivée aux deux journaux ; après la conclusion de la paix, MM. Conti et Gibiat, qui avaient quitté Paris pendant le siège, me félicitèrent vivement de ma clairvoyance. M. Conti me serra les mains avec effusion et me complimenta du courage avec lequel j'avais osé dire la vérité.

Les gouvernants d'aujourd'hui resteront aussi aveugles que ceux de 1870 ; ils possèdent une machine superbe qu'ils améliorent sans cesse, mais oublient d'en confier la direction à un mécanicien en chef indépendant de toutes les coteries.

# CHAPITRE I

La politique de Napoléon III. — Revue rétrospective de 1852 à 1859. — Traité de Villafranca. — Ses conséquences. — L'union latine. — Expédition du Mexique. — Le Danemark battu par la Confédération germanique. — Convention de Gastein. — La guerre de 1866. — Sadowa.

Au lendemain du coup d'État du 2 décembre 1851, la grande et unique préoccupation du prince Louis Bonaparte fut de se faire proclamer empereur.

Cette satisfaction lui ayant été donnée par le plébiscite du 2 décembre 1852, il s'occupa de procurer au nouvel empire le prestige des armes si cher aux Français, et comme à cette époque la fortune semblait sourire à Napoléon III, la question des Lieux saints et l'orgueil du czar Nicolas lui fournirent l'occasion avidement cherchée. Pour comble de chance, la campagne de Crimée put être entreprise avec l'alliance de l'Angleterre, la neutralité bienveillante de l'Autriche et des offres de concours du roi de Piémont Victor-Emmanuel, habilement conseillé par son ministre le comte de Cavour.

L'admirable conduite des troupes françaises, pendant la longue et pénible campagne dont l'épisode marquant fut le mémorable siège de Sébastopol, porta au plus haut degré la gloire de la France. Le traité de Paris, conclu le 30 mars 1856, sous la présidence du comte Walewski, ministre des affaires étrangères de France, marqua l'apogée du second empire.

Grisé par les succès militaires auxquels il n'avait pris aucune part, si ce n'est d'avoir, à plusieurs reprises, entravé l'action de l'énergique Pélissier en prêtant une oreille trop complaisante à certains rapports qui lui étaient adressés par les lieutenants mécontents ou jaloux du général en chef, Napoléon III afficha hautement ses préférences pour la politique vague et soi-disant humanitaire des nationalités.

Il comprenait l'Europe divisée en groupes de peuples ayant une langue et des intérêts communs : la France devait, d'après son système, s'annexer les pays limitrophes où l'on parle français ou exercer sur eux une espèce de protectorat ; l'Italie, organisée en fédération d'États indépendants sous l'hégémonie de la maison de Savoie et la présidence nominale du pape, aurait pour pendant la confédération des États allemands sous l'hégémonie de la maison de Hohenzollern ; l'Autriche, exclue de l'Allemagne, obtenait des compensations sur le Bas-Danube et dans la péninsule balkanique ; la Russie était libre de s'étendre encore du côté de la Chine et de l'Asie centrale ; enfin l'Angleterre acquérait la certitude de pouvoir développer sans entraves ses relations commerciales avec les peuples satisfaits de leur sort et n'ayant d'autre objectif que les luttes industrielles, avec les expositions universelles pour théâtre.

Dans les derniers jours de 1858, le moment lui parut favorable pour commencer l'application de ses idées, et à la réception du jour de l'an aux Tuileries, l'empereur, s'adressant à l'ambassadeur d'Autriche, prononça des paroles comminatoires qui produisirent la plus vive émotion dans les chancelleries et sur tous les marchés européens.

La campagne d'Italie en 1859 et les rapides succès des armées franco-sardes valurent au roi Victor-Emmanuel la riche Lombardie. Napoléon III eût voulu y joindre la Vénétie ; mais le régent de Prusse, depuis empereur Guillaume, imbu des principes de légitimité et n'ayant pas encore au ministère M. de Bismarck, loin de seconder l'Italie et la France, les contraignit à s'arrêter devant le quadrilatère et à conclure le traité de Villafranca.

Les conséquences de la campagne se produisirent avec une rapidité foudroyante : le grand-duc de Toscane, les ducs de Modène et de Parme avaient dû abandonner leurs Etats dès le début de la guerre et suivre l'armée autrichienne dans sa retraite. L'année suivante, Garibaldi opérait la conquête de la Sicile et du royaume de Naples avec une poignée de patriotes. Les Etats du pape avaient seuls échappé au naufrage général de toutes les principautés italiennes, dont Victor-Emmanuel fut proclamé roi sans la moindre opposition. La maison de Savoie avait été à la peine, le roi Charles-Albert s'était sacrifié pour l'Italie en 1849, il était naturel que son fils fût à l'honneur au jour du triomphe.

Le rêve napoléonien d'une fédération des Etats italiens, sous la présidence du pape Pie IX, était largement dépassé et les ministres de Victor-Emmanuel devaient dès lors chercher les moyens de compléter l'unification de la péninsule par l'occupation de la Vénétie et de Rome, protégée par une garnison française.

Les succès rapides de son armée en 1859, dont il s'attribuait naïvement le mérite, portèrent Napoléon à se considérer comme un grand général dont l'action devait s'étendre sur le monde entier.

A peine rentré à Paris, après avoir conclu le traité de Villafranca, il fit changer les coins de toutes les monnaies pour ceindre la couronne de laurier, à l'instar de César et de Napoléon I$^{er}$. Il alla même jusqu'à commander un grand médaillon sur lequel il était représenté en empereur romain, avec de longues moustaches et l'impériale cirées à la pommade hongroise. Ce singulier morceau de sculpture figura jusqu'en 1870 au-dessus du pont des Saints-Pères, à la place où se trouve maintenant le beau groupe de Mercié représentant une Renommée.

Dans le but d'étendre l'influence française dans l'Extrême-

Orient, il s'allia aux Anglais pour la campagne de Chine en 1860 et obtint, en échange de son concours, l'autorisation de s'établir en Cochinchine. Cette expédition n'était pas terminée qu'il eut la malencontreuse idée de mettre à profit la guerre de Sécession pour créer un vaste empire latin, appelé, dans sa pensée, à opposer une barrière infranchissable aux tentatives des Etats-Unis pour s'étendre au sud du Rio-Grande.

La pensée que Napoléon III croyait « la plus grande de son règne » n'était pas heureuse ; le choix de l'archiduc Maximilien pour sa réalisation ne l'était pas davantage. Le nouvel empereur du Mexique ne possédait ni les qualités ni les défauts qui pouvaient lui gagner les sympathies de ses sujets et, par surcroît de disgrâce, le général Bazaine, chargé de le seconder à ses débuts dans son rôle de souverain, avait l'âme et l'esprit trop vulgaires pour comprendre une aussi haute mission. En tout cas, du moment que les Etats-Unis du Nord remportaient la victoire, la pensée de l'empire latin devenait irréalisable et aurait dû être abandonnée dès le commencement de 1865, où la défaite imminente du général Lee ne faisait plus doute pour personne.

L'opiniâtreté avec laquelle la conquête du Mexique fut poursuivie, plus d'une année encore après la capitulation de Richmond, était d'autant plus inexcusable que la poursuite de cette chimère entraînait des dépenses énormes de matériel de guerre et d'argent.

Pendant que Napoléon III vivait dans la contemplation de sa gloire et que l'impératrice Eugénie organisait aux Tuileries, à Compiègne et à Fontainebleau, des fêtes rappelant celles de Versailles et de Trianon, surgissait à Berlin le point noir appelé à devenir vite un orage dévastateur.

Sur ces entrefaites, le régent Guillaume avait succédé à son frère Frédéric-Guillaume IV (janvier 1861) et M. de Bismarck remplacé le prince de Hohenzollern à la présidence du Conseil (le 18 septembre 1862). Les paroles énigmatiques prononcées par le nouveau roi de Prusse à l'occasion de son couronnement à Kœnigsberg et, quelques jours après, en recevant les félicitations du conseil municipal de Berlin, avaient éveillé l'attention d'un très petit nombre de personnes en France. A part quelques officiers capables de lire les journaux d'outre-Rhin, on ne prêta pas la moindre importance à la réforme militaire commencée en 1860 par le roi, en collaboration avec son chef d'état-major de Moltke et le ministre de la guerre de Roon.

Le Landstag ayant refusé les crédits nécessaires pour l'exécution des réformes projetées et qui consistaient surtout à augmenter, dans une forte proportion, l'armée active en réduisant d'autant la landwehr, le roi chargea M. de Bismarck, son ambassadeur à Paris, de la présidence du Conseil. Sa mission principale était de passer outre à l'opposition des députés et de poursuivre la réorganisation de l'armée.

M. de Bismarck remplit consciencieusement cette tâche qui devait lui permettre de réaliser son audacieux projet de remaniement de la carte de l'Europe. Déjà, à la veille de la guerre de 1859, étant ambassadeur à Saint-Pétersbourg, il avait écrit au ministre des affaires étrangères de Berlin pour lui conseiller de prendre parti contre l'Autriche, afin de l'expulser de la Confédération germanique dont la Prusse prendrait la direction.

Dans sa véridique et substantielle *Histoire diplomatique de la guerre franco-allemande*, M. Albert Sorel explique, avec pièces à l'appui, comment s'y prit M. de Bismarck pour vaincre les scrupules légitimistes du roi et l'amener à déclarer la guerre à l'Autriche. C'est peut-être son œuvre la plus remarquable et qui, pour être menée à bonne fin, exigeait toutes les qualités d'un homme d'État.

Le roi Guillaume ayant marqué des tendances à s'allier avec l'empereur François-Joseph pour la guerre contre le Danemark, M. de Bismarck lui fit contracter cette alliance, dans la conviction que plus le rapprochement serait intime, plus vite surgirait la brouille. Il s'agissait de conquérir d'abord les duchés de Sleswig-Holstein, puis de s'entendre sur le partage des dépouilles. Le motif d'une querelle était toujours à la disposition du ministre prussien ; il lui suffisait d'émettre à tout propos des prétentions contraires à celles de son allié. La convention de Gastein, conclue le 14 août 1865 pour établir un *modus vivendi* dans les duchés de l'Elbe, fut une simple pause que M. de Bismarck mit à profit pour contracter des alliances.

Avec l'Italie l'entente fut facile ; le roi Victor-Emmanuel demandait la Vénétie, que du reste l'Autriche était prête à lui abandonner moyennant une compensation. Du côté de la France, l'affaire devenait plus épineuse ; car si Napoléon III, poursuivant son rêve des nationalités, ne voyait pas d'un mauvais œil la Confédération germanique sous l'hégémonie de la Prusse, les Chambres et la population étaient hostiles à tout projet d'agrandissement d'une nation dont les armées s'étaient montrées si haineuses envers la France, dans les dernières guerres du premier empire. M. de Bismarck, en sa qualité de Prussien et d'ancien ambassadeur à Paris, n'ignorait pas l'antipathie, latente à cette époque, des Français pour ses compatriotes ; aussi fit-il de grands efforts pour entraîner l'empereur dans une alliance ou obtenir sa neutralité, avec promesse d'un concours ultérieur.

Au mois d'octobre 1865, M. de Bismarck se rendit à Biarritz et eut avec Napoléon III plusieurs entretiens dont les termes ne sont pas connus, mais dont il est aisé de démêler le fond. L'Italie devait avoir la Vénétie, la Prusse s'annexerait les principautés allemandes dont les chefs se montraient ses adversaires implacables et la France aurait, à titre de compensation de ces agrandissements, le Luxembourg et le pays situé entre Rhin et Moselle, ou bien les provinces belges et suisses de langue française. Un congrès devait résoudre ces questions épineuses, mais M. de Bismarck appréhendait sa réunion, tandis que l'empereur François-Joseph, confiant dans son armée qu'il supposait aguerrie par les guerres de 1849 et de 1859, alla au-devant des désirs secrets de la Prusse en se décidant pour la guerre.

Cette résolution téméraire prouve que l'état-major autrichien n'avait pas su apprécier à sa vraie valeur l'organisation militaire de la Prusse, et cette ignorance n'est guère excusable de la part d'officiers qui, dans les garnisons fédérales comme Mayence, Rastadt, etc., avaient pu étudier à loisir les excellentes méthodes d'instruction en usage dans l'armée prussienne et, pendant la récente guerre du Sleswig-Holstein, se rendre compte de l'immense avantage que donnait le fusil Dreyse, d'un tir six fois plus rapide que celui du fusil se chargeant par la bouche.

Napoléon III ne se montrait pas plus clairvoyant que son ancien adversaire de Solferino en laissant une situation troublée dans l'Europe centrale. Convaincu de ses talents stratégiques et fort mal renseigné par le ministre de la guerre, maréchal Randon, sur les imperfections de l'organisation militaire et surtout du système de mobilisation, il ne doutait pas de pouvoir jouer à son heure le rôle d'arbitre entre les belligérants. Cependant il n'ignorait pas que la plupart des réservistes n'avaient pu rejoindre leurs régiments avant la bataille de Solferino, livrée deux mois après l'ordre de mobilisation, et un examen un peu attentif des situations d'effectifs et de matériel lui aurait appris à quel point les corps de troupe étaient affaiblis par les non-valeurs indûment maintenues sur les contrôles et les magasins dégarnis par leurs envois au Mexique. Une seule cause de faiblesse semble avoir excité ses appréhensions, celle résultant de la non adoption d'un fusil se chargeant par la culasse ; depuis plusieurs années il pressait le ministre de la guerre et le comité de l'artillerie de prendre une décision à cet égard, mais le ministre, par suite d'une parcimonie inintelligente, et le comité, par esprit de routine, prolongeaient abusivement les expériences et s'acharnaient, avec une déplorable obstination, à décourager et à dégoûter les inventeurs.

La bataille de Sadowa, gagnée le 3 juillet 1866 sur l'armée autrichienne commandée par le feldzeugmeister Benedek, causa une stupeur universelle. La vigueur déployée par les soldats prussiens, que les professeurs des écoles militaires dépeignaient comme des gardes nationaux à peine dégrossis, étonnait les hommes du métier, mais il faut avouer que bien peu de généraux surent apprécier les savantes combinaisons du général de Moltke. Ils préférèrent attribuer les succès foudroyants des Prussiens au fusil Dreyse et à l'ineptie du malheureux Benedek, devenu subitement l'agent responsable d'une série de fautes dont presque toutes étaient la conséquence forcée d'une organisation militaire vicieuse et d'un mauvais recrutement des cadres supérieurs.

# CHAPITRE II

Conséquences de la bataille de Sadowa. — Napoléon III demande le pays entre Rhin et Moselle. — M. de Bismarck refuse ,et offre en échange l'abandon de la Belgique. — Projet de traité écrit par M. Benedetti. — La Prusse s'allie avec la Russie, conclut la paix avec l'Autriche et signe les conventions militaires avec les Etats du Sud, en août 1866. — M. Rouher expose la théorie des trois tronçons. — Affaire du Luxembourg. — Le maréchal Niel est nommé ministre de la guerre. — La loi militaire de 1868 portant création de la garde nationale mobile. — Projets d'alliance avec l'Autriche et l'Italie. — Le plan de réorganisation militaire d'après les œuvres posthumes de Napoléon III. — Etat moral de l'armée française. — Opinion des généraux Trochu et Lewal. — L'empereur a conscience des dangers extérieurs. — Aveuglement de la majorité des Chambres. — Le ministère Ollivier. — Les ministres de la guerre et de la marine indépendants du président du Conseil. — Dispositions pacifiques du Cabinet du 2 janvier. — Opinion du colonel Stoffel sur la loi militaire de 1868 et sur les chances de guerre.

Le roi Guillaume et M. de Bismarck ne se méprirent pas sur la cause de leur réussite et leurs relations diplomatiques avec la France se ressentirent sur-le-champ de leur confiance dans une supériorité qui venait de se manifester d'une façon si éclatante sous les trois rapports les plus importants : la rapidité de mobilisation, celle de la concentration, le fonctionnement des états-majors. Les lauriers dont Napoléon III avait couronné son chef au lendemain de Solferino ne leur donnaient plus aucune appréhension ; le général de Moltke et le ministre de la guerre de Roon leur répondaient de l'avenir militaire de la Prusse, et la perte minime de moins de douze mille hommes, éprouvée dans une lutte contre l'Autriche soutenue par les principaux Etats de la Confédération germanique, était une preuve incontestable que les chefs de l'armée prussienne savaient la grande guerre, oubliée par les généraux français qui, par hasard, s'étaient donné la peine de l'étudier.

L'empereur comprit que le premier rôle qu'il occupait en Europe, depuis le traité de Paris, allait échoir au roi Guillaume et oublia de se montrer pressant quand, le 25 juillet, trois semaines après Sadowa, son ambassadeur, M. Benedetti, réclama le pays entre Rhin et Moselle, comme une faible compensation du Hanovre, de la Hesse électorale, de Nassau, de Francfort et du Sleswig-Holstein, annexés à la Prusse par droit de conquête.

M. de Bismarck répondit que le roi ne consentirait jamais à la cession des territoires allemands et invita l'empereur à chercher une compensation dans l'annexion de la Belgique. Comme on lui rappelait les entretiens de Biarritz et certaines promesses verbales, M. de Bismarck fit observer, non sans ironie, que la Prusse n'était liée par aucun traité écrit. Au cours des entretiens qui eurent lieu entre le ministre prussien et M. Benedetti, celui-ci écrivit, en quelque sorte sous la dictée de M. de Bismarck, un projet de traité contenant les clauses suivantes :

Article 1er. — S. M. l'empereur des Français admet et reconnaît les acquisitions que la Prusse a faites à la suite de la dernière guerre.

Article 2. — S. M. le roi de Prusse promet de faciliter à la France l'acquisition du Luxembourg.

Article 3. — S. M. l'empereur des Français ne s'opposera pas à une union fédérale de la Confédération du Nord avec les Etats du midi de l'Allemagne, à l'exception de l'Autriche, laquelle union pourra être basée sur un parlement commun, tout en respectant dans une juste mesure la souveraineté des dits Etats.

Article 4. — De son côté, S. M. le roi de Prusse, au cas où S. M. l'empereur des Français serait amené par les circonstances à faire entrer ses troupes en Belgique ou à la conquérir, accordera le concours de ses armes à la France.

Article 5. — Pour assurer l'entière exécution des dispositions qui précèdent, S. M. le roi de Prusse et S. M. l'empereur des Français contractent par le présent traité une alliance offensive et défensive.

M. de Bismarck se procura ainsi une pièce des plus compromettantes pour l'empereur, car elle prouvait qu'il acceptait les agrandissements de la Prusse à la seule condition d'obtenir des dédommagements, fussent-ils en opposition avec le principe napoléonien des nationalités. Il s'en servit immédiatement pour éclairer les Etats du Sud, ses adversaires de la veille, sur la manière dont Napoléon III les abandonnait et signa, le 17 août avec Bade, le 22 avec la Bavière et le 29 avec le Wurtemberg, les conventions militaires si funestes à la France quatre ans plus tard. Le 24, la paix était conclue avec l'Autriche aux conditions les plus douces et le roi Guillaume contractait avec son neveu, le czar Alexandre II, une alliance qui lui permettait de paralyser à un moment donné une action agressive de l'Autriche et de manquer aux promesses faites à Napoléon III. Celui-ci eut un éclair de colère, vite réprimé par le sentiment de son impuissance momentanée. Au mois d'octobre 1865, l'incapable maréchal Randon avait réduit toutes les armes dans une proportion considérable, principalement la cavalerie et l'artillerie, nos arsenaux et nos magasins étaient épuisés par le Mexique, enfin nous n'avions pas le fusil à tir rapide.

Il fallut faire bonne mine à mauvaise fortune ; l'empereur parut se résigner et M. Rouher, son ministre d'Etat, vint expliquer au Corps législatif que les événements accomplis de l'autre côté du Rhin étaient extrêmement heureux. « Au lieu de cette cohésion puissante qu'avaient créée les traités de 1815, disait-il, nous n'avons plus en face de nous qu'une ancienne confédération divisée en trois tronçons. »

L'opinion publique en France ne fut pas dupe de cet optimisme ; chacun s'y sentait profondément atteint par la victoire de Sadowa et comprit que le prochain orage éclaterait du côté de l'Allemagne. Il est vrai que M. de Bismarck raillait ouvertement « la barrière infranchissable du Mein », vantée par M. Rouher, et qu'il comparait à une grille, en ajoutant fièrement que « l'union de l'Allemagne se ferait par le fer et par le feu, en dépit des vents d'ouest ». En réponse à un discours de M. Thiers du 14 mars 1867, dans lequel cet homme d'Etat recommandait à la France de ne pas « souffrir qu'on allât plus loin », le chancelier de la nouvelle Confédération du Nord fit publier le texte des conventions militaires conclues avec les Etats du Sud et qui réduisaient à néant la théorie des trois tronçons.

Quelques jours après survenait l'affaire du Luxembourg. Le roi de Hollande consulté s'était montré disposé à accorder à Napoléon III l'abandon de ce duché comme fiche de consolation et M. de Bismarck affectait de consentir à cet arrangement. Mais Luxembourg avait une garnison prussienne dont le départ ne pouvait s'effectuer sans bruit; le chancelier y comptait et en profita pour se faire interpeller au parlement du Nord. « L'ennemi héréditaire » fut dénoncé par M. de Bennigsen comme insatiable dans ses désirs, et, sans l'intervention de l'Europe, la guerre eût sans doute éclaté dès le mois d'avril 1867. On fit une cote mal taillée, la garnison prussienne évacua Luxembourg, dont les fortifications furent démantelées, et le duché resta sous la suzeraineté du roi de Hollande. La mesure était comble et la conviction devint unanime en Europe qu'un conflit sanglant éclaterait à la première occasion entre l'Allemagne et la France, contre laquelle M. de Bismarck et ses journaux, aidés par les universités si puissantes d'outre-Rhin, ne cessaient d'exciter les passions populaires.

La plus vulgaire prudence commandait donc à l'empereur de se mettre à l'œuvre sans perdre une minute, pour soutenir avec honneur une guerre inévitable et qui s'annonçait devoir être terrible. Il est clair qu'il est resté inférieur à la tâche qui lui incombait comme chef responsable envers le peuple français, mais il est juste de dire que son action a souvent été entravée par le Corps législatif, plus préoccupé de réaliser des économies d'hommes et d'argent que d'assurer la défense du pays.

Le premier soin de Napoléon III fut de mettre le ministre de la guerre en demeure d'adopter un fusil se chargeant par la culasse. Les effets terribles du fusil à aiguille ne permettaient plus la moindre hésitation et six semaines après Sadowa la fabrication du fusil Chassepot était décidée. Ensuite, pour activer une réorganisation militaire indispensable, il appela le maréchal Niel à remplacer au ministère de la guerre M. Randon, qui venait de donner une nouvelle preuve de son ineptie dans un rapport sur la situation de l'armée, en 1866, qui se terminait par cette phrase monumentale : « Oh! alors, hâtons-nous de rappeler les vertus militaires de nos pères : cela vaudra mieux que le fusil à aiguille. »

Le nouveau ministre se mit à l'œuvre, avec un zèle aiguillonné par la crainte d'un conflit à bref délai avec un adversaire dont il avait étudié les ressources sagement accumulées et la savante organisation militaire. Son plan consistait à augmenter la force défensive des places fortes par la création de forts détachés, peu en usage avant l'emploi de l'artillerie rayée, à faire fabriquer trois millions de chassepots à raison de trois fusils par fantassin, enfin de créer le service obligatoire et personnel par la formation d'une garde nationale mobile dans laquelle seraient incorporés tous les jeunes gens valides de vingt à vingt-cinq ans non compris dans les contingents de l'armée active. La loi de 1855 sur l'exonération à prix d'argent du service militaire ayant trop vieilli les sous-officiers et les soldats, on rétablit le remplacement, malgré les mauvais résultats qu'il avait constamment donnés.

Le Corps législatif ne vit dans les projets Niel que deux choses qui lui étaient également antipathiques : la nécessité de débourser de l'argent pour la construction des forts et la fabrication des fusils; l'obligation pour les fils des bourgeois ayant pignon sur rue d'exposer leurs précieuses personnes pour défendre leur pays. Cette idée leur était insupportable, et ils le firent bien voir en réduisant à un nombre de séances dérisoire les exercices de la garde mobile et en réduisant de plus de quatre-vingt millions les cent vingt millions demandés pour les chassepots et les places fortes.

La diplomatie méritait aussi d'être traitée avec une attention extrême, car, en présence d'une Allemagne unie et de l'alliance prusso-russe, il y avait lieu pour la France de chercher un appui. Des négociations furent engagées avec l'Autriche et avec l'Italie. M. de Beust, ministre des affaires étrangères de l'empereur François-Joseph, désirait ardemment une revanche de Sadowa et se déclarait tout disposé à seconder la France dans un conflit avec la Prusse. Le roi Victor-Emmanuel, plein de reconnaissance envers la France et Napoléon III, depuis la campagne de 1859, faisait aussi montre des dispositions les plus favorables envers son ancien allié, mais ses ministres et le peuple italien se montraient fort irrités depuis le combat de Mentana et la réoccupation de Rome en 1867. Néanmoins, il était permis à l'empereur de compter sur le concours éventuel de l'Autriche et de l'Italie, à la condition toutefois qu'une entente commune précédât l'ouverture des hostilités.

Napoléon III comptait encore sur la neutralité et peut-être la coopération des États du sud de l'Allemagne. Mal renseigné par ses diplomates qui, pour la plupart, ne savaient pas l'allemand et ne fréquentaient que la haute société de Munich et de Stuttgard, où il était de bon ton de médire de la Prusse et de ses tendances à l'hégémonie, il se forgeait volontiers des illusions vraiment inexplicables chez un homme élevé en exil, au château d'Arenenberg, sur les bords du lac de Constance. Il savait que l'antipathie éprouvée par tout Allemand envers les Prussiens, pour leur morgue, leur rudesse et leur suffisance, n'est pas comparable à la haine ressentie dans tous les pays d'outre-Rhin contre les Français. Ces ressentiments remontent, non au premier empire, mais à la guerre de Trente ans. La politique de Richelieu et de Mazarin, si avantageuse à la France, a été fatale à l'Allemagne, qui en a souffert pendant deux siècles et n'a pas encore oublié les ravages opérés par des guerres incessantes dans ses provinces les plus riches. Les livres d'histoire et de géographie, ainsi que les guides du voyageur, prennent à tâche de raviver ces souvenirs douloureux et à signaler les villes et les châteaux détruits par les Français. L'ennemi héréditaire est la France ; un Provençal, un Languedocien, un Parisien pouvait l'ignorer, mais aucune illusion à cet égard n'était permise à un ancien lieutenant de l'artillerie helvétique. En cas de conflit, quelques gouvernements, quelques hobereaux et quelques politiciens imbus d'un esprit de particularisme étroit pouvaient éprouver des velléités d'appuyer vers la France ; quant à la masse de la nation, sans en excepter l'aristocratie de la naissance et du talent, elle désirait avec passion l'unité de la grande patrie allemande et considérait le roi Guillaume et ses deux collaborateurs, MM. de Bismarck et de Moltke, comme les instruments désignés par leurs succès de 1866 pour accomplir cette œuvre gigantesque. Toute résistance à ces aspirations devenait inutile ; au jour du combat, Napoléon III était sûr de trouver en face de lui l'Allemagne tout entière ; il devait donc prendre ses mesures en prévision de cet événement.

L'histoire impartiale doit reconnaître que si Napoléon III a compté un instant sur la neutralité des États du Sud, son espoir était faible, et ses œuvres posthumes contiennent les détails les plus circonstanciés sur les projets militaires conçus dans le but de faire face à la fois aux armées de la Confédération de l'Allemagne du Nord et à celles des provinces du Sud. Les forces actives de ses adversaires probables étaient calculées avec assez de justesse, grâce aux renseignements fournis au ministère de la guerre par des officiers d'état-major; les corps d'armée de la Bavière et le corps mixte de Bade et du Wurtemberg y figurent pour 90.000 hommes. Ce chiffre est trop faible d'une dizaine de mille hommes; l'empereur a opéré cette réduction pour diminuer un peu les reproches qui lui étaient adressés au sujet de l'insuffisance de ses préparatifs de guerre. Le maréchal Niel connaissait le chiffre exact des troupes allemandes, puisqu'il avait fait imprimer, sans nom d'auteur, à la librairie Dumaine, un travail très complet du capitaine d'état-major Samuel, sous le titre : « *Armée de la Confédération du Nord de l'Allemagne* ». Le livre se terminait par un tableau détaillé des forces des États du Sud.

Trois officiers ont, à cette époque décisive, bien mérité de leur pays en essayant d'avertir le gouvernement des dangers que courait la France. Le colonel d'artillerie baron Stoffel avait signalé, dans des rapports désormais célèbres, les causes de la supériorité militaire de la Prusse; le capitaine Samuel avait corroboré ces renseignements et précisé les ressources financières et matérielles des Allemands; le chef d'escadron Fay avait surtout insisté sur la nécessité de modifier notre système de mobilisation et adressé au ministre plusieurs mémoires pour lui prouver que nos réserves ne seraient pas prêtes dans les délais bénévolement fixés par les bureaux.

L'empereur avait connaissance de ces travaux et il eût été facile d'appeler auprès de lui leurs auteurs; il n'en fit rien et préféra élaborer un plan de mobilisation avec son aide de camp, le général de division Lebrun, brave et honnête militaire qui, dans un livre intitulé *L'historique du XII$^e$ corps*, a donné la mesure du peu d'ampleur de son intelligence. Le choix d'un pareil collaborateur pour un travail aussi compliqué ne fait pas honneur à la perspicacité de Napoléon III et explique les cruels mécomptes qui marquèrent les débuts de la campagne de 1870.

D'après leurs calculs arrêtés dès 1868, il était indispensable à la France de pouvoir mettre en ligne 490.000 hommes répartis dans trois armées, deux corps de réserve et une armée d'Algérie. L'empereur indiqua au maréchal Niel les mesures à prendre pour atteindre ce chiffre de combattants de première ligne et lui abandonna le soin de résoudre ce problème, plus que difficile avec une organisation militaire imparfaite et des députés nourris de légendes malsaines et réfractaires à toute idée d'augmentation de l'armée permanente. Le ministre de la guerre tenta l'aventure avec la loi militaire de 1868, qui devait produire son plein effet dans un espace de dix ans : elle donnait neuf contingents annuels de cent mille hommes astreints à cinq ans de service dans l'armée active et quatre ans dans la réserve. L'excédent du contingent formait la garde nationale mobile, qui ne pouvait servir au début d'une guerre, le Corps législatif n'ayant concédé que quinze séances d'exercice par an, chiffre dérisoire pour donner de la cohésion à une troupe.

L'empereur, après s'être occupé de pouvoir réunir en temps utile le nombre d'hommes et de chevaux nécessaires, avait également essayé de relever le niveau moral de l'armée. Frappé de certains passages des rapports du colonel Stoffel, dans lesquels l'attaché militaire à Berlin préconisait l'adoption du service obligatoire, seul susceptible d'infuser un sang nouveau dans l'armée française, il avait tenté de tourner la difficulté à l'aide de la garde nationale mobile, qui ne comportait aucune dispense ; mais cela ne changeait rien à la constitution vicieuse de l'armée de ligne.

Le général Trochu avait produit une impression profonde avec son livre *L'armée française en* 1867, dans lequel il traçait un tableau trop sombre des conséquences de la loi de 1855 sur l'exonération. Les primes de rengagement et les hautes payes d'ancienneté furent supprimées pour faire place au remplacement, à l'immoral remplacement, imaginé par des bourgeois égoïstes qui, après avoir accaparé à leur profit exclusif les droits de la noblesse, répudiaient les devoirs concomitants. Cette transformation eut pour unique résultat immédiat de mécontenter les vieux soldats, privés tout à coup de leur haute paye et menacés d'être renvoyés de leurs régiments. L'armée restait une réunion organisée de prolétaires, aussi la presse avancée n'avait pas manqué à diriger sa propagande de ce côté, comprenant qu'elle trouverait parmi ces déshérités des oreilles complaisantes pour qui se disait défenseur du pauvre. Razoua, ancien maréchal des logis de spahis, et Flourens avaient pris la rédaction militaire au *Réveil* et à *la Marseillaise*, qui étaient distribués à profusion dans les casernes. On discutait dans les chambrées et la discipline se ressentait de ces prédications anarchiques. Les officiers osaient à peine compter sur l'obéissance des hommes placés sous leurs ordres et les colonels de la garnison de Paris ne dissimulaient pas leurs craintes à cet égard.

Le corps des sous-officiers, ces auxiliaires si utiles du commandement, ne trouvait plus à se recruter. Après la promulgation de la loi de 1868, on avait vu des soldats lettrés et intelligents refuser obstinément les galons de sergent qui les privaient des congés accordés à profusion aux simples soldats et ne leur rapportaient que des ennuis, sans compensation. Le but visé par le général Trochu était dépassé ; les vieux sergents disparaissaient à vue d'œil, mais les chefs de corps ne parvenaient pas à les remplacer.

Un favoritisme sans mesure avait affaibli les solides qualités auxquelles les officiers français devaient leur antique réputation. Depuis la guerre de Crimée, les grandes charges militaires étaient devenues comme le fief, l'apanage des amis personnels du château. Presque partout, l'homme utile avait dû s'effacer devant l'homme agréable. Les officiers fiers et instruits quittaient l'armée ou recherchaient des positions de nature à leur éviter tout rapport direct avec leurs chefs. Voici dans quels termes indignés le général Lewal signalait, en 1871, l'absence de toute équité dans la distribution des récompenses à l'armée :

C'est à la mauvaise administration de l'avancement au choix qu'il faut attribuer en grande partie l'affaiblissement graduel du mérite du corps d'officiers depuis trente ans. D'une part, on n'a exigé des candidats que des preuves illusoires de capacité, et la plupart du temps aucune, c'est ce qui a développé l'ignorance ; de l'autre, la désignation des candidats a été confiée à des personnalités, un chef de corps, un inspecteur général, ce qui a nécessairement engendré le caprice, l'arbitraire, des choix erronés ou coupables : l'ambition effrénée chez les uns, le découragement chez les autres ; et chez tous un abaissement moral produit par la contemption, de jour en jour plus fréquente, du droit et de la justice.

Et un peu plus loin :

Le juge unique place fatalement l'inférieur dans une situation non moins difficile. Il faut qu'il plaise, ou tout au moins qu'il ne déplaise pas. Cela conduit fatalement au servilisme, à l'obséquiosité, à la flatterie. Il faut penser comme le chef, aimer ce qu'il aime, se plier à ses fantaisies, rechercher ses bonnes grâces, etc. Il y a là un écueil très grand pour la dignité de l'officier, un abaissement moral auquel on ne peut souvent échapper qu'en sacrifiant sa carrière.

Nous ne parlons que d'hommes honnêtes. Quand cette qualité vient à faire défaut chez le chef ou chez le subordonné, le choix n'est plus une récompense, c'est un trafic entre le favoritisme et l'intrigue, entre le patron et le client. La fantaisie remplace la justice ; la protection devient le meilleur titre ; l'adulation tient lieu de valeur ; le mérite ne peut lutter contre une forte influence. En haut, on ne cherche plus les hommes capables ; on comble ses parents ; on gratifie ses amis et les parents de ses amis ; on donne un grade comme on fait un cadeau. En bas, on ne s'occupe plus d'acquérir des titres, on mendie des recommandations. C'est le naufrage complet de la dignité du caractère, la destruction des sentiments élevés ; c'est la démoralisation en grand. Or, la démoralisation d'une armée entraîne inévitablement sa défaite. Nous en avons fait la cruelle expérience. L'empire a récolté ce qu'il avait semé.

Ainsi, mécontentement et indiscipline dans les rangs inférieurs, tristesse résignée ou découragement aux échelons intermédiaires, légèreté, ignorance et présomption chez la plupart des titulaires des grands commandements, tel était l'état moral de l'armée à la veille d'une lutte jugée inévitable et prochaine.

L'empereur Napoléon III avait une vague conscience des imperfections de son armée et s'était plus ému qu'on ne le croit généralement des sombres prophéties contenues dans les lumineux rapports du colonel Stoffel. Plusieurs de ces rapports furent insérés, par ordre de l'empereur, dans un journal militaire relevant de son Cabinet et passèrent parfaitement inaperçus. Un nombre très restreint d'officiers les remarquèrent et furent affligés de l'indifférence d'un public incapable de comprendre l'effroyable danger qui le menaçait.

Les mameluks du Corps législatif fermaient les yeux pour ne pas voir les complications en germe à l'extérieur et se bouchaient les oreilles pour ne pas entendre les plaintes de la nation réclamant plus de liberté. Pour eux, les ressources de la France n'étaient pas immenses mais inépuisables, ses armées invincibles, et l'empereur un grand souverain dont le nom marquerait dans l'histoire du monde. Ils déploraient la publicité des séances des Chambres, concédée en novembre 1860, et attribuaient les mécomptes de la politique impériale à la tendance plusieurs fois manifestée par l'empereur de concéder quelques libertés.

Les élections de 1869 tranchèrent la question en renforçant la gauche dynastique au point de lui donner la majorité. L'événement était-il désirable à ce moment critique ? Il était imprudent d'affaiblir le pouvoir personnel et d'inaugurer un régime voisin du parlementarisme au moment où le roi Guillaume, glorifié par sa campagne contre l'Autriche, venait de triompher des dernières résistances du parti national-libéral et de transformer le Reichstag en une simple chambre d'enregistrement. Napoléon III montra dans cette circonstance une faiblesse telle que l'on doit l'attribuer en partie à la terrible maladie dont il est mort quatre ans plus tard.

Le 2 janvier 1870, en appelant à la présidence du Conseil des ministres M. Emile Ollivier, l'ancien chef de l'opposition républicaine, il obéissait au désir d'échapper aux angoisses que lui causait la politique extérieure et de faire oublier aux

## CHAPITRE II

Français que la Prusse était toujours là, attendant l'heure favorable et décidée à ne pas la manquer. Mais lui ne l'oubliait pas ; il lisait attentivement les rapports de plus en plus inquiétants du colonel Stoffel et semble s'être inspiré de celui du 22 juillet 1868 quand, détail peu connu, il imposa à M. Emile Ollivier, comme principale condition de sa nomination, que les deux ministres de la guerre et de la marine relèveraient directement de l'empereur et resteraient indépendants du président du Conseil. C'était du parlementarisme à la prussienne, où le roi travaillait avec son ministre de la guerre, son chef d'état-major et le chef de son cabinet militaire, sans s'inquiéter du Reichstag, auquel il laissait seulement le soin de voter en bloc le budget de la guerre pour une période de trois ans.

Napoléon III assumait ainsi toute la responsabilité des préparatifs de guerre, puisque le maréchal Le Bœuf n'avait aucune instruction à recevoir de M. Emile Ollivier et que le général Lebrun combinait avec l'empereur seul les mouvements stratégiques. C'est ce général qui fut envoyé à Vienne en 1870, à la suite des négociations entamées entre Napoléon III et François-Joseph pendant l'entrevue de Salzbourg, dans l'été de 1867. Il s'aboucha avec le généralissime de l'armée autrichienne, l'archiduc Albert, et, pour ne pas éveiller l'attention, les entrevues des deux généraux eurent lieu au palais de Schœnbrunn.

La France, ignorante du compromis extra-parlementaire accepté trop légèrement par le président du Conseil, exultait à la pensée de posséder un ministère composé d'hommes sympathiques au pays et dont le programme, hautement affirmé et ratifié par les différents groupes parlementaires, pouvait se résumer en deux mots : paix et liberté. La politique intérieure allait à son tour masquer les échecs subis à l'extérieur et qui étaient, par ordre de date : l'alliance russo-prussienne, destinée à permettre au roi Guillaume de ne pas ratifier les engagements verbaux pris par M. de Bismarck en

1865 ; le traité de Nickolsbourg, qui mettait fin à la guerre entre l'Autriche et la Prusse ; simultanément les conventions militaires avec les Etats du Sud, conférant au roi de Prusse le commandement suprême de tous les contingents allemands ; la convention de Londres, arrêtée en 1865, et qui empêchait la France de prendre possession du Luxembourg.

On avait accusé bien souvent le gouvernement impérial de rechercher des diversions à l'étranger pour conjurer la révolution et échapper à la nécessité de donner des institutions libérales. Cette fois, il se servait de la liberté pour, éblouir le pays et l'empêcher de mesurer la profondeur des abimes qui l'entouraient.

Le portefeuille des affaires étrangères, dans le Cabinet du 2 janvier, était échu au comte Daru. Représentant rigide, au sein du Cabinet, de la défiance vis-à-vis des bonapartistes autoritaires, dont l'impératrice Eugénie encourageait l'opposition, M. Daru, proscrit du 2 Décembre, devait plutôt exagérer qu'atténuer le côté pacifique du nouveau ministère. C'était une façon de prendre le contre-pied de la politique attribuée à l'empire, en même temps qu'un moyen de remplir les engagements du ministère vis-à-vis des grandes portions parlementaires, centre droit, centre gauche. Aussi, sans prendre le temps d'examiner la situation diplomatique, sans tenir compte de la difficulté qu'il y avait à séparer du jour au lendemain la France de la politique suivie antérieurement, M. Daru se hâta-t-il d'aviser nos ambassadeurs d'avoir à observer désormais une réserve absolue et de ne pas donner suite aux négociations ayant pour but la recherche d'alliances éventuelles. Une circulaire indiqua nettement la voie nouvelle que devaient suivre nos représentants à l'étranger. Le général Fleury, ambassadeur à Saint-Pétersbourg, entretenait le czar dans l'idée d'une entente, ou plutôt d'un revirement, dont le prix eût été la révision des traités de 1856, infligés à la Russie après la guerre de Crimée. Il reçut l'ordre de ne point encourager des espérances que l'on ne voulait plus justifier.

Enfin, le marquis de Lavalette, ambassadeur à Londres, fut invité à pressentir le gouvernement de la reine sur l'opportunité d'une proposition de désarmement simultané faite à Berlin et à Paris par le Foreign Office.

Une pareille invitation exposait bénévolement à un refus certain, le colonel Stoffel ayant démontré, dans son rapport du 23 avril 1868, que le système militaire de la Prusse ne comportait pas de diminutions d'effectifs, car, même en réduisant l'armée active proprement dite, la nation tout entière n'en était pas moins prête à marcher au premier signal, tous les citoyens devant le service personnel. M. de Bismarck avait exprimé un avis conforme à celui du colonel ; on peut donc s'étonner que M. Daru ait pu décider lord Clarendon à faire des ouvertures dans ce sens au Cabinet de Berlin.

Notre attaché militaire, consulté de nouveau sur cette proposition, adressa, le 28 février 1870, au ministre de la guerre, un rapport des plus explicites dans lequel il reprenait, en les développant, les arguments de son rapport de 1868. « La Prusse, écrivait-il, ne peut désarmer qu'en violant le principe du service obligatoire » ; et pour donner plus de force à ses conclusions, le colonel Stoffel joignit à son rapport un article de la *Gazette de l'Allemagne du Nord*, organe du chancelier, où il avait souligné la phrase : « Pour la Confédération de l'Allemagne du Nord, un désarmement est la renonciation au service militaire obligatoire, et cela est une impossibilité. »

M. Daru insista néanmoins, mais ses ouvertures, deux fois renouvelées par lord Clarendon, furent chaque fois repoussées par M. de Bismarck. La diplomatie anglaise jugea sa tâche terminée ; mais, autant pour donner un gage de sa sincérité à l'Europe que pour remercier le Foreign Office de sa bienveillante intervention, le Cabinet du 2 janvier promit de réduire de 100.000 à 90.000 hommes le contingent prochain. Seulement, cédant à un premier mouvement d'humeur et ayant à cœur de prouver qu'un Cabinet libéral était capable autant qu'un autre de faire respecter au besoin les intérêts et l'honneur de la France, le comte Daru fit entendre, non sans hauteur, à M. de Bismarck que son refus d'admettre une proposition de désarmement autorisait le Cabinet de Paris à attribuer au Cabinet de Berlin des projets sur lesquels ce n'était point l'heure d'insister, mais qui seraient énergiquement combattus, s'ils avaient pour conséquence une infraction quelconque aux traités signés à Prague après la guerre du Danemark.

Satisfait de cet acte de fermeté épistolaire, le Cabinet français, dans lequel M. de Gramont, ambassadeur à Vienne, venait de succéder à M. Daru, se mit à exécuter les engagements pris par ce dernier vis-à-vis de lord Clarendon, et, le 30 juin 1870, le maréchal Le Bœuf venait soutenir devant le Corps législatif la réduction du contingent. Il est vrai que le ministre de la guerre ne tenait pas à quelques milliers d'hommes de plus ou de moins ; ne sachant rien de la nation et de l'armée allemandes, d'une confiance aveugle dans la valeur du soldat français, et ayant perdu l'habitude de la réflexion et de la prudence au milieu des pompes enivrantes de la Cour impériale, il avait consenti, sans la moindre résistance, à toutes les réductions demandées par une commission du budget soucieuse avant tout de faire ressortir le bon marché d'un gouvernement libéral.

Le moment était d'autant plus mal choisi pour opérer des réductions sur le contingent et sur les crédits de la guerre que l'horizon venait de se rembrunir subitement en Allemagne, où M. de Bismarck, aux prises avec de graves difficultés intérieures, devenait désireux d'en sortir par une guerre contre la France. En Bavière et en Wurtemberg, la majorité était échue aux particularistes, et on commençait à parler d'une nouvelle organisation des Etats du Sud, rendus plus indépendants de la Prusse. Le Reichstag de la Confédération de l'Allemagne du Nord se plaignait de la lourdeur de l'impôt du sang et de l'élévation de la contribution de 225 thalers (842 fr. 75) par soldat exigée de tous les Etats confédérés. Les conventions militaires de 1866 et les traités d'alliance conclus à la même époque étaient donc menacés tout au moins de restrictions qui en détruisaient la valeur. Pour les maintenir, il fallait qu'ils parussent nécessaires au salut de l'Allemagne ; une guerre contre l'ennemi héréditaire devait infailliblement amener ce résultat, et le chancelier ne manquait jamais une occasion de signaler « les vents d'ouest » à l'attention du peuple allemand, afin de bien ancrer dans sa tête la nécessité de l'union, pour faire tête à l'orage menaçant.

Ainsi, tandis que le gouvernement prussien se préparait à la guerre, veillait à ce que la loi de recrutement prussienne fût appliquée dans tous les Etats du Nord et activait la réorganisation militaire des Etats du Sud, Napoléon III était en proie à de douloureuses perplexités. Il faisait demander au colonel Stoffel son opinion sur la loi militaire votée sous le ministère du maréchal Niel, et sur les chances de guerre.

Notre clairvoyant attaché militaire répondit aux deux questions dans un rapport du 12 août 1869, tellement sombre et inquiétant pour l'avenir de la France que l'on se demande comment l'empereur pouvait avoir conçu l'espoir de masquer sa mauvaise situation politique vis-à-vis de la Prusse et s'être laissé aller à faire du parlementarisme au moment où il aurait fallu un gouvernement concentré et capable d'organiser discrètement la défense du pays. Le colonel Stoffel traitait la loi sur la garde mobile de « mesure insensée », indigne d'un grand pays, et déclarait une guerre prochaine comme « inévitable et à la merci d'un incident ». L'empereur était dûment averti, il est donc inexcusable de n'avoir pas su conjurer le danger avec des ressources en hommes et en argent supérieures à celles de son antagoniste.

# CHAPITRE III

L'empire à la fin de juin 1870. — Les partis. — Les orléanistes et les démocrates libéraux se rapprochent de l'empire. — MM. Guizot et Prévost-Paradol. — Formation d'une gauche ouverte. — Le parti avancé. — Opinion de M. Gustave Flourens. — Les classes ouvrières. — Le parti conservateur. — L'armée.

La diversion vers le libéralisme tentée par l'empereur avec le ministère Ollivier avait réussi au point de donner au régime napoléonien les apparences d'une solidité à l'épreuve des événements. Pour les politiciens, jamais Napoléon III n'avait paru mieux assis sur son trône qu'à la fin du mois de juin 1870.

Le régime parlementaire, inauguré le 2 janvier précédent et consacré par un plébiscite voté le 8 mai à une écrasante majorité, fonctionnait de manière à rallier la masse de la nation, à laquelle suffit et suffira toujours la liberté sagement pratiquée des pays constitutionnels. Un grand apaisement succédait aux agitations qui avaient marqué le commencement de l'année, et les débats politiques étaient désormais circonscrits dans des luttes d'influence engagées entre les impérialistes libéraux, les bonapartistes autoritaires et les parlementaires purs.

Les résultats du plébiscite avaient achevé l'œuvre de dislocation des partis commencée par les réformes libérales du début de l'année. Le parti parlementaire, presque désarmé par les concessions faites, avait cessé de placer uniquement ses espérances sur les princes de la famille d'Orléans. Ses notabilités étaient entrées aux affaires, les unes avec un portefeuille de ministre, les autres, comme Prévost-Paradol, par la porte de la diplomatie. M. Guizot avait sollicité et obtenu pour son fils une place avantageuse au ministère de la justice et des cultes. Il y avait bien encore quelques résistances, quelques scrupules, mais il était visible qu'on en triompherait, le jour où de nouveaux et éclatants exemples auraient fourni un prétexte plausible aux hésitants pour rompre avec une attitude qui n'avait plus de raison d'être en présence des satisfactions données à leurs aspirations libérales.

Dans la gauche de la Chambre des députés, une bruyante rupture avait séparé en deux groupes les membres jusqu'alors unis dans leurs attaques contre le régime impérial. Les élections de 1869, en renforçant l'opposition de quelques représentants qui se déclaraient irréconciliables, avaient contraint les uns à accentuer leurs tendances républicaines, tandis que les autres, se sentant entraînés au delà de la limite qu'ils ne voulaient pas franchir, résistaient de leur mieux et se séparaient petit à petit de leurs collègues. Le premier groupe, à la tête duquel s'était placé M. Gambetta, se résignait aux succès faciles de l'opposition systématique ; mais, tout en déclarant ne vouloir que la république et refuser tout de l'empire, même la liberté, il affirmait en même temps ne la vouloir tenir que du suffrage universel, répudiant ainsi toute solidarité d'action avec le parti démagogique.

Le second groupe, rangé autour de M. Ernest Picard, n'avouait pas encore hautement ses tendances, mais les laissait aisément deviner. Elles différaient singulièrement de celles des députés républicains. Le 25 mai, dans une réunion tenue, rue Saint-Honoré, au domicile de M. Ernest Picard, seize députés s'étaient ralliés à une proposition très grave faite par M. de Keratry. Le député de Brest soutenait qu'en présence des événements accomplis depuis six mois, la démocratie devait en finir avec une opposition systématique, et se déclarer prête à accepter le pouvoir, le jour où l'empereur se déciderait à appliquer, dans son intégrité, le programme des démocrates libéraux.

La discussion avait été vive. M. Ernest Picard hésitait à rompre ouvertement avec ses anciens compagnons de lutte; mais, poussé dans ses derniers retranchements par ses plus jeunes amis, se rendant aux instances de MM. Guyot-Montpayroux, Wilson et Steenackers, il avait fini par accepter la direction d'une *gauche ouverte* destinée, sans les événements ultérieurs, à absorber promptement tout le centre gauche et à laisser dans l'isolement l'infime minorité de la gauche radicale.

Si la dynastie impériale n'avait rien à redouter, ni des orléanistes à moitié ralliés, ni de la gauche ouverte, qui lui offrait au contraire un relais de personnel gouvernemental, ni de la gauche radicale, résolue à n'opposer à l'empire que des barricades oratoires, devait-elle craindre au moins les tentatives de la démagogie.

Ce parti, le seul capable d'une action énergique, recruté parmi les communistes, les socialistes et les exaltés, avait fini par reconnaître l'impuissance de ses efforts. Plusieurs fois, depuis six mois, il avait tenté des coups de main, et chaque fois il avait dû battre en retraite. Tous les moyens lui avaient paru bons, depuis la barricade jusqu'à l'attentat. Un de ses membres les plus actifs, M. Gustave Flourens, qui devait périr l'année suivante pendant la Commune, a avoué lui-même, dans un livre intitulé *Paris livré*, le rôle de la démagogie dans les premiers mois de 1870, et confessé l'existence de complots dont le scepticisme de la population attribuait l'invention à la police impériale. M. Flourens retrace en ces termes la tâche que s'était imposée le parti dont il était le plus vaillant soldat :

Emouvoir, agiter les esprits sans cesse, en parlant, en écrivant, en se battant, en dressant des barricades, même incomplètes, insuffisamment défendues et bientôt prises, en ébauchant chaque jour de nouveaux complots parmi les citoyens ou parmi les soldats, dût chacun de ces complots avorter successivement, faire trembler le tyran pour sa vie, l'affoler ainsi et le rendre chaque jour plus impuissant, plus stupide.

M. Flourens n'exagère pas. Ce programme, ses amis l'avaient consciencieusement rempli ; mais, les jours de bataille projetée, ils n'avaient jamais pu réunir plus de cent combattants. Les luttes annoncées comme devant être terribles se bornaient à des bousculades, aggravées par la brutalité maladroite des agents de police et par la regrettable manie de la population parisienne, qui allait à l'émeute après son dîner, comme à un spectacle en plein vent dont on pouvait jouir sans payer. Les journaux radicaux n'exerçaient aucune influence sur les travailleurs, exclusivement préoccupés de la solution des questions économiques et sociales : aussi, à ne s'en tenir qu'aux apparences, la société française et l'empereur semblaient pouvoir compter encore sur de longues années de tranquillité. Mais il ne fallait pas remuer longtemps cette surface brillante pour reconnaître qu'une immense décomposition avait fait sourdement son œuvre et n'attendait qu'une occasion favorable pour engloutir d'un seul coup ce qui avait été une France grande et un gouvernement fort.

Le mal datait de loin. Les premiers symptômes en avaient été signalés au lendemain de la terrible insurrection de juin 1848, alors que le prolétariat, déçu dans ses espérances et ne comprenant pas que le droit de suffrage, confié par le gouvernement provisoire à tous les citoyens, ne lui assurât pas les avantages matériels dont jouissaient les électeurs censitaires, avait essayé de conquérir par la force les améliorations à son sort promises par quelques utopistes. Au lendemain de cette sanglante défaite, la passion politique du peuple, jusqu'alors inspirée par des sentiments généreux et élevés, se dirigea de préférence sur les questions dites sociales. L'augmentation des salaires, la diminution des heures de travail, la recherche des moyens propres à subordonner le capital au travail et même à supprimer le premier, telles furent les études dans lesquelles s'absorbèrent les vaincus de Juin.

En moins d'une année, il se fit un changement profond dans les visées et dans les mœurs des classes ouvrières. A force de s'entendre dire qu'elles étaient souveraines de naissance comme un Bourbon, elles voulurent jouir des bénéfices qu'elles s'imaginaient être attachés à leur souveraineté. Les anciennes aspirations patriotiques et humanitaires qui faisaient considérer la France comme la patronne naturelle des nationalités opprimées, telles que la Pologne et l'Italie, allaient en s'émoussant. Le sentiment de compassion pour les nations malheureuses se transforma vite en un cosmopolitisme d'après lequel les peuples, pris dans leur ensemble, cessèrent d'être des protégés éventuels. Seuls les prolétaires de tous les pays, sans distinction, devinrent des frères ; tous les autres, nationaux ou étrangers, étaient des adversaires, sinon des ennemis.

Ce formidable mouvement des esprits qui agite l'Europe depuis quarante ans, en prenant de jour en jour des proportions plus effrayantes, ne fut pas compris du parti conservateur, des classes dirigeantes, comme on les appelait encore malgré leur déchéance, au bénéfice desquelles s'était faite la sanglante répression du mouvement de Juin. Il fallait l'égoïsme et l'aveuglement des censitaires de Louis-Philippe pour se méprendre sur la gravité de la situation et sur la sincérité des passions qui avaient amené le grand effort de Juin, où les insurgés comptaient plus de cent mille fusils. Le parti conservateur crut naïvement que la destruction ou la transportation de quelques milliers de prolétaires calmerait la crise intense à laquelle le général Cavaignac venait d'arracher la France. L'histoire lui montrait cependant que les idées justes et logiques germaient et gagnaient du terrain en raison même des efforts faits pour amener leur triomphe ; l'insurrection de Juin avait été sérieuse, certaines des revendications des classes ouvrières étaient justifiées et rien ne le prouve mieux que les tentatives plus ou moins heureuses de Napoléon III et celles du prince de Bismarck pour satisfaire à ces revendications par l'organisation d'un socialisme d'Etat, de manière à paralyser le plus possible l'action exercée sur les masses par les agitateurs de profession.

Sous la Restauration et sous la monarchie de Juillet, le parti conservateur, qui s'était substitué à l'ancienne noblesse, trouva commode de n'admettre à l'électorat que des gens riches payant de fortes contributions directes, à l'exclusion non seulement des classes populaires, mais de la partie la plus intelligente et la plus instruite de la nation. Nul n'était électeur s'il ne payait pas deux cents francs d'impôt ; pour être éligible, le cens montait à cinq cents francs. Comme corollaire à cette absorption de tous les droits politiques, l'ancien tiers état eût dû accepter les devoirs corrélatifs à ces droits. Loin de se résoudre au moindre sacrifice, il imagina le remplacement pour soustraire ses fils à l'impôt du sang, et l'on vit un pays réputé militaire composer son armée nationale des seuls prolétaires. La défense du sol se trouvait ainsi confiée à de pauvres diables qui n'en possédaient pas une parcelle et le maintien de l'ordre à des hommes dont le sort ne pouvait être amélioré que par un bouleversement.

Il était difficile de se montrer plus maladroit et le parti conservateur, qui, de 1815 à 1848, a détenu le pouvoir, l'industrie, le capital, dirigé à son gré l'instruction publique, semble s'être complu à creuser un abîme entre lui et les classes ouvrières. Il est l'auteur responsable des effroyables convulsions auxquelles la France a été en proie dans ces quarante dernières années et qui, si elles se renouvelaient, l'exposeraient à descendre au rang de puissance de second ordre.

Il serait peu juste de reprocher au régime impérial la démoralisation et la décomposition dont les progrès ont été incessants, même depuis la chute de Napoléon III. L'empire a profité de l'affaissement moral, il l'a augmenté ; il ne l'a pas causé. Seulement, comprenant ce qu'il y avait de tranquillité pour un gouvernememt dans un peuple dont toute l'activité se concentre sur la conquête des jouissances matérielles, il mit tous ses soins à satisfaire et à exciter des appétits qui devinrent chaque jour plus grands et plus impérieux.

Le mécontentement des classes ouvrières commençait à gagner l'armée qui, dans le scrutin du plébiscite, avait donné 309.416 oui, et 52.084 non. La proportion des opposants y était plus considérable que dans la population civile et devait fatalement augmenter en cas de défaite. L'empereur était donc condamné à entreprendre la prochaine campagne sur un terrain miné, prêt à s'effondrer au premier mouvement de recul ; il lui fallait vaincre ou tomber du trône.

# CHAPITRE IV

La candidature du prince Hohenzollern au trône d'Espagne. — La première nouvelle en arrive à Paris le 2 juillet. — Dépêche de M. Mercier de Lostende, ambassadeur à Madrid. — M. de Gramont se rend à Saint-Cloud. — Son attitude hautaine vis-à-vis de la Prusse. — Sa dépêche du 3 juillet à M. Le Sourd, à Berlin. — Sa note au *Constitutionnel*. — M. Emile Ollivier appuie M. de Gramont. — Excitations imprudentes de la presse parisienne. — Réponse de M. de Thile à M. Le Sourd. — Le 5 juillet on annonce la réunion des Cortès. — Affolement général. — M. Cochery interpelle le gouvernement qui accepte de répondre. — Conversations de M. de Gramont avec lord Lyons et le prince de Metternich. — Conversation entre MM. Emile Ollivier et lord Lyons. — Impassibilité de Napoléon III. — Note du maréchal Le Bœuf du 6 juillet.

On le voit, l'état de la France impériale laissait fort à désirer à la fin du mois de juin 1870, au moment où l'on commençait à dire discrètement à Madrid que l'Espagne avait enfin trouvé un roi, et où le maréchal Prim apprenait à ses intimes, en leur recommandant le secret le plus absolu, que ce roi était le prince Léopold de Hohenzollern-Sigmaringen, major à la suite du 1ᵉʳ régiment de la garde à pied et parent du roi Guillaume.

Le samedi 2 juillet, un journal parisien du soir annonçait qu'une députation avait été envoyée de Madrid à Dusseldorf, avec mission d'offrir la couronne d'Espagne au prince Léopold de Hohenzollern. Cette nouvelle passa inaperçue.

A peine attira-t-elle l'attention des employés du ministère des affaires étrangères et c'est par simple acquit de conscience qu'ils adressèrent une demande de renseignements à M. Mercier de Lostende, ambassadeur à Madrid. Celui-ci, averti de la nouvelle par le bruit qui en courait dans l'entourage de Prim, s'était rendu chez le maréchal qui lui dit franchement où en étaient les négociations. M. Mercier put ainsi, dans la journée du 2 juillet, faire savoir par le télégraphe au duc de Gramont le résumé de son entretien avec le maréchal Prim, entretien qui confirmait l'exactitude de la nouvelle de l'acceptation du trône d'Espagne par le prince allemand. Notre ambassadeur fit connaître en même temps la résolution de Prim d'accepter les conséquences de ce fait à l'égard de la France et la convocation prochaine des Cortès pour procéder à l'élection du roi.

Cette dépêche prit à l'improviste le gouvernement français qui avait perdu de vue l'affaire Hohenzollern, que M. Benedetti, notre ambassadeur à Berlin, lui avait signalée dès le mois de mars 1869. Ébloui par le succès apparent du plébiscite, il avait porté toute son attention sur les affaires intérieures et négligé de suivre les négociations relatives à la recherche d'un roi d'Espagne. La surprise n'en fut que plus désagréable et les ministres présents à Paris comprirent tout de suite la gravité d'un incident qui exposait le Cabinet à un échec diplomatique, car une élection prussienne devait produire une impression déplorable sur l'opinion publique en France et fournir à l'opposition une arme redoutable. Aussi, sans attendre le retour du président du Conseil, parti pour la campagne, M. de Gramont, sur l'avis de ses collègues, courut à Saint-Cloud et mit l'empereur au courant de ce qui se passait.

Le résultat de l'entretien fut qu'il était délicat de faire une opposition trop vive au vœu des Espagnols et qu'il valait mieux s'adresser à la Prusse pour obtenir le retrait de la candidature du prince Léopold. Vu les précédents relatifs aux trônes de Belgique et de Grèce, le succès de la demande ne laissait pas de doute, si elle était présentée d'une façon convenable et avec un désir sincère de la voir acceptée. C'est ici le point important de l'histoire de cette guerre si désastreuse pour la France, point sur lequel on ne s'était pas encore expliqué avec une franchise suffisante.

M. de Gramont appartenait à la catégorie très nombreuse des personnes qui avaient une confiance aveugle dans les armées françaises, et comptait profiter de la première occasion pour amener un conflit avec le vainqueur de Sadowa ou au moins lui infliger un échec diplomatique. Pour tout juge impartial et plus encore pour les personnes initiées aux faits et gestes de notre ministre des affaires étrangères, il est clair que ses paroles et ses écrits ont été volontairement provocants et qu'il croyait travailler à la grandeur de son pays en poussant la Prusse dans ses derniers retranchements. Sa mauvaise étoile lui a donné pour collègue et conseiller militaire le maréchal Le Bœuf, tandis que M. de Bismarck a eu la chance d'avoir pour collaborateur le maréchal de Moltke. En se montrant raide et cassant envers la première puissance militaire de l'Europe, il interprétait les sentiments d'une grande partie du peuple français et surtout ceux de l'impératrice Eugénie et de son entourage, qui, à l'abri des lauriers conquis en Allemagne, comptait bien revenir au régime autoritaire de 1852. Les dissertations, les récriminations et les accusations dont fourmillent les récits de nos défaites ne prévaudront pas contre la vérité historique. Le parti de la guerre, dont les coryphées n'étaient autres que les *mameluks* du second empire, souhaitait un conflit avec la Prusse, dont devaient facilement triompher les soldats de Malakoff et de Solferino. Un exposé complet des négociations diplomatiques, des discussions de la Chambre des députés et des communications officieuses au public, du 3 au 15 juillet, date de la déclaration de guerre, démontrera que cette assertion est amplement justifiée.

Sans attendre le président du Conseil, M. de Gramont dépêcha, le 3 juillet, le télégramme suivant à M. Le Sourd, secrétaire d'ambassade, chargé d'affaires de France à Berlin :

> Nous ne considérons pas cette candidature comme sérieuse et nous croyons que la nation espagnole la repoussera. Mais nous ne pouvons voir sans quelque surprise un prince prussien chercher à s'asseoir sur le trône d'Espagne. Nous aimerions à croire que le Cabinet de Berlin est étranger à cette intrigue ; dans le cas contraire, sa conduite nous suggérerait des réflexions d'un ordre trop délicat pour que je vous les indique dans un télégramme. Je n'hésite pas toutefois à vous dire que l'impression est mauvaise, et je vous invite à vous expliquer dans ce sens.

En même temps il fit rédiger par M. Giraudeau, chef de la division de la presse au ministère de l'intérieur, une note destinée au *Constitutionnel* et dont l'apparition, le lendemain matin, produisit un vif sentiment d'inquiétude. Dans cette note, cependant, M. de Gramont ne mettait pas en jeu la Prusse et acceptait avec aigreur, mais enfin acceptait, l'hypothèse de l'élection par les Cortès du prince de Hohenzollern.

> Si la nation espagnole, disait l'article ministériel, sanctionne ou conseille cette démarche, nous devons avant tout l'envisager avec le respect qu'inspire la volonté d'un peuple réglant ses destinées. Mais en rendant hommage à la souveraineté du peuple espagnol, seul juge compétent en pareille matière, nous ne pourrions réprimer un mouvement de surprise en voyant confier le sceptre de Charles-Quint à un prince prussien, petit-fils d'une princesse de la famille Murat, dont le nom ne se rattache à l'Espagne que par de douloureux souvenirs.

Cette dernière phrase avait soulevé de très vives objections de la part de M. Giraudeau. Cette gratuite et inutile attaque aux Murat paraissait étrange au collaborateur de M. de Gramont. Mais, en dépit de ses observations, le ministre des affaires étrangères, dont l'irritation cherchait une issue, maintint la rédaction projetée de la note. Cette conduite, chez un diplomate de carrière, que sa longue expérience des affaires mettait en garde contre de pareils entraînements, serait inexplicable si l'on ne la considérait comme inspirée par la ferme volonté de pousser les choses à la dernière extrémité. En effet, la plus vulgaire prudence commandait au Cabinet français de ne pas ébruiter les nouvelles qui venaient de lui parvenir. Il était clair que l'opinion et la presse européenne une fois en possession de la vérité, il ne serait plus possible de rester maître de son langage et de ses actions ; de quelque côté que l'on envisageât les événements, ils devaient fatalement aboutir à l'humiliation d'une des trois puissances engagées dans l'intrigue hispano-prussienne.

M. de Gramont n'avait même pas l'excuse de la surprise. Si, au premier moment, il lui aurait peut-être fallu un effort de mémoire pour ressaisir les fils d'une négociation suivie avec une regrettable négligence par les agents de son ministère, la lecture de la dépêche précitée de M. Benedetti, qui remontait au 27 mars 1869, aurait dû l'éclairer. L'ambassadeur de France à Berlin y parlait de la candidature du prince Léopold de Hohenzollern, qui avait pour les Espagnols l'avantage d'être catholique et d'être allié à une princesse de Bragance. Deux rapports subséquents et relatifs à cette affaire, portant les dates des 31 mars et 11 mai 1869, achevaient de l'éclairer. Dans le dernier de ces rapports, M. Benedetti relate une entrevue avec M. de Bismarck, dans laquelle le chancelier reconnut qu'il était question de la candidature au trône d'Espagne du prince de Hohenzollern et informa incidemment l'ambassadeur français que l'on avait songé un instant au prince Frédéric-Charles. Cette idée avait été aussitôt abandonnée devant l'objection qu'un prince protestant luthérien ne saurait être accepté par les Cortès ni par le peuple espagnol.

On a beaucoup épilogué sur ces négociations qui, en définitive, ne présentent qu'un intérêt médiocre. Comme l'avait écrit le colonel Stoffel, « la guerre était à la merci d'un incident », incident qui devait surgir du premier prétexte venu, du moment que les deux personnages chargés des relations extérieures en France et en Prusse étaient l'un et l'autre peu disposés à la conciliation. Or, le duc de Gramont désirait la guerre, et le comte de Bismarck, en ayant besoin pour parfaire l'union entre les États allemands du Nord et ceux du Sud, ne pourrait laisser échapper l'occasion qui se présentait. Si l'on ne peut dire qu'il a combiné, dès le printemps de 1869, les moyens d'amener une rupture avec la France, grâce à une candidature prussienne au trône d'Espagne, on sait qu'il a su tirer habilement parti de la mauvaise humeur du gouvernement français pour déterminer le conflit désiré.

M. Emile Ollivier, qui n'avait aucune sympathie pour l'entourage de l'impératrice ni la moindre tendance à partager ses velléités guerrières, aurait pu réparer rapidement les fautes voulues du ministre des affaires étrangères, en atténuant les termes, d'une raideur peu diplomatique, de la dépêche adressée à M. Le Sourd et en commentant dans un sens pacifique la note du *Constitutionnel*. Par malheur, le président du Conseil appartenait au monde du barreau, où, avant 1870, on s'occupait fort peu de science militaire et où l'on affectait un profond dédain pour les hommes et les choses de l'armée. Tous étaient grands partisans du remplacement et ne connaissaient le métier des armes que par ouï-dire ; depuis quarante ans, la jeunesse dite libérale avait été élevée dans l'idée que la carrière militaire n'offrait aucun avantage aux hommes intelligents et que les situations élevées s'y distribuaient comme des cadeaux auxquels les plus méritants participaient rarement. Le spectacle de la Cour impériale n'était guère de nature à détruire cette fâcheuse impression ; les généraux les plus en vue avaient franchi presque tous les échelons de la hiérarchie sans avoir quitté un instant le service des écuries, des chasses ou des logis. La presse et le théâtre avaient peu à peu complété cette œuvre de mésestime, en déversant le ridicule sur les chefs les plus respectés et en bafouant tout ce qui, de loin ou de près, touchait à l'armée. Les hommes de robe et de finance oubliaient de plus en plus que le premier service d'un État est celui où il y va de la vie et que tous les citoyens se doivent à la défense de la patrie. Les plus ancrés dans leurs idées antimilitaires appelaient l'uniforme « la livrée de la servitude », tandis qu'en Prusse on le qualifie fièrement d' « habit du roi ».

Le président du Conseil considérait certainement les questions relatives à l'armée et à la marine comme secondaires, sans quoi, en dépit de son désir d'être premier ministre, il n'eût pas renoncé à toute action sur les deux ministères de la guerre et de la marine. Pendant les six premiers mois de son ministère, il n'avait jamais essayé de savoir où en étaient les armements de la France et ne s'était pas inquiété davantage des masses que la Prusse, renforcée des contingents de la Confédération du Nord et des Etats du sud de l'Allemagne, serait en état de concentrer sur la rive gauche du Rhin en moins de quinze jours. Dans les idées des hommes politiques français, ces détails regardaient exclusivement les militaires et ne méritaient pas de fixer leur attention. Une longue série de succès, en Algérie et en Crimée, en Italie et au Mexique, ne permettait pas la moindre inquiétude sur l'issue d'une guerre quelconque ; seules, les rares personnes qui avaient additionné les centaines de mille hommes que l'application rapide du système prussien à tous les Etats allemands mettrait à la disposition du roi Guillaume, se montraient agitées des plus sombres pressentiments.

Ces réflexions peignent l'état d'esprit de M. Emile Ollivier et des *politiciens* parisiens quand arriva la nouvelle de la candidature du prince Léopold. Loin de refréner le zèle batailleur du duc de Gramont, le président du Conseil ne dissimula nullement aux nombreux visiteurs accourus chez lui dans la journée du 4 juillet, sa ferme résolution de ne pas tolérer un nouvel outrage de la part de la Prusse. Après avoir été de bonne foi un ardent apôtre de la paix, il affectait de so montrer chatouilleux sur le point d'honneur national et de faire preuve d'énergie en face des autoritaires de l'empire qui avaient accepté sans mot dire les camouflets de Sadowa et du Luxembourg.

Cette attitude du président du Conseil surexcitait les passions de la foule, très animée contre la Prusse depuis Sadowa, que l'on n'avait cessé de lui présenter comme une défaite blessante pour la France, à laquelle le roi Guillaume avait refusé toute compensation pour les annexions du Hanovre, de Hesse-Cassel, du Nassau et du Sleswig-Holstein. Dès le 4 juillet au soir, la presse française s'emparait, pour les commenter, des nouvelles imprudemment répandues. Elle procède par d'amères interrogations ; on cherche le coupable, et sur-le-champ les parties prennent position pour faire tourner à leur profit l'incident qui se produit. Les radicaux, convaincus que le gouvernement est décidé à boire toute honte, mettent en pleine lumière les affronts accumulés dans la candidature du prince prussien, tandis que les journaux engagés dans la direction des idées du Cabinet attisent le feu en déclarant sur tous les tons qu'il n'est pas possible à la France de permettre l'installation sur ses frontières d'un souverain vassal de la Prusse. Fait significatif ! l'opinion ne se donne pas la peine de rechercher l'initiateur de l'intrigue espagnole. Le nom de M. de Bismarck n'a pas été prononcé et tout le monde le désigne aux rancunes du pays. Il n'est pas un instant question de faire porter aux hommes d'Etat espagnols la responsabilité d'une affaire dont la conception était pourtant leur fait. C'est la Prusse qui est la seule coupable, c'est le chancelier de la Confédération de l'Allemagne du Nord qui a mené toute l'intrigue.

Ce langage, approuvé de confiance par la plupart des Français dont il flattait les instincts belliqueux et la haine native contre les Prussiens, était tout au moins maladroit, car il allait fournir à l'habile chancelier le moyen, cherché depuis quelque temps, de rendre la guerre inévitable. L'attitude

## CHAPITRE IV

hautaine et agressive du cabinet de Paris, ses notes comminatoires et les manifestations bruyantes qu'elles provoquaient dans les rues et dans les cafés, devaient forcément avoir leur contre-coup en Allemagne et y déterminer une furieuse explosion de patriotisme favorable aux desseins de M. de Bismarck. Au reste, gouvernement, peuple et députés semblaient s'être entendus pour faire son jeu.

Par une singulière coïncidence, le 3 juillet, le jour même où paraissait dans le *Constitutionnel* la note du duc de Gramont, ce prodrome de l'agonie de l'empire, il se passait aux Tuileries, dans la famille impériale, un incident grave qui a été révélé dans tous ses détails par M. Darimon, dans une brochure intitulée *La maladie de l'empereur*. A la date précitée, M. Germain Sée, le célèbre docteur, remettait à M. Conneau, médecin et ami de Napoléon III, le rapport que l'avaient chargé de rédiger MM. Nélaton, Ricord, Fauvel et Corvisart, ses non moins illustres confrères, appelés en consultation le 1er juillet. Depuis environ trois ans, la santé de l'empereur préoccupait sa famille qui, le voyant à chaque instant en proie à de vives souffrances dans le bassin, l'avait engagé à réunir en consultation les plus distingués chirurgiens de Paris.

Ce rapport contenait le passage suivant :

Mais les hématuries (pissements de sang) antérieures, mais la persistance de la purulence des urines depuis un an, le retour fréquent de la dysurie (difficulté d'urine) et l'augmentation des douleurs par les secousses doivent faire penser à une cystite (inflammation de la vessie) d'origine calculeuse, que le calcul soit placé et enchatonné dans la vessie, ou qu'il ait son siège primitif dans les reins... C'est pourquoi nous considérons comme nécessaire le cathétérisme (sondage) de la vessie à titre d'exploration.

Ce document était d'une clarté qui ne laissait de place à aucun doute sur la nature et la gravité de la maladie dont l'empereur était frappé et qui le rendait incapable de faire campagne, c'est-à-dire de rester des journées entières à cheval, de bivouaquer au besoin dans la neige ou dans la boue et d'être dans l'impossibilité de suivre un régime. Certes, si les ministres, le Corps législatif et le Sénat l'avaient connu, jamais la guerre n'aurait été déclarée et l'on se serait contenté avec bonheur du désistement du prince Antoine. Pourquoi cette consultation a-t-elle était tenue secrète ? Voici ce qu'en dit M. Darimon :

> Dans les papiers de l'empereur on avait trouvé l'original de la consultation signée du docteur G. Sée. Le prince Napoléon fut stupéfait de cette découverte. Après avoir pris connaissance du document, il aperçut le docteur Conneau dans un coin et l'apostropha avec vivacité : — Comment se fait-il que tu aies tenu cachée une pièce aussi importante ? — On ne peut rien vous dire, répondit le docteur Conneau ; vous êtes si violent ! — Mais enfin, parle ; la chose en vaut la peine, dit le prince. — J'ai montré la pièce *à qui de droit et en temps utile*, répliqua le pauvre docteur en baissant la tête. — Et que t'a-t-on répondu ? — On m'a répondu : *le vin est tiré, il faut le boire*.

Ces déclarations semblent incriminer l'impératrice, dit M. Darimon sans oser conclure. On verra plus loin que la femme de Napoléon III et son entourage désiraient vivement la guerre pour jeter à bas l'empire libéral ; il est donc possible que, par désir de ne pas retarder la déclaration de *sa* guerre, elle ait tenu secrète la consultation rapportée par M. G. Sée.

Le 4 juillet, M. Le Sourd se rendit au ministère des affaires étrangères, conformément aux ordres du duc de Gramont. Il fut reçu par le sous-secrétaire d'Etat M. de Thile, en l'absence de M. de Bismarck, alors à son château de Warzin. M. de Thile répondit « que le gouvernement prussien ignorait absolument cette affaire et qu'elle n'existait pas pour lui ». La réponse était quelque peu jésuitique, mais cependant rigoureusement vraie, la candidature du prince Léopold ayant été traitée comme une affaire de la famille Hohenzollern et non comme une affaire d'Etat. Après les aveux faits l'année d'avant par le chancelier à M. Benedetti, la réponse, d'une duplicité manifeste, de M. de Thile eût dû donner à réfléchir au gouvernement français et l'engager à serrer son jeu devant un adversaire qui cachait le sien et recourait, dès le début, à une échappatoire. Loin de là, M. de Gramont ayant reçu, le même jour, la visite de congé de M. de Werther, ambassadeur de Prusse, qui se rendait à Ems auprès de son roi, lui déclara catégoriquement « que la France ne tolérerait pas l'établissement du prince Hohenzollern ni d'aucun autre prince prussien sur le trône d'Espagne ».

Le lendemain, 5 juillet, on apprit que la réunion des Cortès pour l'élection d'un roi était fixée au 15 du même mois. Le gouvernement français n'avait donc plus que dix jours pour prévenir un fait accompli. Cette nouvelle lui fit perdre le peu de sang-froid qui lui restait et produisit un véritable affolement dans la presse et par suite dans le public, trop disposé, depuis Sadowa, à accueillir avec satisfaction tout motif de querelle avec la Prusse. La Chambre se laissait également entraîner par les cris de guerre et M. Cochery, député du Loiret, prévint M. Schneider, président du Corps législatif, et M. de Gramont de son intention d'interpeller le gouvernement sur la candidature du prince Léopold. Le ministre des affaires étrangères ne fit aucune objection au projet de M. Cochery, quoique celui-ci eût offert spontanément d'ajourner son interpellation ; il déclara même avec insistance qu'il ne voyait nul inconvénient à ce qu'elle fût faite séance tenante.

Cette déclaration avait une gravité extrême, car l'interpellation était rédigée de façon à mettre directement en cause le roi Guillaume. « Nous demandons, disait M. Cochery, à interpeller le gouvernement sur la candidature éventuelle d'un prince de la famille royale de Prusse au trône d'Espagne. » M. de Gramont annonça qu'il répondrait le lendemain, 6 juillet, à l'interpellation.

Dans le même après-midi du 5, le ministre des affaires étrangères reçut successivement lord Lyons, ambassadenr d'Angleterre, et le prince de Metternich, ambassadeur d'Autriche-Hongrie. A lord Lyons, il rapporta sa conversation avec M. de Werther en ajoutant : « La proposition n'est rien moins qu'une insulte faite à la France... Le gouvernement ne le souffrira pas. »

Avec le prince de Metternich, qui représentait un souverain sur la sympathie et l'alliance duquel Napoléon III croyait pouvoir compter, M. de Gramont fut encore plus explicite et manifesta vivement son désir d'humilier la Prusse ou de la pousser à la guerre. « Cela ne se fera pas, dit le duc, nous nous y opposerons par tous les moyens, dût la guerre avec la Prusse en sortir. » Il entendait que celle-ci cédât purement et simplement devant la mise en demeure assez catégorique qu'on allait lui adresser.

Le soir, il y avait une réception chez M. Ollivier ; lord Lyons s'empressa d'envoyer à lord Granville, chef du Foreign Office, le résumé de sa conversation avec le président du Conseil. « M. Ollivier m'a pris à part, écrit-il, il m'a parlé longtemps et avec chaleur de cette affaire. Son langage a été, en substance, le même que celui de M. de Gramont, mais il a insisté davantage sur l'impossibilité de permettre au prince de devenir roi d'Espagne. L'opinion publique en France, dit-il, ne le tolérerait jamais. Tout cabinet, tout gouvernement qui y consentirait serait immédiatement renversé. Malgré tout son bon vouloir pour les Allemands, il doit avouer qu'il a ressenti ce procédé comme une insulte, et qu'il a pleinement participé à l'indignation du public. »

Le langage des journaux était à l'unisson avec celui des deux principaux ministres ; il devint clair pour tous les esprits impartiaux et de sang-froid que la paix était bien compromise par cette série d'imprudences inconscientes ou voulues. Telle était l'impression transmise à tous les gouvernements par leurs représentants à Paris.

Un seul homme possédait encore l'influence et l'autorité nécessaires pour mettre un frein à ces indignations d'une indiscutable sincérité, mais d'une exagération non moins évidente : l'empereur. Malheureusement, il souffrait alors de la douloureuse maladie qui devait l'emporter quatre ans plus tard et qui produit souvent un grand affaissement moral. Quoique tourmenté par les sombres prophéties du colonel Stoffel dont il appréciait le talent d'observation, il resta impassible et se renferma dans son rôle de souverain constitutionnel. Toutefois, il demanda au maréchal Le Bœuf des renseignements sur les troupes susceptibles d'entrer en ligne à bref délai. Le ministre de la guerre lui répondit par un document intitulé : « *Note sommaire pour l'empereur sur la situation de l'armée* ». Dans cette note, dont on trouvera le texte intégral plus loin, au chapitre relatif à la mobilisation des armées, le ministre promettait formellement à l'empereur 350.000 hommes dans l'espace de quinze jours et un renfort d'environ 20.000 zouaves, tirailleurs algériens et chasseurs d'Afrique dans la quinzaine suivante. Cette pièce, qui figure dans les œuvres posthumes de Napoléon III, porte la date du 6 juillet et mérite d'autant plus d'être signalée qu'elle ne s'accorde nullement avec le passage de la déposition du maréchal Le Bœuf concernant le même sujet.

Devant ses collègues, le ministre de la guerre n'aurait parlé que de 250.000 hommes à réunir dans les quinze premiers jours et de 300.000 dans les trois premières semaines. C'est la version adoptée à tort par plusieurs historiens, car une déposition faite après coup ne saurait prévaloir contre une pièce officielle revêtue de la signature du maréchal Le Bœuf. Il est évident du reste que jamais l'empereur ni aucun de ses ministres n'aurait opiné pour la guerre, s'ils n'avaient eu sous les yeux les chiffres de la note à l'empereur et non ceux donnés dans la déposition. Cette note néfaste régla la conduite du ministère et surtout celle de M. de Gramont, déjà trop disposé à la guerre par antipathie nationale pour la Prusse et aussi pour faire sa cour à l'impératrice et à son entourage dont il partageait les passions. Il s'agissait, par un coup d'éclat, de restaurer le régime césarien en s'appuyant à l'intérieur sur le parti ultramontain, qui avait gagné un terrain considérable dans la classe élevée et dans la bourgeoisie aisée, où les opinions teintées de cléricalisme prenaient de plus en plus le pas sur les manifestations voltairiennes à la mode sous la monarchie de Juillet.

# CHAPITRE V

Déclaration du 6 juillet au Corps législatif. — Son effet belliqueux. — L'Angleterre et l'Autriche se montrent peu satisfaites de cette déclaration. — MM. de Girardin et Gambetta sont favorables à la guerre. — Attitude réservée de M. de Bismarck. — Le comte Benedetti est envoyé à Ems où il arrive le 8 juillet. — A la séance du 7, M. Jules Favre accuse M. Ollivier de favoriser des tripotages de Bourse. — Dépêches de M. de Gramont à M. Benedetti. — Conduite prudente et habile de l'ambassadeur. — Réserve calculée de la presse allemande. — Le comte Benedetti est reçu par le roi le 9 et le 11 juillet. — La France est sans alliances. — M. Olozaga annonce le désistement du prince Léopold dans la matinée du 12 juillet. — Imprudence de M. Emile Ollivier. — M. Clément Duvernois demande à interpeller le gouvernement. — Entrevue de MM. Olozaga, de Werther, de Gramont et Ollivier. — M. de Gramont se rend à Saint-Cloud.

Ce fut avec la conviction d'un succès rapide, suivi d'un traité de paix dans le genre de celui de Villafranca, que le Conseil des ministres arrêta la rédaction de la note que le duc de Gramont devait lire à la Chambre, le 6 juillet, en réponse à l'interpellation de M. Cochery. Paris était dans une attente anxieuse ; longtemps avant l'ouverture de la séance, les tribunes étaient combles ; le corps diplomatique, au complet, occupait ses places réservées.

Le ministre des affaires étrangères lut la déclaration au milieu d'un silence recueilli ; le gouvernement y priait la Chambre d'ajourner la discussion, ignorant encore les détails vrais d'une négociation qui avait été « *cachée* ». Il n'examinait même pas les griefs que l'on avait contre l'Espagne et s'inclinait par avance devant la volonté « d'une noble et grande nation en plein exercice de sa souveraineté ». L'ennemi, c'était la Prusse.

> Nous ne voyons pas, disait en terminant M. de Gramont, que le respect des droits d'un peuple voisin nous oblige à souffrir qu'une puissance étrangère, plaçant un de ses princes sur le trône de Charles-Quint, puisse déranger à notre détriment l'équilibre actuel des forces de l'Europe et mettre en péril les intérêts et l'honneur de la France. Cette éventualité, nous en avons le ferme espoir, ne se réalisera pas. Pour l'empêcher, nous comptons à la fois sur la sagesse du peuple allemand et sur l'amitié du peuple espagnol. S'il en était autrement, forts de votre appui et de celui de la nation, nous saurions remplir notre devoir sans hésitation et sans faiblesse.

Il n'y eut qu'un cri pour apprécier cette déclaration : « C'est la guerre ! » Lord Lyons, le prince de Metternich, M. Olozaga et le baron de Werther télégraphièrent sur-le-champ à Londres, à Vienne, à Madrid et à Berlin. Il n'était pas permis de se méprendre sur les sentiments du Corps législatif; ces sentiments, contenus jusqu'alors, éclataient avec une violence inouïe. Les spectateurs des tribunes applaudissaient le ministre dont la fière et élégante attitude satisfaisait si fort en ce moment la vanité nationale. On se montrait le vieux général Changarnier, dans la loge réservée aux anciens députés, battant des mains aux paroles de M. de Gramont. En vain MM. Crémieux et Emmanuel Arago, de la gauche radicale, essayèrent-ils de protester ; leurs interruptions, visiblement dictées par un esprit d'opposition systématique, ne firent qu'exciter davantage le sentiment de l'immense majorité des assistants.

M. Ollivier, un peu effrayé de l'effet produit par la déclaration ministérielle, voulut atténuer l'impression visiblement ressentie par les membres du corps diplomatique, qui donnaient déjà des ordres à leurs secrétaires pour aviser leurs gouvernements. Il répéta avec insistance qu'il « désiraît la paix avec passion, » et, pour mieux rappeler les députés au sentiment d'une responsabilité qu'ils paraissaient oublier, il termina par ces mots : « Si nous croyons un jour la guerre inévitable, nous ne l'engagerons qu'après avoir demandé et obtenu votre concours. »

La déclaration du gouvernement fut accueillie avec enthousiasme; dans la soirée, les boulevards furent sillonnés pour la première fois par des bandes poussant le cri de : A Berlin! A Berlin! en réponse aux cris des promeneurs et des innombrables consommateurs assis devant les cafés. Ces manifestations n'auraient pas eu de portée si elles n'avaient été l'expression fidèle du sentiment public, traduit avec la dernière énergie par tous les organes de la presse sérieuse, à l'exception du *Temps* et du *Journal des Débats*. On ne saurait donc, sans injustice, reprocher au gouvernement de s'en être laissé impressionner ; mais il avait commis la faute impardonnable de déchaîner les passions qui couvaient depuis Sadowa et de mettre la France en ébullition par l'ostentation avec laquelle il s'était hâté de publier les nouvelles de Madrid et de prendre une attitude agressive envers la Prusse.

La presse étrangère contribuait encore à augmenter les illusions du Cabinet de Paris et à lui donner l'espoir d'un concours européen. Les journaux anglais et autrichiens condamnaient pour la plupart la conduite de la Prusse et blâmaient le secret, discourtois pour toutes les grandes puissances, avec lequel avait été négociée la candidature du prince Léopold. Les gouvernements de Londres et de Vienne n'étaient guère plus satisfaits de l'attitude de M. de Bismarck, qui affectait de considérer la question comme une affaire privée, intéressant seulement la famille de Hohenzollern et nullement le gouvernement prussien ; néanmoins, comme ils désiraient éviter la guerre, lord Granville et M. de Beust furent très contrariés de la déclaration du 6 juillet, déclaration qui empêchait ou gênait tout au moins une action diplomatique sérieuse auprès du roi Guillaume, que le Cabinet français avait mis imprudemment dans l'alternative de subir une humiliation ou de relever un défi. Pour n'avoir pas bien mesuré la portée de cette première manifestation, le Cabinet était condamné à modifier chaque jour, en l'aggravant, l'espèce d'ultimatum porté à la tribune.

Le langage des hommes qui exerçaient le plus d'influence sur l'opinion montre le degré d'effervescence où en était arrivé l'esprit public et la nécessité dans laquelle s'était mis le ministère de se montrer de plus en plus raide et cassant envers la Prusse.

Plutôt que de compromettre l'œuvre de M. de Bismarck, écrivait M. de Girardin dans la *Liberté* du 8 juillet, la Prusse refusera de se battre ? — Eh bien ! à coups de crosse dans le dos, nous la contraindrons de passer le Rhin et de vider la rive gauche.

M. Gambetta, le chef éloquent et écouté de l'extrême gauche, encourageait dans ses conversations de couloirs le Cabinet à persévérer dans la voie indiquée par la déclaration de M. de Gramont. A la grande surprise et à la grande colère de ses suivants, M. Gambetta disait hautement que l'unification de l'Allemagne avait rendu nécessaire pour la France la possession des bords du Rhin, et que l'imprudente intrigue ourdie par Prim et Bismarck méritait un châtiment exemplaire. Devant ses collègues de l'extrême-droite, en réponse à une question de M. Dugué de la Fauconnerie, député impérialiste et démocrate, il déclarait que, sans dissimuler la force que l'empire puiserait dans de nouvelles victoires, il s'y résignait si la France devait sortir grandie de la lutte, et n'empêcherait pas l'empereur de « laver le 2 Décembre dans l'eau du Rhin ». A ses amis, M. Gambetta tenait un langage analogue. Aucun gouvernement ne pouvait vivre sous la menace de l'épée prussienne, et la République, le jour où elle serait proclamée, aurait surtout à craindre la puissance aux allures féodales qui ne supporterait pas sans impatience le voisinage d'un grand Etat démocratique. Il fallait écraser la Prusse ! Pourquoi ne pas laisser faire cette besogne à l'empire et refuser la moisson dont le parti républicain devait seul recueillir plus tard les fruits ?

Ces considérations, développées en un langage ardent et patriotique, font vivement regretter que le grand tribun, comme ses collègues du barreau, n'eût alors aucune notion des affaires militaires qu'une terrible expérience devait lui faire connaître plus tard. M. Gambetta, en se mettant en opposition avec ses partisans les plus dévoués, obéissait à sa nature élevée, généreuse et surtout impérieuse. Il rêvait une France forte, grande, redoutée, et se croyait, sans trop d'orgueil, de taille à jouer un rôle prépondérant quelle que fût la forme du gouvernement. Il a pu donner la mesure de son patriotisme exempt de préjugés pendant qu'il a été au pouvoir, car pendant la guerre, et plus tard en pleine paix, il a fait appel à tous les hommes de talent ou de bonne volonté, sans distinction de partis, et cherché à défendre ses collaborateurs contre les attaques, les calomnies et les mesquines jalousies de la coterie qui prétendait l'accaparer et exploiter son influence à son profit exclusif.

En définitive, les articles enflammés de la presse, les conseils de M. Emile de Girardin et les excitations quelque peu chauvines de M. Gambetta, décidèrent la partie libérale et modérée de la Chambre à ne plus marchander son concours à une politique approuvée à la fois par l'instinct populaire, les écrivains les plus lus et le chef écouté du parti républicain. Toutes les digues étaient rompues, toute temporisation condamnée, toute objection impitoyablement écartée. La passion régna en souveraine dans la France entière qui ne rêvait plus que batailles et rive gauche du Rhin.

Tandis que le gouvernement français et les manifestations tapageuses des Parisiens prêtaient ainsi le flanc à leur habile adversaire, M. de Bismarck s'établissait fortement sur le terrain dont il ne devait plus sortir qu'une fois les hostilités commencées. Sa stratégie diplomatique, combinée avec une rare prévoyance et une incomparable sûreté de coup d'œil dès le commencement de l'incident de la candidature Hohenzollern, n'avait rien laissé au hasard et condamnait d'avance M. de Gramont et ses collègues à poursuivre la série de démarches et de fautes qui devaient infailliblement aboutir à une déclaration de guerre.

Dès le 4 juillet, dans sa réponse à M. Le Sourd, M. de Thile avait indiqué la situation qu'entendait garder le gouvernement prussien. Pour ce dernier, la candidature du prince Léopold n'existait pas. Le lendemain, 5 juillet, M. de Werther avait parlé dans le même sens à M. de Gramont et dit en termes explicites que, le roi Guillaume eût-il pris une part quelconque aux négociations engagées entre Dusseldorf et Madrid, cette intervention engageait seulement le chef de la famille des Hohenzollern et non le souverain de la Prusse.

Cette manœuvre adroite, évidemment inspirée par M. de Bismarck, contraignait le cabinet français à traiter directement avec le roi Guillaume. Il n'y avait plus entre la France et le souverain de la Prusse ces intermédiaires naturels qui émoussent par métier les traits trop aigus d'une conversation et ne soumettent que des propositions déjà discutées, dont les termes sont pesés avec soin. Trop d'âpreté chez notre ambassadeur, et c'était la guerre. Une parole trop vive du roi au représentant de la France, et c'était encore la guerre. Enfin, il devenait facile de présenter d'une façon discourtoise telle démarche de l'ambassadeur ou de dénaturer dans un sens blessant certaines paroles du roi, et c'était toujours la guerre, guerre inévitable, puisque les deux gouvernements la désiraient et que les deux souverains laissaient une grande latitude à leurs ministres.

Le Cabinet de Berlin ayant refusé toute discussion, le comte Benedetti, en congé aux eaux de Wildbad, reçut l'ordre de se rendre à Ems, où le roi Guillaume faisait sa cure annuelle, accompagné seulement de quelques aides de camp. Le général de Moltke était dans ses terres de Silésie et M. de Bismarck, retiré dans son château de Warzin qu'il ne devait pas quitter avant le 12 juillet, semblait ignorer les événements, bien qu'on lui eût envoyé d'Ems M. de Keudell, directeur au ministère des affaires étrangères.

M. Benedetti arriva le 8 juillet à Ems, où l'attendait M. de Bourqueney avec les instructions de M. de Gramont, contenues dans une dépêche officielle et dans une lettre confidentielle portant la date du 7. La dépêche, écrite dans la matinée, invitait l'ambassadeur à prier le roi Guillaume d'intervenir « sinon par ses ordres, au moins par ses conseils, auprès du prince Léopold » pour que ce dernier renonçât à la candidature qui lui était offerte. Ce moyen avait été suggéré par le maréchal Prim à M. Mercier de Lostende et devait rendre sans objet la réunion des Cortès convoqués pour le 20. La dépêche était fort conciliante et atténuait ce qu'il y avait eu d'excessif dans la déclaration faite le 6 à la tribune du Corps législatif.

Malheureusement l'esprit public avait été trop surexcité à Paris pour laisser de grandes chances aux tentatives de conciliation ; le mouvement était lancé, rien ne pouvait plus l'arrêter. Le matin, le Cabinet revenait à des idées pacifiques ; dans l'après-midi un incident parlementaire vint modifier ces dispositions et lui faire croire à la nécessité d'une action plus énergique que celle dont la dépêche traçait le programme à M. Benedetti. Au milieu de la séance du Corps législatif, M. Ernest Picard et après lui M. Jules Favre demandèrent qu'on fixât à un jour prochain la discussion de l'interpellation de M. Cochery. Il paraissait impossible aux deux députés que le gouvernement n'eût pas reçu de dépêches de Berlin, et ils déclaraient qu'on ne pouvait laisser le commerce sous le coup terrible qui lui avait été porté la veille par la déclaration du gouvernement. En vain le ministre des finances et le président du Conseil affirmèrent-ils leur ignorance ; M. Segris fut mal accueilli, même par les centres, et M. Jules Favre attribua grossièrement l'ajournement demandé par M. Ollivier au désir de faire « des tripotages de Bourse ». Le Cabinet, malgré cette insulte, ne se laissa pas entraîner à de nouvelles et imprudentes déclarations. Il maintint son droit de ne répondre qu'à son heure à la question de M. Cochery, mais il quitta la Chambre dans un état d'irritation à peine dissimulé et dont se ressentit la seconde dépêche envoyée le même jour, à minuit, au comte Benedetti.

M. de Gramont y dédaignait tout ménagement et prescrivait à notre ambassadeur d'obtenir du roi une réponse catégorique. Il en rédigeait lui-même la formule, la seule, disait-il, qui pût satisfaire la France et empêcher la guerre : « Le gouvernement du roi n'approuve pas l'acceptation du prince de Hohenzollern, et lui donne l'ordre de revenir sur sa détermination, prise sans sa permission. »

Diplomate de la bonne école, M. Benedetti se préoccupa médiocrement de la différence de ton des deux dépêches. Ainsi qu'il l'explique dans son livre *Ma mission en Prusse*, il devait « d'une part, rapporter d'Ems le désistement du prince Léopold en l'obtenant du roi ; de l'autre, presser activement les négociations, afin de ne pas laisser à la Prusse le temps de procéder avant nous à la mobilisation de ses armées, si, comme nous pouvions le présumer, la difficulté soulevée n'avait d'autre objet que de provoquer un conflit en nous obligeant d'en prendre l'initiative ». Il avait donc bien compris le programme du Cabinet, aussi doit-on reconnaître que M. Benedetti accomplit sa mission délicate avec une prudence et un tact qui, dégagés de toute influence extérieure, eussent donné des résultats moins propres à favoriser les secrets projets de M. de Bismarck, dont l'habileté s'appliquait à donner à la France un rôle agressif.

La presse allemande, disciplinée comme un régiment et obéissant au mot d'ordre donné ou deviné, servait à merveille les intentions du Cabinet de Berlin. Les représentants de la Prusse auraient pu se borner à placer sous les yeux des gouvernements auprès desquels ils étaient accrédités les articles publiés dans l'Allemagne du Nord. Tous exprimaient le candide étonnement d'un peuple sûr de son innocence et provoqué tout à coup à laver dans le sang des injures qu'il n'a pas faites. Déjà, grâce à cette tactique, le ton des journaux étrangers commençait à se modifier et à être moins sympathique à la France. Les rodomontades de la presse parisienne, l'attitude hautaine du duc de Gramont et les démonstrations tumultueuses de la population produisaient peu à peu l'effet d'agacement, conséquence inévitable de vantardises et de provocations trop répétées.

Un diplomate aussi avisé que M. Benedetti, soustrait à la pernicieuse influence d'un milieu passionné, devait vivement sentir le dommage moral que causaient au gouvernement français les événements de Paris. Ce fut avec le sentiment exact des difficultés de sa tâche qu'il se présenta le 9 juillet, à trois heures de l'après-midi, chez le roi Guillaume.

L'entrevue fut des plus courtoises. Afin d'accentuer le caractère de bonhomie qu'il entendait donner à la réception de notre ambassadeur, réception retardée de quelques heures par suite de l'arrivée à Ems de la reine Augusta dans la matinée, le roi avait fait avertir le comte Benedetti qu'il le retiendrait à dîner après l'audience. Néanmoins, Guillaume, sans se départir de la plus extrême modération, refusa nettement d'intervenir auprès du prince Léopold, et s'appliqua à faire bien comprendre la distinction qu'il convenait d'établir entre les actes du souverain de la Prusse et ceux du chef de la famille des Hohenzollern. Toute l'habileté persuasive de M. Benedetti vint se briser contre la résolution du roi. Il avait, comme chef de famille, connu et autorisé la démarche du prince ; il ne pouvait convenir à sa dignité de revenir sur la parole donnée. Toutefois, désirant ne pas laisser l'ambassadeur sous une mauvaise impression et fermer toute issue à des éventualités d'apaisement, le roi ajouta qu'avant de reprendre l'entretien, il s'informerait des dispositions définitives de son jeune parent, dont les résolutions pouvaient être modifiées à la suite de l'effet produit par sa candidature. Fort embarrassé, n'osant pas suivre à la lettre les instructions trop virulentes de M. de Gramont et ne voulant pas provoquer une rupture quand les dernières paroles du roi permettaient d'entrevoir un arrangement possible, M. Benedetti s'inclina, en priant le roi de hâter l'arrivée des renseignements qu'il attendait et en lui signalant la légitime anxiété du Cabinet des Tuileries, qui avait à tenir tête à l'opinion publique violemment surexcitée.

Par une singulière fatalité, le compte rendu télégraphique de cette entrevue du 9, si impatiemment attendu à Paris, n'était pas encore déchiffré le lendemain à minuit. Un violent orage, en s'abattant sur la vallée du Rhin, avait amené une grande perturbation dans la transmission des dépêches et rendu illisible la plus grande partie de la communication de M. Benedetti. Cette tempête, arrivant comme à souhait pour permettre aux ministres de prolonger leur silence de vingt-quatre heures, fut rangée aussitôt par le public au nombre des mensonges officiels dont le gouvernement impérial était coutumier. On ne crut pas à la bonne foi du Cabinet. Comme c'était un dimanche, la foule, très nombreuse dans les rues, fut plus bruyante que jamais. Dans le monde politique, même scepticisme. M. Ollivier, dans un dîner d'amis à Auteuil, s'était montré confiant dans le maintien de la paix. Il leur annonçait que M. Olozaga, ambassadeur d'Espagne à Paris, avait fait des prodiges d'activité pour obtenir qu'on modifiât les projets de son gouvernement, et que le régent Serrano promettait de faire partir secrètement pour Dusseldorf son aide de camp, le général Lopez Dominguez, afin d'engager le prince Léopold à se désister de sa candidature et à rendre à l'Espagne sa liberté d'action.

Mais, tandis que le président du Conseil transformait complaisamment en idylle le drame diplomatique déjà très sombre, M. de Gramont, dans le milieu plus ardent du haut personnel des Tuileries, séparait peu à peu sa politique de celle de son chef parlementaire et cédait aux sentiments bruyamment exprimés dans l'entourage de l'empereur et de l'impératrice. M. Ollivier avait à lutter à la fois contre les députés partisans d'une politique autoritaire, les généraux, les adversaires systématiques du ministère du 2 janvier et contre la police, dont les rapports représentaient les quartiers populeux comme prêts à se lever si le gouvernement ne tenait pas compte de leur patriotique indignation. « Vous ne pouvez imaginer à quel point l'opinion publique est exaltée. Elle nous déborde de tous côtés, et nous comptons les heures », télégraphiait M. de Gramont à M. Benedetti, à une heure du matin, en revenant de Saint-Cloud dans la nuit du dimanche au lundi 11 juillet.

Notre ambassadeur pourtant faisait preuve d'activité; le 11, à midi, il entretenait de nouveau le roi Guillaume. Il devenait pressant. Mais le roi, sous l'influence de ses ministres, subordonnait, avec une obstination bien compréhensible, toute déclaration décisive à la réponse du prince de Hohenzollern. Ces démarches répétées et voisines de l'obsession, prescrites au comte Benedetti par le ministre des affaires étrangères, n'étaient certes pas de nature à apaiser le conflit, car notre ambassadeur donnait à entendre qu'il convenait de ménager les susceptibilités officielles et la dignité d'un souverain qui, officieusement, ne lui laissait pas ignorer la probabilité de la renonciation du prince Léopold, l'approbation qu'il donnerait le lendemain à ce désistement, et le retour à Paris de M. de Werther, chargé de faire pressentir cette bonne nouvelle au gouvernement français.

Le Corps législatif, décidément entraîné par le courant guerrier, se montrait de plus en plus malveillant envers le ministère auquel il commençait à reprocher de manquer d'énergie! Un sentiment de conservation personnelle et d'orgueil blessé se joignait ainsi à des considérations de dignité nationale pour pousser le gouvernement à faire bonne contenance et à ne rien retrancher de ses exigences; en même temps, une perception plus nette des dispositions des puissances étrangères l'empêchait de prononcer le mot décisif.

Cinq jours après la déclaration de M. de Gramont, il n'était plus possible de se faire illusion. Si la guerre éclatait, la France s'engageait sans alliances. De Saint-Pétersbourg, le télégraphe avait apporté la nouvelle prévue par les hommes expérimentés : le général Fleury n'avait pas obtenu du czar Alexandre II qu'il pesât sur les décisions du roi Guillaume. Il avait dit et fait dire par le prince Gortschakoff que son gouvernement conseillerait la modération à la Prusse, mais sans préciser davantage le but et la portée de son intervention. Cette réserve se manifestant à la suite de l'entrevue du roi et du czar le mois précédent, à Ems, devait naturellement mettre fin à toutes les velléités d'immixtion dans le conflit de la part des autres puissances. Un traité secret n'avait-il pas été conclu entre les deux souverains, unis par une vive amitié doublée par la respectueuse admiration d'Alexandre II pour son vieil oncle Guillaume ? L'Angleterre n'avait pas même eu besoin de se poser ce point d'interrogation pour se cantonner au plus vite dans une politique de non-intervention absolue, en ayant soin de marquer la mauvaise humeur que lui causaient les procédés diplomatiques du gouvernement français.

L'Autriche, mieux disposée en faveur de la France, mais très désireuse de conserver la paix, s'était émue de l'attitude agressive de M. de Gramont, qui lui paraissait des plus inopportunes et contraire à l'esprit des négociations d'alliance en cours entre les deux puissances. Par une dépêche du 11 juillet, M. de Beust chargeait le prince de Metternich de prévenir l'empereur Napoléon et ses ministres que, si le concours diplomatique de l'Autriche était assuré à la France, celle-ci ne devait guère compter sur un concours armé. « Parler avec assurance, terminait le ministre autrichien, ainsi que l'aurait fait, selon vos rapports, le duc de Gramont, dans le Conseil des ministres, des corps d'observation que nous placerions en Bohême, c'est pour le moins s'avancer bien hardiment. Rien n'autorise le duc à compter sur une pareille mesure de notre part, et la loyauté nous impose le devoir de ne pas laisser le gouvernement français faire entrer cette combinaison dans ses calculs. »

Quant à l'Italie, elle était décidée à étonner le monde par son ingratitude. Le roi Victor-Emmanuel et les sommités du parti conservateur se montraient jusqu'à un certain point reconnaissants des services rendus par la France, en 1859, à Magenta et à Solferino, en 1866 par une neutralité bienveillante, mais ses principaux hommes d'État et la grande majorité de la nation ne pardonnaient pas à Napoléon III l'écrasement des garibaldiens à Mentana ni le maintien d'une garnison française à Rome. La bonne volonté du roi se trouvait ainsi paralysée et tout espoir d'un concours armé de la part de l'ancienne cliente de la France devenait chimérique.

Cependant la journée du 12 juillet s'annonçait, en apparence, sous des auspices favorables au maintien de la paix. Ainsi qu'il a été dit, la renonciation à peu près certaine du prince Léopold devait être approuvée par le roi Guillaume le lendemain. M. de Gramont, malgré sa tendance à acculer la Prusse à une humiliation ou à la guerre, comprit qu'il fallait se donner les dehors d'une certaine modération. Il télégraphia donc le 12, à midi quarante-cinq, à M. Benedetti :

« Nous ne pouvons refuser au roi de Prusse le délai qu'il nous demande, mais nous espérons que ce délai ne s'étendra pas au-delà d'un jour. »

C'est alors que se produisit un incident dont on a beaucoup exagéré la portée et qui n'exerça qu'une influence très relative sur la marche des événements, parce que les deux directeurs des négociations, MM. de Bismarck et de Gramont, étaient également décidés à provoquer la guerre. M. Olozaga avait reçu dans la matinée le télégramme de Sigmaringen par lequel le prince Antoine annonçait au Cabinet de Madrid le désistement de son fils Léopold. Croyant la paix assurée, l'ambassadeur d'Espagne s'empressa d'envoyer la nouvelle à Napoléon III. Une copie du télégramme ayant été remise au président du Conseil, celui-ci se rendit aussitôt au Corps législatif et commit l'imprudence d'annoncer, dans la salle des Pas-Perdus, que satisfaction avait été donnée à la France. Or, c'était une erreur, car la dépêche du prince Antoine ne pouvait passer pour une réponse du roi de Prusse aux réclamations du gouvernement français; cette réponse était annoncée pour le lendemain par M. Benedetti, par suite les convenances diplomatiques et la plus vulgaire prudence commandaient de ne pas présenter le télégramme comme une communication officielle.

Les nombreux agents de la Bourse aux écoutes autour du Palais-Bourbon et de l'hôtel des affaires étrangères qui lui est contigu, furent vite informés de la nouvelle apportée par M. Ollivier; cent voitures s'engagèrent à la fois sur le pont de la Concorde et en une seconde les fonds publics, offerts à 67 fr. 40, montaient à 70 fr. 60, ruinant et enrichissant subitement nombre de spéculateurs.

Ceux qui ont conservé le souvenir précis de l'heure qui suivit l'indiscrétion du président du Conseil ne sauraient hésiter dans l'appréciation de l'effet qu'elle produisit sur le public. Trop violemment tendues, les cordes de la passion populaire se rompirent sous le choc et le ministère fut aussitôt en butte aux plus sanglantes railleries. La dépêche du « père Antoine » fut particulièrement tournée en ridicule et les quolibets ne furent pas ménagés aux auteurs de la fière déclaration du 6 juillet, qui se contentaient pour toute satisfaction d'un télégramme de ce principicule. Ainsi s'exhalait le désappointement de la foule chauffée au rouge depuis une longue semaine. En termes plus mesurés, les hommes politiques n'épargnaient pas les reproches à M. Emile Ollivier et à ses collègues. Le télégramme de Sigmaringen, sans un mot d'approbation du roi Guillaume, leur paraissait tout à fait insuffisant. Tel était aussi le sentiment du duc de Gramont, qui, ignorant encore l'imprudence de M. Ollivier, avait télégraphié à M. Benedetti :

Paris, le 12 juillet, deux heures quinze du soir. (Très confidentielle.) Employez toute votre habileté à constater que la renonciation du prince de Hohenzollern vous est *annoncée, communiquée ou transmise* par le roi de Prusse ou son gouvernement. C'est pour nous de la plus haute importance. La participation du roi doit à tout prix être consentie par lui ou résulter des faits d'une manière suffisante.

Cette dépêche si sage était-elle sincère? Il y a lieu de douter de la sincérité de M. de Gramont d'après sa conduite à la Chambre quelques instants plus tard. Là, les premiers échos de ce qui se passait au dehors avaient vivement impressionné les députés. Tous se considéraient comme offensés par la confidence faite aux promeneurs de la salle des Pas-Perdus. Quelques-uns crurent le moment venu de décider la chute d'un Cabinet que le sentiment public semblait avoir condamné et M. Clément Duvernois rédigea et déposa de suite, en ajoutant la seule signature du comte de Leusse à la sienne, une demande d'interpellation ainsi conçue : « Nous demandons à interpeller le Cabinet sur les garanties qu'il a stipulées ou qu'il compte stipuler pour éviter le retour de complications successives avec la Prusse. »

L'attitude du Cabinet et sa fière déclaration du 6 juillet justifiaient cette question qui, en outre, répondait exactement à l'opinion du public. M. de Gramont aurait pu, en donnant lecture de certains passages des dépêches de M. Benedetti, calmer l'impatience et l'irritation de la foule. Sa dépêche télégraphique de 2 h. 15 indiquait clairement qu'il ne partageait pas la méprise de M. Émile Ollivier sur la portée du télégramme de Sigmaringen, mais il savait que l'approbation royale était officieusement promise pour le lendemain, approbation qui donnait une satisfaction suffisante aux demandes de la France et aurait mis fin aux lazzis dont on accablait le ministère et son télégramme du « père Antoine ». Alors, comment expliquer le silence du ministre des affaires étrangères ? L'explication n'est pas embarrassante : M. de Gramont ne doutait pas de la victoire et s'empressait, après une velléité plus ou moins simulée de transaction, de revenir à la politique altière conseillée et prônée par l'entourage des souverains. En parlant de garanties à stipuler, l'ami de l'empereur, le dernier confident de ses pensées intimes, M. Clément Duvernois, devait exprimer le sentiment dominant à Saint-Cloud, quoique M. Emile Ollivier eût obtenu que M. Duvernois n'y aurait plus ses petites entrées. Le ministre des affaires étrangères saisit la balle au bond et se tut, pour se réserver la demande de garanties comme pomme de discorde.

Pour des motifs divers, les députés imitèrent le silence de M. de Gramont sur l'interpellation ; mais à la fin de la séance, M. Guyot-Montpayroux, membre de la gauche, releva la question de son collègue de la droite en disant : « Je préviens le Cabinet que demain, de concert avec plusieurs de mes amis, je compte faire tous mes efforts pour le contraindre à sortir d'un silence que je considère comme indigne de la Chambre et du pays. »

Dans l'intervalle de ces deux incidents parlementaires, M. de Gramont, rentré à son ministère, avait reçu, un peu avant trois heures, la visite de M. de Werther. Quelques secondes plus tard, on annonça M. Olozaga, qui apportait le télégramme de Sigmaringen et venait officiellement dégager l'Espagne de l'affaire de la candidature. Il exprima sa satisfaction du désistement du prince Léopold et se retira. M. de Gramont reprit son entretien avec M. de Werther afin d'obtenir les garanties que le roi de Prusse refusait obstinément. Le siège de l'ambassadeur de Prusse était fait et, M. Emile Ollivier étant survenu pendant l'entretien, il se retrancha dans une réserve des plus diplomatiques, en ne laissant mettre en cause que le chef de la maison des Hohenzollern sans engager le roi de Prusse.

Après une demi-heure de conversation, M. de Gramont écrivit, séance tenante, la minute d'une note dont il remit copie à M. de Werther. Elle était ainsi conçue :

## CHAPITRE V

En autorisant le prince Léopold de Hohenzollern à accepter la couronne d'Espagne, le roi ne croyait pas porter atteinte aux intérêts ni à la dignité de la nation française. Sa Majesté s'associe à la renonciation du prince de Hohenzollern et exprime son désir que toute cause de mésintelligence disparaisse désormais entre son gouvernement et celui de l'empereur.

M. de Werther, en se retirant, témoigna son peu de confiance dans l'acceptation d'une pareille note et M. de Gramont se rendit aussitôt à Saint-Cloud, chez l'empereur, autour duquel se combattaient les influences les plus opposées, mais où dominait celle des partisans de la guerre.

# CHAPITRE VI

La soirée du 12 juillet. — M. de Gramont adresse, à 7 heures du soir, une nouvelle dépêche à M. Benedetti. — A 8 heures, arrivée d'une dépêche de M. Benedetti annonçant la réponse du roi pour le lendemain. — Conseils pacifiques de lord Lyons. — A 10 heures, M. de Gramont reçoit un télégramme de l'empereur réclamant les garanties. — Journée du 13 juillet. — A 1 heure 45 minutes du matin, nouvelle dépêche à M. Benedetti concertée entre MM. Ollivier et de Gramont. — La note du *Constitutionnel* du 13 juillet. — Conseil des ministres à 9 heures du matin. — Résolutions contradictoires. — Déclaration du gouvernement. — Son mauvais accueil au Corps législatif. — Interpellation de M. Jérôme David. — A 4 heures, M. de Gramont reçoit de M. Benedetti un télégramme annonçant le refus formel du roi d'accorder des garanties. — A 5 heures, nouveau télégramme d'Ems. — M. de Bismarck, arrivé le 12 à Berlin, ne se rend pas à Ems. — Revirement belliqueux de la presse allemande. — A 9 heures 45 minutes du soir, M. de Gramont adresse à Ems un nouveau télégramme réclamant les garanties. — A 4 heures et à 7 heures du soir, M. Benedetti envoie deux télégrammes annonçant l'approbation par le roi du désistement du prince Léopold. — Journée du 14 juillet. — Le Conseil des ministres et l'empereur croient l'incident terminé. — Vers midi, Paris a connaissance du télégramme de la *Gazette de l'Allemagne du Nord* annonçant que le roi a insulté notre ambassadeur. — Changement produit par cette nouvelle. — Attitude agressive du comte de Bismarck. — Sa conversation avec lord Loftus, le 13 juillet. — Ses manœuvres pour rendre la guerre inévitable. — Il expédie aux agents prussiens près des puissances amies une copie du télégramme de la *Gazette*. — Le Conseil des ministres, réuni aux Tuileries, apprend vers 1 heure l'envoi officiel de ce télégramme et décide le rappel des réserves. — A 10 heures du soir le Conseil, réuni à Saint-Cloud, déclare la guerre. — Réflexions sur les fautes commises par Napoléon III et le maréchal Le Bœuf dans l'organisation de l'armée.

A partir de la soirée du 12 juillet jusqu'à la déclaration de guerre, il faut suivre heure par heure les hommes qui porteront devant la postérité la responsabilité initiale des désastres de la France. Même soumis à une scrupuleuse analyse, leurs actes échappent à un jugement d'ensemble. Aucune logique ne préside à l'enchaînement des faits. Les ministres agissent chacun suivant ses vues particulières, l'un allant à la guerre, l'autre croyant la paix assurée. La confusion commence ; le désordre des esprits est à son comble. Les partisans de la paix laissent leur collègue des affaires étrangères demander de nouvelles concessions à la Prusse et l'autorité du président du Conseil est de plus en plus méconnue.

En revenant de Saint-Cloud, M. de Gramont, qui tenait à répondre de haut à M. Clément Duvernois, invita, par une dépêche datée du 12 à 7 heures du soir, M. Benedetti à se rendre immédiatement chez le roi pour obtenir « l'assurance qu'il n'autoriserait pas de nouveau la candidature du prince Léopold. »

A 8 heures du soir, M. de Gramont recevait de M. Benedetti un télégramme daté de 6 heures du soir et débutant ainsi :

Le roi vient de me dire qu'il avait reçu une dépêche télégraphique qui lui annonçait que la réponse du prince de Hohenzollern lui parviendrait indubitablement demain matin. Il a ajouté *qu'il me fera demander* dès qu'elle sera entre ses mains.

M. de Bismarck est attendu demain à Ems...

M. de Gramont manifesta clairement son désir de provoquer un éclat en se plaignant de cette dernière dépêche à lord Lyons, avec qui il s'était entretenu dans la soirée. Évitant d'avertir l'ambassadeur anglais que le roi Guillaume annonçait sa réponse pour le lendemain : « La réponse du roi de Prusse, dit-il, n'est ni courtoise ni satisfaisante. » Lord Lyons ne dissimula pas son regret de voir la France prendre une attitude agressive qui lui aliénerait les sympathies de l'Europe et ne manquerait pas d'unir toute l'Allemagne dans un mouvement de réprobation contre des exigences humiliantes pour le roi de Prusse et blessantes pour la dignité nationale.

Les conseils d'un diplomate expérimenté et ami de vieille date de la France eussent dû faire réfléchir le gouvernement, mais, on ne saurait trop le répéter, il ne pouvait plus s'arrêter sur la pente fatale où il s'était brusquement engagé. Les cervelles vides et les esprits infatués qui constituaient en grande partie l'entourage de Saint-Cloud, obtinrent de faire sortir l'empereur de son impassibilité et lui arrachèrent le télégramme suivant, que M. de Gramont reçut vers 10 heures du soir.

« Il faut que Benedetti insiste, comme il en a reçu l'ordre, pour avoir une réponse catégorique par laquelle le roi s'engagerait pour l'avenir à ne pas permettre au prince Léopold (qui n'est pas engagé) de suivre l'exemple de son frère et de partir un beau jour pour l'Espagne. Tant que nous n'aurons pas une communication officielle d'Ems, nous ne sommes pas censés avoir eu de réponse à nos justes demandes ; tant que nous n'aurons pas cette réponse, nous continuerons nos armements. »

La continuation des armements ! l'empereur ignorait donc que le maréchal Le Bœuf n'avait encore pris aucune mesure de précaution ni fait le moindre préparatif? Les correspondances officielles et intimes des généraux Decaen et Ducrot, commandant à Metz et à Strasbourg, sont édifiantes à cet égard.

Napoléon III engageait gravement sa responsabilité personnelle en adressant une pareille dépêche à son ministre des affaires étrangères et en intervenant ainsi directement dans le débat.

## CHAPITRE VI

Au reçu de ce télégramme, M. de Gramont en conféra avec le président du Conseil et adressa ensuite à M. Benedetti la dépêche suivante :

Paris, le 13 juillet, une heure quarante-cinq du matin.

L'empereur me charge de vous faire remarquer que nous ne saurions considérer la renonciation que nous a communiquée l'ambassadeur d'Espagne, et qui ne nous est pas adressée directement, comme répondant suffisamment aux justes demandes adressées par nous au roi de Prusse ; encore moins saurions-nous y voir une garantie pour l'avenir. Afin que nous soyons sûrs que le fils ne désavouera pas son père, ou qu'il n'arrivera pas en Espagne comme son frère l'a fait en Roumanie, il est *indispensable* que le roi veuille bien vous dire qu'il ne permettra pas au prince Léopold de revenir sur la renonciation que nous a communiquée le prince Antoine.

« Le comte de Bismarck arrivant à Ems, veuillez rester jusqu'à ce que vous soyez appelé à Paris. Dites bien enfin au comte de Bismarck et au roi que nous ne cherchons pas un prétexte de guerre, et que nous ne demandons qu'à sortir honorablement d'une difficulté que nous n'avons pas créée nous-mêmes. »

Certes, le gouvernement français n'avait pas créé la difficulté, mais du jour où elle avait surgi, il avait agi de manière à la rendre insurmontable. M. Ollivier, qui, dans cette affaire, avait fait montre d'une méconnaissance complète de sa gravité et d'une inexpérience des plus fâcheuses, pouvait être de bonne foi dans son approbation de cette dépêche. En était-il de même pour son auteur, M. de Gramont, que les lettres et les télégrammes de M. Benedetti avaient fixé sur l'inanité des demandes de garanties pour l'avenir, demandes formellement déclinées par le roi Guillaume ? La dépêche de 1 h. 45 du matin n'était que la reproduction, légèrement modifiée, de celle de 7 heures du soir, avec cette différence essentielle que le ministre y parlait au nom de l'empereur et présentait comme *indispensable* un engagement du roi pour l'avenir.

Le président du Conseil était enchanté du résultat déjà obtenu par la renonciation du prince Léopold et quitta M. de Gramont avec la conviction que le roi de Prusse approuverait cet acte dans les termes convenus entre lui et le ministre des affaires étrangères. Le lendemain matin, 13 juillet, il faisait dire dans le *Constitutionnel*, à propos du désistement du prince : « Nous n'en demandions pas davantage et c'est avec orgueil que nous accueillons cette solution pacifique ; une grande victoire qui ne coûte pas une larme, pas une goutte de sang ! » La demande de garanties pour l'avenir était donc considérée par M. Emile Ollivier comme secondaire, quand depuis quatre jours on en accablait littéralement notre ambassadeur en la lui signalant comme le but principal de sa mission.

Après les fières déclarations du Cabinet, cette note parut piteuse à tout le monde, sans en excepter les personnes convaincues de la supériorité militaire de l'Allemagne. Il était évident que la dépêche de ce père Antoine lue dans un couloir de la Chambre ne pouvait plus être considérée comme une satisfaction suffisante et l'esprit reste confondu devant une pareille cécité politique et diplomatique chez un président du Conseil. A l'exception du *Temps*, pour lequel la guerre devait être fatale à la France, tous les organes de la presse raillèrent à l'envi le dénouement de l'intrigue hispano-prussienne, d'accord avec le sentiment public, avec la majorité des Chambres et surtout avec l'entourage de l'impératrice.

Le Conseil des ministres, réuni à Saint-Cloud dès 9 heures du matin, sous la présidence de l'empereur, reçut communication d'une lettre de lord Lyons, par laquelle l'ambassadeur anglais le prévenait, au nom du chef du Foreign Office, « que le gouvernement de l'empereur encourrait une immense responsabilité s'il élargissait le terrain du conflit et ne se déclarait pas immédiatement satisfait par la renonciation du prince de Hohenzollern ». Les conseils de lord Granville étaient sages et la majorité des ministres, formée par MM. Emile Ollivier, Segris, Louvet, de Parieu, Mège, Chevandier de Valdrôme, ne demandait qu'à les suivre. Malheureusement pour la France, l'impératrice Eugénie assistait à la réunion et l'empereur s'était laissé arracher, la veille au soir, la dépêche réclamant les garanties pour l'avenir ; le maréchal Le Bœuf se croyait prêt et assuré de la victoire ; le duc de Gramont, encouragé par l'impératrice et son entourage, partageait la confiance de son collègue de la guerre ; enfin, le brave amiral Rigault de Genouilly ne pouvait, comme ministre de la marine, émettre un avis contraire à celui du maréchal. M. Ollivier avait également assumé sa part de responsabilité dans cette néfaste demande de garanties, en prenant part, avec M. de Gramont, à la rédaction du télégramme, si pressant à cet égard, envoyé au comte Benedetti dans la nuit même.

Les circonstances devenant critiques, le maréchal Le Bœuf, qui s'était tardivement renseigné sur les difficultés de notre mobilisation, insistait vivement pour obtenir le rappel des réserves à titre de mesure préventive. Le Conseil, tiraillé en sens divers, finit par adopter deux résolutions contradictoires et illogiques: la demande de garanties, repoussée par le roi de Prusse et destinée à rendre la guerre certaine, était maintenue ; l'autorisation de rappeler les réserves, pour faire face aux nécessités d'une guerre devenue inévitable, était refusée. Quant à la réponse du roi Guillaume attendue dans la journée, à l'opinion de l'Allemagne, à l'attitude de M. de Bismarck, le Conseil ne parut pas s'en préoccuper. Les souverains et les ministres ne voyaient que le peuple de Paris surexcité jusqu'au délire et des Chambres impatientes d'être fixées sur la solution de l'incident. Pour leur faire prendre patience, il fut décidé que M. de Gramont lirait au Corps législatif et au Sénat la déclaration suivante :

L'ambassadeur d'Espagne nous a annoncé officiellement hier la renonciation du prince Léopold de Hohenzollern à sa candidature au trône d'Espagne. Les négociations que nous poursuivons avec la Prusse, et qui n'ont jamais eu d'autre objet, ne sont pas encore terminées. Il nous est donc impossible d'en parler et de soumettre aujourd'hui à la Chambre et au pays un exposé général de l'affaire.

L'anxiété du public était extrême et les alentours du Palais, Bourbon encombrés d'une foule de curieux longtemps avant l'ouverture de la séance. Cette anxiété devint de la colère quand M. de Gramont eut donné lecture de la déclaration du gouvernement. « Il faudra leur donner des coups de pied dans le ventre pour leur faire avoir de l'énergie ! » disait M. Gambetta d'un ton dédaigneux ; et cette exclamation répondait bien au sentiment général, car les manifestations non équivoques de pitié et de mépris ne furent point épargnées au ministère. Le baron Jérôme David, député de la Gironde, appuyé par ses amis de l'extrême-droite, dépassa d'un bond M. Clément Duvernois, qui s'était engagé seul la veille, et posa la question en ces termes :

« Considérant que les déclarations fermes, nettes, patriotiques du ministère, dans la séance du 6 juillet, ont été accueillies avec faveur par la Chambre et le pays ; considérant que ces déclarations du ministère sont en opposition avec la lenteur dérisoire des négociations avec la Prusse, je demande à interpeller le ministère sur les causes de sa conduite à l'extérieur, qui non seulement jette la perturbation dans les branches diverses de la fortune publique, mais aussi risque de porter atteinte à la dignité nationale. »

Quelques députés ayant demandé à M. de Gramont pourquoi le gouvernement ne pouvait encore faire un exposé général d'une affaire que le président du Conseil avait déclaré terminée, le ministre répondit avec hauteur : « Quant aux bruits qui circulent dans les couloirs, je n'ai pas à m'en occuper. » Ces paroles trahissaient la prédilection du duc de Gramont pour une solution belliqueuse et le désir de marquer son peu de souci de l'autorité du président du Conseil.

Malgré les mauvaises dispositions de la majorité, le Cabinet obtint néanmoins un délai de quarante-huit heures et la discussion des deux interpellations de MM. Duvernois et David fut renvoyée au 15 juillet.

En sortant de la Chambre, un peu avant 4 heures, M. de

Gramont reçut d'Ems un télégramme daté du 13 juillet, 10 heures 30 minutes du matin, par lequel M. Benedetti répondait à la dépêche expédiée du ministère des affaires étrangères la veille, à 7 heures du soir. Notre ambassadeur annonçait qu'il venait de voir le roi qui « avait absolument refusé » de prendre le moindre engagement pour l'avenir et se réservait, dans le cas où la candidature surgirait de nouveau, « la faculté de consulter les circonstances ».

Cette réponse catégorique ne pouvait laisser à M. de Gramont l'espoir de réussir dans sa négociation, et cependant il y persista avec une opiniâtreté qui montre à quel point il était désireux de provoquer une guerre. Lord Lyons étant venu au ministère vers 4 heures, M. de Gramont lui déclara que si le roi refusait de donner des garanties pour l'avenir, « la France ne pourrait que lui supposer des desseins hostiles, et prendrait des mesures en conséquence ».

Une heure plus tard, le ministre des affaires étrangères recevait un second télégramme par lequel M. Benedetti, répondant à la dépêche de 1 heure 45 du matin, l'informait qu'il attendait d'un instant à l'autre d'être appelé auprès du roi pour recevoir communication du message du prince de Hohenzollern qui devait arriver d'un moment à l'autre. La dépêche finissait sur cette phrase grosse de menace : « On dit dans l'entourage du roi, que M. de Bismarck, s'étant trouvé très fatigué en traversant Berlin, s'y est arrêté, et qu'il n'arrivera pas aujourd'hui. »

La fatigue du chancelier était feinte; elle devait lui permettre de rester à Berlin pour assurer le succès de ses dernières et savantes manœuvres diplomatiques. Rentré de Warzin le 12, il avait été rejoint dans la même journée par le général de Moltke. Ancien ambassadeur de Prusse à Paris, il n'avait pas été difficile à M. de Bismarck de juger à quel point et avec quelle rapidité l'attitude agressive du gouvernement français, ses déclarations belliqueuses et les fanfaronnades de la presse parisienne enflammeraient les cœurs et exalteraient les têtes chez un peuple impressionnable et qui se sentait en quelque sorte humilié par le colossal et rapide triomphe de Sadowa. Avec son habileté ordinaire, il comprit que ces démonstrations guerrières et les mouvements tumultueux dans les rues de Paris ne manqueraient pas de causer une impression pénible sur les gouvernements étrangers, assez mécontents dans le principe de la manière cauteleuse dont la famille de Hohenzollern et le Cabinet prussien avaient noué et conduit l'intrigue de la candidature. Comme il a été dit, la presse allemande se montrait aussi réservée que la presse française l'était peu et l'effet prévu par le chancelier ne tarda pas à se produire. La déclaration du 6 avait indisposé les grandes puissances, peu accoutumées à un langage aussi hautain ; celle du 13, par laquelle le Cabinet annonçait la continuation des négociations après la notification officielle du désistement du prince Léopold, avait sérieusement alarmé celles qui désiraient la paix. Le ton constamment agressif de M. de Gramont, ses conversations avec les ambassadeurs et l'attitude de l'entourage des souverains laissaient trop percer l'intention d'acculer la Prusse à une humiliation inacceptable.

La veille du retour du chancelier, le ton des feuilles allemandes avait brusquement changé ; la *Gazette nationale*, la *Gazette de la Bourse*, la *Gazette de l'Allemagne du Nord*, la *Gazette de Magdebourg*, ouvrirent le feu avec un ensemble significatif. Ce dernier journal disait : « La séance du 6 juillet est une honte pour le gouvernement français, pour la Chambre, pour l'Europe qui, chaque année, se laisse troubler par des fous ». Le 12, le Conseil des ministres fut tout à la guerre et fit savoir respectueusement au roi que son attitude en face des exigences du gouvernement français lui paraissait trop modeste. En même temps arrivaient au roi, de toutes les grandes villes d'Allemagne, des adresses le priant de se montrer moins conciliant et de faire respecter la dignité nationale.

## CHAPITRE VI

Voyant l'impatience fébrile avec laquelle les Chambres et le peuple français attendaient des nouvelles et les démonstrations bruyantes causées par le moindre retard, M. de Bismarck imagina de retarder l'arrivée à Ems du courrier de Sigmaringen. Le 11 juillet, le roi Guillaume avait annoncé à M. Benedetti l'arrivée probable de la réponse du prince Antoine pour le 12; le lendemain, cette réponse était connue dans toute l'Europe, excepté à Ems, situé à cinq heures de chemin de fer de Sigmaringen ! Une méprise devait résulter de ce retard calculé; elle fut commise par M. Emile Ollivier, qui, entraîné par une joie naïve, divulgua prématurément la dépêche du prince Antoine. M. de Gramont, au lieu d'atténuer la portée d'une faute peu grave au fond, l'aggrava en appuyant avec la dernière insistance sur la demande de garanties, demande à laquelle le roi ne voulait absolument pas souscrire.

Dans son entretien avec lord Lyons, le ministre des affaires étrangères avait été jusqu'à dire : « Si le roi se refuse à donner cette garantie, la France ne pourrait que lui supposer des desseins hostiles, et prendrait des mesures en conséquence. » Toujours obsédé par la même pensée, et sans attendre la réponse de M. Benedetti aux dépêches de la soirée et de la nuit précédentes, il lui avait télégraphié, à 9 heures 45 minutes du soir :

Paris, 13 juillet.

J'ai reçu vos télégrammes d'aujourd'hui de midi et d'une heure. (Ces télégrammes annonçaient le retard apporté par le roi à sa réponse concernant le désistement et la prétendue fatigue de M. de Bismarck.)

« Ainsi que je vous l'avais annoncé, le sentiment français est tellement surexcité que c'est à grand'peine que, pour donner des explications, nous avons pu obtenir jusqu'à vendredi. »

Faites un dernier effort auprès du roi. Dites-lui que nous nous bornons à lui demander de défendre au prince de Hohenzollern de revenir sur sa renonciation. Qu'il vous dise : « Je le lui défendrai », et qu'il vous autorise à me l'écrire ou qu'il charge son ministre ou son ambassadeur de me le faire savoir; cela nous suffira. Si, en effet, le roi ne nourrit pas d'arrière-pensées, ce n'est pour lui qu'une question secondaire ; mais, pour nous, elle est très importante. La parole seule du roi peut constituer pour l'avenir une garantie suffisante.

J'ai lieu de croire que les autres cabinets nous trouvent justes et modérés.

L'empereur Alexandre nous appuie chaleureusement.

Les deux dernières nouvelles adressées à M. Benedetti, à titre de renseignement, étaient inexactes : le Cabinet anglais avait officiellement blâmé l'insistance du gouvernement français à exiger des garanties pour l'avenir ; l'Autriche le prévenait qu'il allait trop loin et qu'on ne le suivrait pas ; l'Italie se taisait et le czar s'était borné à conseiller la renonciation du prince Léopold en termes certainement peu chaleureux. Quant à la demande de garanties, la dépêche ne contenait aucune recommandation nouvelle ; mais, par la date de son arrivée à Ems, elle obligeait notre ambassadeur à une nouvelle tentative auprès du roi Guillaume, tentative que ne lui eût sans doute pas conseillée M. de Gramont s'il avait connu, avant d'envoyer son télégramme, la dépêche suivante, expédiée par M. Benedetti à 7 heures du soir :

Ems, le 13 juillet. — A ma demande d'une nouvelle audience, le roi me fait répondre qu'il ne saurait consentir à reprendre avec moi la discussion relative aux assurances qui devraient, à notre avis, nous être données pour l'avenir. Sa Majesté me fait déclarer qu'elle s'en réfère, à ce sujet, aux considérations qu'elle m'a exposées ce matin, dont je vous ai fait connaître la substance par mon *premier* télégramme de ce jour, et que j'ai développées dans un rapport que vous recevrez demain matin. Le roi a consenti, m'a dit encore son envoyé au nom de Sa Majesté, *à donner son approbation entière et sans réserve au désistement du prince de Hohenzollern* ; il ne peut faire davantage. J'attendrai vos ordres avant de quitter Ems.

Par le *premier* télégramme, daté de 3 heures 45 du soir, M. Benedetti faisait savoir que le roi avait reçu la lettre du prince Antoine annonçant le désistement de son fils, auquel il donnait son approbation.

La dernière dépêche, partie d'Ems à 7 heures du soir et

communiquée le 14 au matin à l'empereur et aux ministres, était décisive. Le gouvernement français devait croire la bataille gagnée sur tous les points. Napoléon III, en sortant du Conseil, monta en voiture avec le général Bourbaki, aide de camp de service. — Eh bien, général, lui dit l'empereur, c'est la paix. — Comment, la paix ? interrogea le général, sans dissimuler son mécontentement. — Oui, la paix, insista l'empereur. La guerre est impossible. Le prince de Hohenzollern refuse la candidature, Prim le raye de la liste des prétendants et le roi de Prusse vient de nous faire savoir qu'il approuve la démarche de son parent.

Il était environ dix heures du matin quand l'empereur jugeait ainsi la situation. Deux heures plus tard, le bruit se répandit tout à coup que notre ambassadeur avait été insulté par le roi Guillaume et que la guerre était déclarée. Voici ce qui s'était passé et expliquait le changement survenu dans la marche des négociations.

Le 13, dans la matinée, M. Benedetti, qui venait de solliciter une nouvelle audience du roi de Prusse, le rencontra par hasard sur la Brunnen-Promenade. Le roi vint à notre ambassadeur et lui demanda dans quel but il désirait l'entretenir de nouveau. M. Benedetti s'empressa d'instruire le roi des ordres qu'il avait reçus, en s'attachant à atténuer dans la forme le caractère de la nouvelle concession qu'il était chargé d'obtenir. Aussitôt après avoir quitté le roi, M. Benedetti adressa au duc de Gramont la dépêche de 10 heures 30 du matin, citée plus haut et annonçant le refus formel d'accéder à la demande de garanties.

A 1 heure de l'après-midi, une lettre du prince Antoine, après avoir mis deux jours à parvenir de Sigmaringen à Ems, annonçait officiellement au roi le désistement du prince Léopold. Aussitôt le lieutenant-colonel Radziwill, aide de camp de service, arrivait chez M. Benedetti avec la réponse de Guillaume I$^{er}$. Le roi approuvait la résolution de son parent, mais refusait de prendre aucun engagement pour l'avenir.

Bien que notre ambassadeur pût raisonnablement considérer sa mission comme terminée et heureusement accomplie puisqu'il pouvait rapporter à son gouvernement l'approbation réclamée au roi de Prusse, M. Benedetti, assailli par les télégrammes incessants de M. de Gramont, crut devoir insister et solliciter une nouvelle entrevue. A cinq heures et demie, le même aide de camp vint prévenir M. Benedetti de la résolution du roi de ne point dépasser les engagements qu'il avait promis de prendre le matin, dans son entretien de la Brunnen-Promenade, en même temps que sa volonté de n'en rien retrancher.

Les deux télégrammes de 3 heures 45 minutes et de 7 heures du soir, cités un peu plus haut, rendaient compte à M. de Gramont des déclarations apportées par le prince de Radziwill et après lesquelles on devait croire l'incident vidé. C'était l'opinion de l'empereur, qui l'avait exprimée au général Bourbaki, et celle du ministère. On ne délibérait plus, le 14 au matin, que sur les moyens à employer pour calmer la population et les susceptibilités du Sénat et du Corps législatif. Le garde des sceaux et ses collègues avaient même ébauché une sorte de manifeste destiné à apaiser l'opinion publique.

Cet optimisme n'était point partagé par les rares personnes au courant de la politique de M. de Bismarck et de la confiance du parti militaire prussien dans une victoire éclatante et décisive; elles avaient la conviction que le contre-coup des manifestations de la population et du gouvernement français se produirait avec une intensité et une énergie dont M. Emile Ollivier et les autres ministres n'avaient aucune idée. Nos gouvernants ne voyaient que Paris et s'imaginaient naïvement avoir partie gagnée s'ils parvenaient à satisfaire ses exigences. Ils oubliaient l'habile chancelier, trop fatigué le 12 pour continuer sa route sur Ems.

Le jour même de son arrivée à Berlin, le ton de la presse avait changé; le lendemain 13, les généraux de Moltke et de

Roon, ministre de la guerre, avaient donné au Conseil des ministres des renseignements détaillés sur les forces militaires de l'Allemagne du Nord dont la mobilisation était assurée. Les nouvelles de l'Allemagne du Sud ne laissaient aucun doute sur la coopération active de la Bavière, du Wurtemberg et de Bade. La guerre fut décidée et M. de Bismarck, après avoir eu le talent de faire prendre à la France le rôle d'agresseur, s'ingénia à l'empêcher de se dégager.

Tandis que, dans cette journée du 13, M. de Radziwill apportait à M. Benedetti les réponses à peu près satisfaisantes du roi de Prusse, M. de Bismarck eut avec lord Loftus, ambassadeur d'Angleterre à Berlin, une conversation édifiante sur son intention de rendre le conflit inévitable.

Le chancelier, après avoir signalé le mécontentement causé en Allemagne par « l'extrême modération du roi », prit nettement le contre-pied de M. de Gramont.

A moins, dit-il, que le gouvernement français ne rétracte ou n'explique d'une manière satisfaisante le langage menaçant du duc de Gramont, le gouvernement prussien sera obligé d'exiger une satisfaction de la part de la France. Il est impossible que la Prusse puisse rester tranquille après l'affront fait au roi et à la nation. Je ne pourrais entretenir de relations avec l'ambassadeur de France après le langage tenu à la Prusse par le ministre des affaires étrangères à la face de l'Europe.

M. de Bismarck, continuant à retourner contre la France tous les arguments dont M. de Gramont s'était servi contre la Prusse, fit observer à lord Loftus que :

Après ce qui venait de se passer, la Prusse devait exiger quelque assurance, quelque garantie qui la prémunît contre une attaque soudaine. Il fallait que, cette difficulté espagnole une fois écartée, la Prusse sût que la France ne formerait pas d'autres desseins secrets qui pourraient éclater sur elle comme un coup de tonnerre.

La nation allemande trouve qu'elle est pleinement de force à se mesurer avec la France ; elle n'a pas moins de foi dans la victoire que n'en peuvent avoir les Français. Le sentiment de la Prusse et de l'Allemagne est donc qu'elles ne doivent subir aucune insulte ou humiliation de la part de la France, et que, si elles sont injustement provoquées, elles doivent accepter le combat.

Puis, paraphrasant la note remise la veille à M. de Werther, le chancelier dit à l'ambassadeur anglais :

Que le seul moyen de guérir la blessure à l'orgueil national' allemand et de rétablir la confiance dans le maintien de la paix, serait une déclaration du gouvernement français constatant que l'incident espagnol est réglé d'une manière satisfaisante, rendant justice à la modération et aux dispositions pacifiques du roi de Prusse et de son gouvernement, ajoutant qu'il y a tout lieu d'espérer qu'aucune influence perturbatrice ne viendra plus altérer les bonnes relations existant entre les deux gouvernements.

La lettre dont M. de Gramont avait remis la minute à M. de Werther à la fin de leur entretien était devenue une arme des plus dangereuses entre les mains de M. de Bismarck. Le chancelier en fit ressortir le côté blessant au roi Guillaume et, dans le compte rendu de sa mission, M. Benedetti attribue à l'irritation causée par cette malencontreuse lettre l'envoi du prince de Radziwill auprès de lui, quand, le matin même, le roi lui avait promis de le faire appeler dès que la dépêche de Sigmaringen lui serait parvenue. Evidemment, la demande de M. de Gramont ne pouvait produire qu'un effet déplorable sur l'esprit du vainqueur de Sadowa ; néanmoins, si M. de Bismarck n'avait eu l'arrière-pensée de mettre à profit cette dérogation aux usages diplomatiques pour précipiter les événements, le roi Guillaume eût probablement fait appeler notre ambassadeur au lieu de lui dépêcher son aide de camp.

Cette dérogation aux usages était préméditée, car le même jour, 13 juillet, à neuf heures du soir, les porteurs de journaux de Berlin distribuaient *gratuitement* un supplément de l'officieuse *Gazette de l'Allemagne du Nord*, contenant un télégramme daté d'Ems qui racontait les entrevues de M. de Radziwill et de M. Benedetti de la façon suivante :

Après que la nouvelle de la renonciation du prince de Hohenzollern a été officiellement donnée au gouvernement français par celui de Madrid, l'ambassadeur français a fait demander au roi Guillaume de l'autoriser à télégraphier à Paris que S. M. le roi s'obligeait pour l'avenir à ne jamais donner son consentement aux Hohenzollern, dans le cas où ceux-ci reviendraient sur leur renonciation. S. M. le roi a refusé alors de recevoir encore une fois l'ambassadeur français, auquel il a fait savoir par l'aide de camp de service qu'il n'avait plus rien à lui communiquer.

Des commentateurs obligeants se trouvaient aux endroits les plus fréquentés pour expliquer à la foule que le roi avait publiquement infligé une leçon à un ambassadeur qui lui manquait de respect. Afin de mieux marquer encore son intention de hâter la rupture entre les deux pays, M. de Bismarck s'empressa de communiquer le télégramme aux représentants de la Confédération du Nord à l'étranger. Il a, du reste, pris à sa charge ce prétendu télégramme privé en déclarant, le 20 juillet, devant le Reichstag assemblé, que cette dépêche, communiquée par lui aux représentants de la Confédération à l'étranger, avait pour but « d'orienter les agents prussiens sur le développement que l'affaire avait pris et de les convaincre que les dispositions du gouvernement de Berlin, du moment qu'il penserait être arrivé à la limite que traçait l'honneur national, seraient plus fermes qu'on ne l'avait cru peut-être d'un autre côté ».

M. de Gramont et ses collègues apprirent le 14, vers 1 heure de l'après-midi, l'existence du télégramme de la *Gazette de l'Allemagne du Nord* transformé, dès la veille, en note officielle par ordre de M. de Bismarck. Ce n'était pas seulement M. Benedetti qui en portait la nouvelle à la connaissance des ministres ; plusieurs de nos agents à l'étranger, servis par des amitiés personnelles, recevaient en même temps, en confidence, des gouvernements auprès desquels ils étaient accrédités, copie du télégramme remis par le représentant de la Prusse. Dans sa dépêche, M. Benedetti ajoutait : « Je suis autorisé à croire que ce télégramme est parti du Cabinet du roi. Il me revient que, depuis hier, on tient dans son entourage un langage regrettable. »

On peut imaginer l'effet que produisirent dans le haut personnel gouvernemental ces révélations éclatant tout à coup comme des bombes, au moment même où les ministres entrevoyaient, par delà les écueils évités, un long avenir de repos et de sécurité. La nouvelle arriva bientôt à Saint-Cloud et, naturellement grossie et dénaturée par un entourage belliqueux, ne tarda pas à transformer en insulte personnelle infligée à notre ambassadeur par le roi de Prusse, ce qui n'était en fait qu'une grossièreté diplomatique à laquelle un gouvernement avisé et désireux de la paix eût dû ne pas s'arrêter, tant la provocation était évidente. Pendant quelques heures, les ministres réunis aux Tuileries parurent avoir un pressentiment du piège qui leur était tendu. Ils cherchèrent à parer cette brutale attaque et à lui opposer quelque combinaison conciliante, destinée à déjouer le plan du chancelier fédéral. On rédigea séance tenante un projet de communication aux grandes puissances pour provoquer la réunion d'un congrès. Toutefois, le maréchal Le Bœuf avait obtenu, à force d'instances, le rappel des réserves, mais vers 5 heures du soir l'empereur lui envoya un billet pour l'inviter à ne pas se presser.

Le maréchal demanda une nouvelle réunion du Conseil à Saint-Cloud ; l'empereur convoqua de nouveau, pour 10 heures du soir, les ministres qui avaient délibéré aux Tuileries de 9 heures du matin à 6 heures de l'après-midi, presque sans discontinuité. A 6 heures, l'empereur, retournant en calèche découverte à Saint-Cloud, dut être frappé de l'aspect de la foule dont les clameurs menaçantes contrastaient si fort avec la tardive prudence des ministres. Mais, convoqués à l'improviste, ceux-ci, déjà las d'une sagesse qu'on leur imputait à crime, se résolurent à voir dans le télégramme cité plus haut un *casus belli*. L'impératrice, qui assistait au Conseil, ne fut pas des moins ardents à se prononcer pour la guerre et les partisans du régime autoritaire pur la louaient hautement, avant nos désastres, du rôle qu'elle avait joué dans le Conseil du 14 juillet. A 10 heures et demie du soir, la guerre était déclarée et cette résolution devait être notifiée le lendemain au Sénat et au Corps législatif.

En France, on a longuement disserté pour dégager les responsabilités de cette funeste déclaration de guerre et les jugements rendus sont trop souvent inspirés par la passion politique. Depuis les triomphes du roi Guillaume en 1866 et le traité de Prague qui modifiait l'ancien équilibre européen au bénéfice de la Prusse, la guerre entre ce pays et la France était considérée unanimement comme fatale dans un avenir rapproché. La principale et unique préoccupation de l'empereur et des Chambres aurait donc dû consister à organiser dans de bonnes conditions la puissance militaire d'un pays disposant de ressources matérielles de beaucoup supérieures à celles de son voisin. La population des deux Allemagnes du Nord et du Sud était à peu près égale à celle de la France, par suite la plus vulgaire prudence commandait d'établir le recrutement sur des bases qui permissent, à l'exemple de la Prusse, de mettre en jeu toutes les forces vives de la nation. Napoléon III avait conscience du danger, mais il ne possédait plus l'énergie nécessaire pour imposer aux Chambres et au pays les mesures susceptibles de le conjurer. Il sut, il est vrai, se débarrasser de l'inepte ministre de la guerre Randon, et faire choix pour lui succéder du maréchal Niel, un des rares officiers généraux ayant conscience des défectuosités de notre système militaire et pénétré de la nécessité d'une réorganisation militaire complète.

Ses projets, approuvés par l'empereur, étaient excellents, mais les députés, plus soucieux de leurs intérêts électoraux que du salut de la France, s'empressèrent de rejeter la plupart des propositions de Niel. Tout au plus lui accordèrent-ils le tiers des crédits demandés pour l'armement des troupes et la mise en état de défense des places fortes. Le général Le Bœuf, successeur du maréchal Niel mort épuisé par un excès de travail, était d'une école tout opposée. Ses souvenirs des campagnes de Crimée et d'Italie, sa grande bravoure et son ignorance de l'organisation prussienne lui avaient inculqué la foi du charbonnier dans l'invincibilité des armées françaises et inspiré un certain dédain pour le luxe des précautions prises par son prédécesseur. Toutes les économies réclamées par la commission du budget lui furent accordées, le contingent annuel fut réduit de dix mille hommes et l'armée diminuée dans une forte proportion par quantité de non-valeurs provenant d'hommes en congé ou autorisés à ne pas rejoindre leurs corps pour un motif quelconque.

Les ministres non militaires de 1870 pas plus que leurs devanciers ne s'occupaient des choses de l'armée ; seul le ministre des finances présentait parfois des observations pour obtenir une diminution de crédits au détriment de son collègue de la guerre. Du reste, comme il a été dit, M. Emile Ollivier avait consenti à laisser les ministères de la guerre et de la marine en dehors de l'action de la présidence du Conseil. Dans les négociations relatives à la candidature au trône d'Espagne, le duc de Gramont semble avoir joui des mêmes immunités que ses collègues militaires. M. Ollivier considérait le ministre des affaires étrangères comme un grand diplomate et le maréchal Le Bœuf comme un grand général, il n'avait d'ailleurs ni l'expérience, ni l'autorité, ni le caractère qu'il eût fallu pour rectifier les erreurs et les fautes de ces deux personnages. L'empereur, obsédé par l'impératrice et par un entourage sottement belliqueux, finit par se faire illusion sur sa puissance militaire dont il n'était cependant pas trop convaincu.

En résumé, Napoléon III, seul responsable de son gouvernement aux yeux de la nation, avait choisi les deux ministres chargés des rôles principaux dans la préparation de la guerre contre l'Allemagne. Le duc de Gramont devait lui ménager des alliances et ne pas effaroucher par trop de précipitation l'Autriche et l'Italie qui nous étaient plutôt sympathiques. Le maréchal Le Bœuf avait pour mission de préparer le recrutement, la mobilisation et la concentration des armées d'opérations. Les autres ministres n'ont été que des comparses dans l'acte de la déclaration de guerre, à l'exception de M. Émile Ollivier, président du Conseil, qui a maladroitement appuyé les premières démarches agressives de M. de Gramont et n'a pas compris que la déclaration du 6 juillet rendait la guerre inévitable.

L'empereur Napoléon, prisonnier à Sedan et conversant avec M. de Bismarck, n'avait pas le droit de décliner la responsabilité de la guerre et de dire à son vainqueur que « la France seule l'avait contraint à la faire ».

# CHAPITRE VII

Dernière entrevue du roi Guillaume et de M. Benedetti, 14 juillet. — Déclaration ministérielle au Sénat et au Corps législatif. — Discours de M. Thiers et de M. Emile Ollivier. — Intervention de M. de Gramont. — Proposition d'enquête déposée par M. Buffet. — La commission de guerre. — La question des alliances. — Assurances données par MM. de Gramont et Le Bœuf. — Séance de nuit. — Le rapport de M. de Talhouet. — Un faux diplomatique. — Discours de M. Gambetta. — Réponse de M. Emile Ollivier. — Les votes décisifs.

M. Benedetti, arrivé à Paris le 15 juillet à dix heures du matin, complétait verbalement devant le Conseil des ministres le récit de ses négociations. Se conformant aux ordres qu'il avait reçus de Paris le 14, et ne pouvant espérer une audience du roi, il s'adressait au ministre de l'intérieur, comte d'Eulenburg, et lui précisait les termes de la nouvelle démarche qui lui était prescrite par M. de Gramont. Le roi fit répondre à notre ambassadeur qu'il n'avait rien à ajouter aux communications faites dans la journée du 13 par son aide de camp.

M. Benedetti ayant fait témoigner le désir de prendre congé avant son départ pour Paris, le roi, qui se rendait à Coblentz auprès de la reine Augusta, fit savoir qu'il le recevrait vers trois heures dans le salon qui lui était réservé à la gare. Le compte rendu de cette entrevue suprême avait fait l'objet du télégramme suivant :

Ems, le 14 juillet 1870, trois heures quarante-cinq minutes soir. — Je viens de voir le roi à la gare. Il s'est borné à me dire qu'il n'avait plus rien à me communiquer, et que les négociations qui pourraient encore être poursuivies seraient continuées par son gouvernement. Sa Majesté m'a confirmé que son départ pour Berlin aura lieu demain matin.

M. Benedetti avait rempli sa mission avec un zèle et un tact des plus méritoires ; le succès aurait certainement couronné ses intelligents efforts, si les ministres chargés des relations entre les deux pays n'avaient eu leur siège fait avant l'ouverture des négociations d'Ems. La déclaration du 6 juillet était le gant jeté à la Prusse prête et disposée à le relever.

Le Sénat fut le premier avisé des résolutions du Cabinet. A une heure, M. de Gramont, accompagné par le maréchal Le Bœuf et l'amiral Rigault de Genouilly, lut l'exposé délibéré en Conseil, exposé que M. Emile Ollivier communiquait quelques minutes après au Corps législatif. La déclaration ministérielle ne contenait aucune assertion mensongère. Elle dissimulait cependant la vérité et ne mettait en relief que les phases diverses des négociations les plus favorables au gouvernement français. On y dénaturait un peu le caractère de la note publiée par la *Gazette de l'Allemagne du Nord*, en la présentant, sans autre explication, comme un document diplomatique envoyé par la Chancellerie prussienne à tous les Cabinets de l'Europe.

Dans ces circonstances, terminait la déclaration, tenter davantage pour la conciliation eût été un oubli de dignité et une imprudence. Nous n'avons rien négligé pour éviter la guerre ; nous allons nous préparer à soutenir celle qu'on nous offre, en laissant à chacun la part de responsabilité qui lui revient. Dès hier nous avons rappelé nos réserves, et, avec votre concours, nous allons prendre immédiatement les mesures nécessaires pour sauvegarder les intérêts, la sécurité et l'honneur de la France.

Le Sénat approuva par des bravos enthousiastes les conclusions du ministère et la séance fut levée, comme témoignage des sympathies des sénateurs « pour la conduite de l'Empereur ». Quand ils sortirent du Luxembourg, ils purent entendre les acclamations de la foule qui, pour la première fois, les saluait de ses vivats ! Le Sénat lui-même était devenu populaire par l'accueil qu'il avait fait à la déclaration de guerre !

Mais, au Corps législatif, M. Emile Ollivier allait livrer une véritable bataille parlementaire. Par habitude, par tempérament autant que par esprit politique, le Sénat avait ratifié les résolutions du gouvernement sans discussion et à l'unanimité. Dans la Chambre élue, des efforts considérables devaient être tentés pour détourner le pays de l'abîme dans lequel il se précipitait. M. Thiers, exactement renseigné depuis quelques jours sur la marche des négociations, ne cachait pas ses sentiments et avait prévenu dès le matin tous ses amis politiques qu'il ne laisserait pas commettre, sans une énergique protestation, la dernière faute de l'empire. La droite, ralliée au Cabinet du moment qu'il se déclarait belliqueux, se montra aussi enthousiaste que le Sénat pour la déclaration du ministère. Le centre, suivant une habitude invariable, se rangeait à l'avis de l'empereur ; le centre gauche était hésitant, comme il convient à un parti qui se pique de sagesse, quand il s'agit de prendre une résolution grave ; la gauche seule se montrait opposée à la guerre.

M. Thiers connaissait les sentiments de l'immense majorité de la Chambre et du public ; il n'en persista pas moins dans sa patriotique intervention. Voici comment il a raconté lui-même, dans sa déposition devant la commission d'enquête, la scène qui suivit la lecture de la déclaration ministérielle par le président du Conseil.

Je voyais, dit-il, un orage prêt à fondre sur nos têtes. Mais j'aurais bravé la foudre avec la certitude d'être écrasé, plutôt que d'assister impassible à la faute qui allait se commettre. Je me levai brusquement, je jaillis, si je puis dire, et de ma place, je pris la parole. Cinquante énergumènes me montraient le poing, m'injuriaient, disaient que je déshonorais, que je souillais mes cheveux blancs. Je ne cédai pas. De ma place, je courus à la tribune où je ne pus faire entendre que quelques paroles entrecoupées. Convaincu qu'on nous trompait, qu'il n'était pas possible que le roi de Prusse, sentant la gravité de la position puisqu'il avait cédé sur le fond, eût voulu nous faire un outrage, je demandai la production des pièces sur lesquelles on se fondait pour se dire outragé. J'étais sûr que si nous gagnions vingt-quatre heures, tout serait expliqué et la paix sauvée. On ne voulut rien entendre.

M. Thiers émettait une opinion sujette à contradiction, quand il se disait sûr de pouvoir sauver la paix à la date du 15 juillet, mais son réquisitoire contre le Cabinet n'en était pas moins écrasant et d'une grande justesse. S'emparant du texte même de l'exposé lu par M. Emile Ollivier, il s'efforça d'établir qu'après avoir obtenu satisfaction sur la question de fond, le Cabinet rompait sur une question de forme et de susceptibilité.

Le président du Conseil remonta à la tribune pour ne point rester sous le coup des attaques dirigées contre le Cabinet, et ses explications, à mesure qu'il s'engageait dans les détails de l'incident, eussent suffi à prouver à un auditoire moins prévenu et mieux instruit, combien étaient fondées les accusations de M. Thiers. Mais les députés ne savaient rien des négociations, M. Ollivier les ignorait peut-être lui-même, ce qui ne permet pas d'accuser de duplicité le naïf parleur qui, dénaturant les faits, aussi imprudent d'esprit que de langage, lançait la France dans une effroyable aventure et terminait son discours sur ces mots : « De ce jour commence pour les ministres, mes collègues, et pour moi, une grande responsabilité. Nous l'acceptons le *cœur léger* ».

Après un début des plus passionnés, M. de Gramont parut enfin à la tribune et, après s'être plaint de l'attention prêtée à M. Thiers, termina la discussion par quelques phrases emphatiques qui soulevèrent un tonnerre d'applaudissements. « Le gouvernement prussien, dit le duc, a informé tous les Cabinets de l'Europe qu'il avait refusé de recevoir notre ambassadeur et de continuer à discuter avec lui. Cela est un affront pour l'empereur et pour la France. Et si, par impossibilité, il se trouvait dans mon pays une Chambre pour le supporter, je ne resterais pas cinq minutes ministre des affaires étrangères. » Et cette menace de démission était suivie d'une courte harangue du comte de Kératry, rompant publiquement avec ses amis de la gauche, repoussant une demande de communication des dépêches faite par M. Jules Favre, et évoquant comme un exemple le souvenir de la Convention, qui, dans une pareille situation, eût appelé depuis longtemps les citoyens aux armes.

Pendant la discussion, le maréchal Le Bœuf avait un instant occupé la tribune et contribué par son attitude à augmenter la confiance des partisans d'une action immédiate. Le ministre de la guerre sollicitait de la Chambre le vote de la loi spéciale exigée aux termes de la loi du 1er février 1868 pour l'appel à l'activité de la garde nationale mobile, et celui d'une loi autorisant les engagements volontaires limités à la durée de la guerre. « Il y a en France, avait dit le maréchal avec une assurance pleine de bonhomie, beaucoup de jeunes gens qui aiment la poudre et n'aiment pas la caserne. » Cette assertion n'a pas été justifiée par l'événement ; les engagements n'ont donné qu'un mince résultat, facile à prévoir, tous les jeunes gens de 20 à 26 ans en état de porter les armes étant compris dans l'armée active ou dans la garde mobile.

L'urgence réclamée par ces lois allait de droit et la Chambre, suivant son règlement, devait nommer des commissaires pour examiner les projets de loi des ministres de la guerre et des finances. Les rares députés qui avaient été ébranlés par la vigoureuse argumentation de M. Thiers placèrent leurs dernières espérances dans cette commission. M. Buffet, ancien ministre des finances dans la première formation du ministère du 2 janvier, chef écouté du centre gauche, proposa de confier à cette commission l'examen des documents diplomatiques relatifs à l'incident Hohenzollern. La proposition fut repoussée par 159 voix contre 84. La

Chambre refusait de prendre connaissance de ces documents ; elle ne voulait pas connaître la vérité et préférait voter la guerre en aveugle.

Six heures allaient sonner au moment où les députés se rendirent dans les bureaux pour nommer les commissaires. Paris était en pleine ébullition ; partout, sur les quais, sur la place de la Concorde, sur les boulevards, la foule chantait, criait, battait des mains. Les petits détachements de troupes qui circulaient dans les rues étaient l'objet d'ovations enthousiastes ; la foule en délire ne rêvait que frontière du Rhin et voyait déjà l'armée française renouvelant les hauts faits de 1806 et faisant une entrée triomphale à Berlin. Les soldats isolés et les réservistes, rappelés dès la veille au soir, étaient entourés, entraînés, obsédés par des citoyens tout fiers de trinquer avec les futurs triomphateurs. Cette joie exubérante, ces démonstrations tumultueuses, les cris de « A Berlin ! » répétés avec une désespérante monotonie, donnaient à la capitale un faux air d'émeute, et causèrent une impression des plus pénibles aux hommes qui n'envisageaient pas sans inquiétude la lutte dont le signal venait d'être donné.

Les bureaux du Corps législatif avaient, pendant ce temps, procédé à l'élection des commissaires. Parmi ces derniers étaient : le duc d'Albufera, président du comité plébiscitaire, dans les salons duquel le centre droit se réunissait ordinairement ; M. de Talhouët, ancien ministre et parfait gentilhomme dans toute l'acception du mot ; le remuant comte de Kératry et M. Ernest Dréolle, rédacteur en chef du *Bien public* et tout à la dévotion de M. Rouher.

Le premier soin des commissaires, qui avaient conscience de leur responsabilité, fut de mettre en pratique la proposition de M. Buffet, repoussée par la Chambre à la majorité des deux tiers, et de faire appeler le maréchal Le Bœuf, M. de Gramont et M. Emile Ollivier. L'interrogatoire des ministres fut minutieux ; certaines de leurs réponses laissèrent à désirer sous le rapport de l'exactitude et de la véracité. Le maréchal était prêt. Il avait, disait-il, vingt et un jours d'avance sur les Prussiens. Et comme M. de Kératry le poussait, objectant qu'il était encore temps de reculer si l'on n'était pas assuré du succès, que lui et ses collègues n'hésiteraient pas à faire un rapport pacifique à la Chambre si le moindre doute subsistait dans l'esprit du ministre de la guerre, ce dernier s'offensa presque de l'insistance du jeune député. Il répéta qu'il était prêt, *archi-prêt*. « Alors, fit M. de Kératry, nous passons le Rhin cette nuit ? — C'était d'abord mon avis, répliqua le maréchal; mais, sur le conseil de l'empereur, les divisions ne s'ébranleront que dans trois jours. Sa Majesté éprouve des scrupules et ne veut pas faire irruption en Allemagne sans avoir notifié officiellement la déclaration de guerre. »

Quant à M. de Gramont, il était encore plus affirmatif. Harcelé de questions par M. de Talhouët et les autres commissaires, il répondait en exhibant les dépêches déjà lues à la Chambre et en montrant le texte même de la fameuse note publiée par la *Gazette de l'Allemagne du Nord*, qu'il présentait obstinément comme une dépêche prussienne d'un caractère exclusivement officiel. Sur le chapitre des alliances il se montrait d'une confiance sans bornes. Le Wurtemberg n'attendait qu'un signal pour se ranger à nos côtés et la Bavière était prête à suivre cet exemple. Le concours du Danemark, si maltraité par la Prusse, ne faisait pas l'ombre d'un doute. Restaient l'Italie et l'Autriche. Pour ces deux puissances, M. de Gramont était plus discret et affectait surtout de ne pas dire tout ce qu'il savait. Il répondit évasivement et comme un homme qui entend être compris à demi-mot : « Messieurs, je n'ai pas à vous entretenir de l'alliance de l'Autriche et de l'Italie. Mais, au moment où vous m'avez fait appeler, je prenais congé de M. de Metternich, ambassadeur d'Autriche, et de M. Nigra, ministre plénipotentiaire d'Italie. Il y a de cela une heure. J'espère que la commission ne m'en demandera pas davantage. »

Tous les commissaires demeurèrent convaincus que, fidèle

à son système, l'empereur n'entrait en campagne qu'avec des alliés et que Danois, Bavarois, Autrichiens comptaient profiter de l'occasion pour réparer les défaites de Duppel, de Langensalza et de Sadowa. Quelques minutes encore, et le Corps législatif, convoqué pour une séance de nuit, allait se réunir. L'affront subi par notre ambassadeur paraissait évident. Le maréchal Le Bœuf était prêt. M. de Gramont avait des alliances assurées. La présence des ministres devenait inutile; ils se retirèrent, et M. de Talhouët, nommé rapporteur, se mit aussitôt au travail, assisté de MM. Dréolle et de Kératry.

Ce rapport fut plutôt un procès-verbal relatant les déclarations des ministres, M. de Talhouët et ses collaborateurs n'ayant pas eu le soin de collationner les dépêches une à une et acceptant par suite, sans contrôle, la déclaration inexacte de M. de Gramont, d'après laquelle la question des garanties aurait été posée dès le premier jour.

A neuf heures trente-cinq minutes, les députés reprirent séance. Les membres de la commission, MM. Dréolle, le comte de Lagrange, Pinard, Sénéca, Chadenet, le duc d'Albufera, Millon et Kératry, entouraient M. le marquis de Talhouët à qui incombait la tâche de lire le rapport.

Nous avons à dessein nommé tous les commissaires parce qu'ils portent aussi leur part de responsabilité pour la légèreté avec laquelle ils ont accepté, sans les contrôler, et couvert ensuite de leur honorabilité les déclarations de M. de Gramont.

Concluant au vote des projets de loi, le rapport disait qu'après une enquête sérieuse, la commission avait la satisfaction de déclarer à la Chambre que le gouvernement avait poursuivi le même but depuis la première phase des négociations jusqu'à la dernière.

Ainsi la *première* dépêche adressée à notre ambassadeur, arrivé à Ems pour entretenir le roi de Prusse, affirmait le rapport, se termine par cette phrase, qui indique que le gouvernement a nettement formulé sa légitime prétention. « Pour que cette renonciation, écrivait M. de Gramont à M. Benedetti, produise son effet, il *est nécessaire* que le roi de Prusse nous donne l'assurance qu'il n'autorisera pas de nouveau cette candidature ».

Cette déclaration faite par le rapporteur, M. de Talhouët, et contresignée par les huit commissaires, constituait un faux diplomatique. La dépêche dont on lisait l'extrait à la Chambre était datée, non du 7 juillet, jour où furent envoyées les premières instructions à M. Benedetti, mais du 12, à sept heures du soir. Encore, l'extrait de cette dépêche qui figurait au rapport n'était-il pas la reproduction fidèle du texte primitif ainsi conçu : « Pour que cette renonciation *du prince Antoine* produise *tout* son effet, *il paraît nécessaire*, etc. »

La fraude est évidente ; les mots supprimés fixaient la date de la dépêche au 12 juillet, jour où était connue la renonciation du prince Antoine au nom de son fils Léopold. L'altération du texte avait donc pour but et devait avoir pour résultat de tromper la commission et de lui faire affirmer un fait matériellement inexact.

M. de Gramont était assis au banc des ministres quand M. de Talhouët dit, au nom de la commission :

Ainsi, ce qui est resté le point litigieux de ce grand débat a été posé dès la première heure, et vous ne méconnaîtrez pas l'importance de ce fait, resté ignoré, il faut bien le dire, de l'opinion publique.

Si la commission l'avait mal compris, il devait se lever, rétablir les textes, préciser les dates. Il n'en fit rien. Il laissa dire ce que lui seul alors savait être un mensonge. Bien plus, il s'empara des déclarations de M. de Talhouët et s'en fit un argument dans le bulletin du *Journal officiel*, dans une note insérée dans la même feuille à la date du 31 juillet et dans des lettres privées qu'il adressa plus tard aux journaux.

Dans l'espèce de Mémoire justificatif paru sous le titre *la France et la Prusse*, M. de Gramont traite d'*insignifiante* l'erreur qu'il a laissé commettre à M. de Talhouët. La vérité l'eût mieux servi, car la dépêche expédiée le 7 à minuit exigeait une satisfaction du roi Guillaume, en termes bien plus catégoriques que ceux du télégramme tronqué lu à la Chambre.

Quant à l'insulte faite par le roi à notre ambassadeur, le rapport confirmait simplement la déclaration des ministres, basée sur le télégramme de la *Gazette de. l'Allemagne du Nord.*

La lecture du rapport et ses conclusions tendant au vote des crédits demandés par le gouvernement furent saluées par des applaudissements frénétiques. Quand le calme eut été à peu près rétabli, on vit, non sans surprise, la tribune occupée par M. Gambetta. L'oreille frémissante encore des conversations belliqueuses du jeune chef de la gauche, la Chambre ne s'attendait pas à l'entendre, à la dernière heure, combattre les conclusions du rapport. Partagé entre le soin de son ambition et son patriotisme très ardent et très sincère, le député de Belleville semblait demander à l'avenir le secret des événements, redoutant, au moment décisif, d'approuver la guerre condamnée par tout son parti, et songeant au danger dont était menacé ce même parti, si la guerre faite malgré lui, à l'instigation de ses adversaires les plus implacables, avait une issue glorieuse pour nos armes. Résolu à ne rien compromettre, il se montra à la fois patriote pour plaire à la droite et soupçonneux pour satisfaire ses amis. Reprenant avec sa vigueur habituelle la thèse défendue dans la journée par MM. Buffet et Jules Favre, il supplia la Chambre d'exiger que l'enquête, faite une heure avant par la commission, fût reprise en séance publique. Il fallait, disait-il, que l'attitude de la France fût si bien justifiée aux yeux de l'Europe que cette dernière en reconnût la légitimité. Il insistait donc pour qu'on plaçât sous les yeux du Corps législatif tous les documents diplomatiques et particulièrement la dépêche injurieuse de M. de Bismarck. A cette demande, les membres de la commission protestèrent avec énergie et M. Emile Ollivier la combattit dans une allocution indignée dont les termes rendent exactement compte de l'état de surexcitation qui régnait alors à la Chambre et dans tout Paris.

Que nous importent les protocoles de chancellerie, s'écria-t-il, les dépêches sur lesquelles on peut discuter? Sur notre honneur d'honnêtes gens, nous affirmons un fait. C'est que, d'après les récits de la Prusse, notre ambassadeur n'a pas été reçu par le roi et qu'on lui a refusé par un aide de camp d'entendre une dernière fois l'exposé courtois, modéré, conciliant d'une demande dont la justesse est irréprochable. Que serions-nous donc, si, en face de l'Europe, nous avions la sottise ou l'imprudence d'alléguer comme prétexte un fait inexact? Mais pour qui nous prenez-vous donc?... Voter c'est agir; ne discutez plus, parce que discuter, c'est perdre un temps précieux.

La note remise le 6 juillet par le maréchal Le Bœuf et ses déclarations optimistes, jointes aux excitations de la presse et aux clameurs de la rue, avaient achevé leur œuvre : toutes les têtes étaient tournées et c'est par unités que l'on comptait les personnes n'ayant pas une confiance aveugle dans la victoire des armes françaises. Au Corps législatif, sur 255 votants 10 voix seulement se prononcèrent contre l'adoption des crédits. Les opposants étaient MM. Emmanuel Arago, Desseaux, Esquiros, Jules Favre, Gagneur, Garnier-Pagès, Glais-Bizoin, Grévy, Ordinaire et Pelletan. Encore, la plupart de ces députés votaient-ils contre les propositions du gouvernement par système, car plus tard, quand ils furent à leur tour appelés aux affaires, ils se montrèrent peu avares du sang de la jeunesse française, sans avoir l'excuse des illusions dont se berçaient les votants du 15 juillet. M. Gambetta s'était montré plus logique en votant les crédits.

## CHAPITRE VIII

Effet produit en France par la déclaration de guerre. — Une dépêche du préfet de Marseille. — La Marseillaise. — Symptômes alarmants. — Formation de l'armée du Rhin. — Texte de la note du 6 juillet sur les effectifs. — Le prince Napoléon et le maréchal Le Bœuf. — Attitude de la Russie, de l'Autriche et de l'Italie. — Stratégie de M. Le Bœuf et politique du duc de Gramont. — L'empereur abandonne le projet de groupement des forces préparé par Niel. — Portrait du maréchal Le Bœuf. — Les aides-majors généraux Lebrun et Jarras. — Distribution des grands commandements. — Explications détaillées sur les effectifs. — Erreurs commises par le ministre de la guerre.

Parmi les dépêches adressées par les préfets au ministre de l'intérieur pour lui rendre compte de l'impression produite dans la population par la nouvelle de la déclaration de guerre, il en est une, signée par le préfet de Marseille, qui traduisait exactement le sentiment des classes laborieuses du commerce, de l'industrie et de l'agriculture. « Le commerce,
» disait M. Levert, pensant qu'un conflit est inévitable dans
» un avenir plus ou moins prochain, désire la liquidation
» prompte et définitive d'une situation qui, depuis longtemps
» déjà, pèse moralement sur les affaires »
Voilà bien, en effet, dégagée des ardeurs bruyantes d'une certaine fraction de la population des grandes villes, l'expression sincère de l'opinion publique. On considérait partout, depuis Sadowa, la guerre avec la Prusse comme un événe-

ment auquel rien ne pouvait soustraire la France et on avait hâte d'en finir avec cette menace perpétuelle d'un danger, plus redoutable que le péril lui-même. Quelques personnes bien renseignées sur les moyens militaires de la Prusse et de ses confédérés, blâmaient, non la déclaration de guerre, mais l'insuffisance des préparatifs destinés à nous assurer la victoire. Mais, une fois l'épée hors du fourreau, cette faible minorité se tut et laissa le peuple s'abandonner à un véritable délire patriotique. La Cour donna le signal en faisant jouer, le 15 au soir, la *Marseillaise* par la musique du 2ᵉ régiment des grenadiers de la garde caserné à Saint-Cloud. Cette résurrection de l'hymne de Rouget de l'Isle, si sévèrement proscrit pendant toute la durée de l'empire, produisit un effet singulier. Chez la plupart, ce chant magnifique, plein de passion et de haine contre l'étranger, produisit un enthousiasme sans mesure ; mais son exécution sous les fenêtres de Napoléon III fit réfléchir plus d'un de ceux qui, au premier moment, n'avaient pas songé au danger d'une guerre avec l'Allemagne.

A l'Opéra, l'artiste, saisissant un drapeau tricolore, lançait chaque soir les premières notes du chant national, et soudain la foule élégante se dressait, haletante. Dans les loges, les femmes elles-mêmes, entraînées, subjuguées, plus ardentes peut-être que les hommes, mêlaient leurs voix à celles des choristes, et une immense clameur sortie de deux mille poitrines révélait aux étrangers, spectateurs curieux et peu bienveillants, l'intensité de la haine du Français contre le Prussien. On ne peut taire cependant que la fièvre patriotique à laquelle étaient en proie les classes riches et éclairées commençait à s'éteindre dans la rue et que la population ouvrière devenait moins passionnée à mesure que la bourgeoisie s'animait davantage. A la gare de l'Est, dans laquelle s'engouffraient les régiments qu'on ne devait plus revoir, certains symptômes affligeants appelaient l'attention et impressionnaient douloureusement ceux qui ne se méprenaient pas sur la force de l'ennemi. Certains bataillons de l'armée de Paris casernés dans des quartiers populaires et, par suite, soumis à la propagande démagogique, disaient hautement qu'on les conduisait à « la boucherie » et que les peuples étaient bien sots de s'égorger entre eux pour le plaisir des rois. Mais ce n'étaient heureusement que des exceptions et, malgré l'agitation malsaine causée dans l'armée par le vote plébiscitaire, nos troupes étaient disposées à faire vaillamment leur devoir.

Le 16, le Sénat, se rendant à Saint-Cloud pour féliciter l'empereur, avait dit que, « depuis quatre années, le gouvernement avait porté à sa plus haute perfection l'armement de nos soldats et élevé à sa plus haute puissance l'organisation de nos forces militaires ». Sur la foi de pareilles allocutions, le peuple ne pouvait douter de la victoire !

Cependant le gouvernement et les Chambres prenaient les dernières dispositions. Le Corps législatif fixait le contingent pour la classe de 1870 à 140.000 hommes, décrétait que ses membres pouvaient exercer des commandements dans la garde mobile, et interdisait, sous des peines sévères, de rendre compte des mouvements de troupes. Le 23, un décret impérial déclarait close la session du Parlement, et un arrêté du ministre de la guerre prescrivait de commencer la mise en état de défense des forts de Paris. En même temps, l'empereur, dans une proclamation au peuple français, annonçait son départ pour l'armée où l'accompagnait le jeune prince Impérial.

Napoléon III s'était attribué le commandement en chef de l'armée du Rhin, dont il avait lui-même fixé le chiffre à 385.000 hommes, ainsi qu'il l'a dit dans ses Œuvres posthumes. Cette fixation était basée sur la note sommaire établie le 6 juillet par le maréchal Le Bœuf pour l'empereur. Vu son importance et ses conséquences désastreuses, elle mérite d'être donnée intégralement. La voici :

Paris, le 6 juillet 1870.

Note sommaire pour l'empereur sur la situation de l'armée.

Quinze jours après l'ordre donné par l'empereur, on aura formé deux armées comptant :

350.000 hommes de toutes armes ;

875 bouches à feu, avec 1<sup>er</sup> et 2<sup>e</sup> approvisionnements.

Il resterait :

| | | |
|---|---|---|
| A l'intérieur..................... | 181.500 | hommes. |
| En Algérie....................... | 50.000 | » |
| A Civita-Vecchia................. | 6.500 | » |
| Total................. | 238.000 | |
| Ajoutant le chiffre ci-dessus...... | 350.000 | » |
| L'on trouve..................... | 588.000 | hommes. |

disponibles pour la guerre.

| | | |
|---|---|---|
| Ajoutant les non-valeurs........... | 74.546 | » |
| L'on obtient..................... | 662.546 | hommes. |

comptant à l'armée régulière.

A ces forces, il y a lieu d'ajouter dès le premier jour, 100.000 hommes de garde nationale mobile habillés, équipés, armés et organisés avec leurs cadres.

A partir de l'ordre impérial, il faudrait environ trois semaines pour faire venir d'Afrique sur le Rhin les 3 régiments de zouaves, les 3 régiments de tirailleurs, et les remplacer en Algérie par quatre régiments d'infanterie de ligne.

Il faudrait plus d'un mois pour faire venir à Marseille et Toulon les quatre régiments de chasseurs d'Afrique.

J'ai l'honneur de demander à l'Empereur de vouloir bien me donner ses ordres à l'heure même où la résolution de Sa Majesté sera arrêtée.

*Le ministre de la Guerre,*
Maréchal Le Bœuf.

Nanti de ce renseignement, Napoléon III prescrivit au ministre de la guerre de diminuer le nombre des troupes à l'intérieur, de faire venir les régiments d'Afrique et de former trois armées aux effectifs suivants :

| | | |
|---|---|---|
| 1° Armée d'Alsace............ | 107.500 | hommes. |
| 2° Armée de Metz............ | 220.700 | » |
| 3° Armée de réserve à Châlons.. | 56.800 | » |
| Effectif général des armées. | 385.000 | hommes |

Les premiers ordres furent expédiés le 8 juillet et, à cette date, le général Decaen, commandant la division militaire de Metz, était invité à pousser avec la dernière énergie la construction des forts inachevés de cette importante place d'armes ; le surlendemain, l'espoir d'un arrangement avec la Prusse faisait contremander les ordres de l'avant-veille et suspendre tous les préparatifs. Le ministre de la guerre alla jusqu'à redemander à l'intendant Blondeau, directeur des services administratifs, un malheureux million dépensé en achats de biscuit et de conserves. Enfin, après ces atermoiements, le 14 dans la soirée, furent expédiés l'ordre de mobilisation, celui de l'appel des réserves, et tout le monde se mit à l'œuvre avec une activité fébrile.

Depuis 1815, la France n'avait plus fait un pareil déploiement de forces. Les campagnes d'Espagne en 1823, de Crimée en 1854, d'Italie en 1859 n'avaient demandé que la mise sur le pied de guerre d'une partie des régiments ; le 14 juillet 1870, l'empereur ordonna la mobilisation immédiate de toutes les troupes disponibles. Les officiers chargés du travail au ministère de la guerre perdirent vite la confiance orgueilleuse et naïve qui était bien alors le signe distinctif de la nation. Ils n'avaient pas tardé à se rendre compte que le maréchal Le Bœuf n'était pas aussi prêt qu'il l'avait affirmé au Corps législatif et qu'il avait commis une faute irréparable en négligeant de mettre à exécution les excellents projets du savant et laborieux commandant Fay sur l'endivisionnement et la mobilisation de l'armée française. On prétendait même qu'au dernier moment il aurait été en proie à une défaillance analogue à celle qui s'empara de Benedek lors de l'invasion de la Bohême, et qu'il fit part de ses angoisses à l'empereur.

On raconte en effet que, dans la journée du 21 juillet, le prince Napoléon, revenu en toute hâte de Norwège où l'avait surpris la nouvelle de la déclaration de guerre, s'était énergiquement prononcé devant son cousin contre les ministres, déclarant que les assertions du maréchal Le Bœuf n'avaient pas de fondement, que la France n'était pas en état de s'engager dans une pareille lutte et qu'une défaite écrasante serait le châtiment de tant de forfanterie jointe à une incapacité et à une ignorance si profondes. On ajoute que devant cette attaque inattendue, le ministre de la guerre avait confessé certaines erreurs, avoué l'inexactitude involontaire de sa note du 6 juillet et reconnu que le prince Napoléon, tout en étant trop pessimiste, avait raison sur beaucoup de points. L'écho de ces discussions n'avait pas tardé à franchir le cabinet du souverain et l'on s'entretenait dans le monde officiel de la terreur qu'elles avaient fait naître dans l'esprit de Napoléon III et de l'impératrice.

On exagérait certainement l'influence que pouvaient avoir exercée les objurgations du prince Napoléon, dont l'incompétence en matière militaire était passée à l'état de légende dans l'armée; mais des nouvelles graves avaient malheureusement commencé à produire chez l'empereur cette impression de découragement dont sa physionomie portait des traces visibles. L'empereur avait compté sur une coopération immédiate de l'Autriche et de l'Italie, quand le gouvernement français fut averti par M. Okounew, chargé d'affaires de Russie à Paris, que le czar croirait devoir armer dans la même proportion au moins qu'on le ferait à Vienne. Des renseignements de source anglaise disaient en outre, sur le ton de la certitude, que l'empereur de Russie avait formellement déclaré qu'il entrerait en campagne dans le cas où l'Autriche prendrait parti contre la Prusse.

En présence de l'attitude inquiétante de son puissant voisin, l'empereur François-Joseph était obligé d'agir avec une extrême prudence. Le 18, il réunit son Conseil qui se prononça pour la neutralité. Du côté de l'Italie, les nouvelles n'étaient pas meilleures. L'armée italienne, réduite à 130.000 hommes pour remédier au délabrement des finances, ne pouvait être mobilisée avant six semaines; de plus, le gouvernement de Florence insistait pour l'évacuation de Rome par la brigade française qui y tenait garnison et pour son remplacement par des troupes italiennes. Cette condition était vivement combattue par l'impératrice Eugénie et par les courtisans des Tuileries, qui défendaient le pouvoir temporel du pape par instinct plus que par raison. Ainsi, d'un côté le gouvernement italien n'était pas prêt, de l'autre côté l'empereur ne lui accordait pas la compensation réclamée par l'Italie tout entière, c'est-à-dire l'évacuation de Rome, en échange des lourds sacrifices imposés par une grande guerre. Le roi Victor-Emmanuel n'avait donc pas le choix des solutions et dut se résigner à rester neutre, en attendant la première victoire de la France.

Or, la stratégie du maréchal Le Bœuf et du général Lebrun, le conseiller militaire intime de l'empereur, reposait précisément sur la coopération immédiate des armées austro-italiennes. Leur plan consistait à enlever le pont de Maxau, entre Rastadt et Germersheim, avant que les Allemands eussent achevé leur mobilisation, à envahir Bade, le Wurtemberg et la Bavière de manière à isoler les États du Sud, enfin de donner la main aux armées de l'Autriche et de l'Italie dans la Haute-Bavière et de menacer ainsi le flanc gauche des armées de l'Allemagne du Nord.

L'Italie et l'Autriche refusant de s'engager avant de connaître le résultat de la première bataille, la réalisation de ce plan, d'une conception suffisamment logique, devenait difficile avec les effectifs annoncés dans la note du 6 juillet et impossible avec les mécomptes formidables que donnait la mobilisation. Quinze jours après l'ordre de mobilisation expédié le 14, les troupes réunies entre Metz et Strasbourg ne dépassaient pas 220.000 hommes quand le ministre de la guerre en avait promis 385.000 à Napoléon III, qui, dans ses Œuvres posthumes, ne dissimule pas l'horrible déception que lui causa la colossale erreur du maréchal Le Bœuf.

Dans leurs dépositions devant la commission d'enquête de l'Assemblée nationale, les deux principaux fauteurs de cette guerre désastreuse se renvoient réciproquement la responsabilité du décousu et de l'atonie de notre action militaire pendant la seconde quinzaine du mois de juillet, qu'il était si important de mettre à profit. Le maréchal Le Bœuf comptait sur la coopération immédiate d'alliés dont M. de Gramont avait garanti le concours ; tandis que le ministre des affaires étrangères comptait, pour obtenir ce concours, sur une première victoire, certaine avec un maréchal *archi-prêt*, sur les troupes allemandes surprises en pleine période de mobilisation. On le voit, la diplomatie et la stratégie des collaborateurs de Napoléon III se valaient à tous égards et donnent une juste idée du discernement apporté par l'empereur dans le choix de ses ministres. Dans les hautes sphères gouvernementales comme dans l'armée, la médiocrité de caractère et le désir d'être agréable et de plaire quand même étaient les premières conditions à remplir pour arriver aux plus hautes fonctions. Mais n'anticipons pas.

Il a été dit plus haut que, d'après un plan élaboré par le maréchal Niel, avec l'approbation de l'empereur, les forces de la France devaient être réparties en trois armées dont le général Lewal donne la composition dans ses remarquables *Études de guerre*. Chacune de ces armées devait comprendre trois corps d'armée avec une ou deux divisions de cavalerie ; les maréchaux Mac-Mahon, Canrobert et Bazaine étaient les trois commandants en chef de ces armées.

Napoléon III ayant brusquement changé d'avis, le travail préparé avec soin et arrêté à tête reposée fut détruit au début de la concentration et, au milieu d'un désordre inexprimable, on improvisa une nouvelle répartition des forces contraire à la logique et rappelant la tradition napoléonienne dans ce qu'elle avait de moins judicieux. L'empereur a cru devoir expliquer cet étrange revirement dans ses Œuvres posthumes. Il l'attribue au nombre insuffisant des officiers d'état-major et à son désir d'appliquer les principes mis en pratique par Napoléon Ier en 1815. La réminiscence était pour le moins singulière ; du reste, dans son Mémoire justificatif, l'empereur oublie que le projet Niel, arrêté par lui en 1868, avait reçu une nouvelle approbation le 8 juillet 1870, au moment où la guerre était à peu près décidée.

On renonça à la formation d'armées distinctes et l'armée du Rhin fut divisée en huit corps, y compris la garde, et trois divisions de cavalerie indépendantes. Cette répartition avait l'avantage, aux yeux des courtisans, de favoriser les ambitions de la maison militaire impériale et de ne pas créer de positions trop grandes et inquiétantes pour l'avenir, en faveur de certains personnages dont le dévouement leur était suspect. Le maréchal Le Bœuf, aide de camp de l'empereur avant son élévation au maréchalat, fut nommé major général et les généraux Lebrun et Jarras, aides-majors généraux. Cette suprématie accordée au plus jeune des maréchaux blessa vivement ses collègues qui se voyaient dépouillés des commandements importants promis dès 1868. Le maréchal Bazaine s'en plaignit hautement devant les personnes qui l'approchèrent à cette époque, et ce froissement d'amour-propre dut exercer une grande influence sur la conduite de cette âme vulgaire, lorsque des événements malheureux et, hélas ! la pression de l'opinion publique, obligèrent l'empereur à remettre le commandement en chef précisément à celui de ses lieutenants qui lui était le moins sympathique.

Parmi les innombrables problèmes posés à l'historien par les événements de 1870, il en est peu d'aussi affligeants que celui évoqué par le nom du maréchal Le Bœuf. Comment cet officier, dont les états de service constataient à chaque page la haute intelligence jointe à la plus admirable bravoure, avait-il pu déchoir au point où le trouva la déclaration de guerre ? Comment le savant commandant en second de l'Ecole polytechnique en 1848, le sagace et énergique chef de l'artillerie des attaques de gauche devant Sébastopol, le prévoyant commandant en chef de l'artillerie en Italie, était-il devenu le verbeux et vantard ministre de la guerre dont la légèreté allait mettre la France désarmée aux prises avec un ennemi dont il connaissait l'écrasante supériorité par les rapports du colonel Stoffel ?

Un seul mot répondra à ces questions : le maréchal Le Bœuf était courtisan. Il lui manquait une seule vertu, le caractère, et cette tare suffit à ternir une carrière qu'il était difficile de souhaiter plus honorable et plus brillante. Alors que le simple sens commun lui faisait un impérieux devoir de continuer à tout prix l'œuvre de réorganisation militaire entreprise par l'illustre et regretté maréchal Niel, il se consacra exclusivement aux menus détails de son ministère et s'intéressa surtout aux expériences de balistique que l'empereur, fidèle à ses goûts pour l'artillerie, faisait faire dans les ateliers de Meudon. La restauration du pseudo-régime parlementaire acheva de le troubler. Désormais, les attraits de la tribune lui firent oublier ce qu'il y avait d'austère et d'ingrat dans la tâche que lui avait léguée son prédécesseur. Il voulut plaire, pour faire hommage à son maître de ses succès. Très sympathique, même aux députés de la gauche qui aimaient ses allures loyales, il se contenta d'être le ministre aimé de la Chambre, l'interlocuteur toujours courtoisement interrogé de MM. Gambetta, de Kératry et Choiseul-Praslin, laissant à la routine et à la négligence des bureaux le soin de pourvoir à la défense nationale.

Ses deux aides-majors généraux, MM. Lebrun et Jarras, étaient loin de posséder les qualités nécessaires pour compenser les défauts de l'artilleur qui s'était improvisé major général. Intelligences médiocres, esprits étroits, ils étaient incapables de diriger les opérations d'une armée dont on espérait porter l'effectif à près de 400.000 hommes. Tous deux ont donné leur juste mesure, le premier dans son *Historique du XII<sup>e</sup> corps d'armée* qu'il commandait à Sedan, le second dans sa déposition devant le conseil de guerre de Trianon. On reste confondu quand on songe que l'historique et la déposition émanent des généraux qui devaient aider de leur expérience le commandant en chef Napoléon III et son major général.

Le même esprit d'imprévoyance et de courtisanerie présida à la distribution des commandements de corps d'armée. Le général Bourbaki remplaça à la tête de la garde le maréchal Bazaine, placé au III⁰ corps ; un autre aide de camp de l'empereur, Félix Douay, le moins ancien des généraux désignés par le maréchal Niel pour commander un corps, reçut le commandement du VII⁰ corps d'armée ; enfin le général Frossard, gouverneur du prince Impérial, primitivement désigné pour le commandement en chef du génie de l'armée, conserva celui du II⁰ corps d'armée, qui était dévolu au général Decaen, un de nos meilleurs manœuvriers. Ce dernier choix était particulièrement regrettable, non que le général Frossard ne fût un brave et savant officier qui avait fait ses preuves aux attaques du Mamelon-Vert et de Malakoff, mais à cause de sa complète inexpérience du maniement des troupes. L'empereur lui avait donné, pendant l'été de 1870, le commandement des trois divisions réunies au camp de Châlons, dans le but de l'habituer aux manœuvres. Quand la guerre fut déclarée, il supplia l'empereur de le laisser à la tête de ces divisions, destinées à constituer le II⁰ corps, et Napoléon, toujours faible pour ses familiers, y consentit. Le triomphe des Tuileries était donc complet : les trois nouveaux titulaires de grands commandements, les généraux Bourbaki, Frossard et Douay, appartenaient à la maison de l'empereur, dont aucun des officiers évincés, MM. d'Autemarre, Bisson, Decaen, Deligny, Dumont, Ducrot, n'avait l'avantage de faire partie.

Le 16 juillet, les premières troupes s'embarquèrent en chemin de fer pour se rendre aux points de concentration indiqués pour leurs corps d'armée respectifs. Ce mouvement des diverses garnisons à la frontière devait être incessant jusqu'au blocus de Metz, puisque, par suite des lacunes de notre système de mobilisation, les régiments reçurent pendant un grand mois des détachements destinés à les compléter. Il s'en fallait de beaucoup que nos effectifs fussent des effectifs de guerre ; au départ, les bataillons d'infanterie ne comptaient pas plus de 450 hommes en moyenne au lieu de 800, chiffre réglementaire en campagne et qui ne fut jamais atteint.

Quelques explications sont nécessaires pour faire comprendre cette pénurie d'hommes dans les corps mobilisés, quand la loi de recrutement mettait cependant à la disposition du gouvernement les éléments suffisants pour compléter les effectifs de guerre.

Lors de la discussion de la loi militaire du 1er février 1868, les ministres s'engageaient à mettre plus de 1.200.000 hommes en ligne. Le projet de bugdet pour 1871, présenté au Corps législatif peu de semaines avant la déclaration de guerre, fixait l'effectif entretenu à 400.000 hommes, dont 340.000 pour l'intérieur et 60.000 en Algérie. Des tableaux annexés au projet donnaient les détails les plus minutieux sur la composition des bataillons, escadrons et batteries.

Ces chiffres, si beaux en apparence, étaient faux.

L'illusion qu'ils entretenaient dans les esprits ne pouvait être dissipée que par les rares initiés à la comptabilité de la guerre, car sur les contrôles des régiments figuraient sans cesse une foule de non-valeurs, au grand désespoir des colonels, qui ignoraient ainsi le nombre d'hommes dont ils disposeraient au moment d'une entrée en campagne. *La situation de l'empire,* distribuée aux députés le 1er novembre 1869, décompose comme il suit l'effectif de l'armée active, à la date du 1er octobre : Intérieur, 365.000 hommes ; Algérie, 64.000 ; Etats Pontificaux, 5.000 hommes ; total, 434.000 hommes. Mais le gouvernement s'empressait d'ajouter qu'il convenait de déduire de ce total le chiffre des hommes en congé à divers titres, et qui ne s'élevait pas à moins de 109.000, ce qui réduisait le chiffre des présents à 325.000 hommes. Quant à l'effectif de la réserve, il était, à la même date, de 213.000 hommes en chiffres ronds, soit, pour l'armée active et la réserve, 647.000 hommes.

La garde nationale mobile comprenait cinq classes dont l'effectif était de 560.000 hommes qui, ajoutés aux 647.000 de l'armée et de la réserve, donnaient bien, sur le papier, le total formidable de *douze cent mille combattants.*

Mais les gardes nationaux mobiles, à l'exception d'une faible partie du contingent de la Seine, ne sachant pas encore se servir d'un fusil, constituaient une force absolument nulle au début de la campagne; l'organisation des cadres était à peine ébauchée au commencement du mois de juillet et la détermination des circonscriptions de recrutement des bataillons, compagnies et batteries, venait seulement d'être arrêtée. Le département de la Seine possédait seul des cadres complets ; dans les trois premiers corps de Paris, de Lille et de Nancy, le gouvernement avait procédé à la nomination des chefs de bataillon et des capitaines ; mais dans les trois autres grands commandements de Lyon, de Toulouse et de Tours, l'organisation de la garde mobile était nulle. On se demande comment, en présence d'une pareille situation, le maréchal Le Bœuf osait affirmer dans sa note du 6 juillet que, *dès le premier jour,* l'empereur disposerait de « 100.000 hommes de garde mobile habillés, équipés, armés et organisés avec leurs cadres ».

Au moment de l'entrée en campagne, Napoléon III ne pouvait donc compter que sur l'armée active et la réserve, dont l'ensemble, d'après les calculs des bureaux de la guerre, s'élevait à 642.000 hommes, chiffre à peu près égal à celui des effectifs au 1$^{er}$ octobre 1869. De ce chiffre il faut défalquer les 75.000 jeunes soldats du contingent de 1869, qui ne furent incorporés que le 1$^{er}$ août. Restaient donc 567.000 hommes immédiatement disponibles, répartis de la façon suivante : **393.500** *sous les drapeaux* ; 61.000 anciens militaires de la réserve ; 112.500 jeunes soldats de la réserve qui avaient reçu une instruction fort incomplète de quatre mois en moyenne dans les dépôts et dont un certain nombre ne connaissait nullement le chassepot.

Après le vote du plébiscite, le plus important de ces chiffres, celui des soldats présents sous les drapeaux, avait été contesté en termes formels par le *Constitutionnel,* dont les renseignements militaires étaient notoirement puisés aux meilleures sources. Ce journal affirmait que le total de 393.500 hommes donné par les bureaux comprenait beaucoup de non-valeurs figurant à tort sur les contrôles des corps.

Le surlendemain, le *Peuple Français*, organe avoué du cabinet des Tuileries, démentait son confrère dans un long article élaboré par le cabinet du ministre de la guerre. Son argumentation s'appuyait sur l'excellence de nos règles de comptabilité qui empêchent de faire figurer au budget des dépenses fictives ! Il ignorait que le *Constitutionnel* tenait ses renseignements du directeur même de la comptabilité de la guerre. Du reste, pour éviter une polémique fâcheuse pour le ministre de la guerre, défense fut faite au journal indiscret de répliquer à son adversaire, auquel il aurait pu opposer, entre beaucoup de bonnes raisons, les millions dépensés dans les ateliers de Meudon et pour la construction des hôtels des maréchaux, sans qu'il soit possible de trouver la moindre trace de ces sommes considérables dans les budgets.

L'événement ne devait pas tarder à justifier les patriotiques observations de l'écrivain militaire du *Constitutionnel,* dont l'unique but avait été de mettre l'empereur et le parlement en garde contre l'optimisme inconsidéré du maréchal Le Bœuf. Dans ses Œuvres posthumes, Napoléon III, qui avait conservé un mauvais souvenir de la négligence et de l'inexactitude avec lesquelles le ministre de la guerre établissait ses situations d'effectif, s'écrie, après avoir constaté les énormes manquants de son armée : « Cette différence inconcevable entre le nombre de soldats présents sous les drapeaux et ceux qui devaient s'y trouver, est l'exemple le plus frappant et le plus déplorable du vice de notre organisation militaire. » Il aurait pu ajouter : « et de l'incapacité du ministre de la guerre que j'ai imposé au Cabinet de M. Emile Ollivier ». L'intendant général Guillot, directeur général du contrôle et de la comptabilité, camarade de promotion du maréchal Le Bœuf à l'Ecole polytechnique, ne lui avait pas dissimulé le peu de sincérité des situations d'effectif annexées annuellement aux projets de budget ; mais le ministre, infatué de son mérite et confit dans son optimisme se refusait à tenir compte des observations qui allaient à l'encontre de ses idées conquérantes. C'est ainsi que, au moment où la guerre devenait imminente, il contesta les effectifs allemands dont le chiffre avait été établi par le commandant Samuel, l'officier le plus compétent de son ministère ; il les trouvait exagérés et fit refaire un travail à sa convenance par un autre officier.

Même avec les chiffres complaisants des bureaux, les forces sur lesquelles la France pouvait compter pendant les premiers mois de la lutte ne dépassaient pas 567.000 hommes dont il fallait déduire : 36.800 hommes pour les compagnies de discipline, de remonte et pour les sections d'infirmiers ; 28.000 pour les dépôts ; 13.700 pour les troupes hors rang ; 24.000 gendarmes ; 78.500 pour les forteresses ; 50.000 pour l'Algérie ; en tout 231.000 hommes, ce qui laissait 336.000 hommes disponibles pour tenir la campagne. Si l'on déduit de ce chiffre le corps d'occupation de Rome et les troupes qu'il fallait conserver par prudence sur certaines frontières pour les surveiller dans les premiers jours, on voit que nous ne pouvions mettre en ligne, au maximum, que 300.000 soldats contre plus de 500.000 que le roi Guillaume pouvait jeter sur la France au premier signal. Or, quinze jours après la déclaration de guerre, nous n'avions ni les 385.000 hommes promis par le maréchal Le Bœuf dans sa note du 6 juillet, ni les 300.000 qu'il eût pu raisonnablement promettre si les situations établies dans ses bureaux avaient été sincères ; nous avions 220.000 rationnaires dont le chiffre le plus élevé ne dépassa jamais 243.171 hommes avec 54.097 chevaux, qui est celui de la situation générale d'effectif de l'armée du Rhin au 1ᵉʳ août. A partir de cette date, les augmentations provenant de l'arrivée des détachements de réservistes furent malheureusement atténuées et même dépassées de beaucoup par les pertes résultant des marches et des combats.

Aux forces de terre, il convient d'ajouter la marine, sur laquelle on fondait, au début de la guerre, les plus brillantes espérances, aussi rapidement évanouies que toutes les autres. Au 1ᵉʳ janvier 1870, la France possédait une flotte superbe, composée de 416 navires, dont 336 à vapeur mus par 81.450 chevaux. Ces 336 bâtiments comprenaient : 55 navires cuirassés à hélice, 233 navires non cuirassés à hélice, 48 navires à roues.

Le maréchal Niel, en prévision d'une guerre avec l'Allemagne et dans le but d'appuyer notre allié probable, le Danemark, avait proposé de porter à 40.000 hommes l'effectif total de l'infanterie et de l'artillerie de la marine. Après sa mort, ce projet avait été abandonné, et les effectifs budgétaires fixés pour 1871 ne dépassaient pas 18.000 fantassins et 4.200 canonniers.

Ce simple exposé de la situation réelle de l'armée française constitue l'acte d'accusation terrible dressé par l'histoire contre le maréchal Le Bœuf, et si la vindicte publique l'a épargné, parce que les colères de la foule s'étaient concentrées sur le maréchal Bazaine, le collègue de M. de Gramont s'est rendu justice en se condamnant lui-même à la retraite et en renonçant silencieusement à toutes les prérogatives attachées à la dignité de maréchal. Cette conduite, empreinte à la fois d'une humble résignation et d'une froide dignité, ont revalu au ministre de Napoléon III bien des sympathies à la place des haines trop fondées suscitées par la jactance et la présomption dont il ne s'était pas départi un instant pendant son court ministère.

## CHAPITRE IX

Départ pour Metz du major général, le 24 juillet, et de l'empereur, le 27. — Concentration de l'armée française. — Composition des corps d'armée. — Atonie du maréchal Le Bœuf. — Attitude de l'Allemagne en vue de la guerre. — Retour du roi à Berlin, le 15 juillet. — Les Etats du Sud mobilisent leurs contingents. — L'état-major prussien. — Concentration des armées d'opérations. — Portrait du général baron de Moltke. — Enumération des forces de l'Allemagne. — Explication de certaines causes d'infériorité de l'armée française.

Le 24 juillet au soir, le major général partit de Paris avec le général Lebrun et une partie de l'état-major général. Le lendemain, au moment précis où le train qui l'amenait entrait en gare de Metz, le maréchal Bazaine sortait de la ville par la porte des Allemands, afin, sans doute, de n'avoir ni explication à donner à un collègue jalousé, ni ordres à recevoir de lui. Dès le premier jour, avant toute action militaire, les chefs de l'armée française affichaient ainsi leurs mesquines rancunes, leur manque complet de camaraderie, leurs puériles rivalités, quand le plus vulgaire bon sens, le moindre sentiment de leurs devoirs envers le pays et plus encore la gravité des circonstances leur commandaient impérieusement de se sentir les coudes et de ne songer qu'à la défense de la patrie, très en danger sans qu'elle s'en doutât.

L'empereur arriva à Metz le 28 juillet, avec sa nombreuse et encombrante maison militaire dans laquelle on ne comptait pas moins de 311 chevaux; il annonça sa prise de possession du commandement par une proclamation sans grande signification ; on était seulement étonné d'y trouver cette phrase : « De nos succès dépend le sort de la liberté et de la civilisation. » Car l'impératrice et son entourage n'avaient pas la moindre intention, en cas de succès, d'inaugurer une nouvelle ère de liberté.

Au moment de l'arrivée de Napoléon III, les corps d'armée se trouvaient ainsi répartis : I$^{er}$ corps, maréchal Mac-Mahon, à Strasbourg (troupes d'Afrique et de l'Est); II$^e$ corps, général Frossard, à Saint-Avold (troupes du camp de Châlons); III$^e$ corps, maréchal Bazaine, à Boulay (armée de Paris et régiments de Lorraine); IV$^e$ corps, général de Ladmirault, à Thionville (régiments du Nord) ; V$^e$ corps, général de Failly, à Bitche et Phalsbourg (armée de Lyon); VI$^e$ corps, maréchal Canrobert, au camp de Châlons (régiments de l'Ouest et du Centre) ; VII$^e$ corps, général Félix Douay, à Belfort (régiments du Sud-Est) ; la garde, général Bourbaki, à Nancy ; 1$^{re}$ division de cavalerie indépendante, général du Barail, à Lunéville ; 2$^e$ division de cavalerie, général de Bonnemains, à Lunéville ; 3$^e$ division de cavalerie, général de Forton, à Pont-à-Mousson ; réserve générale d'artillerie à Lunéville ; parc de campagne *en formation*, à Toul ; parc du génie à Versailles.

Les trois corps commandés par des maréchaux comprenaient: quatre divisions d'infanterie, chacune à treize bataillons, avec dix-huit pièces dont six mitrailleuses; une division de cavalerie à trois brigades, et huit batteries de réserve. Les quatre autres corps n'avaient que trois divisions d'infanterie, une division de cavalerie de deux brigades et six batteries de réserve. La garde conservait son ancienne répartition en deux divisions d'infanterie, une de cavalerie à trois brigades et deux régiments d'artillerie, chacun de six batteries. L'empereur avait ainsi réuni le long de la frontière, entre Belfort et Thionville : cent quatre régiments d'infanterie, vingt et un bataillons de chasseurs, cinquante-cinq régiments de cavalerie, cent cinquante-quatre batteries d'artillerie montée ou à cheval, soit 924 canons et mitrailleuses, et trente-sept compagnies du génie. Il ne restait disponible que : onze régiments d'infanterie, dont quatre à Toulouse, deux à Rome et cinq en Algérie ; les trois bataillons d'infanterie légère d'Afrique (zéphyrs) ; cinq régiments de cavalerie, non compris les trois régiments de spahis ; dix batteries d'artillerie ; onze compagnies du génie ; enfin, les quatrièmes bataillons d'infanterie, dont la formation venait d'être ordonnée dans les cent quinze dépôts de cette arme.

On peut donc dire que l'armée du Rhin comprenait l'ensemble des forces militaires de la France et tous les soldats exercés. Derrière cette armée on ne trouvait plus que des cadres incomplets et des hommes peu habitués ou même tout à fait étrangers au métier des armes.

Si les mesures préparatoires avaient été bien prises, l'empereur eût pu, avec les 220.000 hommes de troupes excellentes qu'il avait sous la main, compenser leur infériorité numérique par une offensive rapide, se jeter dans les derniers jours de juillet au milieu des armées allemandes en voie de formation et gêner leur concentration par quelque coup d'audace. Malheureusement, la série des dépêches échangées entre le ministère de la guerre et les différents chefs de service de l'armée témoigne de la négligence la plus blâmable de la part de ceux qui avaient mission de préparer l'entrée en campagne et l'on est en droit de demander en quoi M. Blondeau, intendant directeur des services administratifs du maréchal Le Bœuf, a mérité les récompenses dont il a été comblé. Le 25 juillet, onze jours après l'expédition de l'ordre de mobilisation, les corps d'armée n'avaient encore ni infirmiers, ni voitures d'ambulance, ni officiers d'administration, ni fours de campagne, ni biscuit, ni avoine. L'intendant Friant du III⁵ corps, Bazaine, manifestait hautement la conviction que jamais l'armée française ne passerait la frontière, par suite du manque absolu de moyens de transport et d'approvisionnement.

8

Le major général, en présence du désarroi de tous les services, semblait frappé d'atonie ; après n'avoir rien su prévoir, il était incapable de remédier à rien. En vain les rapports de ses officiers lui annonçaient la concentration imminente de trois armées allemandes en face de nos lignes, il continuait à laisser nos corps isolés, hors d'état de se prêter un appui mutuel, par suite exposés à être écrasés l'un après l'autre.

Tout devait être étrange dans cette guerre sans précédents. Tandis que celui qui l'avait déclarée paraissait effrayé de son audace et comme écrasé sous le poids de sa responsabilité, le roi Guillaume et ses deux fidèles conseillers, le comte de Bismarck et le baron de Moltke, recevaient la nouvelle de la mobilisation de l'armée française avec le calme d'hommes préparés à tout événement. Leurs précautions avaient été prises avec un soin minutieux. Le peuple allemand était entraîné depuis longtemps, moralement et matériellement, pour une lutte avec son puissant voisin.

Depuis 1813, la jeunesse était élevée dans une haine furieuse contre la France, qualifiée d'*Erbfeind*, ennemi héréditaire, dans les histoires populaires si répandues sur la rive droite du Rhin. Les pasteurs joignaient à leur enseignement le récit des guerres de religion et tout particulièrement de la guerre de Trente ans, afin de ne pas manquer l'occasion de mettre en lumière la duplicité française, personnifiée dans le cardinal de Richelieu s'alliant avec les protestants d'Allemagne pendant qu'il persécutait leurs coreligionnaires, sujets du roi Louis XIII. L'incendie du Palatinat en 1689, par ordre de Louvois, les exactions des armées de Napoléon I$^{er}$ étaient dépeints sous les couleurs les plus sombres et présentés de façon à surexciter les désirs de vengeance. Les auteurs de ces récits se gardaient bien d'amoindrir la puissance de la France ; ils la présentaient au contraire comme relevée de ses désastres de 1815, prête à déchirer de nouveau l'Allemagne, et s'appliquaient à démontrer que celle-ci avait besoin de rester unie pour être en état de résister à sa terrible rivale.

Ces enseignements, répandus dans les masses avec une opiniâtre persévérance, avaient produit leur effet ; aussi les hommes d'Etat de Berlin souriaient-ils de la crédulité française qui ajoutait foi aux assertions des journaux au service des princes allemands dépossédés en 1866. A Paris, on prenait ingénument les bouderies de quelques hobereaux pour l'expression de l'opinion de leurs provinces, et l'on se refusait à comprendre que si l'hégémonie prussienne n'était pas sympathique au royaume de Hanovre, aux duchés de Nassau et de Hesse-Darmstadt, à l'électorat de Hesse-Cassel, ainsi qu'aux Etats du Sud, ces divisions peu profondes disparaîtraient au premier coup de canon pour se confondre dans un sentiment de haine implacable contre la France.

Cette haine se manifesta avec une indicible énergie dès que la nouvelle de la déclaration de guerre fut connue. A ce moment même, le roi Guillaume quittait Ems pour retourner à Berlin et son voyage fut une véritable marche triomphale. A Coblentz, vieille cité militaire et forteresse prussienne, les ovations n'avaient rien que de naturel ; mais à Cassel, annexé depuis quatre ans seulement, l'enthousiasme ne fut pas moins vif et, à son passage, le roi y reçut sur le quai de la gare une adresse des plus chaleureuses du Conseil municipal qui l'assurait du concours dévoué de ses nouveaux sujets. L'accueil fut le même à toutes les stations ; les villes de Gœttingue, de Magdebourg et de Potsdam se distinguèrent tout particulièrement par les acclamations dont elles saluèrent le généralissime des armées allemandes.

Le prince Royal, le comte de Bismarck, le général de Moltke et le ministre de la guerre, général de Roon, allèrent à la rencontre du roi jusqu'à Brandebourg. Vers neuf heures du soir, au moment où le train royal arrivait à Berlin, le sous-secrétaire d'Etat, M. de Thile, remit au chancelier la dépêche qui analysait l'*Exposé* lu dans la journée au Corps législatif par M. Emile Ollivier.

Les voitures de la cour eurent de la peine à se frayer un passage au milieu de la foule enthousiaste qui encombrait les rues entre la gare de Potsdam et le Palais. Jusqu'à l'aube, on ne cessa de chanter les vieux *Lieder* de 1813 et surtout « *die Wacht am Rhein* » (la garde au Rhin), qui devint l'hymne national allemand pendant la campagne.

Sans prendre un instant de repos, Guillaume 1er signait l'ordre de convocation du Parlement fédéral pour le 19 juillet et se mettait au travail avec les généraux de Moltke et de Roon. Dans la matinée déjà, le télégraphe avait porté à tous les chefs-lieux de province l'ordre de mobilisation, dont le premier jour datait, par exception, du jour même et dont la durée était limitée à onze jours. En même temps, les commandants des côtes de la frontière occidentale étaient invités à mettre les ports et les places fortes en état de défense. En moins de quarante-huit heures les décisions royales avaient été notifiées à toutes les communes, et réservistes et landwehriens étaient avertis d'avoir à rallier leurs régiments.

Les journaux français répandirent alors le bruit que les soldats allemands rejoignaient leurs drapeaux à contre-cœur et que les autorités étaient obligées de recourir à des mesures de rigueur pour les faire marcher. Il n'en était rien. Loin de là, toute l'Allemagne s'était levée avec enthousiasme au premier appel, et l'attitude résolue des jeunes gens qui se rendaient à leurs corps précédés de drapeaux aux couleurs allemandes et chantant des airs patriotiques causa même une poignante impression aux nombreux Français qui fuyaient ce pays en ébullition.

Les Etats du Sud, que l'on avait représentés comme hostiles à la Prusse et prêts à marcher avec la France à la première occasion favorable, se rangèrent au contraire sous la bannière blanche et noire avec un empressement extraordinaire. Le grand-duc de Bade, gendre du roi Guillaume, le jeune roi de Bavière et le grand-duc de Darmstadt mobilisèrent leurs contingents dès le 16 juillet ; le lendemain, leur exemple était suivi par le roi de Wurtemberg. A Munich, la commission de la Chambre des députés chargée d'examiner la demande des crédits de guerre s'était prononcée, à la majorité de 7 voix contre 2, pour la neutralité. Mais, sous la pression de l'opinion publique manifestement favorable à la guerre, les députés repoussèrent la proposition des commissaires et votèrent les crédits à 101 voix contre 47. « La guerre est déclarée! s'écria un député. Hier on pouvait encore penser aux souffrances que nous avons endurées en 1866, aujourd'hui la passion belliqueuse contre les *Welches* s'éveille dans toutes les âmes ; c'est un facteur avec lequel il faut compter. Nous n'étions pas à la bataille de Leipzig ; si cela doit recommencer, nous serons cette fois à la bataille des nations. » Cette sortie du docteur Sepp exprimait et exprime encore exactement les sentiments nourris par tout bon Allemand à l'endroit de la France. En 1870, la plupart des Français avaient d'étranges illusions à ce sujet et se croyaient encore aux époques où Richelieu et, près de deux siècles plus tard, Napoléon I$^{er}$ faisaient marcher des contingents allemands contre leurs frères de langue germanique. Ces illusions sont aujourd'hui dissipées, et si tous les Français sont des *Welches* détestés pour les Allemands, tous les Allemands sont de haïssables Prussiens pour les Français. Les antagonismes nettement accusés valent mieux que des alliances contre nature ; ces dernières ont exposé Napoléon I$^{er}$ à voir les Saxons faire défection à Leipzig et les Bavarois lui barrer la route à Hanau ; de pareils événements ne se produiront plus à l'avenir. On a, d'ailleurs, lieu de s'étonner que Napoléon III, le protagoniste du système des nationalités, le vrai fondateur de l'unité italienne, ait pu croire à la possibilité d'empêcher l'achèvement de l'unité allemande, commencée au lendemain de Sadowa. M. de Bismarck avait répété à plusieurs reprises en plein Reichstag que « cette unité se ferait par le fer et par le sang, en dépit des vents d'ouest », et si nos diplomates, au lieu de fréquenter exclusivement ce qu'on appelle la haute société entichée de ses titres et ne voyant rien au-delà de la cour royale ou grand'ducale, s'étaient mêlés quelquefois au vrai peuple dans les brasseries et les *Weinwirthschäfte*, ils auraient mieux renseigné M. de Gramont sur les véritables aspirations du peuple allemand.

Le 25 juillet, les douze corps d'armée de la Confédération du Nord et le contingent badois avaient achevé leurs préparatifs ; les Bavarois, les Wurtembergeois et la garde royale ne furent prêts que le 27. Ce léger retard provenait de ce que les deux principaux États du Sud n'étaient pas encore rompus aux détails minutieux de la mobilisation prussienne et que, la garde se recrutant dans tout le royaume, l'appel des réserves ne pouvait s'y faire avec la même rapidité que dans les corps provinciaux.

A ce moment se manifesta l'écrasante supériorité de l'état-major prussien sur celui de Napoléon III. Tandis que le maréchal Le Bœuf modifiait maladroitement le projet d'organisation des armées élaboré par son prédécesseur, le général de Moltke appliquait méthodiquement les règles arrêtées dès 1866 avec le concours des savants et intelligents officiers dont il avait su s'entourer. Comme l'explique le colonel Stoffel dans ses lumineux rapports, toutes les éventualités avaient été étudiées et les bureaux militaires de Berlin possédaient divers plans de campagne basés sur des complications hypothétiques, mais probables. Donc, lorsque M. de Moltke fut informé de la déclaration de guerre, il n'eut qu'à tirer de leurs casiers les dossiers concernant la guerre contre la France et établissant ce que les Allemands appellent l'*Ordre de bataille*. Les mesures étaient bien prises, car, longtemps avant que la mobilisation fût achevée, le 18 juillet, parut cet Ordre qui fixait le groupement des corps d'armée, réglait dans leurs moindres détails les services des états-majors, de l'intendance, des places fortes, des étapes. Rien n'était oublié. Dès que les régiments furent prêts à marcher, les ordres de concentration furent expédiés et les mouvements de chemins de fer exécutés avec une précision mathématique. Au 31 juillet, le transport du personnel était entièrement terminé ; les journées du 1ᵉʳ au 6 août devaient être consacrées au charroi du matériel. Et dire que l'organisation d'un état-major susceptible de donner de pareils résultats avait été longuement et chaudement recommandée par le baron Stoffel dans un rapport daté du 25 octobre 1866 ! Il a fallu les désastres de 1870 pour nous la faire adopter partiellement, car le chef d'état-major général français n'est nullement permanent, comme il l'est en Prusse et comme le demandait notre attaché militaire.

Les données du plan de campagne prussien avaient été calculées dans la prévision d'une lutte active avec les Français dans la vallée du Rhin, en ayant sur ses flancs deux puissances, le Danemark et l'Autriche, dont la neutralité pouvait devenir peu bienveillante pour l'Allemagne. Afin de parer à ces différentes éventualités, les troupes furent réparties en trois armées d'opérations et en un certain nombre de corps d'observation.

La première armée, commandée par le vieux général de Steinmetz, avec le général de Sperling comme chef d'état-major, se composait du VIIᵉ corps, de Zastrow, et du VIIIᵉ corps, Gœben, soutenus par la 1ʳᵉ et la 3ᵉ division de cavalerie. Son effectif dépassait 70.000 hommes, avec 180 canons. Le quartier général était dans la place forte de Trèves, autour de laquelle se concentraient les troupes.

La deuxième armée, sous les ordres du prince Frédéric-Charles, de beaucoup la plus nombreuse, ne comprenait pas moins de six corps : la garde royale, prince Auguste de Wurtemberg ; le IIIᵉ corps, d'Alvensleben II ; le IVᵉ, d'Alvensleben I ; le IXᵉ, de Manstein ; le Xᵉ, de Voigts-Rhetz ; le XIIᵉ, formé avec l'armée saxonne et commandé par le prince royal de Saxe ; les 5ᵉ et 6ᵉ divisions de cavalerie, plus la cavalerie de la garde et du corps saxon. Son effectif était d'au moins 210.000 hommes, avec 524 canons. Le prince avait pour chef d'état-major le général de Stiehle; son quartier général était installé à Alzey, au centre de son armée, concentrée sur la rive gauche du Rhin entre Mayence et Worms.

La troisième armée, outre deux corps de l'armée prussienne, le V°, général de Kirchbach, et le XI°, général de Bose, comprenait les contingents de l'Allemagne du Sud, composés de deux corps bavarois commandés, le I$^{er}$ par le général von der Tann, le II° par le général Hartmann, et du corps combiné badois-wurtembergeois sous les ordres du général de Werder. Le roi Guillaume fit savoir à ses nouveaux confédérés que leurs soldats auraient à leur tête le prince Royal de Prusse, assisté d'un chef d'état-major de la plus haute distinction, le général de Blumenthal. La troisième armée avait en outre une cavalerie indépendante comprenant les 2$^e$ et 4$^e$ divisions prussiennes, six régiments bavarois répartis dans deux brigades et trois régiments badois-wurtembergeois. Une de ces divisions, la 4$^e$, avait pour chef le prince Albrecht, frère du roi de Prusse, qui avait modestement repris la place d'un simple divisionnaire, après avoir constaté par l'expérience de la campagne de Bohême, que les grands corps de cavalerie n'étaient guère utilisables dans les guerres modernes.

Les troupes du prince Royal étaient massées dans le Palatinat, entre Landau et Germersheim, leurs têtes de colonne à quelques lieues seulement de Wissembourg. Leur effectif était de 180.000 hommes avec 480 canons.

Les trois armées allemandes d'opérations formaient ainsi un ensemble redoutable de 460.000 combattants répartis dans 314 bataillons d'infanterie, 27 de chasseurs à pied, 336 escadrons, 13 bataillons du génie, avec 1.194 canons.

Pour observer le Danemark, la mer du Nord et les côtes de la Baltique, on avait, outre les troupes de la marine, le I$^{er}$ corps d'armée et la 17$^e$ division, détachée du IX° corps où elle avait été remplacée par la division hessoise. Le VI° corps surveillait les frontières de Bohême et le II₀ restait en réserve à Berlin. Mais à peine les premiers succès eurent-ils rassuré le gouvernement prussien sur l'attitude de ses voisins, que ces trois corps d'armée et demi furent appelés en France, où ils arrivèrent assez tôt pour prendre part aux batailles sous Metz et à celle de Sedan.

Le roi de Prusse, généralissime de toutes ces armées, avait eu le rare bonheur de trouver un chef d'état-major capable de diriger sans trouble, avec fermeté et intelligence, des masses d'hommes, de chevaux et de canons dont la seule énumération donne le vertige. C'était le baron Hellmuth de Moltke. Son père était lieutenant général au service du Danemark et il commença ses études militaires à l'institut des cadets de Copenhague. En 1817, à l'âge de dix-sept ans, il était page du roi Frédéric VI ; l'année suivante il était promu lieutenant et, en 1823, passait avec son grade dans l'armée prussienne. Successivement professeur de géodésie et de topographie à l'Académie militaire de Berlin, instructeur à Constantinople de 1835 à 1839, chef du grand état-major en 1858, un triste hasard lui fit prendre une part décisive à l'écrasement de sa patrie, en 1864.

Il est difficile de se faire une idée de l'estime et de la considération dont il jouissait dans l'armée allemande et qui s'adressaient plus encore à l'esprit d'équité qu'il apportait dans l'exercice de ses hautes fonctions et à sa modestie, qu'à ses grands talents et à ses éclatants services. Comme tous les penseurs, il parlait peu, aussi le peuple l'avait-il surnommé le *grand silencieux (der grosse Schweigstillige)*. Son aspect n'avait rien de militaire ; contrairement à la coutume allemande, il ne portait ni favoris ni moustaches ; son visage était pâle, son regard profond, sa taille élevée et mince. Il parlait presque toutes les langues de l'Europe, ses manières étaient d'une distinction parfaite, son érudition des plus vastes. Ennemi acharné de la France, il fera preuve envers le vaincu, pendant toute la campagne, d'une rigueur et d'une exigence qui ne sauraient du reste étonner de la part d'un homme qui, dans la seconde moitié du dix-neuvième siècle, a tranquillement présidé à la destruction de l'héroïque petite armée danoise au milieu de laquelle il avait été élevé.

Dans tous les actes de sa longue et brillante carrière, le célèbre feld-maréchal a constamment fait preuve d'une rectitude d'esprit et d'une sûreté de jugement qui ne risquaient pas d'être déviées ou obscurcies par un élan du cœur. M. de Moltke est un génie digne d'être rangé parmi les grands capitaines, mais son génie a quelque chose de froid, de glacial; il a excité l'admiration du monde entier, il possédera certainement celle des générations à venir, mais il est peu probable que son nom éveille jamais ces sympathies qui ne s'attachent qu'aux natures à la fois grandes et généreuses.

Il reste maintenant à faire connaître l'organisation intime de l'immense masse qu'allait mouvoir le roi de Prusse.

La campagne de 1866 avait augmenté dans de vastes proportions la puissance de Guillaume I$^{er}$, qui s'était empressé de réunir en un faisceau solide les Etats allemands situés au nord du Mein. En 1870, la Confédération du Nord venait d'achever son organisation; cependant tous les Etats qui en faisaient partie n'étaient pas rattachés à la Prusse par des liens militaires identiques, et l'on peut les classer en deux groupes distincts, d'après les obligations qui leur étaient imposées et les attributions politiques laissées à leurs souverains. Le premier comprenait ceux qui avaient conservé sur leur contingent une autorité, limitée d'ailleurs par le pacte fédéral; c'étaient: le royaume de Saxe, la Hesse-Darmstadt, les deux Mecklembourg et le Brunswick. Le second groupe était composé des Etats dont les contingents faisaient en quelque sorte partie intégrante de l'armée prussienne et qui payaient 225 thalers (843 fr. 75) par tête au ministère de la guerre de Berlin, chargé du recrutement, de l'instruction et de l'entretien de leurs troupes.

Les forces de la Confédération du Nord se divisaient en deux parties : l'*armée active* et la *landwehr*.

L'armée active comprenait : cent dix-huit régiments d'infanterie à trois bataillons ; soixante-seize régiments de cavalerie à cinq escadrons ; treize régiments d'artillerie de campagne à quinze batteries, plus une division hessoise de quatre batteries ; neuf régiments d'artillerie de forteresse à deux divisions, chacune de quatre compagnies, plus quatre divisions isolées ; treize bataillons de pionniers qui sont à la fois pontonniers et sapeurs du génie ; treize bataillons du train.

Sur le pied de paix, l'effectif budgétaire était fixé, en vertu du pacte fédéral, à 1 pour 100 de la population. L'ensemble ne dépassait pas 315.000 hommes présents sous les drapeaux, mais ce chiffre avait l'avantage d'être plus vrai que celui présenté au Corps législatif par le maréchal Le Bœuf. Sur le pied de guerre, par un simple gonflement d'effectifs, les corps atteignaient le total formidable de 550.000 soldats immédiatement disponibles, avec 130.000 chevaux, dont 50.000 pour l'artillerie.

La garde du territoire et des lignes d'étapes des armées d'opérations était confiée à la landwehr, dont les 218 bataillons et un nombre variable d'escadrons pouvaient fournir 184.000 fantassins et 14.000 cavaliers.

A ces énormes effectifs s'ajoutaient encore les troupes dites de *remplacement*, destinées à combler les vides qui se produisent en campagne, et que l'on forme en cas de mobilisations. Cet appoint s'élevait à 187.000 hommes avec 22.000 chevaux.

En additionnant l'armée active, la landwehr et les troupes de remplacement, on arrivait au total effrayant de 954.000 hommes, y compris 22.000 officiers et 9.000 employés militaires, avec 194.000 chevaux et 1.680 canons.

La Bavière, le Wurtemberg et Bade s'étant empressés de mobiliser leurs contingents, en exécution des traités conclus au lendemain de Sadowa, l'armée allemande se renforçait de trois nouveaux corps d'armée d'un effectif total de 2.650 officiers, 105.000 hommes, avec 26.000 chevaux et 300 canons. non compris la landwehr et les troupes de remplacement, qui dépassaient 70.000 hommes, avec 2.000 chevaux et 216 canons.

Le roi de Prusse, généralissime de toutes les armées allemandes, pouvait donc mettre sur pied : 1.100.000 soldats, commandés par 26.000 officiers, 223.000 chevaux et 2.202 canons. Les chiffres de l'armée de Xerxès, toujours considérés comme fabuleux, étaient dépassés !

La flotte allemande doit être mentionnée pour mémoire. Elle se composait de 23 navires à vapeur, dont 5 cuirassés montés par 5.000 marins auxquels venaient s'ajouter un bataillon d'infanterie de marine de 1.500 hommes et 800 artilleurs. L'insuffisance manifeste de ces forces maritimes fit décider en principe que leur action se bornerait à la défense des ports et de l'embouchure des fleuves.

La dernière dépêche télégraphique adressée par le colonel Stoffel au gouvernement français, le 17 juillet, annonçait avec une précision justifiée par l'événement, que les armées allemandes d'opérations seraient concentrées sur notre frontière vingt jours juste après l'ordre de mobilisation expédié le 15 au matin. Cette concentration aurait pu être entravée par une attaque rapide et vigoureuse des troupes françaises envoyées dans l'Est au lendemain même de la déclaration de guerre ; mais on a vu pourquoi, par suite de l'incurie du ministre de la guerre et de son administration, aucun mouvement offensif ne fut tenté.

Aujourd'hui que la France, mettant à profit la dure leçon de 1870, a suivi l'exemple donné depuis plus d'un demi-siècle par la Prusse et adopté un système logique de mobilisation, on ne s'explique pas comment, malgré les observations présentées au ministre de la guerre par le commandant Fay avec une insistance des plus patriotiques, l'empereur et le maréchal Le Bœuf ont pu croire un seul instant que l'armée française serait prête en temps utile. En juillet 1870, rien n'était organisé pour le temps de guerre; l'endivisionnement de l'armée n'existait nulle part. Au camp de Châlons, à Paris et à Lyon, il y avait bien quelques régiments juxtaposés, mais leur liaison n'était pas assez intime et leurs services auxiliaires figuraient à peine sur le papier. Les divisions n'avaient ni artillerie, ni génie, ni intendance, ni parcs, ni service de santé.

Le rappel des réservistes était hérissé de difficultés. Le ministre de la guerre envoyait aux 89 commandants des dépôts de recrutement l'ordre de rappeler le plus tôt possible les hommes en congé et ceux de la réserve. Les chefs des dépôts expédiaient aux 36.000 maires les noms des hommes à rappeler et l'ordre pour eux de rejoindre leurs dépôts respectifs, disséminés dans toute la France. Alors, de Besançon à Brest, de Perpignan à Lille, les chemins de fer étaient sillonnés en tous sens par les soldats à la recherche de leurs dépôts, ou venant des dépôts pour rallier leurs régiments. On imagine tout ce que ces allées et venues occasionnaient de retards.

Dans les services des remontes et des transports, le désordre était plus grand encore que dans celui du personnel. Certains dépôts de cavalerie manquaient de cavaliers et regorgeaient de chevaux, d'autres possédaient beaucoup de cavaliers et peu de chevaux. Les routes, les chemins de fer, les gares étaient encombrés de montagnes de colis entassés et mal étiquetés. Il fallait ouvrir les caisses pour savoir ce qu'elles contenaient. C'est ainsi que, le 21 août, on découvrit dans la gare de Metz quatre millions de cartouches dont personne ne soupçonnait l'existence et que la moindre imprudence pouvait faire sauter.

Le changement apporté au dernier moment par l'empereur à la répartition des troupes et à celle des commandements d'armées et de corps d'armée contribuait à augmenter le désordre, parce qu'il obligeait les bureaux de la guerre, déjà surchargés de besogne, à modifier complètement la composition des états-majors et des différents services de l'administration, de l'artillerie et du génie.

Enfin, pour combler la mesure des insanités, le ministre de la guerre prononça la dissolution de la commission des chemins de fer. Cette commission, composée d'officiers généraux des armes spéciales, des directeurs et des chefs d'exploitation des grandes compagnies, avait étudié avec soin les chemins de fer français et étrangers au point de vue du transport des troupes et de la concentration des armées des différents pays. Son travail était terminé et, grâce à ses indications et à l'entente des compagnies entre elles, on pouvait, quels que fussent les points de concentration, quelque nombreuses que fussent les troupes, dresser presque instantanément un plan de marche et faire arriver, sans encombre, personnel et matériel, avec une vitesse inconnue jusqu'alors. Par une aberration dont l'histoire de la guerre de 1870 n'offre que trop d'exemples, au moment même où l'on allait profiter de tant d'études, le général Jarras, directeur du dépôt de la guerre, fut chargé de signifier à la commission qu'elle était dissoute. Les directions du ministère restèrent seules chargées de la mission difficile et compliquée du transport de l'armée et de ses approvisionnements. Mais les directions étaient restées étrangères à ces questions de transport et ne s'entendaient même pas entre elles ; de là ce désordre inouï et tellement visible qu'il a soulevé un sentiment unanime d'indignation contre la négligence et l'incurie des chefs de l'armée, contre l'empereur et son major général Le Bœuf.

# CHAPITRE X

Effet produit en Europe par la déclaration de guerre. — Opinion du gouvernement anglais. — Dernière tentative de médiation. — Projet d'alliance avorté avec le Danemark. — Le projet de traité Benedetti révélé par le *Times* le 25 juillet. — Commencement des hostilités. — Les prisonniers de Niederbronn. — Inertie de l'état-major français. — Situation respective des armées à la date du 18 juillet. — Propositions des généraux Ducrot et Frossard repoussées par l'empereur. — Plan de campagne concerté entre l'archiduc Albert et le général Lebrun. — Situation de l'armée française du 28 juillet. — L'incapacité et la négligence de la direction administrative empêchent tout mouvement offensif. — 2 août, escarmouche de Sarrebrück. — Récits mensongers de cruautés françaises répandues par les feuilles allemandes.

La déclaration de guerre avait causé une profonde émotion en Europe. On sait comment elle fut accueillie par toutes les populations allemandes du Nord et du Sud. L'Autriche et l'Italie, suprises par l'événement, n'avaient pas eu le temps de prendre avantageusement position en vue de cet immense conflit. Seul, l'empereur de Russie s'était assez nettement prononcé en faveur de la Prusse, par sympathie pour son glorieux oncle Guillaume, et aussi, sans doute, parce qu'il espérait profiter des embarras de la France pour déchirer le traité de Paris de 1856.

L'impression générale des Cabinets européens n'était pas favorable à Napoléon III, à qui l'on reprochait, non sans raison, la précipitation avec laquelle il avait agi. L'Angleterre particulièrement, comme si elle eût pressenti l'amoindrissement qui résulterait pour elle d'une victoire possible de la Prusse, se montra sur-le-champ profondément hostile à la France. Le Foreign Office, hors d'état d'ailleurs de se mêler à la lutte, ne pouvait pardonner à ceux qui paraissaient la provoquer. Il dut se résigner à poursuivre jusqu'au bout les principes de non-intervention et de neutralité. Mais quelle neutralité !

Le 17 juillet, le révérend Stopford Brooks, chapelain de la reine Victoria, prêchant en la chapelle de Saint-James, nous signifia, en termes qui méritent d'être rapportés, le jugement porté par les Anglais sur la justice de notre cause. « Un grand crime, disait le chapelain, a été commis contre l'humanité et par conséquent contre Dieu. Il n'est aucune des qualités qui sont le véritable honneur d'une nation qu'une guerre commencée avec tant d'impiété, déclarée avec une insolence si imprudente, ne doive détruire en leur source. » Cependant les intérêts en jeu étaient si considérables, la Grande-Bretagne avait à un si haut degré le sentiment des dangers qui menaçaient son influence, que lord Lyons à Paris et lord Loftus à Berlin proposèrent à M. de Gramont et à M. de Bismarck la médiation de la reine, en faisant appel au vingt-troisième protocole du traité de 1856. Les puissances avaient, dans ce protocole, « exprimé le vœu que les Etats entre lesquels s'élèverait un dissentiment sérieux eussent, avant d'en appeler aux armes, recours aux bons offices d'une puissance amie ». Cette offre fut simplement déclinée par les deux ministres.

Il convient aussi de mentionner une tentative du même genre émanant du Souverain Pontife. Pie IX ne fut pas plus écouté que lord Lyons et lord Loftus ; après ces tentatives inutiles, les différents Cabinets se retirèrent pour laisser le champ libre aux combattants. Même le Danemark, si hostile cependant à la Prusse, n'osa pas se prononcer en notre faveur.

Le peuple voulait la guerre, mais le roi, conseillé par l'Angleterre et par la Russie, résista aux sollicitations de son armée qui brûlait de venger les défaites de 1864. Dès le 25 juillet, le gouvernement de Copenhague avait déclaré sa neutralité et, au lendemain des revers de Wœrth et de Spickeren, tout espoir d'alliance de ce côté dut être perdu pour Napoléon III.

Un projet de traité avait été ébauché entre les gouvernements danois et français par l'entremise du marquis de Cadore, envoyé en mission spéciale à Copenhague. Il y était question de la formation d'un corps de débarquement sous le commandement en chef du prince Napoléon qui aurait eu sous ses ordres le général Trochu et les vice-amiraux Laroncière Le Noury et Bouët-Willaumez. Le choix du général en chef n'était pas heureux et l'on ne conçoit pas que l'empereur ait pu penser un instant, après les expériences concluantes de Crimée et d'Italie, à imposer aux troupes françaises le commandement d'un prince qui ne leur inspirait ni confiance ni sympathie.

L'Angleterre et la Russie étant parvenues à obtenir, par persuasion ou par menace, la neutralité de toutes les puissances intéressées, la France était seule, bien seule, en face d'un adversaire redoutable. Mais ce n'était pas assez que la France fût isolée. Il fallait encore rendre impossible tout retour ultérieur de sympathie et en fournir un légitime prétexte à ceux qui s'étaient éloignés de nous sans autre motif que la peur, la jalousie ou l'ingratitude. Dans cette conjoncture, M. de Bismarck montra sa grande habileté en mettant à profit les défiances soulevées par la politique maladroite et tortueuse de l'empereur.

Ce fut le *Times* qui se chargea de cette mission. Le 25 juillet, le journal de la Cité publia le projet d'un traité proposé en 1867 par le comte Benedetti au gouvernement prussien et écrit tout entier de la main de notre ambassadeur. Il faut reconnaître que ce projet ressemblait fort aux conventions verbales de deux pirates ou flibustiers se promettant un appui réciproque pour écumer les mers et se partager le butin. La France achetait le Luxembourg et se réservait de conquérir la Belgique. En échange, la Prusse pouvait à son gré s'annexer toute l'Allemagne, et le concours de l'empereur lui était assuré contre toute résistance.

Les puissances ne se méprirent pas sur le parti qu'elles pouvaient tirer de la publication d'un pareil document et témoignèrent aussitôt l'indignation la plus vive. Tous les parlements en firent l'objet d'interpellations auxquelles M. de Bismarck s'empressa de répondre diplomatiquement. Le comte naturellement était innocent et s'était borné au rôle d'auditeur curieux de voir clair dans le jeu de la diplomatie française. Pendant cinq ans, on l'avait fatigué de propositions de toutes sortes qu'il avait toujours éludées sans éclat afin de pénétrer peu à peu les desseins les plus secrets de Napoléon III ; jamais la Prusse n'avait rien offert ni rien promis.

L'Europe se montra sur-le-champ satisfaite par cette déclaration et accueillit avec incrédulité la justification de M. Benedetti, expliquant que, dans une conversation avec le chancelier allemand, afin de se rendre compte de ses combinaisons, « il avait consenti, en quelque sorte, à les transcrire sous sa dictée ». Puériles excuses, contre lesquelles protestait le papier lui-même couvert de l'écriture de l'ambassadeur, et qui portait en tête le cachet de l'ambassade française. Mais l'Europe avait intérêt à paraître considérer comme sincères les explications de M. de Bismarck et à saisir l'occasion offerte d'excuser sa méfiance et sa réserve envers le gouvernement français. Et pourtant, parmi ces diplomates qui jouaient la surprise indignée devant les révélations du *Times*, en était-il un seul qui ne connût heure par heure les négociations secrètes engagées depuis cinq ans entre le cabinet des Tuileries et le chancelier ? Quiconque avait accès dans un salon politique tenait de la bouche soit du prince Napoléon, soit du chevalier Nigra, ministre d'Italie, soit même de celle de M. de Bismarck, le moins discret peut-être des trois personnages, les projets de remaniements européens étudiés et recommandés par le ministre prussien. N'était-ce pas lui qui, dans une longue et décisive conversation avec le cousin de l'empereur, avait insisté pour que la France, au début de la campagne de 1866, mît 100.000 hommes sur sa frontière et la rectifiât à sa guise aux dépens de la Bavière et de la Belgique? Et comme le prince Napoléon, expliquant les hésitations de l'empereur à se risquer dans cette aventure, essayait d'effrayer l'audacieux Prussien par la résistance probable de l'Angleterre, est-ce que M. de Bismarck, empruntant au langage des rues un terme énergique, n'avait pas dit au prince : « L'Angleterre ne bougera pas. Je me.... d'elle ; faites comme moi ! » Et les entretiens de Biarritz, où l'empereur, embarrassé par les confidences de l'entreprenant ministre, s'efforçait de mettre toujours un familier en tiers dans ses conversations? Et l'audace du chancelier fédéral qui, violant pour ainsi dire ses auditeurs, contraignait Napoléon III et ses hôtes à écouter l'exposé de ses plans? Qui les ignorait en Europe? Hélas! le *Times* avait raison en disant que les hommes d'État français avaient été les complices dupés de la politique spoliatrice de M. de Bismarck. Tous étaient coupables. Tous, à l'exception pourtant des ministres du 2 janvier, avaient prêté une oreille facile à ce tentateur qui leur montrait un monde à se partager. Mais l'heure du repentir était passée ; il ne restait plus qu'à se battre.

Jusqu'à la fin de juillet, les hostilités sur la frontière se réduisirent à un échange de coups de fusil ou de sabre entre de petites reconnaissances d'infanterie et de cavalerie. Dans une de ces collisions, un escadron du 12ᵉ chasseurs fit prisonniers, à Niederbronn, trois officiers de dragons badois qui, à la tête d'une vingtaine de cavaliers, avaient tenté de couper le chemin de fer aux environs de Reichshoffen. Cette capture fut l'occasion d'une petite fête à l'hôtel de l'Europe à Metz, où le maréchal Le Bœuf, accompagné de Mme Le Bœuf, avait installé son quartier général. Les officiers badois furent invités par la maréchale, dont la présence au milieu des troupes était la preuve la plus évidente de la folle confiance de son mari, confiance basée sur le néant et qui ne devait pas tarder à s'évanouir.

Cette inaction de la part du commandant en chef français était d'autant plus inexplicable que, dès le 15 juillet, il avait dirigé sur la frontière, avec une hâte fébrile, les trois divisions d'infanterie de Paris, la division de Lyon et les troupes du camp de Châlons. Malgré leurs effectifs réduits et le manque complet d'artillerie et de services accessoires, à l'exception des régiments de Châlons qui avaient leurs canons, mais sans les batteries de mitrailleuses ni leurs réserves de munitions, ces sept divisions, augmentées des garnisons d'Alsace, de Lorraine et du corps d'armée de Lille qui arrivait rapidement par le chemin de fer des Ardennes, n'en formaient pas moins une masse de 60.000 combattants de première qualité avec lesquels il était facile d'occuper au moins quelques points stratégiques importants au-delà des frontières.

A cette date du 18, les Allemands n'avaient à nous opposer, de Trèves à Bliescastel, sur une étendue de 68 kilomètres, que trois régiments d'infanterie et deux de cavalerie. Dans le Palatinat bavarois, de Hombourg à Lauterbourg, sur une longueur de 72 kilomètres, la frontière avait pour toute défense trois bataillons et cinq escadrons, soutenus en arrière par une brigade d'infanterie et par des détachements d'armes spéciales en station à Landau et à Germersheim. L'effectif total des troupes allemandes sur ce front de 140 kilomètres n'atteignait pas 21.000 hommes, et cette situation se prolongea jusqu'au 23 juillet, huitième jour de la mobilisation, où des renforts importants commencèrent à entrer en ligne.

Le général Ducrot avait instamment demandé l'autorisation d'occuper Kehl et Landau ; l'empereur se refusa à toute tentative contre les places de Bade et de la Bavière, sous prétexte qu'on pourrait indisposer ces deux États et les jeter dans les bras de la Prusse. Et le fait qu'il voulait prévenir était accompli dès le 16 juillet !

Le général Frossard, comprenant l'intérêt qu'il y avait à être maître du cours de la Sarre entre Sarrelouis et Sarrebrück, proposa d'enlever ces deux villes dont la première seule était fortifiée. Il reçut l'ordre formel de s'abstenir de tout acte d'hostilité parce que l'empereur désirait attendre que toute l'armée fût prête. En réalité, Napoléon III n'avait aucun plan arrêté et le refus notifié au commandant du 2$^e$ corps dissimulait mal ses secrètes appréhensions. Il paraissait décidément effrayé de l'aventure dans laquelle il s'était engagé trop légèrement, et, avec un fatalisme oriental, semblait confier au hasard le soin de le tirer de ce mauvais pas. Toute décision énergique pouvant modifier la loi du destin lui répugnait et, en attendant un sourire de la fortune, il s'abandonnait avec son entourage aux espérances les plus chimériques. Son confident et conseiller militaire, le général Lebrun, avait donné à entendre à l'un des principaux officiers de l'état-major général que l'on comptait sur l'alliance de l'Autriche et que tout espoir de séparer de la Prusse les États du Sud n'était pas perdu.

Ce fait se trouve déjà relaté dans l'édition de la présente histoire publiée en 1872. Aujourd'hui, vingt-trois ans se sont écoulés et il n'y a plus d'inconvénient à donner quelques détails sur les négociations nouées entre les souverains de France et d'Autriche. L'officier qui a reçu les confidences du général Lebrun était le colonel Lewal. Dans son remarquable ouvrage sur la stratégie, le général Derrécagaix donne sur le projet d'alliance austro-français des renseignements exacts en ce qui concerne les opérations militaires, il ne reste qu'à compléter son récit en citant les personnages dont il a tu les noms par une réserve dont ne pouvait se départir un officier en activité de service.

A la fin du mois de mai 1870, le général Lebrun, aide de

camp de Napoléon III, fut envoyé en Autriche pour combiner avec l'archiduc Albert, le vainqueur de Custozza, un plan de campagne contre la Prusse. Pour ne pas éveiller l'attention des diplomates étrangers accrédités à Vienne, l'entrevue des deux généraux eut lieu au château de Schœnbrunn. Dans la combinaison proposée par l'empereur des Français, son armée, dont on supposait toujours la mobilisation terminée en quinze jours, prenait l'offensive le seizième. Elle formait deux masses : une armée principale qui devait opérer sur la rive droite du Rhin ; une armée secondaire qui opérait sur la rive gauche, vers la Sarre. Celle-ci devait prendre une vigoureuse offensive, pour tromper la Prusse sur le vrai point d'attaque. Pendant ce temps, l'armée principale passait le Rhin vers Maxau, séparait les États du Sud de ceux du Nord et, grâce à la promptitude de sa mobilisation, évitait toute attaque sur son flanc gauche.

Elle aurait pu faire sa jonction avec l'armée autrichienne, vers Nuremberg, d'où ces deux masses se seraient portées sur la Saxe ducale, pour exécuter une seconde fois le plan d'opérations de Napoléon en 1806. La France faisait en même temps une forte diversion sur les côtes de la Baltique avec un corps de débarquement.

« Ce projet, dit le savant général, ne reposait pas sur des bases pratiques, mais bien sur des données erronées, savoir : la mobilisation de notre armée en quinze jours, celle de nos flottes de guerre et de transport en un mois, enfin celle de l'armée autrichienne en trois semaines. » Ce qui prouve de plus en plus à quel point était coupable le ministre de la guerre qui trompait l'empereur avec ses « données erronées ».

Le 28 juillet, date de l'arrivée de l'empereur à Metz, il était encore possible de réparer en partie la faute commise au lendemain de la déclaration de guerre en n'occupant pas les points stratégiques désignés par les généraux Frossard et Ducrot. Malgré les retards apportés à la mobilisation des réserves, nous avions alors 233.000 hommes sur la frontière, dont environ 200.000 combattants, répartis comme il suit :

1ᵉʳ corps, Mac-Mahon, 40.000 hommes à Strasbourg, Haguenau et Reichshoffen, avec sa cavalerie à Soultz et à Haguenau.
2ᵉ corps, Frossard, 28.000 hommes à Saint-Avold, Forbach et Béning.
3ᵉ corps, Bazaine, 34.000 hommes à Boulay, Boucheporn et Bouzonville.
4ᵉ corps, Ladmirault, 28.000 hommes à Thionville, Sierck et Colmen.
5ᵉ corps, de Failly, 27.000 hommes à Sarreguemines et Bitche.
6ᵉ Canrobert, 30.000 hommes à Châlons, Paris et Soissons.
7ᵉ Douay, 24.000 hommes à Belfort.
Garde Impériale, Bourbaki, 22.000 hommes à Metz.

Plus de la moitié de ces forces, soit au moins 100.000 combattants, était concentrée entre Thionville et Bitche, il était donc facile de pousser en avant les 2ᵉ, 3ᵉ, 4ᵉ, 5ᵉ corps et la garde, de dégager le terrain et d'occuper la ligne de la Sarre. On avait de grandes chances d'annihiler l'armée de Steinmetz composée des VIIᵉ et VIIIᵉ corps encore incomplets qui étaient réunis entre Trèves et Wadern. Autre avantage : les 2ᵉ et 3ᵉ armées, commandées par le prince Frédéric-Charles et par le prince royal, auraient, en cas d'offensive de notre part, avant le 30 juillet, débarqué leurs troupes et opéré leur concentration sur la rive droite du Rhin. De là six à sept marches auraient été nécessaires à ces deux puissantes armées pour gagner la frontière ; ce délai eût permis à l'armée française de recevoir les 150.000 hommes de troupes actives et de réservistes qui n'avaient pu rejoindre dans les premiers quinze jours, contrairement à la promesse formelle du maréchal Le Bœuf. Ce renfort aurait certainement changé les conditions dans lesquelles se sont livrées les premières batailles.

L'empereur et le major général se rendirent le 29 à Saint-Avold pour s'assurer de la situation des corps d'armée. Ils reconnurent que tout mouvement offensif était impossible, surtout à cause de l'insuffisance manifeste des services administratifs. Les prévisions pessimistes de l'intendant Friant du 3ᵉ corps se réalisaient malheureusement ; il en attribuait avec raison la cause à la direction centrale des services administratifs, infiniment plus préoccupée de couvrir sa responsabilité que de nourrir nos soldats. M. Blondeau, rigide observateur des lois et règlements, tenait avant tout à ne pas engager la moindre dépense qu'elle ne fût couverte par un ordre ministériel. Jamais on ne vit service plus mal assuré que celui de l'armée du Rhin, mais les formalités concernant les marchés avaient été rigoureusement observées et si notre armée fut condamnée à l'immobilité par la faute du ministre de la guerre et du chef de l'intendance, leurs comptes étaient en règle et échappèrent ainsi aux critiques plus sévères que justes de la fameuse commission du contrôle de l'Assemblée de Versailles.

L'empereur pouvait d'autant moins songer à combler l'insuffisance des approvisionnements que, par suite d'une habitude funeste contractée en Algérie, on persistait à faire camper les soldats sous la tente-abri dans un des pays les plus riches de l'Europe, absolument comme au désert, avec cette différence que les généraux, les états-majors et les intendants s'installaient loin des troupes dans des maisons confortables d'où les plus zélés sortaient seuls pour s'enquérir des besoins de la troupe. Le soin d'amener les vivres jusque dans l'intérieur des camps était laissé à l'administration ; jamais un général ou un colonel ne s'inquiétait de tirer directement parti des ressources du pays, ni de faire cantonner ses troupes chez l'habitant.

Par une anomalie qui décèle le complet désarroi du quartier impérial, tandis que les soldats recevaient péniblement leurs rations et que l'on abandonnait toute pensée d'offensive, on bondait de denrées Sarreguemines et Forbach, et cela au moment où les armées allemandes allaient achever leur concentration et franchir la frontière. Cette immobilité décourageante avait vivement excité l'impatience de la nation qui, confiante dans les promesses du maréchal Le Bœuf, voyait avant la fin du mois de juillet nos troupes victorieuses et maîtresses de la rive gauche du Rhin. En même temps, une dépêche du duc de Gramont faisait savoir à l'empereur que son inaction produisait le plus mauvais effet à l'étranger où l'on commençait à douter de notre force.

Ainsi aiguillonné, Napoléon III se résolut enfin à diriger une reconnaissance offensive sur Sarrebrück, en la faisant appuyer par des démonstrations sur Sarreguemines et Vœlklingen. Cette opération, fixée d'abord au 30 juillet, fut remise au 2 août sur les observations des commandants de corps d'armée qui manquaient encore de certains approvisionnements indispensables. Elle avait pour but « d'obliger l'ennemi à déployer ses forces et à dévoiler ses projets », disait l'ordre général.

Les 2ᵉ, 3ᵉ et 4ᵉ corps furent mis en mouvement. L'attaque de Sarrebrück fut confiée au 2ᵉ corps, Frossard, qui comptait 28.000 hommes et 4.800 chevaux, avec 72 canons et 18 mitrailleuses.

Le 2 août, à dix heures du matin, les troupes se mirent en marche, la division Bataille en première ligne, appuyée sur son flanc droit par une brigade de la division Vergé, sur son flanc gauche par une brigade de la division Laveaucoupet. Les deux autres brigades du 2ᵉ corps étaient maintenues en réserve dans leurs campements respectifs ; le 5ᵉ régiment de chasseurs à cheval éclairait en avant.

La garnison prussienne de Sarrebrück s'élevait, avec un renfort de deux bataillons récemment arrivés, à 3.500 hommes, dont 750 ou trois compagnies occupaient seuls les hauteurs de la rive gauche de la Sarre que le général Frossard devait enlever. Lorsque le faible détachement appuyé par quatre pièces de canon vit 20.000 Français avec une nombreuse artillerie les attaquer en ordonnance de bataille, il s'empressa de battre en retraite tout en faisant bonne contenance. Recueilli sur la rive droite de la Sarre par le reste de la garnison, il se retira à deux lieues au nord de la ville. Le corps Frossard installa son campement sur les hauteurs qui forment ceinture au sud de Sarrebrück ; la gare du chemin de fer et le village de Saint-Arnual furent solidement occupés. La perte des Français fut de 86 hommes, dont 9 tués, parmi lesquels 2 officiers ; les Prussiens avaient 75 hommes, dont 2 officiers hors de combat.

Le déplacement de trois corps d'armée n'avait donc amené d'autre résultat qu'une escarmouche sans portée ; les Prussiens n'avaient ni déployé leurs forces ni dévoilé leurs projets. Les mesures prises le 2 août prouvaient que l'empereur et son major général ignoraient la conduite des armées modernes, car, en présence des dispositifs de marche et de cantonnement des Allemands, dispositifs qu'ils auraient dû connaître, une attaque exécutée « majestueusement et en masse » ne pouvait rien produire. Des reconnaissances de cavalerie étaient seules capables de procurer au quartier général des renseignements dont, du reste, il n'aurait pas su tirer profit.

Peut-être l'escarmouche de Sarrebrück eût-elle passé presque inaperçue, si les feuilles officielles et officieuses n'avaient fait grand bruit de la présence de l'empereur et de son fils sur le champ de bataille. Les dépêches emphatiques rédigées par un employé du ministère des affaires étrangères attaché, on ne sait pourquoi, en qualité de rédacteur à l'état-major général, achevèrent de couvrir de ridicule les autorités militaires qui permettaient la publication de pareilles inepties. La dépêche officielle datée de Metz, 3 août, est un chef-d'œuvre de courtisanerie ; elle n'a pas peu contribué, avec celle de l'empereur dans laquelle il est question d'une balle morte ramassée par son fils Louis, à faire désigner cet engagement sous le nom de *la comédie de Sarrebrück*. Malheureusement, la comédie n'allait pas tarder à devenir un drame sanglant dont les terribles péripéties resteront un sujet de stupeur pour les générations à venir.

A l'occasion de ce combat, les Allemands, qui avaient la prescience de leurs prochains succès et cherchaient dès lors à justifier les exactions et les cruautés qu'ils devraient commettre au cours de la campagne, s'empressèrent de répandre le bruit d'un prétendu bombardement de la ville ouverte de Sarrebrück. Les journaux d'outre-Rhin donnaient des détails circonstanciés sur les ruines et les incendies causés par les obus français. Le général Frossard a nié formellement cet acte de barbarie inutile et affirmé qu'il s'était borné à faire canonner la gare du chemin de fer pour gêner la marche des colonnes de soldats. A son assertion absolument exacte, on peut ajouter le témoignage des voyageurs de passage dans cette ville peu de temps après l'événement et qui ont pu constater qu'elle n'avait souffert aucun dommage et que la nouvelle de sa destruction devait être rangée au nombre des fables destinées à justifier plus tard aux yeux de l'Europe la conduite inhumaine tenue par les Allemands en maintes circonstances, à titre de représailles.

C'était le commencement des légendes mises en circulation plus tard sur les turcos, les francs-tireurs et les paysans, légendes qui poussaient les populations assez débonnaires de l'Allemagne à réclamer comme chose naturelle la fusillade en masse et sans jugement des bourgeois simplement soupçonnés d'avoir fait usage de leurs armes et l'anéantissement de leurs villages. L'observateur impartial reste confondu devant ces sentiments de sauvagerie dont M. Busch, le secrétaire particulier de M. de Bismarck, se fait l'interprète convaincu dans son historique ou plutôt son procès-verbal des faits et gestes du chancelier pendant la guerre de 1870. On y trouve à tout instant l'expression du regret et même de la colère qu'excitait dans l'entourage du ministre prussien l'indulgence des officiers qui ne passaient pas immédiatement au fil de l'épée les habitants coupables d'aimer leur patrie et simplement soupçonnés d'avoir voulu la défendre. Les bons bourgeois allemands trouvaient M. de Moltke trop doux et blâmaient sa longanimité !

# CHAPITRE XI

Plan d'invasion du général de Moltke. — Le maréchal de Mac-Mahon porte son armée au nord, le 3 août. — Position occupée par la division Douay près de Wissembourg. — Marche offensive de l'armée du prince royal. — Combat de Wissembourg. — Retraite des Français. — Mac-Mahon concentre ses troupes à Wœrth. — Les Allemands bivouaquent en face de Mac-Mahon, le 5 au soir.

Conformément au plan arrêté par le maréchal de Moltke, dès 1868, au lendemain de l'affaire du Luxembourg, le premier choc sérieux, dans le cas où l'initiative de l'attaque serait laissée aux Prussiens, devait se produire entre le corps de Mac-Mahon et l'armée du prince royal. Ce plan remarquable, qui a mis le comble à la renommée du chef d'état-major du roi Guillaume, mérite d'être exposé dans ses détails, ne serait-ce que pour démontrer l'influence exercée sur la conduite et l'issue d'une guerre par une préparation soignée jusqu'à la minutie et par des calculs basés sur des données savamment étudiées.

En lisant un livre d'histoire allemand, on est tout étonné d'y voir à la fois l'expression les sentiments d'une haine furieuse contre Napoléon Ier et contre les Français et celle d'une admiration sans bornes pour le génie du vainqueur d'Austerlitz et d'Iéna. L'activité incroyable déployée par ses lieutenants et par ses troupes dans la marche du camp de Boulogne jusqu'en Moravie et dans la poursuite de l'armée prussienne jusqu'à la frontière de Russie y est louée sans réserve et citée comme un exemple à suivre. Les écrivains allemands n'ont pas commis la faute d'attribuer nos victoires du commencement de ce siècle au hasard ou à la trahison; ils en ont su judicieusement discerner les causes et les signaler sans réticence. Elles étaient très simples et tenaient aux talents du général en chef, à la vigoureuse constitution de son corps d'officiers, à l'excellente instruction, à la bonne discipline des soldats de la *Grande Armée.*

Depuis quelques années, les écrivains militaires français ont tenté, non sans succès, de réagir contre la tendance de leurs compatriotes à imputer nos défaites à la seule incapacité de Napoléon III et de son major général Le Bœuf ainsi qu'à la conduite coupable de Bazaine. Certes, ces trois personnages ont commis des fautes impardonnables et contribué à la grandeur de nos désastres, mais il n'en faut pas moins reconnaître que l'esprit à la fois ferme et judicieux du roi de Prusse, son opiniâtreté à imposer au parlement de Berlin la réforme militaire de 1860 et le choix de ses trois inséparables conseillers, le chancelier de Bismarck, le maréchal de Moltke, chef du grand état-major, le maréchal de Roon, ministre de la guerre, ont été les principales causes de la série de triomphes qui ont créé l'unification de l'Allemagne, que l'on supposait devoir être l'œuvre d'au moins un siècle entier.

D'après le plan élaboré par M. de Moltke en 1868, l'état-major prussien partait du principe que les Français diviseraient leurs forces en deux grandes masses dont la première couvrirait les lignes de la Moselle et de la Sarre en s'appuyant sur la place de Metz, récemment renforcée par la création des quatre forts de Saint-Quentin, de Plappeville, de Queuleu et de Saint-Julien. La seconde masse, concentrée dans la basse Alsace, devait, selon des prévisions sagement calculées, passer rapidement sur la rive droite du Rhin, franchir les défilés de la Forêt-Noire et occuper fortement le grand-duché de

Bade et le royaume de Wurtemberg, de façon à peser sur les Etats du Sud et à les détacher de l'alliance prussienne. On a vu plus haut à quel point cette hypothèse était fondée et les motifs qui empêchèrent l'empereur de la réaliser. Ce plan d'invasion de l'Allemagne avait été fort bien exposé dans une brochure due à la plume d'un officier saxon et signée du pseudonyme d'Arcolay.

En réponse à cet opuscule qui fit un bruit énorme, la presse militaire allemande publia à son tour plusieurs travaux dans lesquels était nettement exposé le plan de campagne de l'état-major prussien. On y déclarait avec une orgueilleuse franchise que le roi Guillaume saurait protéger ses confédérés, non en leur envoyant des corps auxiliaires, mais en marchant droit au cœur de la France, avec Paris comme objectif terminal.

Ces articles évidemment inspirés par le chef du grand état-major n'étaient que trop véridiques. M. de Moltke avait apprécié avec sa clairvoyance habituelle les projets de Napoléon III et arrêté à l'avance les mesures destinées à les combattre victorieusement. Son plan dressé à la fin de 1868, comme il est dit dans l'historique de la guerre de 1870 par le grand état-major, se développa avec une précision mathématique pendant cette dernière campagne.

Dans son excellent traité de stratégie, le général Derrécagaix a fait un exposé lumineux des savantes combinaisons du chef d'état-major prussien et les présente aux stratèges de l'avenir comme « une sorte de modèle type et une précieuse leçon de l'expérience ». En voici le résumé :

La disposition du réseau des chemins de fer de l'Est entraînait pour l'armée française un déploiement stratégique entre Metz et Strasbourg. En partant de cette hypothèse, justifiée par l'événement, il y avait lieu de déterminer la zone de concentration des armées allemandes de manière à combattre avec avantage l'armée ennemie et d'empêcher les forces réunies en Alsace d'envahir les États du Sud.

Vu la différence d'organisation de l'armée française et de l'armée allemande, il était à craindre que Napoléon III, qui pouvait en quelques jours réunir sur un point quelconque de la frontière 100.000 combattants, n'envahît le territoire de la confédération avant l'achèvement de la mobilisation des corps allemands et n'entravât cette opération dans les provinces voisines du Rhin. Pour éviter une bataille livrée dans des conditions désavantageuses, les troupes reçurent l'ordre de descendre de wagon sur la rive droite du Rhin entre Coblence et Mannheim ; mais dans le cas où les Français renonceraient à l'offensive, elles devaient continuer à user des voies rapides jusqu'à la base d'opérations définitivement fixée dans le Palatinat bavarois entre Sarrelouis et Landau. Cette ligne, moins étendue que celle de Metz à Strasbourg, donnait aux Prussiens l'avantage d'être mieux concentrés que leurs adversaires et leur permettait, en cas de succès, de séparer dès le début l'armée d'Alsace de celle de Lorraine.

Mettant à profit la supériorité numérique de ses troupes, le major général projetait d'assaillir simultanément les deux groupes de l'armée française. Quant à l'invasion des États du Sud, il s'en préoccupait médiocrement, persuadé que l'armée assez audacieuse pour franchir le Rhin et s'engager dans les défilés de la Forêt-Noire serait facilement anéantie par une attaque contre son flanc gauche. M. de Moltke avait fait partager sa conviction aux ministres de la guerre de Munich, de Stuttgard et de Carlsruhe, et, dès 1868, il était convenu entre eux que les deux corps d'armée bavarois et les deux divisions du Wurtemberg et de Bade quitteraient aussitôt leurs pays respectifs pour se concentrer sur le Rhin moyen, près du pont de Maxau, et passeraient sur la rive gauche au premier signal.

Ces dispositions arrêtées, il restait à procéder au groupement des armées en partant du principe que « le premier but des opérations est de chercher l'armée principale de l'adversaire et de l'attaquer dès qu'on la rencontre ». Conformément à ce principe dont il ne s'est jamais départi, le général divisa les forces allemandes en trois armées dont les deux premières étaient appelées à combattre la masse principale des Français concentrée en avant de Metz, et la troisième à opérer contre l'armée d'Alsace. Les forces françaises réunies autour de Metz étant estimées à 250.000 hommes, il fallait donner un effectif supérieur aux deux premières armées. Celle du général Steinmetz fut composée de 3 corps et de 2 divisions de cavalerie; elle comptait 96.000 combattants et s'élevait en rationnaires à 115.000 hommes, 10.000 chevaux et 270 pièces.

La deuxième armée, commandée par le prince Frédéric-Charles, était destinée à former le centre et le corps principal du groupe. Au lieu de la limiter à 150.000 hommes, M. de Moltke, confiant dans les talents de son chef et peut-être aussi afin de ne pas donner trop d'importance à l'armée de Steinmetz dont il appréciait médiocrement la fougue un peu soldatesque, la composa de six corps d'armée, dont deux, la garde royale et le corps saxon, avaient des effectifs très forts, et de deux divisions de cavalerie. Le II⁰ corps, de Poméranie, maintenu d'abord sur les côtes de la Baltique, vint encore renforcer cette armée le jour même de la bataille de Saint-Privat et porter son effectif à 230.000 hommes, 22.200 chevaux et 546 pièces ; le nombre des rationnaires était de 266.000. Les deux armées réunies avaient donc une supériorité assurée d'environ 100.000 hommes sur le groupe des corps français que l'on supposait réunis autour de Metz ; mais les effectifs de l'armée du Rhin n'ayant pas atteint les chiffres fixés dans les projets de l'empereur, ceux des Allemands n'ayant subi aucun déchet, la supériorité numérique de ces derniers devenait écrasante. Elle leur permettait de procéder à l'investissement du camp retranché de Metz, après y avoir refoulé leur adversaire, et même de détacher au besoin plusieurs corps d'armée pour concourir aux opérations de la troisième armée.

Celle-ci, commandée par le prince royal avec M. de Blumenthal pour chef d'état-major, avait à remplir une mission délicate. Séparée des autres armées par les Vosges, elle devait, livrée à ses propres forces, exécuter un large mouvement de conversion, afin de prendre possession de la ligne très importante de Strasbourg à Paris et de venir se placer sur la haute Moselle à la gauche de l'armée du prince Frédéric-Charles. Concentrée sur la rive gauche de la Lauter, son premier objectif était l'armée d'Alsace; en cas de succès, elle avait à franchir rapidement les défilés des Vosges, opération pendant laquelle son flanc gauche restait exposé aux attaques des troupes françaises venant du midi. Pour ces divers motifs, il fallait lui donner un effectif considérable qui fut fixé à six corps d'armée et deux divisions de cavalerie, formant un total de 195.000 combattants, 20.000 chevaux et 576 pièces; le nombre des rationnaires était de 220.000. Cette armée comprenait tous les contingents des États du Sud, soit les deux corps bavarois et le corps d'armée combiné formé avec la division wurtembergeoise et la division badoise. Ces deux divisions ont été transformées en corps d'armée après la guerre et le prince héritier de l'empire n'a jamais cessé, depuis cette époque jusqu'à son avènement au trône, d'exercer les fonctions d'inspecteur des quatre corps d'armée de l'Allemagne du Sud.

L'empereur n'ayant prescrit aucun mouvement offensif, sauf la démonstration puérile de Sarrebrück, les trois armées allemandes purent, sans coup férir, serrer la frontière de très près. L'armée du prince royal, qui, au début, avait à parcourir un grand arc de cercle, reçut le 30 juillet le télégramme suivant du général de Moltke :

30 juillet, 9 heures du soir.

Sa Majesté considère comme opportun qu'aussitôt que la troisième armée aura été ralliée par la division badoise et la division wurtembergeoise, elle s'avance vers le sud, par la rive gauche du Rhin, pour chercher l'ennemi et l'attaquer.

De cette façon, on empêchera l'établissement de ponts au sud de

Lauterbourg et on protégera de la manière la plus efficace toute l'Allemagne du Sud.

DE MOLTKE.

Par une singulière coïncidence qui donne une juste idée des aptitudes de notre major général improvisé, à la même date du 30 juillet, le maréchal Mac-Mahon recevait une dépêche l'informant des mouvements projetés vers Sarrebrück et lui disant que « l'empereur n'avait pas l'intention de lui » faire exécuter de mouvement avant huit jours ».

Le prince royal n'ayant pas encore ses corps suffisamment concentrés ni ses transports organisés, ne put procéder à l'exécution immédiate des ordres du chef du grand état-major, mais il prescrivit sur-le-champ les dispositions nécessaires pour prendre l'offensive à bref délai. Le 3 août, la concentration était achevée et le chef de la 3ᵉ armée adressait aux commandants des corps un ordre de marche débutant par ces deux paragraphes :

Quartier général de Landau, le 3 août : — Mon intention est de porter demain l'armée jusque sur la Lauter et de franchir cette rivière avec les troupes avancées.

A cet effet, on traversera le Bien-Wald par quatre routes. L'ennemi devra être refoulé partout où on le trouvera.

Les diverses colonnes marcheront dans l'ordre ci-après :

Suivaient des instructions de détail où l'on remarque la touche du chef d'état-major Blumenthal et qui contrastaient par leur netteté avec les instructions vagues et indécises du maréchal Le Bœuf.

Pendant que les 170.000 combattants de l'armée du prince royal étaient réunis de manière à n'occuper qu'un front de 21 kilomètres, sur une profondeur de 10 kilomètres (moins d'une demi-marche), et se préparaient pour le lendemain à une vigoureuse offensive, le maréchal de Mac-Mahon recevait, enfin, le 2 août, un avis du major général le prévenant qu'il ne tarderait pas à être attaqué et l'invitant à prendre ses dispositions.

De son côté, le jeune et intelligent sous-préfet de Wissembourg, M. Hepp, un Strasbourgeois connaissant parfaitement le pays, surveillait les mouvements de l'ennemi avec un zèle et un sang-froid qui différaient heureusement de la mollesse et de l'effarement de la plupart des autorités administratives. Les renseignements très exacts qu'il adressait au quartier général, à Strasbourg, annonçaient un danger immédiat.

Le maréchal de Mac-Mahon se décida alors à modifier l'emplacement de ses troupes et les fit avancer vers le nord en commettant toutefois la faute de laisser entre ses divisions de trop grands intervalles. Dans la journée du 2 août, il prescrivit à la 2ᵉ division, commandée par le général Abel Douay, frère du commandant en chef du 7ᵉ corps, d'occuper Wissembourg et les bords de la Lauter. La 1ʳᵉ division, Ducrot, campait entre Reichshoffen et Wœrth, à 25 kilomètres de là; la 3ᵉ division, Raoult, à Haguenau; la 4ᵉ division, Lartigue, à Strasbourg; les brigades de cavalerie Nansouty et Septeuil, soutenues chacune par deux bataillons d'infanterie, avaient pour mission d'éclairer l'armée en avant de Seltz et de Soultz; la brigade de cavalerie Michel était à Brumath; enfin, la 1ʳᵉ division, Conseil-Dumesnil, du 7ᵉ corps était dirigée, par les voies ferrées, de Belfort sur Haguenau, pendant que son artillerie faisait route par étapes.

Le mouvement de la division Douay, prescrit seulement pour le 4 août, fut avancé de vingt-quatre heures sur un nouvel avis très pressant du sous-préfet de Wissembourg.

Ainsi, en face des cinq corps d'armée concentrés du prince royal, les cinq divisions dont disposait le maréchal de Mac-Mahon étaient échelonnées sur un espace de 60 kilomètres et, par suite, incapables de se soutenir réciproquement.

Le général Douay, posté à Wissembourg, aurait dû, d'après l'ordre écrit du maréchal de Mac-Mahon, occuper la ligne de la Lauter, de Weiler à Altenstadt, avec Wissembourg au centre. La division, ainsi placée dans un fond, eût été détruite si le général Ducrot, sous les ordres duquel elle avait été mise à la date du 2 août, et qui avait minutieusement étudié la topographie de la frontière, n'avait pris la responsabilité de modifier l'ordre du maréchal et d'assigner au général Douay une excellente position sur le Geisberg, au sud de Wissembourg. Le 78ᵉ de ligne, de la brigade Pellé, fut porté au col du Pigeonnier, sur la route de Bitche. Là, en cas de retraite, les troupes de première ligne étaient certaines de trouver en pleine montagne un abri inexpugnable. Le 16ᵉ bataillon de chasseurs à pied appuyait à Seltz la brigade de cavalerie Nansouty. Un bataillon du 74ᵉ forma la garnison de la place de Wissembourg, à laquelle on attachait une importance qu'elle ne méritait sous aucun rapport, ni tactique, ni stratégique. La ville, déclassée comme place forte depuis 1867, avait encore une enceinte avec fossé, à peine suffisante pour la mettre à l'abri d'une surprise ; dominée de toutes les hauteurs environnantes, depuis l'emploi du canon rayé, elle était devenue un véritable nid à bombes, un vrai cul-de-sac comme beaucoup de nos prétendues villes fortes que le génie s'était entêté à conserver, malgré les observations d'un grand nombre d'officiers compétents, en tête desquels on doit citer le général d'artillerie de Blois. Quant au Geisberg, c'est un monticule qui domine la plaine et la vallée de la Lauter d'environ 250 mètres. Il forme un promontoire contourné sur ses deux côtés par le chemin de fer qui décrit à cet endroit une grande courbe. Le 1ᵉʳ régiment de tirailleurs algériens, les deux bataillons disponibles du 74ᵉ de ligne et les deux bataillons du 50ᵉ qui avait son troisième bataillon détaché à Seltz avec le général Nansouty, s'y établirent avec l'artillerie de la division, comprenant 12 canons de 4 et 6 mitrailleuses.

Pour bien apprécier le terrain accidenté du combat de Wissembourg, il faut se placer au point culminant du Geisberg, indiqué par trois peupliers au pied desquels a été creusée la tombe de dix officiers prussiens du régiment n° 7. A 400 mètres, sur la droite, on aperçoit, à demi caché par un pli de terrain, le château de Geisberg qui, avec ses vastes dépendances, forme un carré de 200 mètres de côté ; à gauche, à la même distance, s'élève la ferme de Schafbusch, qui touche à la route de Wissembourg à Soultz. La crête occupée par les troupes françaises est entièrement découverte, à l'exception du château et de la ferme précités. En arrière s'étend une vaste forêt. A 1.800 mètres en avant, au pied d'une pente formant un glacis très incliné, quoique partout accessible, se trouve le chemin de fer avec sa gare et les bâtiments d'exploitation annexes ; à quelques mètres plus loin, la route de Wissembourg à Lauterbourg, bordée de magnifiques peupliers aux troncs épais ; enfin, la Lauter, qui longe la route en dessinant de gracieux méandres au milieu de prés charmants, parsemés de bouquets d'arbres et de gros buissons. Une double rangée de saules dessine en relief le cours sinueux de la rivière qui traverse la ville de Wissembourg et, à 500 mètres en aval, le village d'Altenstadt. La rive gauche de la Lauter forme un ravissant amphithéâtre couvert de vignes et de bois ; sur les pentes verdoyantes se dessinent les jolis villages de Schweigen, Schweighofen, Kapsweyer et Steinfeld, par lesquels ne devaient pas tarder à déboucher les masses allemandes. A droite, aussi loin que la vue peut s'étendre, on n'aperçoit qu'une vaste plaine couverte de forêts jusqu'au Rhin qui coule à six lieues de là.

Le général Douay, prévenu par le sous-préfet de la proximité des masses allemandes, prescrivit au 11<sup>e</sup> régiment de chasseurs de faire une reconnaissance dès le point du jour. Notre cavalerie, ayant depuis de longues années complètement désappris l'art de battre l'estrade et de fouiller le terrain, revint sans avoir vu l'ennemi. Peu après six heures du matin, le général reçut du maréchal de Mac-Mahon une dépêche datée de Strasbourg, 4 août, 5 heures 27 du matin, et dont les termes se ressentent du vague et de l'indécision qui régnait dans les idées de l'état-major français :

« Avez-vous ce matin, écrivait le maréchal, quelques renseignements vous faisant croire à un rassemblement nombreux devant vous?

Répondez immédiatement. Tenez-vous sur vos gardes, prêt à vous rallier, si vous étiez attaqué par des forces très supérieures, au général Ducrot, par le Pigeonnier.

Faites prévenir le général Ducrot, en route pour Lembach, d'être également sur ses gardes.

En même temps que cette dépêche, arrivaient au général Douay les rapports du 11ᵉ chasseurs se bornant à signaler la présence de quelques tirailleurs ennemis. Rassuré pour la journée du 4, il ne prit aucune disposition extraordinaire. Avant neuf heures du matin, pendant que nos troupes, couvertes seulement par leurs grand'gardes d'infanterie, vaquaient tranquillement à leurs occupations, l'avant-garde de la division Bothmer, du IIᵉ corps bavarois, forte de trois bataillons, de quatre escadrons et d'une batterie, déboucha de Schweigen, à portée de chassepot de Wissembourg.

Pleins d'ardeur, les tirailleurs algériens s'élançaient à la rencontre de l'ennemi, le refoulaient sur le village et enlevaient la batterie d'artillerie. Déjà nos vaillants Africains avaient traîné les pièces à bras l'espace de deux cents mètres quand une nuée de Bavarois se rua sur eux et les obligea à lâcher prise après un combat furieux. Les 12.000 hommes de la division bavaroise ne parvenant pas à triompher de la résistance des 2.700 tirailleurs du 1ᵉʳ régiment, ils durent attendre l'entrée en ligne de la 9ᵉ division du Vᵉ corps qui arrivait sur le champ de bataille, à Schweighofen, vers 10 heures. La 18ᵉ brigade se dirigeait aussitôt sur Altenstadt et la 17ᵉ sur Gutleuthof, une ferme située près du chemin de fer à droite et au pied du château de Geisberg, auquel la relie un chemin creux assez raide.

Les tirailleurs algériens, soutenus par quelques compagnies du 50ᵉ de ligne, opposèrent une résistance désespérée ; embusqués le long de la Lauter et de la route, derrière les saules, les buissons et les peupliers, ils firent essuyer à l'ennemi des pertes sérieuses. Nos tirailleurs abattirent avec sang-froid un grand nombre d'officiers; mais que faire contre un ennemi décuple? Une demi-heure plus tard, Altenstadt et Gutleuthof étaient enlevés. La 18° brigade détacha alors trois bataillons et de l'artillerie au secours des Bavarois de Bothmer qui n'avaient pas osé dépasser Schweigen.

Pendant ces engagements, le général Douay avait pu, du haut du Geisberg, supputer les masses énormes qui menaçaient de l'écraser, car déjà le XI° corps, de Bose, dessinait son mouvement pour prendre notre droite à revers et deux de ses batteries canonnaient les positions françaises. La résistance devenait impossible et l'ordre de battre en retraite sur le Pigeonnier était envoyé à la brigade Pellé, quand le général Douay fut mortellement atteint par une balle en pleine ceinture.

Le général Pellé, prévenu vers midi de la mort de son chef, rallia le gros de la division sur le Geisberg, ses ailes solidement appuyées au château et à la ferme de Schafbusch, mis tous deux en état de défense. Le bataillon du 74° enfermé dans Wissembourg ne parvint pas à rejoindre et fut pris tout entier dans la souricière où on l'avait maladroitement enfermé; assailli à la fois par les Bavarois et par les Prussiens de la 18° brigade, il fit une résistance opiniâtre qui se prolongea jusqu'à 3 heures de l'après-midi. 500 hommes tombèrent ainsi dans les mains de l'ennemi.

Les sept bataillons du 1ᵉʳ tirailleurs algériens, des 50° et 74° de ligne firent sur le Geisberg une défense mémorable qui prouve ce que l'on aurait pu obtenir si, par de bonnes mesures, le maréchal Le Bœuf avait réuni les 385.000 hommes promis dans sa note du 6 juillet. Réduits à 4.000 hommes, les Français attendirent de pied ferme les 25.000 Prussiens de la 9° division et de la 41° brigade qui marchaient à l'assaut de leurs positions. Le château, occupé par les débris du 50° et du 74°, fut le théâtre d'une lutte terrible. Leur intrépide chef, le commandant Cécile, ayant été grièvement blessé, les survivants durent mettre bas les armes après avoir épuisé leurs munitions et fait chèrement payer leur défaite. Vingt-deux officiers du régiment des grenadiers du roi, n° 7, gisaient morts ou blessés devant les communs du château ; les autres régiments avaient également souffert, quoique dans des proportions moindres.

Les troupes postées près des peupliers n'opposèrent pas une résistance moins énergique; malheureusement leur artillerie n'était pas en état de lutter contre les 72 pièces prussiennes et bavaroises qui accablaient de leurs feux les crêtes du Geisberg. La batterie de mitrailleuses dut se retirer après la première salve pour éviter une destruction rapide et certaine ; les espérances fondées sur cet engin mystérieux se trouvaient complètement déçues, car il ne pouvait être utilisé du moment qu'il était exposé aux coups de l'artillerie ennemie. Les deux batteries de 4 firent de leur mieux ; mais que pouvaient douze canons de portée et de calibre inférieurs contre la nombreuse et puissante artillerie de l'adversaire ! Après une défense opiniâtre, elles durent se replier en abandonnant une de leurs pièces dont tous les chevaux avaient été tués. Les débris de la division, réunis autour de la ferme de Schafbusch, se montrèrent héroïques. Ces braves gens venaient de lutter pendant plus de quatre heures contre 40.000 Prussiens et Bavarois soutenus par des réserves s'élevant à 100.000 hommes au moins ; cependant ils osèrent prononcer un retour offensif si vigoureux que l'ennemi, étonné de tant de bravoure, les laissa se retirer tranquillement sur le Pigeonnier ; il était alors 2 heures et demie.

Donc, de 7 heures du matin à 2 heures de l'après-midi, une division de 6.663 hommes et 302 officiers avait combattu contre un corps d'armée bavarois presque entier et trois brigades prussiennes, soit plus de 40.000 hommes. Elle n'avait cédé le terrain qu'après avoir perdu 2.221 hommes, dont 700 prisonniers et 89 officiers, soit en tués et blessés une perte de 23 pour 100.

Certes le combat de Wissembourg faisait grand honneur

aux troupes françaises, mais ce n'en était pas moins la défaite, la confiance ébranlée et l'invasion du sol de la patrie.

La brigade de cavalerie Septeuil ne parut pas sur le champ de bataille, où du reste elle n'aurait pu rendre aucun service, mais il lui eût été facile de mieux exécuter sa reconnaissance du matin et d'avertir le général Douay de la proximité des corps ennemis. Il est vrai qu'à cette époque le service dit d'exploration était plus que négligé dans la cavalerie française ; elle l'avait peu à peu oublié, par suite des lamentables méthodes d'instruction employées à l'école de Saumur où les élèves apprenaient les règlements mot à mot sans un commentaire, montaient à cheval au manège ou à la manœuvre, mais n'opéraient jamais la moindre reconnaissance du terrain et ne suivaient aucun cours de topographie afin de savoir à peu près lire une carte.

L'effet produit par les nouvelles de Wissembourg au grand quartier général de Metz fut considérable. Cette catastrophe imprévue, en rappelant tout le monde au sentiment de la réalité, faisait évanouir bien des rêves. Ce qui frappait le plus, c'était la décision avec laquelle les Prussiens avaient porté le premier coup ; on se sentait en face d'un adversaire énergique disposé à une offensive vigoureuse. Le plus ému fut l'empereur. Sous le coup de cette défaite, il ne se sentit plus assez de confiance pour continuer à commander directement huit corps d'armée. Un ordre du jour du 5 août réunit les 2ᵉ, 3ᵉ et 4ᵉ corps sous le maréchal Bazaine, et les 1ᵉʳ, 5ᵉ et 7ᵉ corps sous le maréchal Mac-Mahon. Ce sont ces deux armées, indépendantes l'une de l'autre, dont il convient désormais de suivre les opérations afin de dégager nettement les responsabilités.

Après avoir reçu, dans la nuit du 3 au 4 août, le télégramme du quartier impérial lui annonçant une attaque pour la journée du 4, télégramme dont il avait donné avis au général Douay, le maréchal Mac-Mahon avait fait appeler le général Uhrich, commandant supérieur de Strasbourg et de la 6ᵉ division militaire, pour lui donner ses dernières instructions. A 9 heures, il partait pour Haguenau où l'attendait la nouvelle de l'échec subi par la division Douay. Sur-le-champ il expédia les ordres nécessaires pour concentrer plus solidement l'armée et être en mesure de défendre honorablement la ligne des Vosges.

Dans la soirée du 3, les débris de la division Douay se replièrent du col du Pigeonnier sur Pfaffenbronn où ils passèrent la nuit, et le lendemain, à la pointe du jour, gagnèrent Frœschwiller par le chemin du Hochwald qui débouche à Goersdorf ; la division Ducrot gagnait Neehwiller par Langensultzbach, protégeait le flanc droit des glorieux vaincus et rejoignait les autres troupes du 1ᵉʳ corps concentrées en avant de Reichshoffen. La division Conseil-Dumesnil, venue à Haguenau par le chemin de fer, compensait par le renfort de ses 6.000 hommes les pertes essuyées à Wissembourg et l'absence du 87ᵉ de ligne de la division Lartigue, laissé à Strasbourg avec quatre dépôts d'infanterie. Le général de Failly était invité à rejoindre aussitôt que possible avec le 5ᵉ corps, sans toutefois faire usage de la voie ferrée. Contrairement au conseil qui lui en avait été donné par le général Ducrot, le maréchal commettait une faute grave en ne hâtant pas la marche du corps de Failly et en renonçant à se servir des voies rapides, sous le prétexte que les embarquements et les débarquements entraînaient trop de désordre, surtout sur les lignes à une seule voie.

Dès la veille, 4 août, à cinq heures du soir, le quartier impérial avait prescrit à de Failly de partir de Sarreguemines avec les deux divisions Goze et Labadie d'Aydren, et de se réunir à Bitche avec la division Guyot de Lespart. Cet ordre fut exécuté le soir même par trois brigades ; on ne laissa à Sarreguemines que la brigade Lapasset, avec une batterie et le 3ᵉ lanciers, pour protéger un convoi de vivres de 600 voitures. Coupée le 6, cette brigade ne put jamais rejoindre son corps d'armée, et nous la verrons plus tard obligée de battre en retraite avec le corps Frossard. Enfin, pour renforcer l'armée de Lorraine, le 6e corps, Canrobert, encore au camp de Châlons, recevait dans la matinée du 5 août l'ordre de faire ses préparatifs de départ pour Nancy.

Mac-Mahon ne s'attendait pas à être attaqué dans la journée du 6 août, néanmoins il fit prendre à son armée les positions de combat dans la soirée du 5. Ces positions comprenaient le terrain qui entoure Frœschwiller et avaient été indiquées en 1868 dans un excellent rapport adressé à l'empereur par le général Frossard. Cet ingénieur distingué, fourvoyé en 1870 dans un commandement de corps d'armée, avait exactement prévu les conditions dans lesquelles la lutte s'engagerait et proposé, dans le cas où la ligne de la Lauter serait forcée, de faire exécuter à l'armée d'Alsace un changement de front en arrière sur son aile gauche pour occuper la rive droite de la Sauer, près de Wœrth, avec une forte avant-garde installée sur la rive gauche à Gunstett. L'idée était excellente, mais elle partait du principe que l'armée d'Alsace aurait un effectif de 120.000 hommes et Mac-Mahon n'en avait pas 45.000 avec la division Conseil-Dumesnil.

La position choisie par le maréchal était favorable à la défensive ; en effet, elle couvre le chemin de fer de Strasbourg à Forbach par Haguenau, Bitche et Sarreguemines, et oblige l'ennemi à l'attaque avant d'exécuter une marche de flanc sur Strasbourg. Mais les montagnes des Vosges, situées à deux lieues en arrière, devaient, faute de débouchés, rendre la retraite difficile en cas d'échec. Elle présentait encore un autre inconvénient qui s'est révélé pendant la bataille. Les crêtes de la rive droite de la Sauer, occupées par les Français, sont à la même altitude que celles de la rive gauche ; le plateau de Gunstett, placé en face de l'aile droite de Mac-Mahon, est même légèrement dominant ; le temps avait manqué pour le fortifier et les troupes pour l'occuper comme le conseillait le général Frossard ; les crêtes des deux rives courent parallèlement du nord au sud à une distance moyenne d'un peu plus de 3.000 mètres. Or les canons français, dont la fusée la plus longue faisait éclater le projectile à 2.850 mètres pour le canon de 4 et à 2.750 pour le canon de 12, avaient un tir sans aucune efficacité au-delà de ces limites ; tandis que les pièces de 4 et de 6 prussiennes tiraient de plein fouet jusqu'à 4.000 mètres, et avaient l'avantage d'être munies de fusées percutantes qui ratent souvent, il est vrai, mais qui ne font jamais éclater l'obus avant son point de chute. Il résultait pour nous un grand désavantage de cette infériorité de portée dans un combat où la configuration du terrain obligeait les deux adversaires à porter leurs principales forces d'artillerie sur les plateaux. En résumé, la position avait des qualités défensives : le terrain, coupé de houblonnières et de bois, opposait des obstacles sérieux à la marche de l'ennemi ; les pentes avaient une inclinaison favorable à la mousqueterie, et le passage de la Sauer ne devait pas être sans difficulté, surtout pour l'artillerie, qui pouvait seulement la franchir sur des ponts. Le grand inconvénient était le manque de soldats ; il eût fallu le concours des 28.000 hommes du 5° corps pour occuper la position dans de bonnes conditions.

Les troupes étaient rangées de la manière suivante : en première ligne : la 1<sup>re</sup> division, Ducrot, à gauche de Frœschwiller, avec des détachements peu importants à Neehwiller et à Jægerthal ; la 3° division, Raoult, à Frœschwiller, à cheval sur la route de Wœrth, sa droite appuyée au village d'Elsashausen, formait le centre de la ligne de bataille ; la 4° division, de Lartigue, occupait le Niederwald, le hameau d'Albrechtshæuserhof, son dernier régiment en potence sur la hauteur vers le village de Morsbronn, occupé seulement par 2 compagnies du 3° tirailleurs algériens. L'effectif de ces trois divisions atteignait à peine 25.000 combattants et l'espace à couvrir de Neehwilller à Morsbronn est de 7 kilomètres.

En seconde ligne : la 2° division, Pellé, qui venait de remplacer Douay, était placée derrière la division Raoult ; plus à droite, la division Conseil-Dumesnil, du 7ᵉ corps, formait une ligne légèrement concave s'étendant d'Elsashausen à Albrechtshæuserhof, de façon à pouvoir soutenir également Raoult et Lartigue. Les cuirassiers de Bonnemains, 1ᵉ, 2ᵉ, 3ᵉ et 4ᵉ régiments, étaient massés en réserve en arrière de la gauche de la division Pellé, ayant à leur gauche la brigade Septeuil. Les 8ᵉ et 9ᵉ cuirassiers, commandés par le général Michel, prenaient position vers Forstheim, en arrière de Morsbronn, pour appuyer l'aile droite dont la faiblesse était inquiétante. Quant à la brigade de cavalerie Nansouty, elle était répartie entre les divisions d'infanterie, moins le 2ᵉ dragons détaché avec le gros de la cavalerie.

Il est temps de revenir à l'armée du prince royal et de voir ce qu'elle avait fait depuis son succès du 4 août. Le soir du combat, nos troupes ayant battu en retraite à travers bois dans un pays très accidenté, la cavalerie prussienne avait perdu le contact. Pour le reprendre, le prince royal prescrivit à la 4ᵉ division de cavalerie, commandée par son oncle le prince Albert père, de quitter ses bivouacs le lendemain, à 5 heures du matin, « pour rechercher l'ennemi dans la direction de Haguenau..., et surtout pour éclairer le pays ».

Dans cette journée du 5 août, le 2ᶜ corps bavarois de Hartmann avait suivi les mêmes chemins que les divisions Ducrot et Pellé, sur les pentes du Hochwald, et s'était arrêté entre Lembach et Lampertsloch ; le Vᵉ corps, après avoir marché sur Soultz, s'était ensuite rabattu à droite sur Preuschdorf, en face de Wœrth ; le XIᵉ corps avait passé la nuit à Soultz ; le corps badois-wurtembergeois de Werder, après avoir dépassé Soultz, continuait à former l'extrême gauche à Aschbach ; le 1ᵉʳ corps bavarois, von der Tann, était en réserve derrière le Vᵉ corps.

La cavalerie du prince Albert ayant constaté la présence de l'armée française sur les bords de la Sauer, le prince royal adressa aussitôt à ses commandants de corps d'armée les instructions nécessaires pour leur faire exécuter un changement de front à droite avec les Bavarois de Hartmann comme pivot. Ceux-ci et le V° corps serrèrent de plus près les rives de la Sauer, et, dans la soirée, on put, des bivouacs français, les voir occuper certaines positions, entre autres celle du plateau de Gunstett que, au grand regret de notre état-major, le manque de troupes n'avait pas permis de faire occuper.

# CHAPITRE XII

Bataille de Wœrth. — Prélude de la bataille. — Le maréchal Mac-Mahon. — Description des positions occupées par les Allemands. — Héroïsme de l'armée française. — Charges des cuirassiers. — Enlèvement d'Elsashausen et de Frœschwiller. — Ducrot couvre la retraite. — Affreuse déroute. — Pertes des deux armées. — Réflexions finales.

Dans la nuit du 5 au 6 août, aucun des deux généraux en chef n'avait l'intention de livrer bataille le lendemain. Le maréchal Mac-Mahon attendait le corps de Failly et le prince royal ne comptait pas attaquer avant d'avoir achevé le changement de front à droite qu'il avait ordonné le 5 au soir et qui exigeait une longue marche de la part du XI$^e$ corps et du corps wurtembergeois-badois. Le hasard devait en décider autrement et amener une des batailles à la fois les plus malheureuses et les plus glorieuses pour la France.

Le 6 au matin, le général prussien Walther de Montbary, commandant les avant-postes du V$^e$ corps, conclut des mouvements exécutés par les Français que ceux-ci se retiraient. Pour vérifier sa supposition, il envoya, vers 6 heures, un bataillon en reconnaissance et prescrivit aux batteries avancées de le soutenir de leur feu.

Cette reconnaissance, faite sans autre but que celui de recueillir quelques renseignements, n'en fut pas moins la cause de la bataille de Wœrth. Un peu plus tard, les intentions de retraite que le général prussien supposait à Mac-Mahon se seraient réalisées. En effet, le maréchal, reconnaissant les inconvénients de sa position trop étendue pour son effectif et trop éloignée des Vosges, venait de se résoudre brusquement à se rapprocher des montagnes ; l'ordre de se rendre à Philipsbourg, sur la route de Niederbronn à Bitche, allait être expédié à la division Raoult, lorsque le canon des avant-postes se fit entendre.

A ce bruit, les généraux allemands, fidèles au sage précepte de marcher au feu que ne cessait de leur rappeler M. de Moltke, hâtèrent la marche de leurs troupes. Le 2ᵉ corps bavarois de Hartmann s'avançait jusqu'à Langensultzbach et la 21ᵉ division du XIᵉ corps dirigeait son avant-garde sur Gunstett. Vers 8 heures, le général de Kirchbach, commandant le Vᵉ corps, ordonna de suspendre le feu, car il pensait avec raison que le prince royal voulait remettre l'attaque au lendemain. Mais à peine ses troupes avaient-elles commencé à se replier que la mousqueterie, entremêlée de quelques coups de canon, se mit à pétiller à droite et à gauche du Vᵉ corps, vers Langensultzbach et Gunstett.

Mac-Mahon, toujours actif, parcourait sa ligne de bataille, cherchant à démêler les intentions confuses de l'ennemi. On voit que, de 7 à 10 heures, il était difficile de discerner la portée de ces petits engagements, qu'un homme de guerre devait naturellement considérer comme le résultat d'une série de reconnaissances offensives exécutées en avant du front d'une grande armée. Le maréchal manifesta hautement cette opinion lorsque, vers 10 heures du matin, l'artillerie de la division Raoult eut tiré en sa présence quelques coups de canon et de mitrailleuse dans la direction du couvent de Liebfrauberg, sur les pentes du Hochwald. En voyant les Prussiens répondre mollement et se retirer sous bois, il dit en se retournant vers son état-major : « Vous voyez, messieurs, cela se passera comme je vous le disais, la grande attaque n'aura pas lieu aujourd'hui... » La phrase resta inachevée, car au même instant une canonnade d'une violence inouïe éclatait sur la droite. C'étaient les quatorze batteries du V<sup>e</sup> corps qui venaient d'arriver sur le plateau au-dessus de Wœrth et qui foudroyaient nos lignes de leurs 84 pièces. Ce revirement était dû à l'initiative du colonel d'Esch, chef d'état-major du V<sup>e</sup> corps, qui, craignant de voir Mac-Mahon se jeter avec toutes ses troupes sur la gauche allemande, fit décider la mise en batterie de toute l'artillerie de son corps d'armée et entamer l'action à fond. La terrible bataille de Wœrth allait commencer.

Le général en chef de l'armée d'Alsace, le chevaleresque duc de Magenta, qui devait porter le poids de cette cruelle journée, a occupé, depuis, la haute situation de président de la République française, situation en vue qui a permis à tout le monde d'apprécier à son exacte valeur le héros de Malakoff et de la campagne d'Italie. Dans l'édition de cette histoire parue en 1872, avant son élévation à la présidence, on en a tracé le portrait suivant, dont les événements accomplis depuis cette époque ne paraissent pas avoir altéré la ressemblance.

Le maréchal est de haute stature, sa taille est élancée sans maigreur, ses cheveux sont blancs ainsi que sa moustache, son sourire d'une exquise bonté, ses yeux gris pleins de vivacité, son teint bronzé comme celui des vieux chasseurs; toute sa personne respire un grand air de dignité et de noblesse. L'âme répond à son enveloppe extérieure. Jamais poitrine n'abrita cœur plus vaillant ni plus loyal. Mac-Mahon est du petit nombre de ceux qui ne déclinent jamais une responsabilité, quelque lourde qu'elle soit, et qui, au milieu des plus grands désastres, se font respecter de tous. N'accusant jamais, ne suspectant la loyauté de personne, il impose à ceux qui l'approchent une sincère admiration pour ses grandes et mâles vertus. On peut critiquer ses actes, jamais ses intentions, dont la droiture ne saurait donner même l'ombre d'un soupçon. Peut-être ces vertus extraordinaires en ces temps troublés ont-elles fait au brave maréchal une réputation un peu surfaite; car, à l'exception de quelques rares personnes que leurs sympathies n'empêchent ni d'observer ni de juger ceux qui en sont l'objet, le monde lui supposait un génie à la hauteur de son grand cœur. Le monde se trompait : le héros de Malakoff, le vainqueur de Magenta est un soldat incomparable, un excellent tacticien à la tête d'un corps de 20.000 à 30.000 hommes, mais son esprit est loin d'être assez vaste pour embrasser les mille détails d'un commandement en chef étendu. Notre nation, naturellement impressionnable et passionnée, juge trop les hommes et même les peuples d'après les sentiments qu'ils lui inspirent. Cependant, si l'on n'a plus une si haute opinion des qualités militaires du maréchal, son caractère a noblement résisté à la terrible épreuve de la campagne de 1870. Il était admirable le 6 août, quand, bien campé sur un magnifique cheval anglais, il parcourait au galop le front de ses troupes pour se placer ensuite en avant d'Elsashausen, près du marronnier désigné depuis dans la contrée sous le nom de « l'arbre de Mac-Mahon ».

Cet observatoire était bien choisi. De là on découvrait distinctement toutes les positions occupées par les Allemands depuis les sombres hauteurs du Hochwald jusqu'au plateau de Gunstett. A l'extrême droite, les Bavarois marchant sur Langensultzbach étaient masqués par un rideau de collines couvertes de bois et au loin, dans la plaine, sur la gauche de l'armée prussienne, s'agitaient les masses encore confuses du corps de Werder qui ne devait pas tarder à entrer en ligne. Les soldats prussiens s'avançaient sur trois rangs serrés, avec ce balancement du bras qui leur est particulier, les pantalons dans leurs bottes de gros cuir, coiffés du casque à pointe dans l'infanterie et la cavalerie, à boule dans l'artillerie et le génie, tous en tunique à une rangée de boutons sur la poitrine, sac au dos et la longue capote noirâtre roulée en bandoulière. Entraînés dès leur enfance par une gymnastique bien raisonnée, les Prussiens, naturellement lourds, n'en marchaient pas moins d'un pas rapide et dégagé. Ils étaient bien supérieurs sous ce rapport aux Bavarois, dont l'instruction militaire et l'entraînement à la marche laissaient alors beaucoup à désirer.

Malgré les avantages obtenus au prix d'un travail opiniâtre et dirigé avec intelligence, l'armée du prince royal ne pouvait, comme qualité, soutenir la comparaison avec les soldats de Mac-Mahon. Il est vrai que le 1$^{er}$ corps se composait de tous les vieux régiments d'Afrique, y compris les zouaves et les tirailleurs algériens, formés en six beaux régiments à trois bataillons de 800 hommes. A nombre égal et même sensiblement inférieur, les 45.000 hommes du maréchal eussent certainement eu raison d'un adversaire quelconque ; ils constituaient des troupes d'élite, intrépides, marcheuses, un peu raisonneuses, mais néanmoins disciplinées et dans la main de leurs chefs, parce que, grâce aux circonstances, elles avaient été bien partagées sous le rapport des généraux. MM. Ducrot, Douay, Raoult, de Lartigue, Forgeot, de l'artillerie, étaient des hommes énergiques, vigoureux, intelligents, conduisant bien leurs soldats et leur inspirant une confiance sans limite, partagée d'ailleurs par la nation. En effet, la sécurité était si grande que les villages compris dans les positions françaises restèrent occupés ; ce ne fut qu'au moment où les tirailleurs ennemis envahirent Wœrth que les habitants comprirent le danger qui les menaçait et la possibilité d'une défaite pour les armes françaises.

La cavalerie était moins favorisée : ses généraux manquaient d'instruction pratique. Les services administratifs, très imparfaitement organisés par suite du manque absolu d'initiative et de l'esprit d'économie mal entendue du directeur, M. Blondeau, fonctionnaient mal. Avec la tendance à appliquer aux grandes armées européennes les méthodes en usage dans les petites colonnes d'Algérie, les distributions de vivres ne pouvaient se faire avec la régularité et la promptitude désirables. De là, dès le début des opérations, une prédisposition à la maraude qui prit un développement des plus fâcheux après les premières défaites.

Cependant les intentions des Prussiens, encore indécises chez le prince royal qui se trouvait trop loin du champ de bataille pour juger de la nécessité d'une action décisive, mais arrêtées dans l'esprit du général de Kirchbach, commençaient à se dessiner clairement. Or, comme, aux termes des instructions formelles du roi Guillaume et de son major général, tous les généraux devaient marcher au canon, l'initiative résolument prise par le chef du V° corps entraînait forcément l'armée allemande à une lutte générale.

A cheval sur la route de Preuschdorf à Wœrth, du couvent de Liebfrauberg au village de Spachbach, se déployaient en face de Mac-Mahon les 30.000 hommes du V° corps Kirchbach, soutenu par le feu de toute son artillerie, ses têtes de colonne cherchant déjà à enlever Wœrth. A la gauche du V° corps, de Spachbach à Gunstett, le nombre des assaillants ne cessait d'augmenter par l'arrivée successive des bataillons du XI° corps, de Bose. Conformément aux principes savamment développés par le général commandant l'artillerie de la garde royale, prince de Hohenlohe-Ingelfingen, les quatre batteries de la 21° division, Schachtmeyer, précédant les troupes au grand trot, prirent position sur le plateau de Gunstett et portèrent ainsi à 108 le chiffre des pièces qui foudroyaient les lignes françaises, devant nos canons impuissants contre les masses ennemies encore trop éloignées.

A la droite des Prussiens, les Bavarois du corps Hartmann s'avançaient avec leur irrésolution habituelle contre la division Ducrot, qui n'avait pas de peine à contenir des adversaires si peu entreprenants. C'étaient donc les divisions Raoult et Lartigue, fortes de 16.000 combattants, qui avaient à soutenir le choc des 45.000 hommes du V° corps et de la 21° division, que n'allaient pas tarder à renforcer les 30.000 hommes de la 22° division et de la division wurtembergeoise.

En voyant cette avalanche humaine se ruer sur lui, Mac-Mahon fit sur-le-champ avancer les réserves, dans la conviction qu'il lui faudrait engager jusqu'à son dernier homme pour tenter au moins une résistance bien difficile. Le général de Lartigue, très menacé par une double attaque de la 21° division, envoie quelques bataillons qui font reculer les assaillants malgré leur supériorité numérique ; mais cet avantage ne peut être obtenu qu'au prix de pertes douloureuses, surtout en officiers.

Au centre, la division Raoult, soutenue par des bataillons des divisions Pellé et Conseil-Dumesnil, avait repoussé avec la dernière énergie les assauts furieux du V⁰ corps qui cherchait à déboucher de Wœrth dont il s'était emparé après l'avoir écrasé du feu de sa puissante artillerie. Près des chemins de Wœrth à Frœschwiller et à Elsashausen, le combat avait pris un terrible caractère d'acharnement. « Sur aucun point on ne parvenait à s'avancer au delà de Wœrth, dit la relation du grand état-major allemand ; on payait par des pertes nombreuses chacune de ces inutiles tentatives et surtout les retraites qui les suivaient. »

Cette situation se maintint jusqu'à 1 heure à force d'héroïsme ; les Allemands étaient visiblement fatigués, et si Mac-Mahon eût possédé les 120.000 hommes promis par Le Bœuf, l'armée du prince royal aurait certainement subi un désastre ; mais il en avait à peine le tiers ! Loin de gaspiller leurs munitions, nos soldats laissaient l'ennemi s'avancer à bonne portée et jetaient ensuite le désordre dans ses rangs par un feu nourri et bien ajusté, avec leurs chassepots, très supérieurs au fusil Dreyse des Prussiens.

Malheureusement l'équilibre ne pouvait tarder à se rompre. Les Allemands recevaient des renforts continuels, tandis que nos soldats, sur pied depuis le lever du soleil, après une nuit passée sous une pluie battante, étaient condamnés à lutter sans trêve. La 22ᵉ division entrait en ligne et les Wurtembergeois d'Obernitz venaient appuyer le XIᵉ corps à Gunstett. Ce puissant renfort décida le général de Bose à en finir avec la poignée de soldats qui le tenait en échec depuis plus de quatre heures. Laissant une partie de son artillerie sur le plateau, il franchit la Sauer avec son infanterie à hauteur de Spachbach, pendant que ses batteries la passaient sur le pont de Gunstett.

Le 1ᵉʳ bataillon de chasseurs, le 56ᵉ de ligne, le 3ᵉ de zouaves et le 3ᵉ de tirailleurs algériens, composant la division Lartigue, avaient brûlé presque toutes leurs cartouches, la moitié des officiers étaient tués ou blessés, les attelages de l'artillerie en grande partie tombés sous les obus, et l'ennemi faisait des progrès rapides. Le maréchal, à qui Lartigue a fait demander du secours, ne disposait plus de la moindre réserve ; la situation devenait critique, désespérée. L'énergique général de Bose, un des héros de la campagne de Bohême, mit notre détresse à profit pour s'emparer d'Albrechtshæuserhof et de Morsbronn et prendre ainsi pied sur notre position.

Notre aile droite était enfoncée après une lutte dans laquelle nos soldats avaient fait montre de la plus indomptable énergie ; il ne restait plus à Lartigue qu'à tenter d'arrêter un instant le flot qui menaçait d'engloutir les débris de son infanterie. Dans ce but, il s'adresse à son collègue Duhesme, qui commandait la cavalerie du 1ᵉʳ corps. Celui-ci donne l'ordre au général Michel de charger avec sa brigade composée des 8ᵉ et 9ᵉ cuirassiers.

Le général, sans prendre le temps de la réflexion, forme ses deux régiments en colonne par pelotons et part bravement à leur tête. Par une fatalité inexplicable, les deux escadrons du 6ᵉ lanciers détachés à la division Lartigue suivent ce mouvement. Le terrain n'a pas été reconnu, les escadrons chargent dans le vide, et les Allemands, embusqués dans des bouquets de bois ou des houblonnières inabordables pour les chevaux, ajustent tranquillement nos intrépides cavaliers. En un instant, les deux tiers du 8ᵉ cuirassiers sont anéantis ; le 9ᵉ cuirassiers et le 6ᵉ lanciers, témérairement engagés dans les rues de Morsbronn, sont littéralement écrasés de feux ; les survivants de cette charge devenue légendaire ne forment plus qu'un tourbillon d'hommes et de chevaux affolés de terreur, fuyant de tous côtés en laissant de sanglantes traces de leur passage.

Tel est le récit, malheureusement très exact, de la première harge de nos héroïques cuirassiers, mal engagés par des chefs plus prompts à mettre bravement le sabre à la main, crier en avant et galoper droit devant eux, qu'à reconnaitre le terrain, former une réserve et étudier une ligne de retraite.

Après la destruction des cuirassiers de Michel, dont la charge, sans coûter de sacrifices aux Prussiens, avait du moins brisé leur élan, il ne restait plus à notre droite qu'à profiter de ce répit pour battre en retraite. En vain Lartigue, voyant quelques soldats se retirer avec calme le fusil sur l'épaule faute de munitions, s'était-il élancé en avant en disant aux braves qui l'entouraient : « Suivez-moi, il faut mourir ici ! » Ceux-ci lui répondirent tristement: « Comment voulez-vous que nous résistions ? il n'y a plus une cartouche, et voyez les masses qui arrivent ! » Puis ils se replièrent tranquillement vers Reichshoffen, en longeant la lisière du Niederwald. Les généraux de Lartigue et Lacretelle partirent les derniers; ces deux intrépides soldats ne pouvaient se résoudre à quitter ce champ de carnage où venait de succomber la fortune de la France.

Après l'anéantissement presque complet des valeureux défenseurs d'Albrechtshæuserhof, le XI⁰ corps, suivi des Wurtembergeois, se répandit comme un torrent sur les pentes du Niederwald, que le colonel Bocher venait d'évacuer avec les restes de son magnifique 3ᵉ de zouaves qui s'étaient battus comme des lions. L'état des pertes de ce régiment, donné par le colonel Derrécagaix dans son *Traité de tactique*, montre ce que valaient les soldats de Mac-Mahon. 40 officiers sur 65 et 1.580 hommes sur 2.190 étaient tués ou blessés ; cependant il est admis en principe que les troupes les plus solides fléchissent après une perte du tiers de leur effectif, et le 3ᵉ zouaves avait doublé ce chiffre, considéré comme une limite extrême de la bravoure en terrain découvert avec une retraite toujours possible.

Vers 2 heures, Elsashausen était attaqué avec fureur, de front par le V⁰ corps, de flanc par le XI⁰. Ce village étant la clé de la position française, le maréchal devait faire les plus grands efforts pour s'y maintenir. Ses infortunés soldats, couverts de mitraille par les 84 pièces en batterie de Goersdorf à Dieffenbach, étaient exténués ; le général Maire, arrivé le matin avec sa brigade de la division Conseil-Dumesnil, s'était fait tuer en essayant de refouler les Prussiens sur Wœrth ; on venait d'engager la dernière réserve, le 8ᵉ bataillon de chasseurs dont le brave commandant Poyet n'avait pas tardé à être mortellement atteint, et l'ennemi ne cessait de gagner du terrain.

Dans cette situation critique, Mac-Mahon fit appel aux cuirassiers de Bonnemains. Les quatre régiments étaient restés abrités, assez mal du reste, sur la lisière des bois en arrière de l'Eberbach et en face de l'intervalle qui sépare Frœschwiller d'Elsashausen. Un peu avant 2 heures, la 1ʳᵉ brigade, 1ᵉʳ et 4ᵉ cuirassiers, commence des charges par escadron dirigées obliquement de la droite du village de Frœschwiller vers le chemin d'Elsashausen à Wœrth. Les chevaux ont à traverser un vallon coupé de houblonnières, de clos de vignes et de vergers entourés de haies ou de palissades derrière lesquelles sont blottis les tirailleurs ennemis, obligés de se garer des feux d'Elsashausen, qui tenait encore quoique l'incendie s'y fût déclaré sur plusieurs points. A l'approche des cuirassiers, les pentes s'animent comme par enchantement ; les Prussiens surgissent de toutes parts comme un essaim de mouches, quand un instant auparavant leur présence ne se révélait que par les flocons de fumée qui s'échappaient du canon de leurs fusils. Le 1ᵉʳ régiment, qui charge en tête, se retire à moitié détruit ; le 4ᵉ éprouve le même sort. La 2ᵉ brigade, 2ᵉ et 3ᵉ cuirassiers, s'avance à son tour ; elle charge par deux escadrons de front, et ne réussit pas mieux que sa devancière : l'un des colonels a la tête emportée, l'autre est précipité à bas de son cheval et pris, une quarantaine d'officiers des quatre régiments, 400 cavaliers, près de 600 chevaux gisent sur le sol, et cela sans avoir pu nuire à l'ennemi qui est resté inabordable. Le seul résultat appréciable de ce sacrifice fut obtenu au moment où les tirailleurs prussiens, s'étant levés pour faire feu, essuyèrent les bordées de quelques mitrailleuses dissimulées au haut du plateau.

Après ces charges infructueuses, c'en était fait d'Elsashausen ; en vain le général Colson, chef d'état-major du maréchal, était-il allé demander du secours à Ducrot, qui maintenait toujours les Bavarois. Déjà le 13e bataillon de chasseurs et le 18e de ligne avaient appuyé vers Frœschwiller ; la situation devenait difficile. Néanmoins, Ducrot donne encore le 96e de ligne, qui, vivement enlevé par l'intrépide colonel de Franchessin, marche droit sur Elsashausen en refoulant les Prussiens sur les pentes du Niederwald. Mais les ennemis sont trop nombreux, le régiment subit des pertes cruelles et son colonel tombe mortellement frappé, en même temps que le général Colson qui le guidait. Les Allemands, exaspérés par cette résistance opiniâtre et confiants dans leur supériorité numérique, pénètrent de tous les côtés dans le village où ils massacrent tout ce qui porte l'uniforme français, sans même respecter les ambulances. Le sous-intendant Coulombeix, occupé à faire donner des secours aux blessés, est laissé pour mort ; son sergent infirmier et plusieurs aides sont tués sans miséricorde, enfin l'incendie achève l'œuvre de destruction.

Quelques débris de ce glorieux désastre tiennent encore à Frœschwiller et tentent un dernier retour offensif sous l'impulsion du brave Raoult qui se fait tuer ; les batteries divisionnaires et de la réserve tirent une dernière salve, puis un torrent humain s'écoule vers Reichshoffen au milieu des maisons de Frœschwiller en flammes. Le destin avait prononcé son arrêt ; à 3 heures un quart la bataille était irrévocablement perdue. Une heure avant, le clocher du village, écrasé par les projectiles, s'abîmait avec un sinistre fracas ; on eut toutefois le temps de sauver les blessés qui se trouvaient dans l'église transformée en ambulance.

Peu d'instants avant la déroute, Mac-Mahon, prévoyant l'issue fatale du combat, s'était rendu auprès du général Ducrot pour l'inviter à couvrir la retraite avec ce qui lui restait de sa division, c'est-à-dire cinq bataillons très réduits par le feu, dont les trois du 1$^{er}$ de zouaves et deux du 45$^e$ de ligne. Sans hésiter, ces braves gens prennent position parallèlement à la route de Reichshoffen qu'ils balayent avec leurs chassepots, et arrêtent ainsi plus sérieusement que nos héroïques cuirassiers la poursuite de l'ennemi. Mais, vers la droite, la cavalerie et l'artillerie allemandes peuvent s'avancer impunément ; les obus tracent des sillons sanglants dans les masses pressées des fuyards et y produisent de tels ravages que la voix des officiers n'est plus écoutée. La dispersion est complète, et la débandade d'autant plus affreuse que le maréchal avait commis la faute de n'indiquer aucune ligne de retraite. Cet homme de bronze, ce soldat sans peur et sans reproche, jusqu'à ce jour si favorisé de la fortune, était atterré par l'immensité de son désastre. Après avoir donné pendant la bataille le plus magnifique exemple de sang-froid, de courage et d'opiniâtreté, il s'en allait inerte, impassible, comme frappé de la foudre. Les soldats, sans direction, partent dans tous les sens : beaucoup sont pris, plus de 4.000 arrivent à Strasbourg dans la nuit, d'autres se sauvent vers Bitche à travers les bois. Cependant, à Reichshoffen, le bruit se répand que la division Guyot de Lespart vient d'arriver à Niederbronn, à 4 kilomètres plus loin. Instinctivement la cohue se dirige de ce côté pour prendre ensuite la route de Saverne par Ingwiller, route absurde, quand il était si simple et si facile de s'enfoncer dans les défilés des Vosges. Le général Ducrot, le seul qui connût bien le pays, se dirigea avec les débris de sa division sur Zintzwiller et gagna le même soir l'inexpugnable position de Lichtenberg, à 12 kilomètres seulement de Reichshoffen.

Par suite de l'impéritie de l'état-major du 1$^{er}$ corps, Mac-Mahon et le gros de l'armée font une marche de nuit de 48 kilomètres sans s'arrêter. Toutes les armes sont confondues ; officiers et soldats, canons, voitures, généraux, tout s'avance pêle-mêle. Des coups de feu partis par mégarde sèment l'inquiétude ; tout le monde marche silencieusement, on n'entend que le bruit des roues et les gémissements des blessés, dont beaucoup sont abandonnés par humanité, leurs souffrances devenant intolérables. C'est ainsi que le colonel Rossetti, du 2ᵉ cuirassiers, étendu sans connaissance sur un caisson d'artillerie, fut déposé dans une maison abandonnée avec une inscription mentionnant son nom et son grade. Les fossés sont remplis de malheureux que la fatigue empêche d'avancer ; personne n'a mangé depuis 36 heures ! Mais l'ennemi est également épuisé et l'énergie des vaincus lui a inspiré un respect qui paralyse sa poursuite. La cavalerie allemande se trouva déroutée par la ligne de retraite excentrique des Français et le prince royal dut supposer que le maréchal s'était replié vers sa réserve naturelle, qui n'était autre que l'armée de Metz.

Les pertes de la bataille de Wœrth s'élevaient, de notre côté, à 760 officiers et 10.000 hommes tués ou blessés, plus 6.000 prisonniers. Les Allemands avaient 489 officiers et 10.153 hommes tués, blessés ou disparus. Le colonel Derrécagaix donne en outre les chiffres suivants : « Nous perdions 28 canons et 5 mitrailleuses. Les effectifs engagés s'élevaient : de notre côté à 46.500 hommes et 119 pièces ; du côté des Allemands, à 125.500 hommes et 312 pièces. Nous avions donc combattu dans la proportion de 1 contre 2,6 et nos pertes en tués ou blessés dépassaient 23 0/0 de l'effectif total. »

Le maréchal de Moltke a rendu noblement justice à la bravoure des troupes françaises et de leur chef : « Comme on le voit, dit le grand état-major, le commandant en chef des troupes françaises avait lutté jusqu'à la dernière extrémité contre les forces supérieures des Allemands ; partout son armée avait combattu avec le plus grand courage ; sa cavalerie tout entière s'était volontairement sacrifiée pour dégager les autres armes. Mais quand on fut entouré de toutes parts, quand l'unique ligne de retraite se trouva sérieusement menacée, la résistance dut enfin cesser. »

On s'est livré sur la bataille de Wœrth à de savantes discussions d'où il résulte que le maréchal de Mac-Mahon aurait dû avoir sous la main les 1er, 5e et 7e corps, dont le commandement lui avait été donné seulement 48 heures avant l'attaque des Allemands. Ce défaut de concentration est uniquement imputable à l'empereur et à son major général, qui se croyaient de taille à commander directement huit corps d'armée comprenant 26 divisions d'infanterie, 11 divisions de cavalerie et une réserve générale d'artillerie. Mac-Mahon n'a commis qu'une faute : celle de ne pas s'être préoccupé d'une ligne de retraite en cas d'échec et d'avoir été ainsi poussé à en prendre une mauvaise.

La bravoure vraiment héroïque déployée par l'armée d'Alsace et son insuccès final va à l'encontre de la théorie soutenue avec tant d'obstination par M. Thiers que la qualité des troupes prime la quantité. Avec les engins modernes, une armée modèle comme celle d'Alexandre serait vite entourée et détruite comme le fut notre aile droite à Wœrth. Quantité et qualité sont les deux facteurs inséparables à introduire dans l'organisation des armées modernes.

Nos malheurs de cette journée à jamais néfaste du 6 août 1870 ne devaient pas se borner au désastre de Wœrth. Pendant que Mac-Mahon succombait sous les forces écrasantes du prince royal, le général Frossard essuyait, non une grande défaite, mais un échec sérieux en avant de Forbach.

# CHAPITRE XIII

Bataille de Spickeren. — Le corps Frossard se retire de Sarrebrück sur Spickeren, le 5 août. — Théâtre des opérations des 2ᵉ et 3ᵉ corps. — Le 6 août, le général Kameke attaque le 2ᵒ corps avec la 14ᵉ division prussienne. — Attitude de Frossard et de Bazaine. — Comparaison entre la conduite des généraux prussiens et celle des généraux du corps Bazaine. — Retraite du 2ᵒ corps et de toute l'armée de Lorraine sous le canon de Metz. — Le général Decaen remplace à la tête du 3ᵉ corps Bazaine, nommé commandant en chef d'une armée composée des 2ᵉ, 3ᵉ et 4ᵒ corps.

Après l'affaire du 2 août, le général Frossard s'était arrêté sur les hauteurs de la rive gauche de la Sarre, qui dominent la ville de Sarrebrück, entre le village de Saint-Arnual et le chemin de fer. Les corps Bazaine et Ladmirault n'ayant pas appuyé ce mouvement, tout de parade, dont l'unique but était de calmer un peu l'opinion très surexcitée par les lenteurs des opérations, et les renseignements parvenus au quartier impérial ne laissant aucun doute sur la concentration toujours croissante des forces prussiennes sur la rive droite de la Sarre, le commandant du 2ᵉ corps résolut d'évacuer sa position, trop en pointe du moment qu'elle n'était appuyée ni sur ses flancs ni sur ses derrières. Cette marche rétrograde fut commencée dans la soirée du 4 août par la brigade Valazé, de la 1ʳᵉ division Vergé, et par la brigade Doëns, de la 3ᵉ division Laveaucoupet. La première, qui formait l'aile gauche, fut envoyée à Forbach et placée à cheval sur la route de Sarrelouis; la brigade Doëns campa sur la droite en arrière du village de Spickeren, de manière à surveiller les deux routes qui débouchent sur le moulin de Simbach et sur Grossblittersdorf.

Le lendemain !5, à 6 heures du soir, le mouvement de retraite s'acheva. La brigade Jollivet, de la division Vergé, vint se placer en avant du village de Stiring, où se trouvent les grandes usines de la maison Wendel. La 2ᵉ division, Bataille, se porta assez loin en arrière sur le plateau dominant d'Oeting, d'où l'on surveille à gauche la vallée de Forbach, à droite le débouché de Grossblittersdorf ainsi que les hauteurs de Spickeren, à trois kilomètres en avant, sur lesquelles la brigade Micheler, de la division Laveaucoupet, vint se ranger en première ligne devant la brigade Doëns. Le 10ᵉ bataillon de chasseurs fut spécialement préposé à la défense de l'Eperon ou promontoire qui s'avance du plateau vers la grande route de Forbach à Sarrebrück.

La position imposée par les circonstances au général Frossard était mauvaise; outre qu'elle pouvait être tournée aussi bien à droite qu'à gauche à travers des bois impossibles à surveiller, le centre et l'aile droite, formés des divisions Bataille et Laveaucoupet, perchaient sur les hauteurs, tandis que la division Vergé était comme enterrée dans un véritable cul-de-sac bordé à gauche par des bois, à droite par les pentes raides qui s'abaissent du plateau de Spickeren vers la route de Forbach-Sarrebrück. Le vice de cette disposition était imputable au major général Le Bœuf, qui avait entassé dans Forbach un matériel et des approvisionnements immenses que le 2ᵉ corps avait pour mission de couvrir; sans cela, le 5, au lieu de s'installer en avant de Forbach, le 2ᵉ corps aurait occupé la belle position de Cadenbronn, entre Saint-Avold et Sarreguemines, que le général Frossard avait signalée dans son rapport à l'empereur de 1868. Le corps Bazaine l'y aurait forcément rejoint et les deux corps réunis, en mesure d'être soutenus par le reste de l'armée, pouvaient opposer à l'ennemi une résistance énergique.

Enfin, du moment qu'il y avait nécessité impérieuse de couvrir Forbach, fallait-il prendre les dispositions les plus convenables pour livrer bataille dans les moins mauvaises conditions. De nombreuses fautes ont été commises par les chefs de l'armée française dans la funeste journée du 6 août, et plus nous nous éloignerons de cette date et plus sera sévère le jugement porté sur les actes de certains généraux. L'opinion des hommes du métier est arrêtée depuis longtemps sur ce sujet délicat, mais celle du public ne l'est pas encore, le procès de Trianon n'ayant pas même effleuré la question de responsabilité des généraux et certains écrivains, inexactement renseignés, l'ayant rejetée tout entière sur le général Frossard, que sa situation de gouverneur du prince impérial désignait plus spécialement aux critiques.

Le terrain montagneux sur lequel allaient évoluer les corps Frossard et Bazaine dans les journées des 6 et 7 août, forme un triangle dont la base, entre Sarreguemines et Saint-Avold, mesure 25 kilomètres; de Saint-Avold à Forbach, il y a 18 kilomètres ; de Forbach à Sarreguemines, 14 kilomètres. Ces distances, prises à vol d'oiseau, méritent d'être relevées avec soin, car elles permettent de bien apprécier la gravité des fautes commises dans la journée du 6 par les généraux français. L'intérieur du triangle comprend une série de mamelons découverts, à pentes douces, et couronnés de plateaux d'une altitude moyenne de 120 mètres au-dessus du fond de la vallée. Les côtés du triangle sont constitués par des pentes boisées assez raides et qui tombent, à l'ouest sur la grande route de Metz à Sarrebrück, à l'est sur la Sarre. Cette rivière coule du sud au nord sur un parcours de 15 kilomètres de Sarreguemines à Brebach, où elle s'infléchit à l'ouest, traverse Sarrebrück, puis, à 22 kilomètres en aval, la forteresse de Sarrelouis.

En avant de Spickeren, le plateau, en se rétrécissant vers

le nord, n'a plus que 2 kilomètres de largeur. Là, le massif mamelonné s'arrête brusquement au versant rapide d'un grand vallon transversal qui forme couloir entre la Sarre et la route de Forbach. En traversant ce vallon, on se retrouve sur les hauteurs occupées par le 2ᵉ corps dans les journées du 2 au 5 août.

Dans l'après-midi du 5, à 1 heure, le général Frossard reçut notification de l'ordre de l'empereur qui réunissait les 2ᵉ, 3ᵉ et 4ᵉ corps d'armée, en ce qui concerne les opérations militaires, sous les ordres directs du maréchal Bazaine, et les 1ᵉʳ, 5ᵉ et 7ᵉ corps sous ceux du maréchal de Mac-Mahon. Ce fait est à signaler, car les jugements portés sur la bataille de Spickeren indiquent que l'on ignore généralement qu'en définitive le commandement en chef appartenait à Bazaine dont le 2ᵉ corps formait l'avant-garde.

Le 6, à 4 heures 40 du matin, une dépêche du major général prévenait Frossard de se « tenir prêt contre une attaque sérieuse qui pourrait avoir lieu *aujourd'hui même* ».

Du moment que le danger était si pressant, l'empereur aurait dû opérer sur-le-champ la concentration de l'armée de Lorraine sur l'excellente position de Cadenbronn, dont il connaissait les avantages.

On a vu dans le chapitre précédent comment une supposition erronée du général prussien de Montbary avait précipité les événements à Wœrth ; une erreur analogue allait amener la bataille de Spickeren. Dans la matinée du 6, le général de Rheinbaben, commandant la 5ᵉ division de cavalerie de l'armée du prince Frédéric-Charles, envoya sur la rive gauche de la Sarre des reconnaissances qui signalèrent la complète évacuation des positions occupées la veille encore par les Français. Précédée de ses éclaireurs, la cavalerie continua sa marche ; mais en arrivant près des plateaux, elle fut aperçue par les troupes de la division Laveaucoupet, postées à l'Eperon. Quelques coups de canon firent replier les cavaliers de Rheinbaben et, peu d'instants après, suivant leur principe invariable de tactique générale consistant à poursuivre aussitôt un ennemi qui bat en retraite, les Prussiens couronnèrent les mamelons voisins d'artillerie, tandis que de longues lignes de tirailleurs descendaient résolument dans le vallon transversal qui les séparait des Français. C'était l'avant-garde de la 14e division Kameke, du VIIe corps prussien, qui, sur les rapports de la cavalerie, marchait à l'attaque de l'Eperon qu'elle croyait occupé par une simple arrière-garde. Le général Kameke avait préalablement demandé l'autorisation de prendre l'offensive à son général en chef Steinmetz, qui s'était empressé de lui donner carte blanche.

La tête de colonne allemande fut vigoureusment accueillie par la compagnie du génie et par le 10e bataillon de chasseurs qui travaillaient à l'achèvement de tranchées-abris. Après une lutte opiniâtre de plus d'une heure, les Prussiens furent obligés de se retirer avec de grosses pertes. Pendant le combat, la ligne de feux s'était peu à peu étendue sur tout le front des divisions Vergé et Laveaucoupet, de façon que le général Kameke comprit son erreur. Cependant il ne voulut plus reculer, car il avait la conviction que ses collègues s'empresseraient de marcher au canon, conformément aux ordres formels du général Steinmetz et aux recommandations non moins formelles du roi et de M. de Moltke. Cinq bataillons furent engagés contre la brigade Jollivet à Stiring, le reste de la division se rua contre l'Eperon. De neuf heures du matin à midi, toutes les tentatives des Prussiens furent victorieusement repoussées; les pentes et la vallée étaient couvertes de leurs morts et de leurs blessés. Mais il était écrit que jamais, pendant cette campagne, un général français ne saurait profiter d'une occasion favorable pour détruire un corps ennemi. Le général Frossard, ne soupçonnant ni la gravité ni l'importance de la lutte, avait tranquillement achevé de traiter une question de vivres avec le maire de Forbach, puis s'était occupé à correspondre télégraphiquement avec le maréchal Bazaine. Celui-ci, au lieu de faire avancer les divisions du 3ᵉ corps, restait nonchalamment à Saint-Avold d'où il répondait aux télégrammes de son lieutenant, alors qu'il lui eût été si facile de s'assurer par lui-même de la situation. Les deux chefs semblaient rivés aux extrémités du fil électrique, tant ils mirent d'opiniâtreté à ne pas s'en écarter.

La bataille de Spickeren est intéressante et curieuse à étudier dans tous ses détails. Elle apprend comment de bonnes troupes peuvent être battues, lorsque les hommes chargés de leur direction ne sont pas animés de cet esprit de solidarité, de cet amour de la patrie dégagé de toute arrière-pensée et de considérations personnelles, sans lesquels il n'est pas de succès possible dans une grande guerre. Les rôles du général Frossard et du maréchal Bazaine étaient nettement tracés : le premier, au lieu de rester à la station du télégraphe, devait se porter sur le plateau de Spickeren. véritable clé du champ de bataille ; le second, au lieu de rester à Saint-Avold et d'y entretenir des conversations télégraphiques, toujours obscures, avec le général Frossard et ses propres divisionnaires, avait pour premier devoir de se rendre à l'endroit où grondait le canon. On peut juger du décousu de ces communications par l'échange des deux dépêches suivantes : « Frossard à maréchal Bazaine, Forbach, 6 août, 9 heures 10 matin. J'entends le canon à nos avant-postes, je vais m'y porter. Ne serait-il pas bien que la division Montaudon envoyât de Sarreguemines une brigade vers Grossblittersdorf, et que la division Decaen se portât en avant vers Merlebach et Rosbrück ? »

A la réception de ce télégramme, un général en chef devait se hâter de prendre le chemin de fer afin de juger par lui-même de l'importance d'une action où le canon se fait entendre. Loin de là, Bazaine attend une nouvelle dépêche, datée de 10 heures, et par laquelle Frossard l'informe qu'un combat sérieux s'engage. Après une heure de réflexion, Bazaine répond :

Saint-Avold, 6 août, 11 heures 15 matin. — Quoique j'aie peu de monde sous la main pour garder la position de Saint-Avold, je fais marcher la division Metman sur Macheren et Bening, la division Castagny sur Farschwiller et Théding. Je ne puis faire plus ; mais comme vous avez, vous, trois divisions réunies, il me semble que celle qui est à Oeting peut très bien engager une brigade sur Morsbach afin de surveiller Rosbrück, c'est-à-dire la route passant par Emerswiller et Gross-Rossel vers Sarrelouis. Notre ligne est malheureusement très mince par suite des dernières dispositions prises ; et si ce mouvement est vraiment aussi sérieux, nous ferons bien de nous concentrer sur la position de Cadenbronn. Tenez-moi au courant.

On reste confondu à la lecture d'une pareille dépêche que peut seule expliquer la conduite ultérieure du maréchal ; on le verra, en effet, douze jours plus tard, assister des hauteurs de Plappeville à une bataille gigantesque sans donner un ordre et pour ainsi dire sans s'inquiéter de son armée.

Les généraux prussiens donnaient un exemple bien différent. Tous ceux qui étaient à portée d'entendre le bruit du combat accouraient au canon. La 16ᵉ division, Barnekow, arriva la première au secours de Kameke, suivie de près par la 5ᵉ division, Stülpnagel, de l'armée du prince Frédéric-Charles. Les rapports officiels allemands et les relations publiées par différents officiers sont tous d'accord et précisent les heures auxquelles les régiments sont arrivés successivement sur le champ de bataille. Au contraire, les relations et les rapports français sont confus, chacun tient à éviter un aveu pénible : il est en effet cruel d'avouer que, de 9 heures du matin à 3 heures de l'après-midi, la division Kameke, réduite à ses seules forces, a tenté plusieurs attaques contre le 2ᵉ corps d'armée qui s'est borné à les repousser sans entamer son adversaire.

Il était nécessaire d'expliquer l'attitude respective des deux armées dont les caractères distinctifs paraissaient intervertis. Les Prussiens escaladaient des positions formidables avec la dernière témérité, tandis que les Français se tenaient sur une défensive timide. Les attaques furieuses dirigées contre Stiring et l'Eperon avaient été, il est vrai, énergiquement repoussées, mais la division Kameke, dont l'effectif (15.000 hommes) était à peu près égal à celui des divisions Vergé et Laveaucoupet réunies, avait obligé ces deux généraux à engager tous leurs bataillons. A la gauche, le général Vergé avait fait venir à Stiring d'abord le 32ᵉ de ligne de la brigade Valazé laissée en observation sur la route de Sarrelouis ; mais, les Prussiens continuant à gagner du terrain par les bois de Schœneck sur notre gauche, le 55ᵉ de ligne de la même brigade ne tarda pas à se rendre aussi à Stiring, où combattaient alors les 13 bataillons de la division Vergé. Sur le plateau, Laveaucoupet voyant la brigade Micheler accablée par le nombre, avait fait avancer la brigade Doëns, restée d'abord en seconde ligne.

Du côté des Prussiens, vers 3 heures, le général Kameke avait vu accourir à son aide, soit à marches forcées, soit en chemin de fer, la 5ᵉ division Stülpnagel de l'armée du prince Frédéric-Charles et le 40ᵉ d'infanterie de la 16ᵉ division Barnekow, plus une nombreuse artillerie. A 3 heures et demie, le général de Gœben, commandant le VIIIᵉ corps, à peine arrivé sur le lieu du combat, ordonna une attaque générale. A droite, la division Kameke devait marcher sur Stiring et l'Eperon ; à gauche, quatre bataillons de Stülpnagel avaient pour mission d'enlever le bois de Saint-Arnual ; le 40ᵉ d'infanterie, placé au centre, avait pour objectif la face est de l'Eperon. Les autres bataillons des 5ᵉ et 16ᵉ divisions devaient servir de réserves au fur et à mesure de leur arrivée. Il ne restait plus à Frossard que la division Bataille, sa dernière ressource, et Bazaine continuait à ne lui donner d'autre concours que celui de ses télégrammes. A 2 heures, il annonçait le départ de la division Montaudon de Sarreguemines par Grossblittersdorf, et de la brigade de dragons Juniac de Bening pour Forbach ; mais les généraux de Castagny et Metman, loin d'imiter les généraux prussiens qui marchaient tous au canon, ne faisaient aucun effort sérieux pour secourir le 2ᵉ corps : ils attendaient des ordres ! Le général Bataille, invité vers midi déjà à soutenir son collègue Laveaucoupet à Spickeren, dirigea sur-le-champ de ce côté la brigade Fauvart-Bastoul, composée des 66ᵉ et 67ᵉ de ligne. Lui-même, avec le reste de sa division et deux batteries, descendit sur Stiring, ne laissant sur le plateau d'Oeting que son bataillon de chasseurs et sa compagnie du génie comme garde du campement et réserve extrême.

Cette coopération apportée spontanément à notre gauche était urgente. Les troupes du général Vergé perdaient du terrain et avaient même abandonné cinq pièces de canon. Deux bataillons du 23ᵉ, vigoureusement lancés, ranimèrent les courages et Stiring fut repris. Cependant l'acharnement des Prussiens ne diminuait pas. Pour les contenir, le général Bataille fait descendre des hauteurs le 67ᵉ de ligne. Un instant après, à 3 heures et quart, craignant d'avoir trop affaibli la défense du plateau, il fait remonter deux bataillons du 8ᵉ de ligne suivis bientôt par le 67ᵉ qui reprit son ancienne position après s'être vaillamment battu à la gauche de la ligne de bataille. Ces mouvements alternatifs prouvent à quel point la situation du 2ᵉ corps devenait critique. Vers 5 heures se répandit une mauvaise nouvelle : nos derrières étaient menacés, une colonne d'infanterie avec de l'artillerie et précédée de cavaliers venait d'apparaître sur la route de Sarrelouis. Ce débouché se trouvait complètement découvert par suite du départ de la brigade Valazé ; il n'y restait plus qu'une compagnie du génie. Le lieutenant-colonel Dulac, du 12ᵉ dragons, reçut l'ordre de pousser une reconnaissance pour vérifier le fait. Il n'était que trop vrai, car cet officier ne tarda pas à rencontrer deux bataillons du 55ᵉ régiment prussien soutenus par une batterie de six pièces. Ne pouvant tenir en présence de ces forces, il se replia sur le retranchement construit par le 55ᵉ de ligne français et fit mettre pied à terre à ses dragons qui aidèrent les sapeurs du génie à contenir l'ennemi. Une heure plus tard, un secours inespéré venait en aide à cette poignée de braves. Un détachement de 200 réservistes destinés au 2ᵉ de ligne débarquait à la gare de Forbach. Son chef, le sous-lieutenant Arnaudy, exécuta résolument l'ordre qui lui fut donné de concourir à la défense du retranchement ; des pontonniers campés à proximité se joignirent à lui et, à 6 heures, la petite colonne combattait à côté des dragons et des sapeurs.

Sur la droite, la situation s'aggravait également. Des assauts répétés étaient dirigés contre l'Eperon et le bois de Saint-Arnual. Vers 5 heures, le 40ᵉ de ligne, après avoir vu tomber le colonel Vittot, son lieutenant-colonel et deux de ses chefs de bataillon, commençait à reculer. Le général Doëns vient à son secours avec deux bataillons du 2ᵉ de ligne, refoule une dernière fois les Prussiens et fait des efforts énergiques pour éviter d'être tourné. Peu de temps auparavant, le général Laveaucoupet avait envoyé deux escadrons du 4ᵉ dragons observer le ravin de Simbach. Vains efforts ! les ennemis de plus en plus nombreux reviennent à la charge, le général Doëns est frappé mortellement, le colonel Saint-Hillier du 2ᵉ de ligne est tué, 60 officiers des 2ᵉ et 40ᵉ de ligne sont étendus sur le champ de bataille. Le 10ᵉ bataillon de chasseurs, les 24ᵉ et 63ᵉ de ligne sont presque aussi maltraités. Il faut battre en retraite, car aucun renfort n'arrive du corps de Bazaine et les soldats, sans nourriture depuis le matin, sont exténués. Le brave Laveaucoupet dirige le mouvement avec une énergie qui augmente avec le danger ; pendant trois heures il dispute le terrain pied à pied ! A 8 heures il combattait encore en arrière du village de Spickeren.

A la gauche, la division Vergé s'était maintenue dans les positions de Stiring jusqu'à 6 heures. Chassé un instant du village, le général Valazé, à la tête du 55ᵉ de ligne, du 3ᵉ bataillon de chasseurs et d'un bataillon du 76ᵉ, exécute un vigoureux retour offensif. Mais, vers 6 heures et demie, les Prussiens qui venaient de recevoir de puissants renforts refoulent à leur tour les troupes françaises. Inutilement le général Bataille appuie ses deux collègues avec le plus louable dévouement, le 2ᵉ corps est obligé d'évacuer Stiring et, à 7 heures et demie, les colonnes ennemies, maîtresses du chemin de fer et de la route de Forbach, escaladent le flanc ouest de l'Eperon et les hauteurs du Kreutzberg.

A la même heure, les défenseurs du retranchement de la route de Sarrelouis étaient écrasés par des forces quintuples et obligés de se retirer derrière le chemin de fer. Les batteries prussiennes s'avancent alors sur la crête et par un tir rapide couvrent Forbach de leurs obus. La situation du 2ᵉ corps est compromise ; sa gauche est débordée, sa droite gravement menacée et toutes ses réserves sont engagées depuis longtemps.

Dans ces conjonctures, Frossard donne l'ordre de se retirer sur le plateau d'Oeting, qui traverse la route de Forbach à Sarreguemines par Grossblittersdorf, la seule qui restât ouverte en ce moment. En y arrivant, le commandant du 2ᵉ corps apprit du capitaine Allaire, de son état-major, que la division Montaudon était en position en avant de ce dernier village et que de Failly avait quitté Sarreguemines pour se porter vers Bitche. La ligne de Forbach à Saint-Avold était menacée par les colonnes en marche sur la route de Sarrelouis ; il fallait, en outre, rallier la division Montaudon qui se trouvait isolée à Grossblittersdorf. Sarreguemines fut donc indiqué comme point de direction de la retraite, pour de là gagner Puttelange.

La division Bataille fut chargée de protéger le mouvement qui s'exécuta d'abord avec ordre ; pas un canon ni un drapeau ne restèrent entre les mains de l'ennemi, mais, outre quelques voitures à bagages, il fallut abandonner les immenses approvisionnements de vivres entassés par l'ordre du major général à Forbach et à Sarreguemines en vue d'une offensive irréalisable. On perdit encore un grand équipage de ponts qui, par une de ces aberrations si fréquentes du quartier impérial, avait été envoyé de Metz à Forbach sans un cheval pour atteler les haquets. Dans la nuit du 6 au 7 et dans la matinée du 7, il y eut quelque désordre causé par l'afflux d'une foule d'habitants des environs du champ de bataille qui, pris d'une terreur folle, s'obstinèrent à suivre les troupes. Mais, dès la soirée du 7, l'ordre était rétabli et le mouvement rétrograde sur Metz s'exécutait dans de bonnes conditions.

Avant le combat, le 2<sup>e</sup> corps présentait un effectif de 29.981 hommes disponibles avec 5.099 chevaux. Ses pertes étaient grandes: 37 officiers tués, 168 blessés, 44 disparus; 3.829 sous-officiers et soldats blessés ou disparus, en tout 4.078. Ces chiffres témoignent de l'acharnement de la lutte. Les Prussiens avaient souffert davantage, car ils comptaient 49 officiers tués, 174 blessés, 4.648 hommes tués, blessés ou disparus, en tout 4.871.

On a beaucoup discuté sur les effectifs mis en ligne de part et d'autre dans cette sanglante journée. La cavalerie n'ayant joué aucun rôle à cause des difficultés du terrain, il faut diminuer les 2.400 hommes de la division Valabrègue du total donné plus haut, ce qui réduit les forces engagées par Frossard à 26.000 fantassins, artilleurs et sapeurs du génie, en tenant compte d'environ 1.500 soldats d'administration, infirmiers et ordonnances. Les Prussiens ont engagé les 12 bataillons de la 14<sup>e</sup> division Kameke, les 13 bataillons de la 5<sup>e</sup> division Stülpnagel, le 46<sup>e</sup> d'infanterie de la 16<sup>e</sup> division Barnekow et 3 bataillons de la 13<sup>e</sup> division Glümer ; en tout 33 bataillons de 1.000 hommes auxquels il convient d'ajouter l'artillerie et les pionniers. L'effectif des combattants ennemis n'a donc pas dépassé 36.000 hommes. Il est vrai que les Prussiens avaient en ligne 108 pièces contre nos 72 canons et 18 mitrailleuses. En résumé, la perte de la bataille est moins due à l'infériorité numérique qu'à l'incapacité et au manque d'initiative de certains généraux français, à la décision et à l'esprit de solidarité des généraux prussiens. L'aveu est douloureux, mais nécessaire.

Le 5 août au soir, les divisions prussiennes les plus rapprochées du champ de bataille étaient à 16 ou 20 kilomètres en arrière de Sarrebrück ; la 13ᵉ division Glümer, dont l'avant-garde parut devant le retranchement de Forbach avant six heures du soir, avait fait près de 28 kilomètres. Cependant, dès que le général Kameke eut engagé témérairement son avant-garde, commandée par le général de François, contre le corps de Frossard, tous ses collègues se mirent en devoir de le soutenir. Aux premiers coups de canon, Stülpnagel dirigea les troupes de la 5ᵉ division vers le lieu du combat, où il les précéda de sa personne et prit le commandement en qualité de plus ancien divisionnaire. A 3 heures et demie, arrivait le commandant du VIIIᵉ corps, général de Gœben, qui prit à son tour la haute direction. Enfin, à 4 heures et demie, le général de Zastrow, commandant le VIIᵉ corps, accouru au canon, devenait le quatrième général en chef prussien de la journée.

Le vieux Steinmetz, chef de la 1ʳᵉ armée, ne fut informé de la gravité de la lutte qu'à 5 heures du soir, en traversant le village d'Einweiler, à 14 kilomètres de Sarrebrück. Sans hésiter, il franchit cette distance. A son arrivée, vers 7 heures, voyant la partie gagnée, il laissa Zastrow diriger en chef les opérations jusqu'à la fin. C'est ce dernier qui, à 7 heures et demie, fit escalader le Kreutzberg par une réserve de six bataillons de la division Stülpnagel soutenus par deux batteries.

La conduite des généraux français offre un contraste fâcheux avec celle de leurs adversaires. Tandis que le général Steinmetz, malgré ses 74 ans, se rendait en toute hâte sur le lieu du combat, Bazaine, investi, le 5 au matin, de la direction des 2ᵉ, 3ᵉ et 4ᵉ corps d'armée, restait à Saint-Avold quand, dès dix heures du matin, il savait un de ses lieutenants attaqué à Spickeren. Pour rendre hommage à la vérité, il faut dire qu'en dépit des assertions contenues dans le rapport officiel sur les opérations du 2ᵉ corps, il est notoire pour les personnes présentes à Saint-Avold que, jusqu'à

4 heures, les dépêches de Frossard ne donnaient pas à entendre que l'engagement fût une grande bataille. Plus tard, il n'en était plus de même, car à 5 heures Bazaine télégraphiait à Forbach : « Donnez-moi des nouvelles pour me tranquilliser », et, en même temps, il faisait part de son inquiétude au général Decaen, le seul de ses divisionnaires qu'il eût sous la main. De Saint-Avold à Forbach la distance est de 18 kilomètres, la voie était libre, il y avait des locomotives toutes prêtes en gare ; en vingt minutes le maréchal pouvait être à Forbach. Que n'y est-il allé !

Le général Frossard a été en butte aux attaques les plus violentes et les plus injustes au sujet de cette bataille de Spickeren ; comme il a été dit plus haut, on affecte d'oublier qu'il était sous les ordres de Bazaine et c'est toujours à lui seul que l'on attribue l'entière responsabilité des fautes commises. Certes, il a mal jugé la situation de son corps d'armée et n'en a pas compris assez tôt la gravité ; il avait fait preuve de présomption et d'ambition malsaine en suppliant l'empereur de lui laisser le commandement du 2ᵉ corps qu'il exerçait au camp de Châlons pour s'initier aux manœuvres, lui qui n'avait jamais commandé qu'une compagnie de sapeurs du génie ; mais il n'en avait pas moins le droit de compter sur le concours des divisions du 3ᵉ corps, voisines du champ de bataille.

Grâce à la vigueur de ses troupes, Frossard put résister jusqu'à la nuit et le canon avait commencé à gronder dès 10 heures du matin. A ce moment, la division Castagny du corps Bazaine était à Puttelange, à 16 kilomètres de Spickeren, la division Metman du même corps était à Marienthal, également à 16 kilomètres de Spickeren. Or, pendant toute la journée, aucun de ces deux généraux n'a pu se décider à marcher au canon comme on doit y marcher, c'est-à-dire vivement, sans hésitation, d'instinct. Gravement accusés dans le rapport officiel de Frossard, ces généraux ont adressé au commandant du 2ᵉ corps des lettres justificatives qui n'ont convaincu personne, et l'on peut ajouter que le témoignage de leurs officiers ne leur est guère favorable. Le général de Castagny aurait été jusqu'à dire : « Puisque le maître d'école (le gouverneur du prince impérial) est dans de mauvais draps, qu'il y reste. » Ces paroles blâmables donnent une idée des jalousies qui divisaient les généraux de Napoléon III et que le procès de Trianon a fait ressortir sous leur aspect le plus triste.

La division Montaudon se trouvait à 12 kilomètres seulement de Spickeren, mais elle ne pouvait guère abandonner Sarreguemines sans un ordre formel ; elle y était en première ligne et l'abandon de ce poste pouvait avoir les plus graves conséquences, puisque le duc de Mecklembourg-Schwerin touchait les avant-postes français avec sa division de cavalerie et aurait sur-le-champ prévenu d'un mouvement latéral ou rétrograde des Français le général d'Alvensleben Ier, établi avec son IVe corps en avant de Deux-Ponts, à 16 kilomètres seulement de Sarreguemines. C'est donc à tort que, dans son rapport, Frossard reproche à Montaudon sa marche trop tardive sur Grossblittersdorf, marche qu'il a exécutée dès qu'il en eut reçu l'ordre de son chef direct Bazaine. Du reste, le général Frossard a franchement reconnu la correction de la conduite du général Montaudon ; il l'avait déclaré à M. Thiers à la fin de 1871 et avait répété sa déclaration lors du procès Bazaine où il figurait comme témoin.

Enfin, le général Decaen, commandant la 4e division du 3e corps, était à Saint-Avold même, sous la direction immédiate de son chef direct ; aussi sa conduite n'a-t-elle jamais été l'objet de la moindre observation. L'armée était unanime à rendre hommage à ses talents militaires ainsi qu'à son caractère énergique, honnête et désintéressé, qui, sous le ministère du maréchal Niel, l'avaient fait classer parmi les futurs commandants de corps d'armée. Ayant précisément sous la main celui de ses divisionnaires que son ancienneté de grade et son mérite rendaient, à tous égards, digne de le suppléer, Bazaine est d'autant moins pardonnable de ne pas s'être transporté à Forbach.

Un mot caractéristique du général du Preuil, un des plus vigoureux officiers de cavalerie de l'armée du Rhin, fait bien comprendre les motifs de l'isolement dans lequel on a laissé le général Frossard : « Il est regrettable, dit-il, que l'empereur n'ait pas eu l'inspiration de se rendre à Forbach le 6 août, au lieu d'y être allé le 2. Si certains personnages l'avaient vu présent sur le champ de bataille, loin d'hésiter à marcher, il aurait fallu modérer leur ardeur, tellement ils étaient dévorés du désir de se distinguer *sous les yeux* de leur souverain. »

Les défaites simultanées de Wœrth et de Spickeren produisirent au quartier impérial l'effet de la foudre ; le major général et ses principaux auxiliaires furent anéantis. Les personnes qui se trouvaient au milieu des grands états-majors peuvent seules avoir une idée de leur désarroi qui se traduisit, aux yeux du public, par ces dépêches incohérentes expédiées à Paris, dans la matinée du 7 août, par l'empereur et par le maréchal Le Bœuf. Les dernières illusions s'évanouirent comme par enchantement, et l'on put entendre des officiers habitués à ne parler de Napoléon III qu'avec un respect affecté, déclarer hautement l'impossibilité d'avoir la moindre confiance dans un général en chef d'une incapacité aussi manifeste, « et que l'on serait battu tant qu'il resterait à la tête de l'armée ». L'entourage de Bazaine se distinguait parmi les plus ardents et il est vraisemblable que, dès ce jour, ce dernier a dû nourrir l'espoir d'obtenir l'abdication militaire de l'empereur qui, pour tout esprit clairvoyant, devait entraîner à bref délai son abdication politique et définitive.

Dans la fatale nuit du 6 au 7, où les mauvaises nouvelles ne cessaient d'affluer à Metz, Napoléon III entrevit le gouffre qui allait engloutir sa dynastie, son armée et la fortune de la France. Cependant l'imminence du péril ne parvint pas à lui inspirer une résolution énergique. Désespérant d'arrêter le flot des envahisseurs, il sembla n'avoir d'autre but que de reculer l'heure de la collision suprême en mettant l'espace entre lui et les Prussiens. Pareil à un condamné à mort, il tenait à épuiser tous les moyens possibles pour retarder l'instant fatal. Le 7 août au matin, tous les corps d'armée reçurent l'ordre de se replier sur le camp de Châlons. Le parc de campagne, les équipages de ponts, les bagages et les chevaux de l'empereur y furent dirigés. Le soir même, ce projet était abandonné. On voulait désormais livrer bataille à Saint-Avold et toutes les troupes étaient portées dans cette direction. Il y a lieu de remarquer que ce changement était dû à l'intervention de M. Maurice Richard, ministre des beaux-arts, envoyé en toute hâte par ses collègues auprès de l'empereur, pour le détourner d'une retraite qui, en livrant à l'ennemi un aussi vaste territoire, devait produire une émotion terrible dans la population.

L'ennemi n'ayant pas continué son mouvement offensif, parce que ses corps de seconde ligne étaient encore trop éloignés de ceux de la première, l'armée française se replia sans être inquiétée sur la Nied française. L'empereur avait alors l'intention d'offrir la bataille aux Allemands sur cette position défensive soigneusement étudiée par son état-major. Cette intention s'était manifestée le 9 dans la journée, mais, le soir, Napoléon III avait changé d'idée. Sous le prétexte que le corps de Canrobert n'était pas encore arrivé, la position de la Nied fut abandonnée le 10 août au matin et l'armée vint camper sous le canon de la place de Metz dont elle prendra désormais le nom.

Par suite des hésitations et des tergiversations continuelles du quartier impérial, le corps Canrobert, dont la tête de colonne, déjà arrivée à Frouard, avait reçu le 7 au matin l'ordre de rentrer au camp de Châlons, fut de nouveau invité à rallier en toute hâte l'armée de Metz.

Afin de donner plus d'autorité au maréchal Bazaine, on

lui confirma d'une façon plus explicite et avec des pouvoirs mieux définis, le commandement en chef des 2º, 3º et 4º corps d'armée, avec un état-major constitué par des officiers tirés de l'état-major de l'armée du Rhin. Le général Decaen, désigné au choix de l'empereur plutôt encore par l'affection et la confiance de ses soldats que par ses belles et solides qualités militaires, remplaça Bazaine à la tête du 3º corps. Cette nomination, fort bien accueillie, fut considérée comme une concession aux vrais militaires, trop sacrifiés à des intrigues de cour dans la distribution des grands commandements.

On voit par ce qui précède combien l'impression produite dans l'armée par la double défaite du 6 était profonde. Elle peut se résumer ainsi : découragement absolu dans les hautes sphères, étonnement douloureux et diminution de confiance dans le corps d'officiers, dépression morale chez les troupes qui avaient assisté aux désastres, ébranlement chez les autres. La nation fut peut-être encore plus émue que l'armée à la nouvelle de ces funestes événements.

## CHAPITRE XIV

Paris à la suite des défaites de Wissembourg, de Wœrth et de Spickeren. — Les fausses nouvelles. — L'impératrice revient à Paris. — Manifestations hostiles au ministère de la Justice. — Convocation des Chambres. — La chute du Cabinet est résolue. — Illusions de M. Emile Ollivier. — Son entrevue avec le général Trochu. — On offre le ministère de la guerre au général de Palikao, qui l'accepte. — Séance du 9 août. — Chute du Cabinet. — Le nouveau ministère. — Effet produit en Europe par nos premières défaites. — Attitude de l'Autriche. — La ligue des neutres proposée par l'Italie. — Attitude du Danemark. — Visées de la Russie. — Impéritie du Cabinet anglais.

Paris, dans l'après-midi du 5 août, n'avait encore rien appris des événements de la frontière. Aucune nouvelle n'avait pu être transmise par les nombreux correspondants de journaux qui se trouvaient sur le théâtre de la guerre. Il régnait dans la capitale une certaine anxiété ; on ne retrouvait plus chez les officiers dirigés sur l'armée du Rhin la même confiance qu'aux époques des guerres de Crimée et d'Italie. Ils savaient depuis plusieurs jours à quel point étaient insuffisants les préparatifs militaires du maréchal Le Bœuf ainsi que les approvisionnements parcimonieusement réunis par l'intendant Blondeau. La confiance dans l'invincibilité des troupes françaises diminuait de jour en jour, quand on voyait rester immobiles pendant trois longues semaines les soldats envoyés à la frontière avec une hâte fiévreuse. Des bruits fâcheux commençaient à se répandre ; certains correspondants au courant des questions militaires s'étaient effrayés de la dispersion des divisions françaises et, dès le 31 juillet, le *Gaulois* avait reçu de Bitche, outre une correspondance destinée à faire prendre patience au public, une lettre confidentielle se terminant par ces mots : « Je viens de parcourir toute la frontière de Metz à Strasbourg en passant par Haguenau, Niederbronn, Bitche, Sarreguemines, etc. La dispersion des corps d'armée m'effraie et la stratégie de M. Le Bœuf me paraît tenir plus de la direction des douanes que de celle de la guerre. Nos troupes forment un mince cordon que les Prussiens franchiront où et quand il leur plaira. »

Ces symptômes alarmants n'avaient pas encore ému les masses populaires jusqu'à la surexcitation ; on sentait néanmoins que l'attente trop prolongée d'un succès devait produire une violente explosion de colère le jour où le gouvernement impérial serait obligé d'avouer une défaite. Depuis plusieurs jours, de nombreux groupes stationnaient près du ministère de l'Intérieur, afin d'avoir plus tôt des nouvelles. Ils apprirent ainsi le 5 août, vers 9 heures du soir, de la bouche même du ministre, M. Chevandier de Valdrôme, la défaite de Wissembourg. Le bulletin officiel autographié et remis sur-le-champ aux envoyés des journaux atténuait la gravité de l'échec. Trois régiments d'infanterie, attaqués par des forces supérieures, avaient dû se replier après une lutte de quelques heures.

Réduite à ces proportions, la communication ministérielle était triste sans être inquiétante. Mais elle annonçait en même temps qu'un canon dont l'affût était brisé avait dû rester aux mains de l'ennemi. Tout le monde sentit que cette perte d'un canon était un signe manifeste de défaite. Une déroute ou tout au moins une retraite précipitée rendait seule possible un aussi triste incident. La foule devenait houleuse et des symptômes alarmants ne tardèrent pas à trahir la violence des haines nationales et l'impressionnabilité maladive d'une population énervée par une trop longue attente de faits décisifs.

Dans la matinée du 6 août, on avait dévasté la boutique d'un changeur que son nom allemand signalait aux colères de la foule. Vers midi, par un soleil éclatant, la population se rua, affolée de joie, criant, pleurant, chantant et se retrouvant enfin telle qu'il lui semblait impossible de ne pas être, c'est-à-dire victorieuse. Un placard affiché à la Bourse annonçait que Mac-Mahon, reprenant l'offensive, culbutant l'armée allemande, lui avait infligé une défaite complète. Quarante canons, vingt-cinq mille prisonniers, parmi lesquels le prince royal de Prusse, étaient restés dans nos mains. Malheur à qui eût osé douter! tout sceptique eût été cruellement maltraité par la foule. Mais les sceptiques se taisaient et l'on s'empressa de pavoiser toutes les fenêtres de drapeaux tricolores, pendant que de nombreux groupes se précipitaient vers le ministère de l'intérieur pour y chercher les détails d'une nouvelle dont l'authenticité ne faisait doute pour personne.

Au ministère, pas de nouvelles! Le placard de la Bourse constituait un faux renouvelé de la guerre de Crimée. La déception fut cruelle et la fureur avec laquelle on l'accueillit laissa prévoir quel serait l'état moral de la population, si la victoire continuait à nous être infidèle. Le soupçon était entré dans les esprits; partout on allait voir des espions et des traîtres, et donner au monde la tragique parodie des défiances de la première Révolution.

Le Conseil des ministres, réuni en toute hâte sous la présidence de l'impératrice régente revenue de Saint-Cloud à Paris dans la soirée du samedi, 6, essaya tout d'abord de conjurer le péril imminent et de calmer la population en multipliant les renseignements et les proclamations. Coup sur coup on apprit ainsi, de source officielle, la défaite du maréchal Mac-Mahon, la perte de la bataille de Spickeren, la mise en état de défense de Paris où l'état de siège était déclaré, et la convocation des Chambres pour le 11. En même temps, pour répondre au sentiment public violemment exprimé par des manifestations imposantes, un décret incorporait dans la garde nationale sédentaire tous les citoyens valides de trente à quarante ans. Ces communications répétées, loin de calmer l'agitation des esprits, ne faisaient que l'accroître. Déjà, au milieu des cris proférés sous les fenêtres du président du Conseil, on pouvait distinguer des clameurs hostiles, non seulement au Cabinet, mais encore à l'empire, et, du moment que l'élément révolutionnaire entrait en scène, protégé par le patriotisme du reste de la population, il était aisé de prévoir qu'il irait jusqu'au bout et ne se laisserait pas désarmer par de vaines paroles.

Cependant il fallait aviser. Les députés et les sénateurs, accourus à Paris aux premiers bruits de nos désastres, arrivaient avec la résolution formelle de renverser un Cabinet qui ne leur avait jamais inspiré confiance. Sur ce point, les différentes fractions de la Chambre étaient d'accord. Spontanément réunis au Corps législatif, les membres du centre droit avaient envoyé une députation à l'impératrice régente pour lui exposer l'urgence d'un changement de Cabinet. Le centre gauche avait fait une démarche analogue, tandis que la gauche, représentée par MM. Jules Favre, Jules Simon et Eugène Pelletan, se rendait chez M. Schneider pour le prier d'obtenir du gouvernement une convocation plus hâtive des Chambres, et de l'empereur l'abandon du commandement de l'armée. Le président du Corps législatif ne put que décliner la seconde mission, mais promit d'appuyer la première partie de la demande et, en effet, un décret rectificatif parut, avançant de deux jours la réunion des Chambres.

Seul peut-être dans tout le Cabinet, M. Émile Ollivier ne se rendait pas compte de ce qu'il y avait désormais d'éphémère dans son pouvoir. Très résolu et puisant dans le péril de la France le sentiment et le courage des grandes responsabilités, il était décidé à proroger la Chambre dès qu'elle aurait voté les hommes et l'argent qu'il attendait d'elle. Il pensait d'ailleurs, non sans raison, qu'un changement de ministère dans un moment de crise était une résolution très grave et il espérait, bien à tort, que les députés reculeraient devant une si grosse aventure. Soit dédain, soit hauteur d'esprit, il n'avait pas prêté la moindre attention au travail de sape qui s'accomplissait autour de lui depuis plusieurs jours. On lui disait bien que de pressantes instances étaient faites auprès de l'impératrice pour qu'elle mandât à Paris un général dont l'énergie et les talents militaires fussent une garantie pour les familiers du château contre les dangers du dedans et les périls du dehors. Il était plein de confiance et n'avait nul souci du complot parlementaire qu'on ourdissait contre lui dans la droite de la Chambre et dans l'entourage de la régente, sous la conduite de chefs habiles et résolus comme MM. Jérôme David et Clément Duvernois. Réprimer vigoureusement l'émeute, si elle éclatait, et trouver un chef militaire qui inspirât confiance à l'armée et à la nation, tandis que ses collègues travailleraient à réunir les ressources nécessaires pour faire face à l'invasion, telles étaient les deux préoccupations dominantes du garde des sceaux.

Un instant, M. Émile Ollivier croyait avoir trouvé ce chef dans la personne du général Trochu, désigné alors au choix du président du Conseil et par l'engouement de tout le parti libéral et par son mérite très réel. Mais une scène étrange l'avait détourné de ce projet, en lui montrant le général sous un aspect peu fait pour donner confiance. Le surlendemain du désastre de Wœrth, arrivait chez M. Émile Ollivier un ancien officier d'état-major qui avait assisté aux derniers événements et venait en faire le récit fidèle au garde des sceaux. Le général Trochu était en tiers dans l'entretien. L'officier, désolé de ce qu'il avait vu, traçait de nos armées un sombre tableau et se prononçait avec énergie pour la retraite immédiate de l'armée du Rhin sur l'excellente position militaire désignée sous le nom de falaise de Champagne et illustrée par les brillants combats de Montmirail et de Champaubert. En se repliant, disait-il, l'armée réunie en ce moment à Metz pourrait recueillir les corps Douay et de Failly, et se renforcer avec les réservistes, dont une grande partie n'avait pu rejoindre encore leurs régiments. Il lui paraissait dangereux de rester autour de Metz avec un effectif trop faible pour garder la ligne de la Moselle en amont de la place et couvrir à Frouard le chemin de fer de Strasbourg à Paris.

A ce moment, le général Trochu, qui avait écouté avec une grande attention, fit observer que l'abandon de la ligne de la Moselle lui semblait prématuré, le corps Mac-Mahon pouvant facilement prendre position à Frouard. « Malheureusement, répliqua l'officier, ce projet n'est plus réalisable ; un retard dans le service du chemin de fer m'a obligé de passer plusieurs heures à la gare de Frouard où j'ai appris de la façon la plus certaine que le corps de Mac-Mahon était en pleine décomposition et hors d'état de tenir la campagne avant d'être reposé et réorganisé. »

A cette nouvelle, dont l'exactitude ne pouvait faire l'ombre d'un doute pour le général Trochu qui connaissait son interlocuteur, il se leva, s'adossa à la cheminée et, comme une sybille sur son trépied, les yeux étincelants, les lèvres frémissantes, prophétisa en un long discours les désastres qui allaient accabler la France. Ni la surprise du ministre, ni la stupéfaction de l'officier, confondus devant le flot éloquent qui les submergeait, n'arrêtèrent le général Trochu. En prenant congé, l'officier ne put se défendre d'inscrire en note la péroraison de cette harangue inattendue : « L'ouragan est déchaîné, — s'était écrié le général, — le vent souffle en tempête. Il balayera tout sur son passage ; vous tout le premier, monsieur le ministre. La France est perdue, aucune mesure préparatoire n'a été prise et il est trop tard pour rien organiser. »

Cette opinion, partagée du reste par l'officier, a toujours été celle du général Trochu ; il ne l'a jamais dissimulée et jamais on ne comprendra le motif qui lui a fait solliciter, un mois plus tard, la présidence du gouvernement de la défense nationale, défense qu'il déclarait impossible devant les hommes compétents. M. Émile Ollivier, qui cherchait un ministre de la guerre convaincu de la possibilité de réparer nos premiers désastres, renonça naturellement à confier la conduite des opérations à un général qui les déclarait à l'avance condamnées à un inévitable insuccès. La foi, ou tout au moins l'espoir, est nécessaire à quiconque va prendre la haute main dans une lutte périlleuse. Or, le général Trochu n'avait foi que dans le désastre et n'attendait rien, sinon la défaite. On prétend que le président du Conseil fit aussitôt inviter par le télégraphe le général de Palikao, dont les talents militaires, la grande bravoure et le caractère énergique inspiraient confiance à l'armée et au pays qui se rappelaient l'expédition de Chine menée à bien avec une poignée de soldats. L'assertion ne nous paraît pas exacte, car le comte de Palikao passait pour fort hostile aux transformations libérales subies par l'empire et peu disposé à accepter un portefeuille dans un ministère présidé par M. Émile Ollivier.

Pendant que l'on cherchait un ministre de la guerre, les adversaires du Cabinet n'avaient pas perdu leur temps pour assurer son renversement. Un nouveau ministère était préparé discrètement, accepté par l'impératrice et par l'empereur, que M. Jérôme David, délégué par ses amis politiques, était allé consulter à Metz. Les différents groupes parlementaires avaient, ainsi qu'il a été dit, prouvé à l'impératrice par des démarches répétées que le Cabinet n'avait plus la confiance de l'Assemblée. La séance du 9 août ne devait donc être que la mise en scène d'un événement où chacun avait son rôle marqué d'avance et dont le dénoûment était prévu par tous, sauf par celui qu'il atteignait.

La veille au matin, M. Jérôme David était rentré à Paris après avoir assisté à la bataille de Spickeren chez le comte de Wendel, le propriétaire de la grande usine de Stiring, et avoir recueilli à Frouard les renseignements décourageants sur l'état du corps Mac-Mahon. S'étant rencontré dans le même train avec son camarade d'école, l'ancien officier d'état-major qui, à son arrivée, avait tout de suite mis M. Émile Ollivier au courant des événements accomplis sur la frontière, il l'avait prié instamment de venir dîner chez lui le jour même, afin d'en obtenir des données précises sur le haut personnel de l'armée. A peine à table, M. Jérôme David prévint son camarade que le remplacement du ministère était décidé, que la régente allait le faire appeler pour arrêter définitivement la composition du nouveau Cabinet, auquel ne manquait qu'un ministre de la guerre. Il cita deux ou trois noms que l'officier repoussa sans hésiter, en ajoutant qu'il ne voyait qu'un ministre de la guerre possible dans les conjonctures actuelles : le général Palikao, auquel il convenait de donner en même temps la présidence du Conseil. L'épanouissement du visage de M. Jérôme David et la satisfaction avec laquelle M. de Bouville, ancien préfet de la Gironde, présent à l'entretien, répéta à plusieurs reprises : « Palikao ! Palikao ! mais c'est tout à fait l'homme de la situation ! Comment n'y avions-nous pas pensé plus tôt ? » indiquaient clairement que le nom n'avait pas été prononcé dans les conciliabules de la journée. Au même instant un domestique vint annoncer que l'impératrice attendait M. David qui partit, sans achever de dîner, après avoir remercié avec effusion son camarade de lui avoir désigné à la fois le ministre de la guerre et le président du Conseil. Une demi-heure plus tard, le général Palikao recevait à Lyon le télégramme qui l'invitait à partir aussitôt pour Paris.

La séance du 9 août fut pitoyable ; sous le prétexte d'assurer le salut de la France, les députés se livrèrent à des récriminations sans fin et à une débauche de propositions qui dénotaient plus d'ambitions et de passions mesquines que de patriotisme. M. Jules Favre avait arrêté dès la veille le texte d'une proposition qui ne pouvait qu'augmenter la surexcitation populaire, car elle concluait à la déchéance de fait de l'empereur et à la formation d'une commission exécutive nommée par la Chambre. M. Jérôme David, très entouré, racontait à ses amis son voyage à Metz, ses conversations avec l'empereur, et encourageait les timides à prendre une résolution énergique. Dans le centre gauche, tous ceux qui ne pouvaient pardonner aux ministres du 2 janvier d'occuper une place convoitée et qu'ils croyaient devoir leur appartenir, préparaient également une série d'ordres du jour destinés à renverser le Cabinet.

M. Émile Ollivier avait prononcé une allocution fort digne. Il ne dissimulait pas la gravité de la situation, mais il énumérait en même temps les ressources dont on disposait encore et qui permettraient peut-être de ressaisir la victoire. Il faisait un appel à la concorde, soutenant avec raison que les Prussiens comptaient ajouter à leurs forces celles qui naîtraient des troubles de Paris. Cette phrase déchaîna la tempête. La gauche éclata en cris et en protestations violentes. Elle feignit de prendre pour elle les paroles du garde des sceaux et de voir une accusation directe dans l'articulation d'un fait qui, malheureusement, ne devait pas tarder à se produire. M. Émile Ollivier comprit alors la situation et sentit pour la première fois qu'il était condamné. Il accepta sa disgrâce avec une louable dignité et convia lui-même la Chambre à le renverser et à ne point dépenser son énergie dans des luttes inutiles sur des questions de personnes. Puis il regagna sa place, laissant le champ libre à la meute de ses adversaires.

M. Jules Favre lut sa proposition à laquelle M. Granier de Cassagnac riposta par la menace de traduire les députés de la gauche devant une cour martiale. M. Ernest Picard déclara que le peuple de Paris prendrait lui-même des mesures de salut public si on ne lui donnait pas des armes. M. Jérôme David accabla fort injustement le Cabinet sous le récit poignant de ce qu'il avait vu à Metz, spectacle qui témoignait, non de l'incapacité du Cabinet, mais exclusivement de celle du ministre de la guerre, le maréchal Le Bœuf, et de l'empereur, qui lui avait confié la direction de l'armée après avoir eu tout le loisir de l'apprécier quand il était son aide de camp. Mais la passion, la passion politique moins que toute autre, ne raisonne pas. La Chambre avait sous la main un bouc émissaire, son idée fixe était de l'abattre.

M. Clément Duvernois mit fin à ce débat sans dignité et peu honorable pour une Chambre française en présentant un ordre du jour ambigu. On vota par assis et levé et, à l'unanimité moins six voix, les députés déclarèrent que « la Chambre, décidée à soutenir un Cabinet capable d'organiser la défense du pays, passait à l'ordre du jour ». Deux heures plus tard, un nouveau ministère était formé ; M. le général de Palikao ayant reçu des mains de l'impératrice ses collègues désignés à l'avance. C'étaient : à l'intérieur, M. Henri Chevreau ; aux travaux publics, M. Jérôme David ; au commerce, M. Clément Duvernois ; aux affaires étrangères, le prince de la Tour d'Auvergne ; aux finances, M. Magne ; à la justice, M. Grandperret ; à l'instruction publique, M. Brame, du centre gauche. On le voit, la grande majorité des nouveaux ministres était formée par les amis de l'impératrice, par ceux-là même qui, confiants dans les assertions du maréchal Le Bœuf et dans l'espérance de rétablir avec des victoires l'empire autoritaire de 1852, avaient le plus contribué à la déclaration de guerre.

L'effet produit en Europe par la double défaite de Wœrth et de Spickeren ne fut pas moins déplorable. Toutes les négociations d'alliances s'arrêtèrent net ; la supériorité militaire des Allemands s'était manifestée d'une manière assez éclatante pour faire réfléchir les gouvernements disposés à prendre part à nos succès et décidés à nous abandonner à notre sort dans le cas où la fortune des armes nous serait contraire.

M. de Beust, qui, pourtant, désirait sincèrement le triomphe de la France, s'empressa de faire savoir à lord Granville que l'Autriche était prête à s'entendre avec l'Angleterre pour une neutralité commune. Mais le ministre autrichien se réservait de saisir la première occasion favorable pour faire tourner le concert des puissances neutres au profit d'une médiation.

M. Visconti-Venosta, le ministre des affaires étrangères du roi Victor-Emmanuel, profita avec une habileté tout italienne des négociations tendant à constituer une ligue des neutres. Le but qu'il se proposait était double : soustraire l'Italie et son roi aux pressantes sollicitations de Napoléon III; conserver sa liberté d'action pour occuper, au moment favorable, Rome, dont la garnison française venait d'être rappelée. Pour obtenir ce résultat vivement réclamé par l'immense majorité des Italiens, il suggéra au Cabinet anglais l'idée de proposer aux puissances contractantes un accord général, aux termes duquel aucun des contractants ne pourrait sortir de la neutralité sans une entente préalable avec les autres participants.

Quant au Danemark, sa faiblesse et sa situation géographique le condamnaient à faire oublier ses velléités d'alliance offensive avec la France. Dès le 12 août, le marquis de Cadore quittait Copenhague sans avoir rien conclu.

La Russie, désireuse de pêcher en eau trouble et de trouver un moyen de décliner sans coup férir le traité de Paris de 1856, acquiesca avec le plus vif empressement à l'idée d'une ligue des neutres. La suggestion de M. Visconti-Venosta ne pouvait que lui plaire, car elle lui assurait la neutralité de l'Autriche qui, une fois engagée dans la ligue, ne pouvait en sortir qu'après une entente préalable avec les autres participants. Or, il était clair que, en présence des dispositions médiocrement favorables pour la France de la Russie et de l'Angleterre, jamais la ligue ne se prononcerait en faveur d'une intervention armée. Du même coup, le pacte à conclure enlevait à M. de Beust toute chance de médiation ultérieure et rassurait le Cabinet italien contre toute envie du roi Victor-

Emmanuel de payer à l'empereur la dette de reconnaissance contractée sur les champs de bataille de Montebello, de Palestro, de Magenta et de Solferino-San Martino.

Le chancelier de Russie, prince Gortschakoff, était tellement satisfait de la proposition soufflée à l'Angleterre par l'Italie, qu'il proposa à son tour de la ratifier par un protocole solennel; mais le comte de Granville jugea qu'un protocole pourrait devenir gênant à l'occasion et demanda que le pacte de neutralité n'eût d'autre sanction qu'*un échange de lettres* entre les divers Cabinets.

Pour les Anglais, la ligue des neutres était une combinaison toute négative, c'est-à-dire destinée à paralyser l'action des puissances européennes. Avec un aveuglement qui fait peu d'honneur à M. Gladstone et à lord Granville, le Foreign Office repoussa péremptoirement toutes les tentatives de M. de Beust pour transformer la neutralité diplomatique en neutralité armée. Le Cabinet de Londres ne comprit pas que la Russie comptait profiter de la ruine de la France pour déchirer le traité de Paris et reconquérir sa liberté dans la mer Noire, en attendant mieux. En essayant de sonder la pensée secrète qui a présidé à la conduite des hommes d'État anglais, on n'y trouve que l'espérance de voir la France assez ruinée et abaissée pour qu'elle ne pût, avant bien des années, contrarier l'expansion coloniale de l'Angleterre ni lui disputer la prédominance dans la Méditerranée et en Egypte où M. Ferdinand de Lesseps venait d'inaugurer le canal de Suez.

Les ouvrages spéciaux sur la diplomatie rendent compte de l'activité déployée par les différentes chancelleries au lendemain des défaites inattendues d'une armée considérée comme la meilleure de l'Europe. A l'exception de l'Autriche et du Danemark, on nous témoigna généralement peu de sympathie. Gouvernements et peuples ne dissimulaient pas leur satisfaction de voir à terre une nation puissante dont les richesses, étalées avec une ostentation maladroite pendant l'Exposition de 1867, avaient excité un vif sentiment de surprise et d'envie. La Prusse avait donc les coudées franches pour traiter son adversaire avec la dernière rigueur et sut se servir jusqu'à l'abus du blanc-seing que lui donnait l'Europe. Mais M. de Bismarck, en diplomate avisé, resta silencieux jusqu'au jour prochain où l'armée du Rhin allait être réduite à l'impuissance par les armées de Steinmetz et du prince Frédéric-Charles, réunies sous le commandement direct du roi Guillaume.

## CHAPITRE XV

Positions des armées au commencement du mois d'août. — L'empereur et le maréchal Le Bœuf abandonnent définitivement la direction des opérations. — Bazaine est nommé commandant en chef avec le général Jarras comme chef d'état-major. — Marche en avant des trois armées prusiennes. — Le prince royal traverse les Vosges. — De Moltke concentre ses forces. — Proclamation des généraux prussiens. — Conduite inhumaine des troupes allemandes. — Attitude énergique des commandants de Bitche et de Phalsbourg. — Retraite précipitée des corps Mac-Mahon et de Failly. — Souffrances de leurs troupes. — Retraite du corps Douay. — Concentration de l'armée de Metz. — Belle réponse de Canrobert à l'empereur. — Projet de retraite de l'armée de Bazaine sur Châlons.

Composé d'hommes dont on vantait l'énergie, ayant d'ailleurs à sa tête ce que, du temps de Louis-Philippe, on appelait « une illustre épée », le ministère du 10 août avait été institué comme un gouvernement de défense nationale. Il déclarait n'avoir d'autre objectif que de repousser l'invasion étrangère et de mettre à l'arrière-plan toutes les questions politiques.

Avant de le voir à l'œuvre pendant sa courte existence de vingt-quatre jours, il est nécessaire, pour juger ses actes avec impartialité, de bien connaître la situation dont il héritait. Il faut donc reprendre le récit des opérations militaires au point où nous l'avons laissé, et le poursuivre jusqu'au moment où nos troupes vaincues viennent se concentrer sous les remparts de Metz. Bien que ce récit conduise les événements jusqu'au 14 août, on ne peut faire peser sur le nouveau Cabinet la responsabilité des opérations si malheureusement engagées sous la précédente administration.

L'empereur ayant décidé que l'armée du Rhin se replierait sur le camp fortifié de Metz, les différents corps évacuèrent dans la matinée du 11 août les positions qu'ils occupaient sur la Nied française, petite rivière qui coule à 15 kilomètres à l'est de la grande forteresse lorraine, et vinrent se ranger en avant des forts Saint-Julien et Queuleu, sur la rive droite de la Moselle.

Le 4ᵉ corps, Ladmirault, dont la gauche s'appuyait à cette rivière, en aval de Metz, était établi perpendiculairement à la route de Sainte-Barbe, sa droite débordant le village de Mey et s'étendant jusqu'au ravin de Vallières ; le 3ᵉ corps, Bazaine, au centre, allait de ce ravin au village de Grigy, sa ligne de bataille passant entre Borny et Colombey ; le 2ᵉ corps, Frossard, avait été placé à droite et un peu en avant du 3ᵉ ; il occupait les fermes de la Haute et Basse-Bevoye avec un poste avancé formé par le château de Mercy-le-Haut, où campait la brigade Lapasset qui, après avoir été coupée le 6 du corps de Failly, faisait désormais partie intégrante du corps Frossard. Les bataillons du 6ᵉ corps, Canrobert, qui arrivaient successivement du camp de Châlons, étaient, au fur et à mesure de leur débarquement du chemin de fer, installés, partie en amont de Metz sur la rive droite de la Moselle à Montigny, partie en aval à Woippy, sur la rive gauche. La garde était en réserve à gauche et un peu en arrière de Borny ; les parcs, dans l'île de Chambières, l'ancien polygone de l'artillerie. Ces mouvements étaient censés couverts par la cavalerie, qui, de même qu'en Italie, lorsque l'armée française observait Vérone et Mantoue, n'aventurait pas ses vedettes au delà des sentinelles avancées de l'infanterie, au lieu d'éclairer au loin la campagne.

Le major général, dont l'empereur, en dépit de pressantes

dépêches de l'impératrice, ne voulait pas se séparer, d'abord atterré par la double défaite de Wœrth et de Spickeren, avait repris cette assurance qui en avait tant imposé à la Chambre et à la nation. Il adressait gravement, le 8, au général Dejean, ministre de la guerre par intérim, le télégramme suivant : « L'empereur vous prie de diriger sur Metz le plus que vous » pourrez de biscuit, havre-sacs, marmites et autres usten- » siles de campement. L'Empereur compte prendre l'offen- » sive sous peu de jours. »

Mais, dès le lendemain, les dangers de la situation apparaissaient à tous les yeux, car les habitants de la campagne, fuyant devant l'invasion, venaient annoncer que les Prussiens, dont notre cavalerie ne savait point avoir de nouvelles, étaient en marche sur Pont-à-Mousson et débordaient l'aile droite de l'armée française. Ce fut alors que les soldats et la nation tout entière poussèrent un cri unanime de réprobation contre l'empereur et son major général qui persistaient à conserver un commandement dont ils avaient fait un si déplorable usage. Cédant à la pression du sentiment public, le Corps législatif et le ministère du 10 août demandèrent, au nom du salut de la patrie, que le commandement en chef fût donné au maréchal Bazaine, qui devait si peu justifier la confiance dont on l'honorait.

L'abdication militaire de Napoléon III fut consommée le 12 août ; le maréchal Le Bœuf et le général Lebrun, premier aide-major général, se démirent de leurs fonctions, et Bazaine reçut le titre de commandant en chef de l'armée du Rhin.

Après ces changements, on espérait que l'empereur, désormais étranger à la direction des opérations, laisserait à son successeur militaire l'entière liberté de ses mouvements. Il n'en fut rien. On ne perd pas en vingt-quatre heures l'habitude de donner des ordres et d'agir en souverain ; aussi verra-t-on Napoléon III intervenir personnellement dans le commandement des troupes jusqu'à la catastrophe finale. Un mot très juste de Bazaine, mot rapporté par le général d'Andlau, définit bien la situation faite aux généraux en chef de l'armée du Rhin et de celle du camp de Châlons, qui ont été l'un et l'autre juxtaposés à l'empereur. Le 14 août, un officier d'ordonnance vint dire au maréchal que « l'empereur *désirait* voir hâter le passage des troupes sur la rive gauche de la Moselle ». Bazaine lui répondit : « Ah ! oui, hier c'était un ordre, aujourd'hui c'est un désir ; je connais cela, c'est la même pensée sous des mots différents. » Ces paroles amères étaient arrachées au maréchal, non seulement par l'immixtion du souverain dans une direction qu'il avait déclaré abandonner, mais aussi par le refus qu'il avait essuyé la veille en demandant pour chef d'état-major le général de Cissey, un des officiers les plus distingués du corps d'état-major, et qui avait donné des preuves incontestables de bravoure, de sang-froid et de capacité lorsqu'il remplissait des fonctions analogues auprès du général Bosquet, en Crimée. Le maréchal Bazaine ne sut pas exiger la ratification de son choix. Il accepta le général Jarras, l'ex-deuxième aide-major général, la dernière épave de l'ancien commandement en chef, et aggrava ainsi une responsabilité déjà presque accablante.

Une scène pénible du procès de Trianon a fait ressortir la faute grave commise par Bazaine en acceptant un chef d'état-major qui ne lui inspirait aucune confiance, et que son étroitesse d'esprit, jointe à un manque complet d'aménité, avait rendu antipathique à tous les officiers appelés à servir sous ses ordres. En plein conseil de guerre, le général Jarras a déclaré que le commandant en chef le tenait à l'écart et travaillait directement avec les chefs de section de l'état-major général. Dans tous les cas, le choix n'était pas heureux ; en présence d'une situation compromise, sinon désespérée, un homme d'aussi mince capacité que le général Jarras ne pouvait doubler un maréchal à qui l'on accordait quelque talent militaire, mais que l'on savait peu instruit.

Pendant que les politiciens s'empressaient de renverser le

ministère et que les hésitations de l'empereur faisaient perdre un temps précieux aux troupes, les Allemands avaient largement profité des journées écoulées du 7 au 13 août. Après les victoires du 6, leurs trois armées occupaient une ligne de bataille à peu près parallèle à la frontière et perpendiculaire à la Moselle. Les nécessités stratégiques exigeant qu'elles occupassent le cours de cette rivière, il leur fallait exécuter un changement de front à droite, l'aile en marche formée par l'armée du prince royal, et l'armée de Steinmetz servant de pivot. Ce mouvement ne devait rencontrer d'autre difficulté que celle de la coordination des treize corps d'armée allemands, la déroute de Mac-Mahon ayant livré sans coup férir les défilés des Vosges, et Bazaine ayant abandonné par ordre de l'empereur les positions de la Nied française. Dans son trouble, l'état-major de Mac-Mahon avait oublié de faire sauter le tunnel de Saverne, dont la destruction aurait singulièrement gêné les opérations ultérieures des Prussiens. Le changement de front de l'armée allemande fut exécuté conformément à l'ordre de marche adressé le 9 août par le maréchal de Moltke aux chefs des trois armées. Dans la relation du grand état-major de Berlin, on explique pourquoi, au lendemain de Spickeren, il n'a été fait aucune tentative pour forcer la ligne de la Moselle à l'aval de Metz. Outre que l'aile droite des masses allemandes se fût trouvée engagée dans la partie la plus difficile et la plus accidentée des Ardennes, elle se serait trouvée séparée de l'aile gauche par le camp fortifié de Metz, où l'armée de Bazaine aurait eu l'avantage d'occuper une position lui permettant de se jeter à volonté sur l'une ou l'autre aile. Au contraire, en opérant un mouvement de conversion pour déborder l'armée française de Metz par la droite, l'ensemble des forces allemandes occupait une ligne intérieure et pouvait empêcher les corps de Mac-Mahon et de Douay de se replier sur Metz.

Pendant les premiers jours qui suivirent la bataille de Spickeren, l'armée de Steinmetz resta immobile sur la Sarre;

elle y reçut le I<sup>er</sup> corps, appelé des côtes de la Baltique et de Berlin où il était resté en observation au début de la guerre, Les 1<sup>re</sup> et 3<sup>e</sup> divisions de cavalerie, encore en voie de formation au commencement des hostilités, rejoignirent en même temps. Dès que Steinmetz eut été informé que les Français se retiraient sur Metz, il les suivit à petites journées, couvert par un rideau impénétrable de cavalerie. Lorsqu'il vit Bazaine prendre position sur la Nied française, il s'arrêta lui-même, le 12 août, sur la Nied allemande dans l'ordre suivant : à l'extrême droite, la 3<sup>e</sup> division de cavalerie à Volmerange ; puis le I<sup>er</sup> corps à Valize, le VII<sup>e</sup> à Fouligny ; le VIII<sup>e</sup> en réserve à Marange ; la 1<sup>re</sup> division de cavalerie en avant du front, serrant de près la Nied française.

La 2<sup>e</sup> armée, prince Frédéric-Charles, dont la première ligne d'opérations était la route de Mayence à Sarreguemines par Kayserslautern, ne pouvait s'étendre, serrée qu'elle était entre les armées de Steinmetz et du prince royal ; aussi marchait-elle sur une profondeur de plus de douze lieues. Mais l'espace allait s'élargissant de Mayence à la frontière, de sorte que, dès le 7 août, le prince put réduire ses distances de moitié et étendre son front. A cette date, il avait en première ligne, massés dans le triangle formé par les villes de Sarrebrück, Deux-Ponts et Sarreguemines : à droite, le III<sup>e</sup> corps ; au centre, le X<sup>e</sup> ; à la gauche, le IV<sup>e</sup> ; en avant du front, le long de la Sarre et de la Blies, les 5<sup>e</sup> et 6<sup>e</sup> divisions de cavalerie. En seconde ligne marchaient le IX<sup>e</sup> corps, la garde royale et le XII<sup>e</sup> corps saxon, entre Neukirehen et Hombourg où se transporta le même jour le quartier général du roi Guillaume. Les magasins de Forbach et de Sarreguemines, bondés de vivres et d'approvisionnements de toute espèce en prévision d'une marche offensive, tombèrent au pouvoir des 1<sup>re</sup> et 2<sup>e</sup> armées.

Lorsque la retraite de l'armée du Rhin eut déterminé Steinmetz à s'avancer jusqu'à la Nied allemande, le prince Frédéric-Charles se mit en mesure de se placer sur sa gauche et à la même hauteur en exécutant un grand mouvement circulaire. Les III⁰ et IX⁰ corps continuèrent à marcher l'un derrière l'autre, le long et à gauche du chemin de fer de Sarrebrück ; le X⁰ corps et la garde, à hauteur et à gauche des deux premiers ; le corps saxon formait la réserve ; enfin le IV⁰ corps, passant par Rohrbach, fit un grand détour par Sarre-Union, de façon à donner la main à l'armée du prince royal. Le 12, la 2⁰ armée était tout entière sur le prolongement de celle de Steinmetz, Bazaine était contenu de front et complètement débordé sur sa droite, car l'audacieux général Rheinbaben, commandant la 5⁰ division de cavalerie, avait installé le même jour son quartier général à Nomény, sur la Seille, et dirigé sur Pont-à-Mousson une avant-garde qui y fut grandement malmenée par les chasseurs d'Afrique de l'intrépide et intelligent général Margueritte.

Celui-ci, ayant appris que les Prussiens s'étaient aventurés jusqu'à la Moselle, remonta vivement la rive gauche avec sa brigade de cavaliers d'élite montés sur ces chevaux barbes qu'une traite de vingt lieues ne saurait fatiguer. Vers 4 heures du soir, sa tête de colonne arrive à Pont-à-Mousson ; sans hésiter une seconde, elle met le sabre à la main, s'élance sur la gare du chemin de fer où elle enlève les employés allemands ; le reste de la brigade envahit la ville et en chasse les cavaliers ennemis, après leur avoir tué 2 officiers, 14 hommes et pris 2 officiers, 32 cavaliers et 41 chevaux. Le mouvement tournant de la 2⁰ armée allemande était donc nettement dessiné et le général Margueritte se montra clairvoyant en faisant aussitôt occuper Pont-à-Mousson par un détachement du 28⁰ de ligne et avertir le quartier impérial du succès de son coup de main. Pour toute réponse, il reçut l'ordre de se replier !

La cavalerie prussienne, sans se laisser décourager, maintint son contact avec les colonnes françaises et prévint le général de Moltke de notre mouvement de retraite. Aussitôt il prescrivit à toute la cavalerie de la 2⁰ armée de franchir la

Moselle et au prince Frédéric-Charles de s'emparer au plus tôt des ponts de Pont-à-Mousson, Dieulouard, Marbache, tandis que Steinmetz essaierait de nous retenir au nord de Metz. La combinaison était hardie, mais devait réussir, grâce à l'incurie et à l'incapacité de notre état-major qui, après avoir oublié de faire détruire les ponts de la Moselle comme Mac-Mahon avait oublié de détruire le tunnel de Saverne, ne sut pas prendre les dispositions nécessaires pour traverser rapidement Metz, gagner la route de Verdun et écraser les corps prussiens qui tenteraient de barrer la route à une armée de 150.000 hommes aguerris.

La marche stratégique des armées de Steinmetz et du prince Frédéric-Charles, pouvant être exécutée à petites journées, ne présentait pas de grandes difficultés ; il n'en était pas de même pour l'armée du prince royal, qui avait à parcourir un chemin long et difficile, puisqu'elle devait traverser les défilés des Vosges par des chemins souvent étroits et montueux. Le 7 août, cette armée, très fatiguée par le combat de la veille, campa aux environs de Wœrth et de Frœschwiller ; le lendemain elle se mit en route sur cinq colonnes avec Nancy pour objectif, mais après concentration préalable sur la ligne de la Sarre. La bataille de Wœrth s'étant terminée à la nuit tombante, la cavalerie allemande, obligée de s'écarter pour ne pas gêner l'action de l'infanterie dans un terrain accidenté, avait perdu le contact. Le général Blumenthal, l'habile chef d'état-major du prince royal, ne pouvant supposer que l'armée battue avait opéré une retraite excentrique sur Saverne quand il lui était facile de rejoindre le groupe principal concentré en avant de Metz par les défilés de Bitche, de Lichtenberg et de la Petite-Pierre, avait prescrit de serrer les colonnes sur la droite de manière qu'elles pussent se relier le plus tôt possible aux deux premières armées prussiennes. En conséquence, le 2ᵉ corps bavarois, à l'aile droite, prit la route de Bitche à Rohrbach d'où, faisant un à gauche, il devait se diriger sur Fénétrange ; le 1ᵉʳ corps bavarois marchant parallèlement au 2ᵉ par le Bæhrenthal, Rahling et Drulingen, avait l'ordre de s'arrêter à Bettborn ; le Vᵉ corps prit à travers la montagne par la Petite-Pierre pour déboucher un peu au nord de Sarrebourg ; la division wurtembergeoise suivait une route intermédiaire entre le 1ᵉʳ corps bavarois et le Vᵉ corps prussien ; enfin, le XIᵉ corps et la 4ᵉ division de cavalerie, formant l'aile gauche, marchèrent sur Saverne pour suivre ensuite la route impériale et la voie du chemin de fer de Strasbourg à Nancy. La division badoise fut détachée de la 3ᵉ armée et dirigée sur Strasbourg ; le VIᵉ corps prussien, laissé d'abord en observation sur la frontière de Bohême, avait été embarqué le 2 août pour Wissembourg ; le 7, il descendait de chemin de fer à Landau et ses deux divisions marchèrent, l'une en arrière de l'aile droite, l'autre en arrière de l'aile gauche, par Bitche et par Saverne.

La 2ᵉ division de cavalerie prussienne, réunie en Silésie, arrivait à Bouxwiller, près de Strasbourg, le 14 août, et prenait immédiatement la route de Saverne. Les deux corps d'armée et les trois divisions de cavalerie appelés d'Allemagne après l'ouverture des hostilités, constituaient un renfort de plus de 70.000 hommes et portaient à près de 550.000 le chiffre des combattants placés sous la haute direction du général de Moltke.

Les subsistances de cette masse énorme de troupes furent assurées au moyen de réquisitions faites avec une rigueur sans exemple. Les chefs allemands, se croyant sûrs de la vicoire finale, ne prenant aucun souci des habitants, leur enlevaient jusqu'à leur dernier morceau de pain. Souvent, des soldats, arrivés pendant la nuit, chassaient de leurs lits les femmes et les enfants pour s'y installer à leur place. Les passions haineuses des hordes germaniques se traduisaient par des actes d'une cruauté impitoyable dont les principales victimes étaient les malheureux paysans requis pour les charrois à la suite de l'armée. Les sous-officiers chargés de leur surveillance les faisaient marcher nuit et jour sans pourvoir à la subsistance des hommes et des animaux, rouant indistinctement de coups les uns et les autres quand la fatigue les forçait de s'arrêter. Pour surcroît de misère et d'humiliation, les derrières de l'armée allemande fourmillaient de brocanteurs juifs qui, pareils aux goujats des anciennes armées, se vengeaient sur les populations vaincues du mépris et des outrages dont les accablaient les officiers et les soldats de leur propre pays.

Les généraux allemands donnaient l'exemple du mépris du droit des gens. Déjà, pendant la bataille de Wœrth, ils avaient donné l'ordre de fusiller sommairement une vingtaine d'habitants de cette localité parmi lesquels s'étaient fourvoyés MM. Cardon et Chabrillat, correspondants du *Gaulois* et du *Figaro*, sous le prétexte absolument faux qu'ils avaient pris part à la lutte. Ils durent leur salut au prince royal, qu'un heureux hasard leur fit rencontrer et qui reconnut leur parfaite innocence. Dès le 13 août, les commandants en chef lancèrent des proclamations draconiennes dans les pays où l'état de guerre était établi. Elles déclaraient que la peine de mort serait appliquée à tous les Français *non soldats* « qui tueront, blesseront ou pilleront des personnes appartenant aux troupes allemandes ou faisant partie de leur suite, — détruiront des ponts ou des canaux, endommageront les lignes télégraphiques et les chemins de fer, rendront les routes impraticables, incendieront des munitions, des provisions de guerre ou les quartiers des troupes, — prendront les armes contre les troupes allemandes. Les communes auxquelles les coupables appartiendront, ainsi que celles dont le territoire aura servi à l'action incriminée, seront passibles dans chaque cas d'une amende équivalente à leur impôt foncier ». On le voit, terreur et exploitation du vaincu était le mot d'ordre donné aux soldats allemands, et les « Propos de table » de M. Moritz Busch, un des secrétaires de M. de Bismarck, nous apprennent avec quelle joie sauvage le chancelier de fer accueillait la nouvelle de l'exécution sommaire de quelque franc-tireur ou garde national non revêtu d'un uniforme complet, et la colère qu'il manifestait quand on lui annonçait qu'un officier prussien n'avait pas exécuté à la lettre l'ordre sanguinaire contenu dans la proclamation. Plus tard, le prince de la Tour d'Auvergne protesta contre cette proclamation dans une circulaire en date du 30 août : « Si la Prusse, y disait-il, traite comme étrangers à l'armée la garde nationale mobile et les francs-tireurs qui y sont assimilés par leur organisation ou qui ont été formés après des autorisations régulières,... les chefs de corps français useront de représailles envers les hommes de la landwehr et du landsturm, qui représentent les mêmes forces en Allemagne. » Cet échange de documents officiels au début d'une guerre entamée sans grande passion et pour un motif en apparence futile, donne une idée du caractère que prendrait rapidement une lutte dans l'avenir.

Les gouvernements allemands et leurs généraux n'étaient pas seuls à attiser les haines populaires ; leur action destructive trouvait un auxiliaire des plus puissants dans la presse et l'on ne peut se défendre d'un sentiment pénible quand on relit les excitations furieuses contre la France des journaux les plus sérieux et des principaux écrivains de l'Allemagne. Personne, à l'exception de quelques idéologues comme M. Jules Favre, ne crut à la proclamation du roi Guillaume dans laquelle il déclarait faire la guerre à Napoléon III, et non à la nation française. Dès le début, le conflit prenait le caractère d'une lutte de peuple contre peuple, d'une lutte implacable et sans merci.

Les forteresses de Bitche et de Phalsbourg qui se trouvaient sur la route du 2ᵉ corps bavarois, à l'aile droite, et du XIᵉ corps, à l'aile gauche, forcèrent les troupes du prince royal à un détour. Les commandants de ces places, MM. Tessier et Taillant, accueillirent comme elle le méritait cette sommation de se rendre. La Petite-Pierre, mauvaise bicoque bonne tout au plus à servir de refuge à des partisans, fut évacuée dans la nuit par sa garnison qui, dominée de tous côtés, n'aurait pu résister seulement deux heures. Son chef, le sergent-major Boeltz, eut soin d'enterrer, avant son départ, les 5 pièces lisses qui constituaient l'armement du fort et avaient servi de prétexte pendant un demi-siècle à l'entretien d'un garde d'artillerie. Lichtemberg, autre refuge de partisans, qui se trouvait sur le chemin des Wurtembergeois, fut entouré le 9 par 10 compagnies, bombardé le 11 et pris, par capitulation, le 12 août avec 3 officiers, 280 hommes et 7 mauvais canons. Quoique perché au haut d'un rocher, les Allemands étaient rapidement parvenus à incendier les bâtiments du fort et à les rendre intenables.

Bitche fut canonné sans résultat, dans la journée du 9, par l'artillerie de campagne du 2e corps bavarois, qui s'éloigna après avoir laissé un détachement en observation devant la place. Phalsbourg fut plus maltraité : le 10, il essuya un premier feu qui ne causa aucun dommage sérieux ; mais le 14, la 11e division du VIe corps, nouvellement arrivée, braqua sur la ville 60 pièces de campagne et y détruisit 57 maisons. Après cet acte de barbarie, les Prussiens poursuivirent leur marche sur Nancy en laissant devant la place un corps de 2.000 hommes.

Le passage des Vosges fut effectué sans la moindre difficulté, l'administration française n'ayant rien préparé pour la défense des défilés et la destruction des tunnels du chemin de fer. Mac-Mahon et de Failly n'avaient d'autre préoccupation que de mettre le plus d'espace possible entre eux et les Allemands. Ces régiments que leurs généraux avaient tant de peine à remuer quand il s'agissait de se prêter un mutuel appui, firent alors à tire d'aile et sans vivres des marches de 10 à 12 lieues. Les nombreux traînards et éclopés ramassés dans les villages et sur les bords de la route, la précipitation de la retraite, révélèrent au prince royal l'importance de son succès de Wœrth, dont il ne s'était pas tout d'abord rendu un compte exact, comme le prouvent la mollesse de la poursuite au lendemain de la bataille et la lecture des premières relations prussiennes.

Le 12, toute la 3ᵉ armée était concentrée sur la Sarre, entre Sarrebourg au sud et Sarre-Union au nord, sur un front d'environ 24 kilomètres. La première partie du mouvement stratégique prescrit par le général de Moltke était exécutée : 14 corps d'armée, plus la division wurtembergeoise et 6 divisions de cavalerie, se tenaient prêts à exécuter avec ensemble telle manœuvre qui leur serait ordonnée par le chef du grand état-major.

Que sont devenus les corps Mac-Mahon et de Failly pendant ces tristes journées ? Le désastre du 1ᵉʳ corps était complet : sur les 45.000 hommes qui avaient livré bataille à une armée de 180.000, près de 16.000 étaient tués, blessés ou pris ; 15.000 encombraient Saverne dans la journée du 7 ; plus de 4.000 avaient gagné Strasbourg ; 5.000 s'étaient rendus à Bitche, d'où les premiers arrivés étaient repartis le 7 au matin avec le corps de Failly ; mais près de 2.000 hommes trop fatigués ou arrivés en retard vinrent renforcer la garnison de la place et eurent la fortune bien rare de soutenir glorieusement la lutte jusqu'à la paix. Les autres erraient dans la campagne ou vivaient dans les bois, en attendant une occasion de traverser les lignes prussiennes et de rejoindre un groupe de soldats français. Les patriotiques populations de l'Alsace et de la Lorraine leur vinrent en aide avec un dévouement admirable ; au milieu des cantonnements ennemis, des soldats français restèrent jusqu'à trois semaines cachés dans la forêt, où les femmes et les enfants allaient leur porter des vivres.

Le gros des fuyards s'était donc replié sur Saverne où les distributions se firent assez mal. On a beaucoup parlé à cette occasion du mauvais fonctionnement des services administratifs, qui ne furent du reste jamais complètement organisés à l'armée du Rhin ; ceux du corps Mac-Mahon étaient encore à l'état embryonnaire quand la déroute réduisit à néant le peu qui avait été fait. La vérité sur une question si controversée et au milieu de récits empreints de passion ou d'exagération est difficile à démêler. Pour savoir le mieux possible ce qui s'est passé, le meilleur moyen consiste à s'en rapporter au carnet sur lequel un officier digne de confiance a consigné ses impressions jour par jour. Voici des renseignements tirés d'un de ces documents. Après avoir constaté que le 7 on n'avait pas eu le temps de remettre les régiments en ordre, ni d'organiser des distributions, l'officier continue en ces termes : « 8 août. — Le matin on est arrivé à Phalsbourg où l'on a retrouvé le régiment sur les glacis. — Reparti dans l'après-midi, à 1 heure, pour Sarrebourg, où l'on est arrivé à la nuit, vers 8 heures. Là on a recommencé à faire des distributions ; cependant les hommes étaient très malheureux de n'avoir ni campement, ni sacs, ni tentes, *et surtout très affectés, en se comptant, de se trouver si peu.*

» Pauvre régiment ! les hommes sont mouillés par la rosée du matin et par les orages si fréquents en août 1870 ; ils n'ont aucun effet de rechange, avec leurs sacs ont disparu habits, linge, ustensiles de cuisine et objets de toilette. A peine ont-ils pris un peu de repos troublé par la crainte de voir apparaître les Prussiens, qu'il leur faut se remettre en route sous un soleil de plomb pour arriver la nuit à Sarrebourg. » D'autres notes font connaître combien les bivouacs étaient tristes ; bien souvent les yeux se mouillaient au souvenir des amis restés sur les coteaux de Frœschwiller et à la pensée des terribles malheurs qui commençaient seulement à frapper la France.

Les premiers jours de la retraite furent atroces, la fatigue des hommes et des chevaux était extrême ; on peut s'en faire une idée par un simple extrait du *Journal des marches* des batteries du corps de Failly. On y lit sous la date du 7 août : « Les batteries sont restées quarante-deux heures sans dételer, les conducteurs toujours à cheval. »

A plusieurs reprises, l'état-major général voulut faire venir les 1er et 5e corps à Metz, mais la présence de quelques cavaliers aux environs de Pont-à-Mousson détermina, bien à tort, les colonnes en retraite à quitter la route impériale à Lunéville pour se porter au sud. Par ordre du maréchal Mac-Mahon, daté de cette place, on renonça enfin à l'usage africain de faire toujours camper ou bivouaquer les troupes, usage absurde dans un pays civilisé et couvert d'habitations, surtout quand les soldats n'ont plus ni tentes ni seconds vêtements ; il fut décidé que les soldats seraient cantonnés dans les villages et nourris par réquisition au moyen de bons, système définitivement adopté et réglementé depuis notre réorganisation militaire. Les centres des corps d'armée occupèrent successivement les localités suivantes : 1er corps. — 7 août, Saverne ; 8, Sarrebourg ; 9, Blamont ; 10, Lunéville ; 11, Bayon ; 12, Haroué ; 13, Vicherey ; 14, Neufchâteau, où les troupes prirent le chemin de fer pour débarquer les 16 et 17 au camp de Châlons. — 5e corps. — 7 août, la Petite-Pierre ; 8, Lixheim ; 9, Sarrebourg ; 10, Avricourt ; 11, Lunéville ; 12, Bayon ; 13, Charmes ; 14, Mirecourt ; 15, La Marche ; 16, Chaumont, où le 5e corps s'embarqua sur le chemin de fer de Mulhouse à Paris pour gagner, par l'embranchement de Vitry-le-Français, le camp de Châlons où le général de Failly et la division Guyot de Lespart arrivèrent le 20. Les divisions Goze et de l'Abadie, moins la brigade Lapasset, furent dirigées, le 21, directement sur Reims où devait arriver le même jour la nouvelle armée de Mac-Mahon, dont la formation fut commencée par Palikao le jour même de son entrée au ministère.

Jusqu'à présent il n'a été question du 7e corps, commandé par le général Félix Douay, qu'au sujet de la division Conseil-Dumesnil qui a dignement fait son devoir à Wœrth. Ce corps, composé de trois divisions d'infanterie, devait au début se concentrer dans la Haute-Alsace, entre Belfort et Montbéliard. Pendant que la 1re division allait se faire écraser aux côtés de Mac-Mahon, la 2ᵉ division, Liébert, avait été portée à Mulhouse par suite d'un avis des autorités civiles qui s'étaient laissé tromper par les démonstrations faites sur la rive droite du Rhin, près de Lorrach, avec de faibles détachements wurtembergeois ; la 3ᵉ division, Dumont, et la brigade de cavalerie Jolif-Ducoulombier étaient encore en formation à Lyon. Cette situation était connue à Metz dans la nuit du 6 au 7 ; mais le major général était tellement troublé que, le 7 au matin, il expédia l'ordre au général Douay de jeter une de ses divisions dans Strasbourg et de couvrir Belfort avec les deux autres. Tout ce que l'on put faire fut de replier sur cette dernière place la division Liébert. Les régiments étaient en marche quand le sous-préfet de Schlestadt lançait un télégramme annonçant que 100.000 Allemands venaient de franchir le Rhin près de Brisach. Cette fable ridicule mit la population de tout le département dans le plus grand émoi et produisit sur les troupes une impression qui se traduisit par un peu de désordre, vite réprimé du reste.

Le 13 août, la division Dumont vint rejoindre le 7ᵉ corps à Belfort, et concourut avec la division Liébert aux travaux de défense de la place qui s'exécutaient sous l'habile direction du général du génie Doutrelaine. Le 16, le général Douay recevait l'ordre de rallier le camp de Châlons, en passant par Paris, et remettait le commandement supérieur de Belfort au chef de bataillon du génie Denfert-Rochereau, qui devait dignement répondre à la confiance qu'on lui témoignait et se faire un nom à jamais illustre. Le 20 août, le 7ᵉ corps rejoignait au camp de Châlons les 1ᵉʳ, 5ᵉ et 12ᵉ corps, ce dernier de création récente.

Tandis que s'opéraient ces mouvements à grande envergure dont l'exécution, dans ces tristes conjonctures, fait honneur à l'administration du chemin de fer de l'Est, les événements se précipitaient autour de Metz, où s'étaient concentrés les corps Frossard, Decaen, Ladmirault, Canrobert et la garde impériale. Le 13 au matin, le dernier convoi du 6ᵉ corps, appelé du camp de Châlons, entrait en gare de Metz, laissant en arrière : trois régiments d'infanterie, les trois batteries et la compagnie du génie de la division Bisson ; les huit batteries de la réserve d'artillerie ; la réserve du génie ; les parcs et une grande partie du matériel des services administratifs. Le chemin de fer venait d'être coupé par la cavalerie de Rheinbaben, chargée de couvrir le mouvement tournant de l'armée du prince Frédéric-Charles.

Le maréchal Canrobert était arrivé la veille afin de préparer les installations de son corps d'armée. « Je compte vous laisser indépendant, » lui dit l'empereur. « Sire, répondit Canrobert, la situation est grave ; il faut que chacun sache obéir à un seul chef ; je donnerai l'exemple ; placez-moi sous les ordres du maréchal Bazaine. » Cette réponse honore l'ancien général en chef de l'armée de Crimée, en même temps qu'elle faisait comprendre à Napoléon III que l'heure des condescendances était passée et que tout devait être subordonné au bien du service. L'idée de rendre un commandant de corps d'armée indépendant du chef suprême était un nonsens.

Dans la même matinée du 13, Bazaine prenait possession de ses nouvelles fonctions. La situation était critique ; le chemin de fer de Paris par Frouard était occupé par l'ennemi, il ne restait de voie libre que les routes de l'intérieur par Verdun. A la suite d'un conseil de guerre tenu chez l'empereur, il fut arrêté que le point important était de maintenir ses communications avec le reste de la France, et qu'en conséquence on reprendrait le mouvement de retraite sur Châlons contremandé le 8. Les ordres furent donnés sur-le-champ ; on devait quitter Metz en y laissant une garnison suffisante pour se défendre, mais avec des forts mal armés et qui étaient loin d'être achevés. Le reste de l'armée devait prendre, dès le lendemain 14, la direction de Verdun par les deux routes de Mars-la-Tour au sud et d'Etain un peu plus au nord. Le plan de retraite était sage, Bazaine l'avait accepté, il ne lui restait donc qu'à l'exécuter avec énergie et loyauté.

On a vivement accusé le maréchal d'avoir prémédité, dès ce jour-là, de séparer sa fortune de celle de l'empereur, qui était alors considéré comme irrévocablement condamné à une chute prochaine. Cependant les adversaires les plus ardents de Bazaine, et en même temps les mieux informés, disaient, avant le procès, que rien dans les ordres de mouvement donnés aux troupes, le 13 août, ne permettait d'y découvrir la moindre arrière-pensée; les indications y étaient claires et nettes, la marche des colonnes y était tracée même pour le 16, les vivres étaient pris pour trois jours, l'intendance était invitée à former des convois d'approvisionnement proportionnés à la durée de la route jusqu'à Verdun, et l'intendant en chef de l'armée, Wolf, partait de sa personne en avant pour préparer les magasins de ravitaillement. Dans les ordres, ces mêmes adversaires ne trouvent qu'un seul point noir : c'est que Bazaine n'avait pas compris dans les itinéraires la route de Metz à Verdun par Briey, route excellente et que suivit sans encombre la diligence le jour même de la bataille de Rezonville. Le maréchal s'obstina à ne pas faire usage de cette troisième voie de communication qui eût pu lui être si utile pour la quantité énorme d'*impedimenta* que l'armée traînait à sa suite et qui l'avaient fait surnommer « l'armée de Darius ». Il ne voulut admettre aucune des observations qui lui furent présentées à ce sujet, et persista à ne se servir que des deux routes de Mars-la-Tour et d'Etain, qui avaient d'ailleurs le grand inconvénient d'une origine commune jusqu'à Gravelotte ; cependant il savait que la route de Briey n'était nullement menacée, puisque, le 15 au soir, il eut soin de prévenir le maréchal Le Bœuf et le général Ladmirault, qui marchaient vers Etain, de ne pas s'inquiéter de leur droite, aucun Prussien n'ayant paru de ce côté.

La question n'a pas été éclaircie à Trianon. Maintenant, faut-il attribuer l'omission de la route de Briey dans les itinéraires à l'incapacité ou à une idée préconçue de se débarrasser de tout contact avec Napoléon III ? Il est hors de doute pour les personnes initiées aux pensées du maréchal que, dès le 6 au soir, il a ostensiblement manifesté l'espoir, non de remplacer l'empereur dans son commandement, mais de le voir obligé de quitter l'armée. A cette époque, l'opinion publique avait confiance dans les talents de l'ancien commandant du corps expéditionnaire du Mexique, comme dans ceux de tous les hommes qui passaient, à tort ou à raison, pour des ennemis de l'empire ; il n'était donc besoin que de faire partir le souverain, la désignation de son successeur étant imposée par les circonstances. La déposition du comte de Kératry devant le conseil de guerre de Trianon ne laisse aucun doute à cet égard ; cette déposition est absolument véridique et aurait pu être corroborée par d'autres témoignages.

Le mouvement de retraite fut entamé avec une lenteur étrange, et l'on ne tardera pas à voir quelles sanglantes et désastreuses conséquences eurent les hésitations et les arrière-pensées du chef auquel on venait de confier la seule armée solide de la France.

# CHAPITRE XVI

Premières séances du Corps législatif. — Travaux du ministère. — Levée en masse des hommes de 25 à 35 ans. — Organisation des gardes nationales. — Les princes d'Orléans demandent du service dans l'armée. — Le général Palikao annonce à la Chambre la démission du maréchal Le Bœuf. — Formation des 12e et 13e corps. — Éloignement des sujets allemands. — Rejet de la proposition de Jules Favre relative au comité de défense. — L'échauffourée de la Villette. — Réunion des gardes mobiles. — Appel des anciens militaires. — Secours aux familles. — Etat de l'armement. — La garde mobile de Paris. — Son départ pour le camp de Châlons. — Caractère révolutionnaire des actes du ministère. — Arrivée du prince de la Tour d'Auvergne dans la nuit du 14 au 15 août. — Coup d'œil sur la politique du Cabinet de Paris et des chancelleries européennes.

Le ministère et les Chambres, pressés à la fois par les événements et par l'opinion publique, ne perdirent pas de temps en discussions oiseuses et prirent les mesures de défense les plus urgentes avec un calme et une résolution qui faisaient un heureux contraste avec l'agitation fébrile de la population et les anxiétés manifestées par une partie de la classe aisée. Convoqué le 9 août, dès le lendemain le Corps législatif avait adopté à l'unanimité de 270 votants, et le Sénat sanctionné le même jour, plusieurs projets de loi de la plus haute importance : appelant sous les drapeaux, pendant la durée de la guerre, tous les citoyens non mariés ou veufs sans enfants, ayant 25 ans accomplis et moins de 35 ans, qui ont satisfait à la loi de recrutement et qui ne figurent pas sur les contrôles de la garde mobile ; — portant à 25 millions, pour être appliqués aux familles des citoyens ainsi appelés, le crédit de 4 millions accordé par la loi du 14 juillet 1870 aux familles des soldats de l'armée et de la garde mobile ; — autorisant les engagements volontaires et les remplacements dans les conditions de la loi du 1er février 1868 pour les anciens militaires jusqu'à l'âge de 45 ans ; — admettant les hommes valides de tout âge à contracter un engagement dans l'armée active, pour la durée de la guerre ; — déclarant que le contingent de la classe de 1870 se compose de tous les jeunes gens inscrits sur les tableaux de recrutement qui ne se trouveront dans aucun des cas d'exemption ou de dispense prévus par la loi modifiée du 21 mars 1832. Enfin, par respect pour les habitudes théâtrales si enracinées chez les peuples latins, les Chambres remerciaient les armées et déclaraient qu'elles avaient bien mérité de la patrie.

Quel changement d'attitude ! Un mois auparavant, le Corps législatif avait voté à l'unanimité, moins deux voix, sur la proposition du ministre de la guerre Le Bœuf, la réduction du contingent à 90.000 hommes, et applaudi M. Jules Favre qui soutenait avec l'orgueilleux aplomb d'un politicien que « les efforts de toutes les armées des rois de l'Europe viendraient constamment se briser contre deux millions de citoyens armés pour la défense de leurs foyers, de leurs femmes, de leurs enfants, de tout ce qui est cher au cœur de l'homme ». Cette phraséologie, renouvelée de la Convention, plaisait également à toutes les classes, car, on ne saurait trop le répéter, les hommes les plus distingués étaient alors profondément ignorants des choses de la guerre pour lesquelles ils affectaient un profond dédain ; tous étaient convaincus qu'un Gaulois valait une demi-douzaine de Germains et qu'un homme bien doué pouvait être improvisé général en chef comme Condé et Bonaparte.

Dans la séance du 11 août, Raspail demanda l'incorporation

dans l'armée de tous les séminaristes et des membres des ordres religieux ; puis, sans transition, la mise en liberté de M. Henri Rochefort. M. de Kératry proposa de nommer une commission d'enquête avec mission de citer à sa barre le maréchal Le Bœuf. Ces propositions furent écartées. Ici se place un incident qui mérite quelques explications.

L'avant-veille, le gouvernement avait fait afficher la dépêche suivante : « Metz, 9 août 1870, 1 h. 50 du soir. — L'empereur s'est rendu ce matin au quartier général du maréchal Bazaine, qui prend le commandement des troupes réunies sous Metz. Le général Decaen a été placé à la tête du 3ᵉ corps. » La rédaction ambiguë de ce télégramme avait éveillé les soupçons des personnes clairvoyantes, et M. Guyot-Montpayroux, se faisant l'interprète de ce sentiment, demande à brûle-pourpoint « si le maréchal Le Bœuf est, à l'heure qu'il est, major général de l'armée du Rhin et si le maréchal Bazaine est commandant en chef ». Au milieu de l'agitation produite par cette question, le comte de Palikao se lève pour dire que, dans sa pensée, les convenances doivent l'empêcher de parler. M. Montpayroux insiste et le ministre fait alors cette déclaration : « Le maréchal Bazaine commande en chef l'armée du Rhin. » (Mouvement.)

Le ministre de la guerre ne disait pas la vérité et il la dissimulait sciemment, car il ne pouvait ignorer que l'empereur était toujours général en chef, Le Bœuf major général, et que l'autorité de Bazaine ne s'étendait qu'aux 2ᵉ, 3ᵉ et 4ᵉ corps d'armée, à l'exclusion de la garde et des réserves générales de cavalerie, d'artillerie et du génie. Mais la déclaration du général Palikao engageait trop formellement le Conseil des ministres à sacrifier le maréchal Le Bœuf, condamné sans rémission par l'unanimité du sentiment de réprobation soulevé par ses promesses trompeuses du début de la guerre, pour qu'il ne se trouvât pas obligé de réclamer sa révocation immédiate auprès de l'impératrice régente et de l'empereur.

M. Dréolle lit ensuite un rapport qui conclut à l'organisation des gardes nationales conformément aux dispositions des lois du 8 avril 1832, des 22 mai et 13 juin 1851, qui s'étendent à tous les citoyens valides âgés de moins de cinquante ans et qui ne font partie ni de l'armée, ni de la garde mobile. Un crédit provisoire de 50 millions est ouvert aux ministres de l'intérieur et de la guerre pour faire face aux dépenses de cette organisation. La loi est adoptée à l'unanimité. Dans la même séance du 11, le Corps législatif examine et vote différents projets de loi déposés par le ministre des finances, M. Magne. Le premier projet se compose d'un article unique par lequel on porte à un milliard l'emprunt de 500 millions voté le 11 juillet précédent. Le second projet décrète : le cours forcé des billets de la Banque de France et de celle de l'Algérie, en fixant à un milliard huit cent millions et à dix-huit millions le maximum des émissions de ces deux établissements ; la création de coupures de vingt-cinq francs. Un troisième projet proroge de trente jours l'échéance des effets de commerce.

Le Conseil des ministres comprenait bien son rôle de gouvernement de salut public et ne reculait devant aucun moyen révolutionnaire pour repousser l'invasion. Après avoir décrété l'armement de la nation tout entière, il prescrivait le cours forcé du billet de banque. Ces mesures étaient certes justifiées par la situation critique du pays, mais on pouvait facilement prévoir que l'empire, qui les avait rendues nécessaires, ne leur survivrait pas, surtout après l'abdication militaire de l'empereur dont le prestige était réduit à néant.

Deux nouveaux incidents s'étaient produits au cours de cette laborieuse séance. Aux questions de M. Jules Simon sur l'armement et l'équipement de la flotte, le ministre de la marine avait répondu : « La flotte est parfaitement armée et équipée, elle est dans les conditions les meilleures, et l'esprit des marins est aussi confiant qu'énergique. » L'amiral Rigault de Genouilly avait certainement raison quant au personnel qui a montré sa valeur dans les forts de Paris et aux armées de province ; mais en ce qui concerne le matériel naval, l'inefficacité de la campagne maritime semble attester dans le langage du ministre un optimisme voisin de l'infatuation du maréchal Le Bœuf.

Le second incident avait été la lecture faite par M. Estancelin de trois lettres très dignes et des plus honorables pour leurs auteurs, adressées aux ministres de la guerre et de la marine par les ducs d'Aumale, de Chartres et par le prince de Joinville à l'effet de demander du service dans l'armée française. On leur opposa la loi de bannissement et leurs offres furent déclinées.

Le lendemain 12, le comte de Palikao donne à la Chambre lecture d'un télégramme de l'empereur annonçant enfin la démission du major général et la nomination, cette fois réelle et définitive, du maréchal Bazaine au commandement en chef de l'armée du Rhin. Le ministre de la guerre annonce en même temps la formation de deux corps d'armée de 35.000 hommes chacun, commandés par les généraux Trochu et Vinoy. Ils devaient prendre les numéros 12 et 13, les numéros de 8 à 11 ayant été réservés pour désigner les agglomérations des troupes de Paris, Lyon, Toulouse et Alger.

Les députés interpellent ensuite le ministre de l'intérieur au sujet des 70.000 Allemands établis à Paris. Le ministre annonce que des mesures sont prises pour les éloigner du territoire français ; « mais, ajoute-t-il, cette mesure admet des tempéraments : quand des étrangers résidant en France seront signalés comme des citoyens paisibles dont la présence est sans danger, nous n'aurons pas la cruauté de les éloigner ». Ces tempéraments, parfaitement intempestifs du moment que les chefs allemands, par leurs proclamations, donnaient à la guerre le caractère d'une lutte de peuple contre peuple, ne devaient pas tarder à disparaître devant des réclamations presque unanimes. La foule, exaspérée par une série ininterrompue de défaites, eut le tort de traiter avec la dernière brutalité et de mettre en état d'arrestation toutes les personnes dont l'accent ou la tournure avait le moindre cachet étranger.

Le lendemain 13, le Corps législatif se réunit en comité secret pour examiner la proposition déposée par M. Jules Favre dans la séance du 9 et concluant à la nomination d'une commission de quinze membres chargée de prendre en mains le gouvernement de la France. Par hasard, l'orateur de la gauche avait bien compris la situation et la Chambre commit une double faute en refusant de former un comité de défense et de voter implicitement la déchéance de l'empire. Dès le lendemain de Wœrth et de Spickeren, on sentait que Napoléon III était condamné à perdre le trône dans un avenir très rapproché ; à l'armée du Rhin, les officiers ne se faisaient aucune illusion à cet égard, et les députés ne s'émurent pas assez du sage avertissement qui terminait le discours prononcé par M. Jules Favre dans cette séance secrète : « Craignez de perdre un jour. Si demain le malheur qui semble conspirer contre nous continue à nous accabler, ce ne sera pas de votre sein que sortira le pouvoir, et si vous voulez le retenir, vous vous briserez. » Naturellement, la proposition fut écartée à une forte majorité, car jamais une assemblée ne saura prendre une résolution énergique en temps opportun ; la virilité ne s'y peut développer qu'au milieu du déchaînement des passions, et alors elle ne manque pas de dépasser le but et de rendre son autorité tyrannique.

L'agitation croissait de jour en jour au Corps législatif et l'assurance qu'affectait le président du Conseil était une faible digue contre la marée montante du mécontentement public. Le manque de franchise du gouvernement au sujet de la démission du maréchal Le Bœuf et la maladresse qu'il avait commise en démentant la nouvelle vraie de l'entrée de quatre ulans à Nancy, ville de 40.000 âmes, avaient excité la défiance générale. La population se plaignait hautement de ne recevoir que des nouvelles arrangées et même contradictoires. A la séance du 14, Gambetta attaquait cette question avec sa véhémence habituelle ; le jeune tribun ne pensait pas alors que plus tard, dans un même intérêt national, il rédigerait des bulletins bien autrement éloignés de la réalité que ceux des ministres du 9 août. Dans les circonstances graves, quand le malheur s'appesantit sur un pays, le rôle de l'opposition est facile, car il lui suffit d'accabler un gouvernement que le peuple rend instinctivement responsable de tout ; mais ce rôle devient subitement dangereux quand, au moment le plus critique, le pouvoir échoit précisément à ceux qui faisaient l'opposition la plus vive.

MM. Gambetta, Kératry, Magnin, Emmanuel Arago, Eugène Pelletan, Jules Favre, Jules Ferry, Jules Simon, Ernest Picard, Glais-Bizoin et beaucoup d'autres saisissaient toutes les occasions d'adresser aux ministres les reproches de mauvaise foi et d'incapacité. Oubliant que, pour la plupart, ils avaient systématiquement repoussé les crédits demandés par le maréchal Niel pour la construction du matériel de guerre, ils étaient les plus ardents à exiger que l'on armât au plus vite les gardes nationales et que l'on passât d'urgence des marchés d'armes.

Le ministère faisait les efforts les plus louables pour satisfaire à toutes les nécessités de la situation, et, un an plus tard, d'autres députés, à la recherche d'une popularité malsaine et quoique n'ayant participé en rien à la défense de leur pays, ne devaient pas craindre de diriger des insinuations blessantes contre des hommes honorables qui s'étaient dévoués pour réunir à la hâte les armes et les approvisionnements au moyen de marchés nécessairement passés hâtivement et sans contrôle suffisant. A la tête de ces prétendus redresseurs de torts se distingua tout particulièrement le duc d'Audiffret-Pasquier, qui, après avoir eu le mérite de faire justice de quelques fripons, commit la faute de vouloir ternir la réputation d'hommes d'une honorabilité et d'une probité à toute épreuve, comme le général Susane, directeur de l'artillerie sous les ministères Niel, Le Bœuf, Le Flô, Cissey.

Dans la soirée du 14 août, c'était un dimanche, Paris apprit avec autant de surprise que d'indignation l'odieuse tentative du parti ultra-démagogique contre la caserne des pompiers de la Villette. Vers 3 heures 1/2, une centaine de membres de sociétés secrètes s'étaient peu à peu groupés sur le boulevard de la Villette, près du pont du canal. Le temps était magnifique, et grâce aux nombreux promeneurs répandus dans les contre-allées, le rassemblement avait pu se former sans éveiller l'attention. Au signal donné par le chef du complot, qui n'était autre que Blanqui, le rassemblement se porta sur le corps de garde. En voyant arriver ces hommes armés de revolvers et de poignards, la sentinelle donna l'alarme et les soldats du poste coururent à leurs fusils.

Le factionnaire fut blessé d'un coup de pistolet et la bande insurgée se répandit à l'intérieur de la caserne où elle essaya vainement d'obtenir du lieutenant Cottrey la livraison des chassepots. Bientôt arrivèrent les sergents de ville d'un poste voisin; ils se précipitèrent, l'épée haute, sur les envahisseurs. Voyant la partie perdue, les chefs Blanqui, Eudes et Granger engagèrent leurs complices à se disperser à travers les rues voisines, ce qui s'exécuta avec un plein succès dans ce quartier révolutionnaire. Cependant la colonne avait laissé aux abords de la caserne quelques traînards qui furent saisis par la foule revenue de sa stupeur et livrés à la police aux cris : « Ce sont des Prussiens ! »

Cette échauffourée fut suivie de nombreuses arrestations; les principaux accusés furent traduits devant le conseil de guerre et jugés en divers groupes aux audiences des 20, 23, 29 et 31 août. Eudes, Brideau, Drest, Cahen, Zimmermann et Brisset furent condamnés à la peine de mort, trois autres à dix ans de travaux forcés, deux à cinq ans de détention; il y eut six acquittements. Blanqui et Granger avaient pu échapper à toutes les recherches. La révolution du 4 septembre empêcha l'exécution de ces jugements et amena la mise en liberté de ces tristes personnages. Eudes fut aussitôt nommé chef de bataillon dans le quartier du faubourg Saint-Antoine ; plus tard il devint général de la Commune et occupa le palais de la Légion d'honneur qu'il fit incendier en le quittant.

Ce coup de main de quelques révolutionnaires fut vite oublié. La population avait des soucis bien autrement graves : l'invasion avançait rapidement et l'on était préoccupé d'en arrêter les progrès. Le Corps législatif avait donné les hommes et l'argent; aux ministres incombait la tâche de transformer les hommes en soldats, de les équiper et de les armer. Le *Journal officiel* du 13 août contenait, outre la promulgation des lois récemment votées, un décret ordonnant la réunion immédiate au chef-lieu de chaque département des gardes nationaux mobiles des divisions militaires de 8 à 22 ; un décret ajournant la session ordinaire des Conseils généraux qui devait s'ouvrir le 22 dans toute la France ; les décrets portant nomination de Bazaine au commandement en chef, des généraux Decaen, Trochu et Vinoy à celui des 3$^e$, 12$^e$ et 13$^e$ corps.

Une circulaire du ministre de l'intérieur aux préfets, en date du 12 août, donnait à ces fonctionnaires des instructions pour organiser les gardes mobiles. Provisoirement, l'uniforme consisterait en une blouse bleue avec ceinture en cuir et galon rouge en croix sur la manche, un havre-sac en toile et un képi. Les cadres seuls devaient recevoir une tunique en drap. La solde provisoire était fixée à un franc par jour ; quant aux armes, on en promettait pour plus tard ; en attendant, les pompiers étaient priés de prêter les leurs pour les exercices. C'est ce que le maréchal Le Bœuf appelait être archi-prêt !

A la même date, le ministre de la guerre adressait aux autorités militaires et aux préfets une circulaire relative à l'appel sous les drapeaux, conformément à l'article 2 de la loi votée le 10 août, de tous les anciens militaires non mariés ou veufs sans enfants, ayant, à la date de la promulgation de cette loi, 25 ans accomplis et moins de 35 ans. On leur donnait trois jours pour se rendre au chef-lieu du département de leur résidence et l'on se bornait à promettre aux sous-officiers et aux caporaux ou brigadiers de les réintégrer dans leurs anciens grades au fur et à mesure des besoins du service.

Cette injonction d'exécuter la loi adressée exclusivement aux anciens militaires, c'est-à-dire à ceux qui avaient déjà payé l'impôt du sang, constituait une flagrante injustice qui émut péniblement tous les citoyens qui avaient servi dans l'armée. Elle prouve que le général Palikao, les ministres et les députés étaient tous imbus de ce fatal préjugé qui nous a fait tant de mal et d'après lequel la défense du pays incombe aux prolétaires, à ceux qui, ne possédant pas une parcelle du sol, ont le moins d'intérêt à le garantir d'une invasion. Ajoutez à cela les dispenses accordées aux hommes mariés, dispenses imaginées par le Tiers-état quand il se fut substitué à la noblesse dont il réclamait les droits sans remplir les devoirs qui en sont le corollaire. Dans ses rapports, le colonel Stoffel avait vivement critiqué la loi de remplacement et insisté pour l'adoption du service personnel. L'empereur, nous en avons eu la preuve, aurait désiré le vote d'une loi de recrutement analogue à celle de 1872, mais les idées mesquines, égoïstes, bourgeoises, que la classe dite dirigeante, M. Thiers en tête, avait propagées avec ardeur sous le régime des électeurs censitaires de la Restauration et du Gouvernement de Juillet, étaient encore si puissantes que la mesure arbitraire prise par le ministre de la guerre ne souleva aucune réprobation. Les intéressés, les pauvres diables qui avaient déjà passé cinq ou six ans sous les drapeaux protestèrent seuls par de nombreux actes d'indiscipline.

Le même *Journal officiel* du 13 contenait encore à sa partie non officielle, différents avis qui méritent d'être signalés. Il annonçait la formation d'une légion d'anciens militaires, au palais de l'Élysée, sous les ordres de MM. Lafon et Mocquard, le premier ancien lieutenant-colonel des gendarmes de la garde, le second chef d'escadrons de cavalerie démissionnaire. Un deuxième avis faisait connaître que la sous-commission d'exécution déléguée par la Commission impériale des secours aux familles des militaires, marins et mobiles appelés sous les drapeaux, venait de distribuer une somme de trois millions sur les vingt-cinq millions votés le 10 août. Un troisième avis informait que le Conseil municipal de Paris, dans la séance de la veille, 12 août, avait voté un crédit de cinq millions pour venir en aide aux familles dont les soutiens naturels étaient sous les drapeaux. En même temps, la direction générale des télégraphes publiait l'avis suivant : « Le service de la correspondance télégraphique privée est suspendu dans les départements en état de siège. »

L'armement, objet des réclamations bruyantes de la gauche et des préoccupations constantes de la direction de l'artillerie, ne donna pas lieu à des explications détaillées, car on ne pouvait dévoiler à l'ennemi la pénurie d'armes portatives des arsenaux français. D'après les documents officiels publiés en 1871, voici quelle était la situation de l'armement au 1er juillet 1870 : défalcation faite de 30.000 fusils Chassepot cédés à la marine, il en existait 1.007.535 ; il y avait en outre 342.115 fusils et carabines à tabatières; 1.673.000 armes à percussion rayées et 315.000 fusils lisses ; en tout 3.339.000 fusils, carabines et mousquetons, avec 287.215.000 cartouches et 251.000 pistolets. Ces totaux sont beaux en apparence, mais en réalité il n'y avait que 1.350.000 armes à tir rapide, et c'est pour en augmenter le nombre que l'on dut passer ces marchés qui ont depuis soulevé tant de tempêtes. Le maréchal Niel avait demandé à la Chambre les crédits nécessaires pour la fabrication de dix-huit cent mille chassepots; mais, par une habitude invétérée dans toute assemblée parlementaire qui n'est pas sous la menace d'un danger pressant, on réduisit les allocations d'un tiers, et, au moment de la guerre, la France se trouva dépourvue de fusils se chargeant par la culasse.

La même insuffisance ne se faisait pas sentir dans l'armement des batteries d'artillerie. Les régiments et les arsenaux possédaient ensemble 3.216 canons rayés de campagne de 4, de 8 et de 12, et 190 mitrailleuses, au total 3.406 bouches à feu, avec 3.175 affûts, 7.436 caissons à munitions, c'est-à-dire le matériel nécessaire pour mettre en ligne, si on avait pu les servir et les atteler, 3.000 canons de bataille. A ces 3.406 bouches à feu de campagne, il faut ajouter 581 canons rayés de montagne, également pourvus de tout l'attirail correspondant. Outre l'artillerie rayée, plus que suffisante pour faire face à tous les besoins, mais qui, malheureusement, était inférieure aux canons en acier des Prussiens, il restait encore 5.379 canons et obusiers lisses que l'on rayait au fur et à mesure des besoins. C'est avec les canons-obusiers de 12 que le lieutenant-colonel de Reffye, à Nantes, et son adjoint le commandant Pothier, à Paris, obtinrent, par une ingénieuse transformation, ces canons de 7 se chargeant par la culasse dont il a été fait usage dans la dernière période de la guerre et sous la Commune.

L'armement et surtout le service des grosses pièces constituant l'armement de Paris préoccupaient également le ministère. Sur les 60 batteries à pied des 15 régiments d'artillerie montée, 30 venaient d'être transformées en batteries de campagne ; il fallait les remplacer. Pour cela on eut recours à la marine, qui répondit avec le plus louable empressement à l'appel de ses camarades de l'armée de terre. Dès le 8 août, une décision, insérée seulement au *Journal officiel* du 16, appela au commandement en chef de la division des marins des équipages de la flotte détachée dans les forts de Paris, le vice-amiral La Roncière Le Noury, auquel furent adjoints en sous-ordres les contre-amiraux Saisset et Pothuau.

Avec les quatrièmes bataillons créés par décret du 14 juillet, le général Palikao organisa 27 régiments d'infanterie de marche, dont 4 rejoignirent l'armée en formation au camp de Châlons. Les sixièmes escadrons reconstitués dans les régiments de cuirassiers, dragons et lanciers servirent à la formation de 6 régiments de cavalerie de marche sur lesquels un régiment se composait des dépôts de la garde. Les bataillons de garde mobile formèrent 52 régiments, sans compter les 6 régiments de Paris constitués par décret du 24 juillet. Un autre décret du 11 août prescrivait la création d'un régiment de gendarmerie à pied et d'un régiment à cheval. Le génie dut former le plus tôt possible une dizaine de compagnies supplémentaires et tous les services administratifs reçurent des augmentations en rapport avec les nécessités croissantes de leur service.

Il nous faut parler maintenant de la garde mobile de Paris, qui fut appelée à l'activité dès le 17 juillet, et qui a joué un certain rôle politique du milieu d'août au 8 septembre, date de sa dispersion dans les forts extérieurs de la capitale. La garde mobile parisienne mérite une étude sérieuse, puisque, au dire des personnes compétentes et impartiales, l'expérience de 1870 a prouvé définitivement l'impossibilité d'enrégimenter et de discipliner des contingents composés exclusivement de jeunes Parisiens. Ils ont l'esprit trop délié et l'amour du plaisir trop développé pour se plier docilement aux minutieuses exigences du service militaire et supporter avec résignation les misères de la vie de campagne. Quelques membres de la jeune milice ont publié sur leurs bataillons respectifs des relations intéressantes et, la plupart, écrites avec tact et convenance. Mais ces publications s'adressaient toutes, sans exception, à un public spécial dont les auteurs tenaient à ménager l'ombrageuse susceptibilité. La véritable histoire de la garde mobile est donc encore à faire et il est probable qu'elle ne sera jamais écrite, la formation de milices provinciales ayant été solennellement proscrite par nos lois militaires organiques.

Après quelques pourpalers entre le ministre de la guerre et le général Berthaut, commandant des mobiles de la Seine, il fut décidé que les six batteries réunies en un régiment resteraient affectées au service de la place de Paris et que les dix-huit bataillons seraient groupés trois par trois de façon à former six régiments à 24 compagnies dont une de dépôt, et dirigés sur le camp de Châlons pour y être équipés, armés et exercés. Le départ eut lieu le 31 juillet et les jours suivants; il frappa vivement les spectateurs par son étrangeté. Voici en quels termes le capitaine de Grandeffe, dans son charmant livre *Mobiles et volontaires de la Seine*, raconte le départ du 7e bataillon, sans contredit l'un des mieux commandés et des mieux composés :

> Je vois encore d'ici le colonel et le commandant à cheval, à la tête de notre colonne ; nous étions à peine sortis du quartier Latour-Maubourg que déjà amis et parents s'étaient glissés dans nos rangs, et quand nous parvînmes aux boulevards, en passant par la rue Royale, il était difficile de savoir au juste si l'on voyait passer un bataillon ou une manifestation populaire. C'était la procession la plus bigarrée qu'on pût voir : elle était composée de mobiles, de soldats, de bourgeois, d'hommes en blouse, de gamins ; les femmes y étaient en grand nombre et j'y ai remarqué jusqu'à des voitures.

A l'arrivée au camp, la scène changea et devint moins gaie. Les jeunes insouciants avaient mangé ou gaspillé les deux jours de vivres qu'on leur avait distribués au moment du départ ; ils débarquaient à Mourmelon sans armes, sans ustensiles de campement, sans couvertures, sans rien de ce qui est nécessaire au bivouac ; les tentes n'étaient pas garnies de paille et les magasins de campement du camp avaient été vidés par les corps Frossard et Canrobert. Les mobiles exprimèrent leur mécontentement avec une vivacité toute parisienne, mais fort peu militaire, et s'oublièrent jusqu'à manquer de respect au maréchal Canrobert. L'orage ne tarda pas à s'apaiser et le maréchal n'eut pas de peine à faire comprendre à des jeunes gens intelligents qu'en campagne il faut savoir accepter les misères et les privations, surtout quand elles sont le résultat de circonstances fortuites. Peu de jours après, grâce au beau temps, la bonne humeur était revenue et l'on ne rêvait plus que manœuvres et batailles, quand les graves nouvelles de l'armée du Rhin vinrent brusquement changer l'aspect du camp et la destination de la garde mobile de la Seine.

En étudiant les premiers actes du ministère Palikao, on reconnaît qu'il était entré délibérément dans une voie révolutionnaire et qu'il ne reculerait devant aucun moyen, quelque violent qu'il fût, pour repousser l'invasion allemande. Sa résolution de lutter avec la dernière énergie était du reste hautement approuvée par l'immense majorité de la nation et la conduite inhumaine des généraux prussiens ne pouvait qu'exalter les sentiments de haine et de vengeance du vaincu. Nous insistons sur ce point, parce que le public français, induit en erreur par les rapports des commissions d'enquête de l'Assemblée de Versailles, a constamment attribué au gouvernement de la défense nationale le programme de la guerre à outrance. Ce programme date du ministère du 9 août et le prince de la Tour d'Auvergne l'a nettement formulé dans ses rapports avec les représentants des puissances accrédités à Paris.

Le prince, diplomate de carrière, sérieux et expérimenté, avait reçu à Vienne, où il était ambassadeur, sa nomination de ministre des affaires étrangères. Arrivé à Paris dans la matinée du 15 août, il recevait le lendemain la visite de lord Lyons, qui adressa sur-le-champ à Londres un compte rendu de sa conversation avec notre ministre.

Jamais, dit le prince, il n'avait sans impatience entendu les Français parler d'aller à Berlin et d'anéantir la monarchie prussienne. Il avait toujours été convaincu que les puissances interviendraient pour empêcher soit la France, soit la Prusse de devenir maîtresse absolue de l'Europe. Mais, continua-t-il, il est évident que dans les circonstances présentes, la France ne peut accepter d'offre de médiation d'aucun côté..... Si la fortune de la guerre doit se déclarer encore contre elle, elle résistera pied à pied, ne serait-ce que pour laisser à ses amis (!) une occasion de l'aider à obtenir des conditions équitables et nécessaires. *Il y en a deux qui me paraissent indispensables, en toute circonstance : l'intégrité du territoire de la France et le maintien de la dynastie.*

Comme le dit très justement M. Sorel, la phrase rapportée par lord Lyons renfermait déjà tout le programme de la « guerre à outrance ». D'ailleurs, le langage de notre ministre des affaires étrangères n'avait rien que de naturel et de conforme aux événements. Personne, en France, ne voulait entendre parler de paix ; d'accord en cela avec le gouvernement prussien et l'opinion publique en Allemagne, qui repoussaient péremptoirement toute idée de médiation et comptaient sur d'importantes cessions de territoire pour prix de leurs sanglantes victoires. Le roi Guillaume n'attendait que l'anéantissement ou le refoulement dans Metz de l'armée de Bazaine pour signifier à l'Europe quelles provinces françaises il était résolu à annexer à l'Allemagne.

Les Cabinets des grandes puissances n'étaient nullement disposés à entremettre leurs bons offices. L'Angleterre, redoutant par-dessus tout que la Russie ne profitât d'une entente commune pour demander la revision du traité de 1856 et reconquérir sa suprématie dans la mer Noire, engagea vivement à laisser aux prises l'Allemagne et la France. L'empereur Alexandre donnait à notre ambassadeur, le général Fleury, l'assurance de sa sympathie pour la France et lui promettait d'écrire à son oncle le roi Guillaume pour l'engager à la modération ; mais le concours du czar restait borné à ces démonstrations platoniques ; peut-être a-t-il écrit en notre faveur au roi de Prusse, mais c'étaient de simples lettres de famille qui ne prirent jamais le caractère de communications officielles entre les deux gouvernements. L'Autriche continuait à être paralysée par l'attitude de la Russie dont le premier intérêt était l'alliance prussienne, et par la mauvaise volonté de l'Angleterre toujours préoccupée d'empêcher une action commune. Quant à l'Italie, elle avait les yeux tournés sur Rome, ne rêvait qu'aux moyens de s'en emparer et paraissait de jour en jour plus décidée à nous étonner par son ingratitude.

## CHAPITRE XVII

Le 14 août, l'empereur quitte Metz. — Sa proclamation aux habitants. — Effectifs de l'armée de Bazaine et de la garnison de Metz. — Les Prussiens attaquent les corps Decaen et Ladmirault. — Bataille de Borny. — Singulière dépêche de Napoléon III. — Forces et pertes des deux armées. — Mort du général Decaen.

Pendant que le Corps législatif votait la levée en masse, le cours forcé des billets de banque et se livrait à des démonstrations théâtrales en faveur de nos soldats auxquels il eût mieux fait d'accorder les crédits demandés par le maréchal Niel, l'armée de Metz commençait son mouvement de retraite.

Dans la matinée du 14 août, au petit jour, le 6ᵉ corps, Canrobert, s'est mis en marche pour passer sur la rive gauche de la Moselle et gagner la route de Verdun, suivi par le 2ᵉ corps Frossard. A midi, l'empereur, accompagné de sa maison militaire, quittait l'hôtel de la préfecture pour aller coucher à Longeville, en laissant à la population la proclamation suivante : « Metz, le 14 août 1870. — En vous quit-
» tant pour aller combattre l'invasion, je confie à votre pa-
» triotisme la défense de cette grande cité. Vous ne permet-
» trez pas que l'étranger s'empare de ce boulevard de la
» France, et vous rivaliserez de dévouement et de courage
» avec l'armée.

» Je conserverai le souvenir reconnaissant de l'accueil que
» j'ai reçu dans vos murs, et j'espère que, dans des temps

» plus heureux, je pourrai revenir vous remercier de votre
» noble conduite. »

Cette proclamation dénotait un profond découragement et peu de confiance dans l'avenir. Ces sentiments étaient également ceux de la population, car, tandis que de rares curieux assistaient d'un air morne au départ de Napoléon III, les diligences et les voitures particulières étaient remplies de personnes aisées cherchant au loin un abri contre l'invasion. Les pauvres villageois des environs, confiants dans la réputation de Metz la Pucelle, venaient, avec leurs familles et leurs modestes mobiliers, chercher un refuge sous la protection de ses formidables remparts. Lugubre spectacle que celui de ces malheureuses populations sombres, éperdues, chassées de leurs foyers ou écrasées de réquisitions par un ennemi impitoyable.

Avant d'entamer le récit des terribles événements qui vont se succéder avec une désolante rapidité et celui des gigantesques batailles qui seront livrées dans un espace de quatre jours, il est nécessaire de faire connaître très exactement les forces dont disposait le maréchal Bazaine, le 13 août, jour de l'entrée dans Metz du dernier bataillon du corps Canrobert.

L'armée de campagne comprenait : le 2ᵉ corps, 19.000 hommes ; le 3ᵉ, 48.000 ; le 4ᵉ, 35.000 ; le 5ᵉ (brigade Lapasset), 35.000 ; le 6ᵉ, 38.000 ; la garde, 21.500 ; la réserve de cavalerie, 4.500 ; la réserve générale d'artillerie, 2.000 ; la réserve du génie, 650. Ces troupes, comptées en nombres ronds, formaient un total de 172.688 hommes avec 39.502 chevaux, dont il faut déduire la brigade de chasseurs d'Afrique du général Margueritte et un bataillon de grenadiers de la garde qui, dans la journée du 16, escortèrent l'empereur à Verdun et se rendirent ensuite au camp de Châlons, après avoir été coupés de l'armée de Metz.

En vue d'un départ prochain, on avait institué gouverneur de Metz le général Coffinières de Nordeck, commandant en chef le génie de l'armée du Rhin ; il avait sous ses ordres : 1.600 sapeurs du génie, 1.200 artilleurs, environ 3.000 fantassins, 200 douaniers, 4.500 gardes nationaux sédentaires ou mobiles, en tout 10.200 hommes auxquels le maréchal Bazaine adjoignit la division Laveaucoupet, réduite à 6.000 hommes par la bataille de Spickeren. Au moment de quitter la place, le commandant en chef comptait encore laisser en arrière les hommes non valides, ce qui aurait porté l'effectif de la garnison à plus de 20.000 hommes et réduit celui de l'armée d'opérations à 160.000 hommes environ.

Le 14, de grand matin, les rues sont encombrées de voitures de l'artillerie, du train, de charrois de toute espèce qui doivent passer sur les ponts en pierre de l'intérieur de la ville ; l'infanterie franchit la Moselle sur des ponts de bateaux dont les abords, dégradés par les pluies des jours précédents, rendent le passage lent et difficile ; le corps Canrobert peut seul exécuter sa marche sans trop d'à-coups par la chaussée du chemin de fer de Thionville et le viaduc de Montigny. La retraite s'opère dans des conditions déplorables ; le long défilé qui s'étend de Metz à Moulins ne tarde pas à être obstrué, les voitures défilent avec une lenteur désespérante et les régiments finissent par marcher sur une seule file. Cependant le corps Frossard parvient à passer sur les ponts en amont, mais le corps Ladmirault, qui doit traverser l'île Chambière, en aval de la ville, éprouve des difficultés énormes. Le brave commandant du 4ᵉ corps, toujours plein de sollicitude pour ses soldats, est au milieu d'eux ; en les voyant cheminer péniblement au milieu des charrois, il prend sur lui de ne pas les engouffrer dans l'étroit passage qui mène à Gravelotte. A cet effet, usant de l'initiative qui appartient à un commandant de corps d'armée, il modifie l'itinéraire tracé par le maréchal qui lui prescrivait de passer par le col de Lessy entre les forts de Plappeville et de Saint-Quentin, et dirige sa colonne par la route de Thionville sur Woippy, à l'embranchement de la route de Verdun par Briey. Cette sage détermination permit le surlendemain aux divisions Cissey et Grenier du 4ᵉ corps de prendre une part glorieuse et même prépondérante à la bataille de Rezonville, ce qui n'a pas empêché Bazaine d'attaquer avec la dernière acrimonie, pour ce fait, le général Ladmirault dans le triste factum publié en 1883 chez l'éditeur Gaspar, à Madrid. Il y traite la conduite du commandant du 4ᵉ corps de « conduite d'isolement ».

Déjà la division Cissey avait en partie franchi la Moselle, ses derniers bataillons étaient engagés sur les pentes qui descendent du fort Saint-Julien ; il ne restait plus sur la rive droite que le corps Decaen, la garde et la division Grenier, quand, vers 3 heures 1/2 de l'après-midi, les Prussiens attaquèrent avec impétuosité les grand'gardes des divisions Metman et Castagny. Sur-le-champ le général Decaen fit faire volte-face à celles de ses troupes qui avaient déjà commencé à se retirer et qui reprirent dans le plus grand ordre les emplacements de combat qu'elles venaient de quitter. La 1ʳᵉ division Montaudon avait sa droite à la route de Strasbourg, en avant du village de Grigy, sa gauche au bois de Borny ; la 2ᵉ division Castagny, placée en arrière du château et du bois de Colombey, avait à sa gauche la 3ᵉ division Metman, à cheval sur la route de Sarrelouis en avant de la ferme de Bellecroix ; la 4ᵉ division Aymard occupait les crêtes qui dominent le ravin de Vallières près du village de Vantoux. La division Grenier était placée de l'autre côté du ravin, la droite appuyée au village de Méy, la garde impériale en réserve, en arrière de Borny.

Le terrain occupé par les troupes françaises forme un plateau à arêtes indécises légèrement incliné vers la Moselle. Il est protégé sur le front du 3ᵉ corps par le ravin de Vallières, dont le fond, rempli d'une eau stagnante, constitue un obstacle d'autant plus sérieux que la disposition des pentes y est des plus favorables à l'action du chassepot et de la mitrailleuse. Le ravin de Vallières, qui tourne à angle presque droit au moulin de la Tour, étant très encaissé, isolait complètement la division Grenier, placée de l'autre côté et en avant de laquelle le terrain ondulé ne présente pas de lignes de défense nettement indiquées.

Pendant assez longtemps les mobiles de l'attaque des Prussiens étaient restés obscurs. La lumière a été faite seulement par l'historique de la guerre du grand état-major qui en attribue toute l'initiative au général von der Goltz, commandant la brigade d'avant-garde du VIIe corps. Le récit en est intéressant, car il explique jusqu'à un certain point l'incroyable dépêche adressée par l'empereur à l'impératrice le soir de la bataille.

« Longeville, le 14 août 1870. — L'armée a commencé à
» passer sur la rive gauche de la Moselle. Le matin, *nos*
» *reconnaissances n'avaient signalé la présence d'aucun*
» *corps* ; mais lorsque la moitié de l'armée a eu passé, les
» Prussiens ont attaqué en grande force. Après une bataille
» de quatre heures, ils ont été repoussés avec de grandes
» pertes. — Signé : Napoléon. »

Une note extraite du carnet d'un témoin oculaire de la reconnaissance exécutée en avant du 4e corps fait comprendre, mieux que tous les raisonnements, l'insuffisance de l'instruction de la cavalerie française à cette époque et les résultats négatifs de ses excursions malgré la proximité de l'ennemi. Voici cette note manuscrite, qui n'était nullement destinée à la publicité : « Dans la matinée du 14, un régiment de dragons qui doit rester avec la division Grenier est envoyé en reconnaissance en avant de Chieulles et de Vany. Du château de Grimont nous le voyons exécuter sa reconnaissance comme à l'exercice, par pelotons massés dans les champs ou par quatre sur les routes, et il ne dépasse pas la *portée de canon* en avant de la division qu'il doit éclairer. »

» *Naturellement il ne signale rien.* S'il y a des Prussiens, ils sont certainement cachés dans les bois de Cheuby et de Glattigny, *suivant leur habitude.* »

En effet, les Prussiens, ayant bien vite constaté notre système vicieux de reconnaissances, disparaissaient dans les plis de terrain et dans les bois pendant que les cavaliers cheminaient gravement par les routes et les sentiers battus. Quand ces derniers se retiraient sans avoir jamais vu autre chose que quelques ulans, les Prussiens, fixés sur le savoir-faire de leurs adversaires, sortaient de leurs cachettes et faisaient même avancer de gros corps de troupes sur les talons de ces reconnaissances qui se bornaient à exécuter un insignifiant mouvement en tiroir.

La cavalerie allemande, au contraire, s'avançait à de grandes distances, 25 à 30 kilomètres, et, dès qu'elle avait signalé l'ennemi, elle ne reculait plus sans y être obligée par des forces supérieures ; en un mot, elle prenait le contact avec son adversaire, et, le contact pris, elle se liait à lui et ne le perdait plus de vue un seul instant. Ce service était si bien fait que, pendant toute la campagne, les colonnes françaises sont restées empêtrées dans l'immense réseau de cavalerie dont les généraux prussiens avaient su les enlacer. La conséquence inévitable de ces procédés si différents fut que les Allemands étaient toujours aussi bien renseignés que les Français l'étaient mal.

Tandis que Bazaine ne savait rien des positions occupées par les armées de Steinmetz et du prince Frédéric-Charles ni de leurs mouvements, ceux-ci furent avisés par leurs avant-postes, vers 2 heures 1/2 de l'après-midi, que l'armée française était en pleine retraite sur la rive gauche de la Moselle. Le général-major von der Goltz, commandant l'avant-garde du VII$^e$ corps, conclut de notre mouvement que la 2$^e$ armée, en train d'exécuter le passage de la rivière aux environs de Pont-à-Mousson, risquait d'être accablée par les forces réunies de Bazaine. Alors, dans le but de ralentir la retraite de l'armée française, il résolut de quitter son bivouac de Laquenexy pour marcher droit au ravin de Vallières et engager le combat. Avis de cet audacieux coup de tête fut donné par le général von der Goltz à tous les divisionnaires des I$^{er}$ et VII$^e$ corps, ainsi qu'aux commandants de la 1$^{re}$ division de cavalerie et de la 18ᵉ division du IXᵉ corps, placées toutes deux sur le flanc gauche de l'armée de Steinmetz. Puis, sans attendre la réponse de ces officiers, il se mit en route. Laissant le château d'Aubigny sur sa gauche, il engagea sa tête de colonne dans le ravin de Vallières qui ne présente à cet endroit d'autre obstacle que la raideur des pentes, et vint déboucher sur le plateau de Borny par le saillant du bois de Colombey, près duquel se trouvaient les grand'gardes du 41ᵉ de ligne de la division Castagny.

Dans le premier moment de surprise, ce régiment, placé sur le chemin de Colombey à Borny et par conséquent pris d'enfilade, éprouva des pertes cruelles, mais presque aussitôt les autres bataillons des divisions Metman et Castagny se jetèrent sur les assaillants et les précipitèrent dans le ravin de Vallières. De l'aveu des Prussiens, la brigade von der Goltz eût été détruite si les généraux français s'étaient crus autorisés à la poursuivre. Mais Bazaine, qui se trouvait encore sur le plateau, ne dissimulait pas son mécontentement de voir la retraite retardée par cette attaque et prescrivit impérativement de reprendre le mouvement rétrograde dès que l'ennemi aurait cessé le feu.

Aux premiers coups de canon, le général Decaen s'était porté de Borny, son quartier général, sur le lieu du combat et avait disposé ses troupes sur deux lignes, la première déployée, la deuxième en colonnes par division. Vers 4 heures, la 1ʳᵉ division Bentheim du Iᵉʳ corps, Manteuffel, accourue au secours de la 25ᵉ brigade von der Goltz, se rua sur la division Grenier en avant de Méy. Le général Ladmirault fit aussitôt mettre sacs à terre à la division Cissey, dont une partie était encore engagée sur les pentes du fort Saint-Julien ; la division Lorencez, dont la tête de colonne arrivait à Woippy, revint également sur ses pas, de même que la garde, dont les premiers bataillons avaient déjà franchi la porte des Allemands.

Pendant que ces mouvements s'opéraient avec ordre sous l'habile et énergique direction des généraux Ladmirault et

Decaen, le reste de la 13ᵉ division prussienne, Glümer, venait appuyer la 25ᵉ brigade alors en pleine déroute et recommençait avec un acharnement inouï ses attaques contre le centre du 3ᵉ corps dans la zone comprise entre Lauvalier et Colombey. A 7 heures, le général Kamecke entrait en ligne contre notre droite avec la 14ᵉ division, mais tous les efforts du VIIᵉ corps échouèrent en présence de l'énergie des Français qui, grâce à la disposition en glacis des pentes, purent tirer un excellent parti de leurs mitrailleuses et de leurs fusils à trajectoire plus tendue que celle du fusil Dreyse.

Du côté de Saint-Julien, la division Grenier, attaquée par des forces supérieures, avait cédé un peu de terrain, mais, vers 5 heures 1/2, la division Cissey, accourue au pas de course sous la conduite de son intrépide général, s'élança sur la tête de colonne prussienne et la chassa du bois de Méy qu'elle avait en partie enlevé. Au moment même où la 28ᵉ brigade de la division Kamecke essayait de déborder notre droite par la Grange-aux-Bois, la 2ᵉ division Pritzelwitz, du corps Manteuffel, essayait de déborder la gauche de Ladmirault par Servigny et Sainte-Barbe. Chargés à la baïonnette par des bataillons des divisions Cissey et Lorencez, les Prussiens se replièrent en désordre.

La nuit était survenue; il était plus de huit heures quand les Iᵉʳ et VIIᵉ corps, contenus sur tous les points, mais non poursuivis, se replièrent en arrière du ravin de Vallières. A 11 heures, Steinmetz envoya l'ordre aux généraux Manteuffel et Zastrow de regagner leurs cantonnements du matin. La 3ᵉ division de cavalerie resta en position du côté de Sainte-Barbe et la 1ʳᵉ vers Mercy, évacué le matin par le corps Frossard.

Dans la journée du 14 août, connue en France sous le nom de bataille de Borny et chez les Allemands sous celui de Colombey-Nouilly, les troupes engagées de part et d'autre comprenaient à peu près le même effectif. Les Français mirent en ligne six divisions dont les quatre du 3ᵉ corps, deux du 4e, plus quelques bataillons de la division Lorencez, soit environ 60.000 hommes; la garde n'a engagé qu'un peu d'artillerie en avant du fort Queuleu. Les Prussiens avaient fait donner les 1re et 2e divisions du corps Manteuffel, les 13e et 14e divisions du corps Zastrow, moins un régiment dans chacun de ces corps. Cette diminution était compensée par le concours prêté à la gauche allemande par la 35e brigade du corps Manstein de la 2e armée. Les divisions prussiennes étant en moyenne de 15.000 hommes, l'effectif total était également de 60.000 hommes.

Nos pertes officielles s'élevaient à 200 officiers et 3.408 sous-officiers et soldats; celles des Prussiens étaient de 222 officiers et 4.684 hommes. La disposition des tombes démontre que, dans leurs relations, les Allemands ont tort de s'attribuer la victoire; sur aucun point ils n'ont pu entamer les lignes françaises, si ce n'est un instant du côté de Méy, et tous leurs morts sont tombés au-delà des crêtes occupées par nos troupes. Mais cet insuccès tactique a par malheur, ainsi qu'on le verra plus loin, été largement racheté par des avantages stratégiques dont le général de Moltke sut profiter avec son habileté ordinaire. Le but audacieusement poursuivi par le général von der Goltz se trouvait largement atteint; la retraite de l'armée française était retardée de vingt-quatre heures que le prince Frédéric-Charles employait à faire passer son armée sur les ponts de la Moselle que notre état-major avait oublié de faire sauter.

A notre insuccès stratégique venait s'ajouter la perte du général Decaen, mortellement atteint en avant de Borny. Cette mort était d'autant plus regrettable que la présence de l'énergique commandant du 3e corps eût pu changer le sort de l'armée de Metz. C'est du moins l'opinion exprimée par les officiers de cette armée qui avaient été en situation d'apprécier la modestie, l'honnêteté, le caractère indomptable et les grands talents militaires du général. Le maréchal Pélissier l'avait honoré de son amitié et lui témoignait à toute occasion une estime toute particulière, sans doute parce qu'il retrouvait dans son jeune lieutenant, dans le commandant de la brigade d'avant-garde à Malakoff, les qualités de commandement qui avaient fait sa propre illustration. Noté par les maréchaux Pélissier, Bosquet, Mac-Mahon comme un officier appelé aux plus hautes destinées, il se vit, par suite d'intrigues de cour, réduit au rôle de simple divisionnaire, malgré sa grande notoriété et ses brillants services. En 1867, comme nous l'avons déjà dit, le maréchal Niel, qui l'affectionnait tout particulièrement, lui destinait un commandement des plus importants, mais le maréchal Le Bœuf préférait les aides de camp de l'empereur, et la France sait aujourd'hui si ses choix ont été heureux.

Dans son intéressant et savant ouvrage *Stratégie, Tactique et Politique*, le général Jung consacre les lignes suivantes au vaillant commandant du 3e corps dont il avait été l'aide de camp au lendemain de la campagne d'Italie :

Instinctivement, l'empereur paraissait éprouver une sorte de répugnance à employer Bazaine. Il songeait à Pélissier qui n'était plus, à Decaen, à ce héros de Sébastopol, à celui qu'il avait vu mener sa division de si brillante et de si savante façon à Cavriana. Mais Decaen, en disgrâce depuis 1862, n'était pas maréchal. Il ne pouvait donc pas avoir le commandement en chef.

. . . . . . . . . . . . . . . . . . . . . . . . . . . . . . . .

Le surlendemain, 11 août, le choix de Bazaine est arrêté, la démission du maréchal Le Bœuf acceptée, Decaen nommé au commandement du troisième corps d'armée, celui à la tête duquel il doit être blessé mortellement trois jours plus tard.

Nous pouvons ajouter que rarement la perte d'un chef inspira plus de regrets, non seulement à ses soldats, mais à l'armée tout entière. Ces regrets augmentèrent encore lorsque la conduite ambiguë de Bazaine éveilla les soupçons, car les officiers savaient que Decaen, avec sa nature droite et son caractère entier, aurait protesté avec la dernière énergie contre certains actes du maréchal et su lui indiquer avec sa rude franchise la ligne du devoir et de l'honneur dont il semblait s'écarter.

# CHAPITRE XVIII

Les 3e, 4e corps et la garde passent la Moselle dans la nuit du 14 au 15 août. — Désordre des convois. — Ordre de marche de l'armée française pour les journées du 15 et du 16. — L'affaire de Puxieux et le rapport du général de Forton. — Marche des armées allemandes les 14 et 15. — Démonstration contre Thionville. — Départ de l'empereur pour le camp de Châlons, le 16. — Ladmirault change l'itinéraire de son corps d'armée. — Surprise de la cavalerie Forton à Vionville. — Commencement de la bataille de Rezonville. — Le corps Frossard est obligé de reculer. — Belle conduite des cuirassiers de la garde. — Les zouaves et les grenadiers de la garde réparent héroïquement l'échec de Frossard. — Le 6e corps et la brigade Lapasset conservent leurs positions. — Charge et désastre de la brigade de cavalerie de Bredow. — Mouvements des Prussiens le 16 au matin. — A 2 heures, le 3e corps Le Bœuf entre en ligne. — A 4 heures, arrivée du 4e corps. — L'aile gauche prussienne est enfoncée. — Combat entre dix-neuf régiments de cavalerie. — Arrivée des VIIIe et IXe corps prussiens. — Dernière charge des hussards rouges. — Jugements sur la conduite de Bazaine à Rezonville.

Après la bataille de Borny, l'armée de Bazaine reprit son mouvement de retraite. Comme il a été dit, les 3e et 4e corps, ainsi que la garde, avaient quitté leurs positions vers minuit pour s'engager dans les rues tortueuses de la ville de Metz et passer la Moselle. Pendant cette marche de nuit, le désordre fut à son comble : toutes les issues, tous les passages étaient encombrés de voitures et de troupes des diverses armes qui marchaient pêle-mêle ; l'action de l'état-major ne se faisait sentir nulle part, et l'on peut affirmer que, depuis vingt-quatre heures, pas un soldat n'a goûté un instant de sommeil, pas même une minute de repos.

Cette fatale journée du 15, plus funeste qu'une bataille perdue, marque le commencement de cette série de malheurs inouïs qui devaient accabler l'armée du Rhin et la faire disparaître dans une catastrophe sans précédents. L'opinion générale attribue la cause première de ce désastre au retard apporté à la retraite par la bataille de Borny; cette opinion est contestable et des personnes bien informées ont soutenu avec une grande apparence de raison que l'encombrement aurait toujours empêché la concentration de l'armée sur les plateaux de la rive gauche, dans la journée du 15.

Tant de faits importants ont signalé les quatre-vingt-seize heures écoulées du 15 au 18 août que l'écrivain ne saurait s'entourer de trop de renseignements avant de commencer le récit des marches exécutées et des combats livrés dans ce court espace de temps. Il lui faut visiter le théâtre des opérations, comparer les relations allemandes et françaises, consulter les carnets ou journaux tenus par des acteurs de ces terribles drames ; en agissant ainsi, le narrateur suit pour ainsi dire pas à pas chaque corps d'armée, chaque division et peut attribuer à qui de droit sa part d'honneur et de responsabilité.

Dans son ordre de marche du 13 août, le maréchal Bazaine avait commis la faute inexplicable de négliger la route de Briey et de vouloir engager toute son armée sur les deux routes de Verdun passant par Mars-la-Tour et par Etain, routes qui avaient de plus une origine commune jusqu'à Gravelotte, sur une longueur de douze kilomètres. Les troupes et l'artillerie pouvaient seules gagner le plateau par le col de Lessy et Châtel-Saint-Germain, afin d'éviter le défilé tortueux et montueux de Longeville ; la raideur des pentes entre les forts de Plappeville et de Saint-Quentin s'opposait au passage des charrois civils.

Le 14 au matin, le corps Frossard avait quitté ses bivouacs de la rive droite entre le fort Queuleu et Mercy-le-Haut pour aller camper à Rozérieulles, sur la hauteur située en avant de Gravelotte. La distance à parcourir ne dépassait pas seize kilomètres ; mais, par suite de l'encombrement, le mouvement commencé au lever du soleil ne fut achevé qu'à onze heures du soir. Le corps Canrobert s'installa fort mal en arrière du corps Frossard, entre Moulins et Longeville. Les voltigeurs de la garde partis le 14 de Queuleu, à dix heures du soir, n'arrivèrent à Longeville, distant seulement de six kilomètres, qu'à huit heures du matin, ce qui fait ressortir une vitesse de un kilomètre pour une heure quarante minutes de marche, sans que les hommes pussent ni s'asseoir ni se coucher ! On se figure aisément ce qu'une pareille lenteur cause de souffrances et d'ennuis. La cavalerie du 3ᵉ corps mit cinq heures à franchir dans la nuit les quatre kilomètres qui séparent le fort des Bordes des glacis de la porte de Thionville. Cependant, le chef d'état-major général disposait d'une vingtaine d'officiers, mais depuis longtemps généraux et colonels avaient pris l'habitude de ne plus tenir compte des observations des états-majors et de laisser encombrer les colonnes d'une quantité de voitures chargées d'objets inutiles ou superflus.

Le 15 au matin, le maréchal prescrivit à tous les corps de continuer leur mouvement sur Verdun ; les 2ᵉ et 6ᵉ corps devaient prendre la route du sud, suivis par la garde, la réserve générale, les parcs, et couverts en avant par la division de cavalerie Forton, soutenue par la division Valabrègue de la même arme. Le corps Frossard devait pousser jusqu'à Mars-la-Tour, appuyé par le corps Canrobert à Rezonville. Les 3ᵉ et 4ᵉ corps, précédés des trois régiments de chasseurs d'Afrique sous les ordres du général du Barail (le quatrième régiment de cette division n'avait pu rejoindre l'armée de Metz); devaient gagner la route de Conflans-Etain par le col de Lessy et Verneville ; le 4ᵉ corps devait aller le même jour à Doncourt-en-Jarnisy, le 3ᵉ se placer en arrière entre Saint-Marcel et Verneville. La fatigue des troupes était telle que le 3ᵉ corps se mit seulement en marche dans la soirée ; Ladmirault dirigea sur Lessy la division Lorencez, qui n'avait pas été engagée la veille, et prit sur lui de laisser les divisions Cissey et Grenier à leur bivouac de Woippy, pour faire reposer leurs soldats exténués par trente-six heures de combats et de marches continuelles. Les grenadiers de la garde et les réserves générales devaient se porter à Gravelotte ; les voltigeurs à l'auberge du Point-du-Jour, au centre d'une excellente position à mi-chemin de Rozérieulles et de Gravelotte.

Par suite du retard éprouvé dans leur marche par les 3ᵉ et 4ᵉ corps, Bazaine ordonna aux corps Frossard et Canrobert de s'arrêter à Rezonville, le 2ᵉ corps à gauche de la route de Verdun, le 6ᵉ à droite ; la cavalerie de Forton devait s'installer en avant de Vionville et pousser ses avant-postes vers Mars-la-Tour et Tronville ; la division Valabrègue, camper de façon à être prête à soutenir Forton. En arrivant à Tronville, l'avant-garde française rencontra la cavalerie prussienne qui débouchait du village de Puxieux avec de l'artillerie à cheval ; c'était la tête de colonne de la brigade Redern de la division Rheinbaben qui se mit à lancer des obus sur Tronville. Sans se donner la peine de reconnaître l'ennemi, les cavaliers firent dire qu'ils se trouvaient en présence d'un corps nombreux composé de troupes de *toutes armes*, et le général de Forton, au lieu de faire appel au concours de son collègue Valabrègue et de prononcer un mouvement offensif sérieux avec les 32 escadrons mis à sa disposition, se replia sur Vionville où il passa la nuit et d'où il adressa au maréchal Bazaine un rapport rempli d'assertions d'une inexactitude vraiment affligeante.

Ce rapport a été inséré en entier dans le livre publié par Bazaine à Madrid en 1883. En voici les principaux passages :

D'après les ordres de M. le maréchal commandant en chef, la division partit de Gravelotte le 15 à cinq heures et un quart du matin pour aller occuper Mars-la-Tour, en se faisant bien éclairer en avant, et sur son flanc gauche par deux escadrons de dragons......

Le prince Murat continua ensuite son mouvement de reconnaissance offensive vers les villages de Sponville et de Xonville. Là, il aperçut l'ennemi en forces assez considérables : deux régiments de cavalerie formés en colonnes, une batterie entre ces colonnes, une autre sur la droite, masquée par un petit bois et *une colonne d'infanterie* peu profonde.

Après avoir observé *avec soin* cette position, la brigade Murat se replia vers Mars-la-Tour où je venais d'arriver avec le reste de ma division, en me mettant constamment en communication avec le général du Barail, commandant la division de chasseurs d'Afrique......

Le village de Puxieux resta occupé par *l'infanterie prussienne*. Je fis prévenir M. le général Frossard de la position où je me trouvais, et sur son avis, après être resté deux heures en position devant Mars-la-Tour, je me repliai sur Vionville où je trouvai la division Valabrègue et les troupes du deuxième corps ; j'avais fait prévenir le général du Barail du mouvement que j'allais exécuter.....

Pendant le *combat*, les divisions du Barail et Valabrègue se rapprochèrent de moi. Signé : général de Forton.

Le général marquis de Forton et le prince Murat se trompaient en affirmant qu'ils se faisaient bien éclairer en avant et qu'ils avaient aperçu de l'infanterie. Ces deux officiers, qui avaient pourtant franchi rapidement tous les échelons de la hiérarchie militaire, ignoraient si complètement le service des reconnaissances et les devoirs qu'il impose aux chefs de la cavalerie, qu'ils s'en rapportaient au premier soldat venu pour adresser à un commandant de corps d'armée et au général en chef des renseignements faux. Jamais dans la journée du 15 août il n'a paru un fantassin prussien à Puxieux, à Xonville ou à Sponville. Les III⁰ et X⁰ corps, les plus rapprochés de Puxieux, étaient le 15, dans la journée, à Novéant et à Thiaucourt, c'est-à-dire à une distance d'au moins quinze kilomètres. Avec les trois régiments du général du Barail, Forton disposait de 44 escadrons, tandis que de 6 heures du matin à 2 heures de l'après-midi, le général Rheinbaben n'avait pu en réunir plus de 34. Quoique Bazaine soit devenu le bouc émissaire de toutes les fautes commises autour de

Metz, on ne peut que l'approuver quand il blâme vertement la mollesse du chef de son avant-garde et lui attribue en grande partie l'insuccès de la marche sur Verdun.

Il est certain que les renseignements erronés transmis par le général Forton empêchèrent le corps Frossard de pousser son avant-garde jusqu'à Mars-la-Tour et d'occuper cette localité. Car il est à remarquer que l'ordre de ne pas dépasser Rezonville fut envoyé à Frossard vers 11 heures du matin et que la rencontre des escadrons prussiens transformés en un corps de toutes armes par le prince Murat avait eu lieu vers 8 heures. La distance de Rezonville à Mars-la-Tour étant de huit kilomètres par une route nationale superbe, la tête de colonne du 2ᵉ corps l'aurait franchie avant l'arrivée du contre-ordre, si son chef n'avait été induit en erreur par le général de Forton. Notre infanterie avançant de huit kilomètres poussait devant elle les 44 escadrons des divisions Forton, du Barail et Valabrègue, plus que suffisants pour refouler la cavalerie prussienne qui n'avait alors d'autre soutien que ses batteries à cheval. Le général Rheinbaben, voyant nos éclaireurs se replier, s'empressa d'établir ses troupes sur la route sud de Verdun et envoya même un escadron à Jarny sur la route d'Etain.

Le 15 au soir, le grand quartier général et l'empereur étaient installés à Gravelotte ; les 2ᵉ et 6ᵉ corps, la garde et les réserves générales occupaient les positions qui leur avaient été assignées ; le 3ᵉ corps avait trois divisions installées pêle-mêle avec sa cavalerie entre Verneville et le mont Saint-Quentin, sa 3ᵉ division retardée par les encombrements était encore à la Maison de Planche sur la route de Thionville et au ban Saint-Martin ; le 4ᵉ corps était campé autour de Woippy, à l'exception de la division Lorencez qui, moins fatiguée que les autres, avait été envoyée à Lessy. Les nouvelles de la blessure du général Decaen étant mauvaises, Napoléon III commit la double faute de le remplacer *définitivement* par le maréchal Le Bœuf, condamné alors par l'opinion de la France entière, et d'affliger ainsi très vivement un excellent officier qui se faisait encore illusion sur la gravité de son état. Donner un caractère définitif à ce remplacement était une maladresse cruelle ; on avait trop pris l'habitude de ne ménager que l'amour-propre ou la sensibilité des généraux de cour et de ne pas s'inquiéter des hommes de valeur qui dédaignaient de fréquenter les Tuileries.

Pendant que notre armée éprouvait les plus grandes difficultés à marcher au milieu d'un amoncellement de bagages et de chariots de toutes dimensions, l'armée allemande mettait à profit les embarras de son adversaire et marchait sans relâche pendant les journées des 14 et 15 août. Déjà le 14, la division de cavalerie de Rheinbaben, forte de neuf régiments répartis en trois brigades, avait passé la Moselle à Pont-à-Mousson où se trouvaient le X$^e$ corps et le prince Frédéric-Charles ; la garde royale était dirigée en amont sur Dieulouard ; le IV$^e$ corps, d'Alvensleben I$^{er}$, à l'extrême gauche de la 2$^e$ armée, sur Marbache, près de Frouard, au confluent de la Meurthe et de la Moselle. Les III$^e$, IX$^e$, XII$^e$ corps et la 6$^e$ division de cavalerie commandée par le duc de Mecklembourg-Schwerin restaient en position au sud de Metz, à cheval sur la Seille, pour couvrir le mouvement tournant des trois autres corps ; le II$^e$, récemment appelé d'Allemagne, était encore à Han, sur la Nied, à dix lieues en arrière.

Après la bataille de Borny, les I$^{er}$ et VII$^e$ corps étaient restés en observation sur la rive droite de la Moselle, à quelques kilomètres à l'est du théâtre de la lutte du 14. Le VIII$^e$ corps, resté en réserve, reçut l'ordre de suivre le mouvement de la 2$^e$ armée à l'exception de la 31$^e$ brigade, Gneisenau, chargée de faire une démonstration contre Thionville et à l'occasion d'enlever cette place par surprise. Un réserviste prussien qui avait été récemment employé aux travaux de fortification servait de guide à la colonne. Partie le 14, à 5 heures du soir, de Gomelange, la brigade Gneisenau arrivait le 15, vers 3 heures du matin, aux portes de Thionville. La garnison faisait bonne garde, contrairement au dire du réserviste allemand d'après lequel la surprise était facile. Accueilli par une salve bien nourrie, le général Gneisenau sut renoncer sans hésitation à une entreprise impossible et ordonna la retraite, après une perte insignifiante de 4 hommes. Le soir, après une marche ininterrompue de 17 heures, la 31° brigade s'établissait à Kédange, sur la route de Sarrelouis à Thionville.

Revenons maintenant aux mouvements qui se rattachent plus intimement à la sanglante bataille du 16 août. Le général Rheinbaben ayant averti le prince Frédéric-Charles de son arrivée sur la route de Verdun au delà des positions occupées par l'armée française, le chef de la 2° armée conçut l'espoir de devancer Bazaine sur la Meuse et de se conformer ainsi aux ordres qu'il venait de recevoir du général de Moltke, ordres qui lui laissaient la latitude « de conduire cette opération d'après sa propre inspiration ». Il fit aussitôt soutenir Rheinbaben par la brigade des dragons de la garde ; le X° corps dut pousser son avant-garde le plus loin possible de Pont-à-Mousson ; le III° corps et la cavalerie du duc de Mecklembourg durent encore dans la journée franchir la Moselle sur le pont fixe de Novéant et sur le pont de bateaux que les pionniers venaient de jeter à Champey, pour de là marcher rapidement, le 16 de grand matin, sur Mars-la-Tour par Gorze. Les autres corps de la 2° armée suivaient le mouvement de conversion, tandis que les VII° et VIII° corps de l'armée de Steinmetz avec la 1<sup>re</sup> division de cavalerie obliquaient à gauche vers la Seille pour masquer le passage de la Moselle en cours d'exécution par la 2° armée ; le général Manteuffel avec le I<sup>er</sup> corps et la 3° division de cavalerie restait seul à l'est de Metz.

Ces ordres furent exécutés avec toute la célérité imaginable et le 15, à la nuit, les Prussiens avaient sur la rive gauche de la Moselle les III° et X° corps, les 5° et 6° divisions de cavalerie, fortes ensemble de 14 régiments, la brigade des dragons de la garde, plus, en amont, toute l'infanterie de la garde à Dieulouard ; six autres corps étaient prêts à les suivre pour barrer la route à l'armée du Rhin. Le quartier général du prince Frédéric-Charles était à Pont-à-Mousson, celui de Steinmetz à Bazoncourt ; le roi et de Moltke s'étaient installés à Herny, sur le chemin de fer de Forbach, près de Faulquemont.

Nous voici au 16 août 1870, jour à jamais mémorable dans les fastes de la guerre, car ce jour-là fut livrée la bataille la plus sanglante du siècle avec celle d'Eylau, eu égard au chiffre des combattants. Avant l'aube, l'empereur impatient de partir est debout, attendant son escorte composée des dragons, des lanciers de la garde et d'un bataillon du 3ᵉ grenadiers. A Conflans, la brigade Margueritte des chasseurs d'Afrique remplace la cavalerie de la garde qui rebrousse chemin, pendant que dans la soirée les grenadiers, prévenus que leur retraite était menacée, poussent jusqu'à Verdun et font ainsi plus de quinze lieues, après deux journées des plus fatigantes. L'empereur, qui les avait précédés dans cette ville avec son escorte de chasseurs d'Afrique, montait dans le seul wagon de 3ᵉ classe qui se trouvait en gare et où s'entassèrent avec lui le prince impérial, le prince Napoléon et les principaux officiers de sa maison militaire ; le reste des officiers d'ordonnance et des écuyers dut se contenter des wagons de marchandises ou à bestiaux. Ce train impérial de si piètre aspect arrivait à 6 heures du soir au camp de Châlons, en même temps que le général Trochu, récemment appelé de Toulouse pour prendre le commandement du 12ᵉ corps en voie de formation.

A 4 heures du matin, conformément aux ordres de Bazaine, toute l'armée de Metz est sur pied, les fantassins sac au dos et les tentes pliées, les cavaliers en selle, les artilleurs à leurs pièces, car on ignore que le corps Ladmirault est encore à Woippy, à 18 kilomètres, presqu'une journée de marche de Doncourt-en-Jarnisy, où il aurait dû être depuis la veille au soir. Pourquoi ce retard étonnant de la part d'un homme de guerre expérimenté comme le général Ladmirault ? Ce retard ne saurait étonner les personnes qui ont vu avec quelle impéritie le major général a dirigé les 3ᵉ et 4ᵉ corps. Leurs chefs Bazaine et Ladmirault ont été condamnés pendant plus de quinze jours à faire tourner en cercle leurs infortunés soldats auxquels on ne laissait jamais le temps de se reposer ni de manger. Les divisions Grenier et Cissey n'avaient pas cessé un instant de se battre ou de marcher depuis le 14 au matin ; arrivées à Woippy, leur fatigue était telle que, de l'aveu de tous les officiers, il était physiquement impossible de les faire monter le même jour sur le plateau. Quoique l'itinéraire fixé par Bazaine lui prescrivit de passer par le col de Lessy, Ladmirault, après avoir fait reconnaître les routes, jugea avec raison qu'il valait mieux suivre l'excellente route de Briey jusqu'à Saint-Privat-la-Montagne et Sainte-Marie-aux-Chênes pour se rabattre à gauche de ce dernier village, sur Doncourt et la route de Conflans par Saint-Ail et Jouaville.

Différentes relations, entre autres celles du docteur Quesnoy, médecin principal du 6ᵉ corps et ami du maréchal Canrobert, insistent avec Bazaine sur les graves conséquences du retard que le corps Ladmirault a mis à entrer en ligne ; si faute il y a, la plus grande part de responsabilité en incombe à l'état-major général et surtout à son chef, le général Jarras, qui avait réglé d'une façon pitoyable la marche des colonnes à travers Metz. Le général Ladmirault a eu tellement raison de modifier l'absurde itinéraire que l'on prétendait lui imposer, que sa 3ᵉ division Lorencez et la division Metman du 3ᵉ corps qui, conformément aux ordres de l'état-major général, s'étaient engagées dans le col de Lessy, n'ont pu arriver que le 17 au matin sur les emplacements désignés pour le 16.

Le gros de l'armée française était établi sur le plateau ondulé et parsemé de gros bouquets de bois, limité à l'est par le ravin de la Mance qui débouche à Ars-sur-Moselle, et à l'ouest par une ligne légèrement concave allant de Vionville à Doncourt-en-Jarnisy par Saint-Marcel et qui marquait le front des bivouacs. Au nord, les ondulations se prolongent à perte de vue, mais au sud, sur la gauche des positions, le long de la route de Mars-la-Tour, le terrain est plus accidenté. Des bois épais couvrent les pentes assez raides qui descendent vers la Moselle, ainsi que les deux gorges profondes qui, après leur réunion à Gorze, se prolongent jusqu'à Novéant ; toutefois, à hauteur de la route, ces gorges ne présentent aucun obstacle et ne forment encore que deux grandes rides à contours adoucis dans lesquelles la cavalerie et l'artillerie peuvent évoluer aux allures vives jusqu'à plus de deux mille mètres de Rezonville.

Les corps Frossard, Canrobert et les divisions de cavalerie d'avant-garde attendirent jusqu'à 9 heures du matin l'ordre de marche qui continuait à ne pas arriver, puisque Bazaine persistait à ne faire aucun mouvement avant que la tête de colonne de Ladmirault ne fût arrivée sur la route d'Etain, à la hauteur de celle du corps Frossard. Le général de Forton donna alors l'ordre de faire boire les chevaux par fractions et poussa l'imprudence jusqu'à dire de desseller. Si encore les avant-postes avaient été placés avec intelligence ! mais, suivant une déplorable habitude impossible à déraciner, les vedettes n'éclairaient pas le camp à plus de 1.500 mètres devant un ennemi disposant de canons d'une portée de 3.000 à 4.000 mètres. Pour comble d'aberration, quoiqu'on sentît l'approche de l'ennemi, les bagages de la division arrivaient à Vionville vers 9 heures 1/2. Des bagages au milieu d'une cavalerie d'avant-garde ! Les voitures n'étaient pas encore dételées que les crêtes avoisinant Vionville se couvrent d'éclaireurs prussiens et, peu d'instants après, les obus se mettent à pleuvoir sur le campement de la cavalerie Forton et atteignent même celui du général Valabrègue. La panique est générale, les cavaliers sautent sur leurs chevaux et se précipitent dans la direction du 2e corps, le terrain s'encombre de voitures démolies par les projectiles, partout on voit des chevaux courant à l'aventure. Les bagages sont perdus, mais les escadrons dispersés ne tardent pas à se rallier sur le plateau de Rezonville et à prendre position parallèlement à la voie romaine, adossés au bois de Villers. La brigade de cuirassiers et la division Valabrègue, campés derrière la brigade de dragons du prince Murat, exécutèrent leur ralliement sans désordre.

Les troupes du 2ᵉ corps, étonnées mais non ébranlées par le bruit du canon et la panique qui en résulte, prennent vivement les armes et occupent leurs positions de combat. La division Bataille garnit les crêtes qui s'étendent de Flavigny vers Vionville presque perpendiculairement à la grande route; à sa gauche vient se former la 1ʳᵉ brigade de la division Vergé, la 2ᵉ est en retour d'équerre, face au bois de Vionville, et se relie à la brigade Lapasset qui forme l'aile gauche en face du bois de Saint-Arnould, avec mission de surveiller les ravins boisés de Gorze. Le 6ᵉ corps, formé sur deux lignes, couvre l'espace compris entre la droite de la division Bataille et le village de Saint-Marcel : la division Lafont-Villiers a sa gauche à la route de Verdun et se relie par le seul régiment du général Bisson à la division Tixier, portée entre la voie romaine et Saint-Marcel ; la division Levassor-Sorval est tenue en réserve derrière Rezonville, parallèlement à la route, prête à soutenir la brigade Lapasset dont l'aile gauche paraît menacée ; l'artillerie des deux corps d'armée couvre les ailes et remplit les intervalles. Le maréchal Bazaine, informé de ce qui se passait en avant de Rezonville, fit aussitôt inviter Le Bœuf et Ladmirault à hâter la marche de leurs corps.

Ainsi, l'attaque audacieuse de la 5ᵉ division de cavalerie prussienne avait mis sur pied toute l'armée française dont les chefs ne savaient quel genre de troupes ils avaient devant eux. Pendant que les 2ᵉ et 6ᵉ corps prenaient position, la 6ᵉ division de cavalerie prussienne, duc de Mecklembourg, entrait en ligne avec son unique batterie à cheval, suivie de près par l'avant-garde du III<sup>e</sup> corps, d'Alvensleben II, qui déboucha vers 10 heures.

Les Prussiens se déploient d'abord suivant un grand arc de cercle enveloppant l'angle formé par le corps Frossard, dont ils battent énergiquement le côté occupé par la division Bataille avec de nombreuses pièces de 6 auxquelles nos canons de 4 ne résistent que très difficilement. Sous ce feu écrasant, notre division commence à osciller et, son vaillant chef ayant été grièvement blessé, l'infanterie finit par se replier et découvre ainsi la droite de la division Vergé qui recule à son tour derrière Rezonville ; la brigade Lapasset, vigoureusement commandée, tient ferme, cependant ses pertes sont relativement plus considérables que celles de ses voisins.

Il était environ midi et demi ; Bazaine, accouru au bruit de cette lutte acharnée, dirigeait en avant du village de Rezonville les mouvements de ses troupes avec cette intrépidité calme qui lui avait conquis une si belle réputation en Crimée, en Italie et au Mexique dans la campagne de Puebla. Déjà les Prussiens avaient enlevé Flavigny, Vionville et menaçaient sérieusement Rezonville ; le 3<sup>e</sup> régiment de lanciers venait de se replier après une faible tentative, lorsque le commandant en chef envoie aux cuirassiers de la garde l'ordre de charger dans la direction de Flavigny, pour contenir le torrent des assaillants. Le brave général du Preuil, qui commande la grosse cavalerie de la garde, demande sagement que l'on essaye d'abord d'ébranler les masses prussiennes avec du canon. « Chargez tout de suite, il n'est que temps », lui dit le général Frossard qui, depuis le commencement de l'action, n'a pas cessé un instant de se tenir au milieu d'une véritable pluie de fer. Alors, sans hésiter, du Preuil forme son régiment en trois échelons, les deux premiers de deux escadrons, et s'élance sur l'ennemi dont il arrête un instant les feux, mais au prix de quels sacrifices ! Les cuirassiers de la garde perdirent 22 officiers sur 47, 208 hommes sur 631 et 243 chevaux.

Le ralliement de ces héroïques cavaliers n'était soutenu que par une batterie de la garde dont les six pièces étaient impuissantes à arrêter la poursuite impétueuse des 11ᵉ et 17ᵉ régiments de hussards de la brigade Redern qui venaient de déboucher entre Flavigny et Vionville. Le maréchal Bazaine et le général Frossard sont entourés avec leurs états-majors et obligés de mettre l'épée à la main. L'escadron du 5ᵉ hussards qui servait d'escorte au maréchal s'aperçoit du danger et repousse vigoureusement les cavaliers prussiens.

Peu auparavant, pendant la charge des cuirassiers, Bazaine avait envoyé dire à Bourbaki de faire avancer la division Picard des grenadiers de la garde et de réoccuper les positions perdues par le 2ᵉ corps. Ces soldats d'élite commencèrent par diriger un feu bien nourri contre la 6ᵉ division de cavalerie prussienne qui se préparait à les charger et qui renonça à son projet devant la ferme attitude de ces redoutables adversaires. Ils concentrèrent alors leur tir sur l'infanterie allemande qui cherchait à déboucher de Flavigny et la mirent rapidement dans l'impossibilité d'avancer. La division des voltigeurs remplaça les grenadiers en avant de Gravelotte, face au bois des Ognons dans lequel s'établirent les chasseurs à pied de la garde, tandis que les deux divisions du corps Frossard se reformaient en face de la gorge d'Ars, en arrière de Gravelotte, par laquelle on pouvait craindre d'être tourné.

Le corps Canrobert avait brillamment repoussé toutes les attaques et même gagné du terrain. Sa réserve, formée de la division Levassor-Sorval, était intacte et put détacher une brigade pour soutenir la gauche des grenadiers de Picard dont les quatre régiments, y compris les zouaves, ne pouvaient remplir entièrement l'espace laissé vide par le départ du 2ᵉ corps. Le combat était rétabli sur tous les points et, vers deux heures, les Prussiens, rebutés par leurs attaques infructueuses, avaient visiblement ralenti leur feu en attendant de nouveaux renforts. Des batteries du corps Canrobert postées le long de la voie romaine en avant du bois de Villers faisaient un mal énorme aux colonnes qui tentaient de déboucher de Vionville et qu'elles prenaient d'écharpe et d'enfilade. Pour se débarrasser de ce feu incommode, le général Bredow de la division Rheinbaben reçoit l'ordre de charger l'artillerie française avec 6 escadrons des 7 cuirassiers et 16ᵉ ulans. A cet effet il traverse la route de Verdun en arrière de Vionville et forme sa brigade en deux échelons perpendiculairement à la voie romaine ; les cuirassiers placés à gauche forment le premier échelon. En un clin d'œil ils sont sur les batteries dont ils sabrent les servants ; puis ils traversent les lignes du 6ᵉ corps au milieu des fantassins étourdis d'une pareille impétuosité. Au moment où ils remontent sur leurs chevaux essoufflés la pente gauche du ravin de Gorze, ils sont aperçus par la division Forton, adossée à la chaussée romaine ; chargés aussitôt en flanc par la brigade de dragons et en queue par les cuirassiers, leur destruction est presque complète. Le 7ᵉ cuirassiers perd 7 officiers, 189 hommes et 209 chevaux ; le 16ᵉ ulans, 10 officiers, 174 hommes et 200 chevaux. Telle est l'origine de la légende enfantine des cuirassiers *blancs* de Bismarck détruits à Rezonville.

Il est deux heures passées, les corps Le Bœuf et Ladmirault ne vont pas tarder à entrer en ligne et à modifier la situation à l'avantage des Français ; mais, avant de parler des péripéties de la seconde phase de cette terrible bataille, il est utile de revenir succinctement sur les mouvements exécutés dans la matinée du 16 par les corps allemands les plus rapprochés du champ de bataille.

Le Xᵉ corps avait marché de bon matin de Thiaucourt sur Saint-Hilaire, village situé sur la route de Verdun, à 6 kilomètres au delà de Mars-la-Tour. Sa marche était couverte par la division Rheinbaben et par les dragons de la garde. Le IIIᵉ corps avec la division de cavalerie du duc de Mecklembourg s'était dirigé sur Vionville et Gravelotte. Sa tête de colonne ayant passé la nuit à Gorze avait peu de chemin à parcourir pour atteindre la route de Verdun.

Sur les 8 heures du matin, des officiers envoyés en reconnaissance prévinrent le général d'Alvensleben II, commandant le IIIᵉ corps, que l'armée française se tenait immobile sur le plateau de Rezonville, mais que certains mouvements semblaient indiquer une intention de se replier par les routes du nord. Cette supposition était logique malgré son inexactitude ; il ne pouvait venir à l'idée de ces officiers que les 3ᵉ, 4ᵉ corps et la garde avaient mis dix heures à traverser Metz ; ils devaient croire que les troupes en position sur la route sud de Verdun n'étaient qu'une arrière-garde chargée de couvrir la marche des autres corps par Briey et Etain. Par suite de cette erreur, le général d'Alvensleben prescrivit à la 6ᵉ division, Buddenbrock, de marcher sur Mars-la-Tour par Tronville et de faire son possible pour gagner ensuite Jarny, sur la route d'Etain.

On a vu que, peu après 9 heures du matin, la cavalerie de Rheinbaben se heurtait contre celle de Forton ; puis, la cavalerie du duc de Mecklembourg venait soutenir la 5ᵉ division, et les 16 régiments de cavalerie prussienne, y compris les dragons de la garde, soutenus par leurs quatre batteries à cheval, engageaient la bataille en attendant l'infanterie. Vers 10 heures, la 5ᵉ division, Stülpnagel, débouchait entre Flavigny et le bois de Vionville, en face des brigades Jollivet et Lapasset. Une demi-heure plus tard, la division Buddenbrock arrivait à Tronville et parvenait à enlever Vionville et Flavigny aux troupes de Frossard. Enfin, après midi, apparaissaient sur la gauche les deux régiments de la 37ᵉ brigade du Xᵉ corps accourue, sur l'initiative de son chef, le colonel Lehmann, au secours du corps d'Alvensleben. La brigade de cavalerie Bredow fut alors sacrifiée pour donner de l'air à l'infanterie et permettre à la brigade Lehmann de déboucher.

Grâce à la supériorité de leur artillerie, les Prussiens avaient d'abord obtenu sur le 2ᵉ corps un avantage que leur infériorité numérique et la vigueur des grenadiers de la garde ne leur avaient pas permis de conserver. Bientôt de nouveaux renforts vont entrer en ligne de part et d'autre. Le Xe corps, Voigts-Rhetz, approche et il est temps de voir ce qu'étaient devenus les 3e et 4e corps si longs à donner de leurs nouvelles.

A 11 heures, la tête du 3e corps cheminait péniblement en avant de Verneville, lorsque le maréchal Le Bœuf entendit le canon de Rezonville. Aussitôt il dirige la division Aymard (ancienne Decaen) sur Saint-Marcel et la déploie parallèlement à la voie romaine ; la division Nayral (ancienne Castagny blessé à Borny) vient se placer à sa droite et ces deux divisions réunies chassent la brigade Lehmann du bois de Tronville. Sur ces entrefaites, Bazaine, toujours préoccupé de maintenir ses communications avec Metz, arrête la division Montaudon à Villers-au-Bois et la dirige ensuite sur Ars, où elle ne rencontre aucun Prussien. Rappelée dans la soirée sur le plateau, elle n'arrive plus à temps pour prendre part à la lutte.

Le corps Ladmirault, parti au jour de Woippy, s'était dirigé, précédé de sa cavalerie, par Saulny sur Saint-Privat et Sainte-Marie-aux-Chênes. A 11 heures, la division Grenier arrivée à Saint-Ail fut tout étonnée d'entendre une furieuse canonnade, car le chef d'état-major général n'avait envoyé aux troupes en retard aucun avis des graves événements qui se passaient sur la gauche de l'armée. Ladmirault, en homme de cœur et d'expérience, modifie encore une fois son itinéraire et marche droit sur Bruville d'où semblait venir le bruit ; en même temps il fait prévenir le général de Cissey dont les troupes se reposaient à Saint-Privat. Celles-ci accourent aussitôt et, un peu après 4 heures, les deux divisions dont dispose Ladmirault apparaissent en bel ordre de bataille sur la crête un peu accidentée qui s'étend de Saint-Marcel à Bruville, et s'avancent de là vers Mars-la-Tour.

A la même heure, le Xe corps prussien, Voigts-Rhetz, tout entier entrait en ligne, après une marche moyenne de

45 kilomètres, pour appuyer la gauche très menacée du corps d'Alvensleben et recueillir la brigade Lehmann écrasée ; la 20ᵉ division, Kraatz, va remplacer cette brigade dans le bois de Tronville. Les hommes sont harassés, car, partis de Thiaucourt dans la direction de Saint-Hilaire, ils ont dû se rabattre à droite et faire un long détour pour marcher au canon. La brigade Wedell de la 19ᵉ division, qui marche à la gauche de la 20ᵉ, se rabat sur Mars-la-Tour et de là sur la ferme de Gréyères. Au moment où le 16ᵉ régiment d'infanterie prussien traversait le petit ravin situé au sud de la ferme, entre celle-ci et Mars-la-Tour, il se heurte contre le corps Ladmirault qui le détruit complètement. Deux de ses compagnies ont été détachées à Saint-Hilaire, les dix autres perdent 49 officiers et 1736 hommes dont 423 sont faits prisonniers. Le second régiment de la brigade, le 57ᵉ, soutenu par deux compagnies de pionniers, est presque aussi maltraité avec une perte de 23 officiers et de plus de 800 hommes.

Le désastre de l'aile gauche prussienne est si complet que, d'après les relations allemandes, la déroute ne s'arrêta qu'en arrière de Tronville, à plus d'une lieue du ravin de Gréyères.

Pour sauver les débris de l'infanterie, les 1ᵉʳ et 2ᵉ régiments des dragons de la garde se dévouèrent avec un courage auquel officiers et soldats du corps Ladmirault rendent unanimement hommage. Comme nos cuirassiers de Wœrth, ils exécutèrent plusieurs charges furieuses dans lesquelles ils perdirent 20 officiers et 200 dragons ; les deux colonels étaient tués.

Après qu'il eut repoussé les dragons de la garde, rien n'arrêtait plus Ladmirault qui se disposait à occuper Mars-la-Tour et Tronville, lorsque le général prussien Barby, étant parvenu à réunir ses régiments de cavalerie et ce qui restait de la brigade des dragons, renouvela la tentative que celle-ci avait si chèrement expiée. Le général Ladmirault, à la vue de l'orage qui menace sa droite, s'empresse d'appeler à lui toute la cavalerie dont il peut disposer. Près de la ferme de

Gréyères se trouve le 2ᵉ chasseurs d'Afrique ; puis les 2ᵉ et 7ᵉ hussards et le 3ᵉ dragons de la division Legrand du 4ᵉ corps ; les cinq régiments de la division Clérembault du 3ᵉ corps ; les lanciers et les dragons qui venaient d'escorter l'empereur ; en tout 11 régiments diminués de quelques détachements fournis aux divisions d'infanterie. A 6 heures du soir commença le choc à jamais mémorable de ces deux masses comprenant au moins 8000 cavaliers de toutes armes. La plume est impuissante à décrire cette lutte renouvelée des croisades ; les relations françaises et allemandes ont tenté de donner des détails de ce combat extraordinaire dont les acteurs eux-mêmes ne peuvent avoir qu'une notion confuse. Des deux côtés les cavaliers se sont bravement battus et ont obtenu le résultat désiré : les Prussiens en embarrassant la marche du 4ᵉ corps jusqu'à la tombée de la nuit ; les Français en empêchant l'ennemi de déborder leur droite et de gagner la route de Conflans, alors encombrée de bagages et de chevaux de main.

Les divisions Grenier et Cissey n'avaient qu'à occuper Mars-la-Tour et Tronville pour prendre le Xᵉ corps à revers, tandis que le maréchal Canrobert était tout disposé à profiter du désarroi complet du IIIᵉ corps pour le refouler dans les ravins de Gorze par une offensive vigoureuse ; mais Bazaine, toujours préoccupé de sa gauche et du maintien de ses communications avec Metz qu'il devait pourtant quitter pour le reste de la campagne, arrêta tous les mouvements destinés à compléter la victoire. Toute son attention se portait sur les bois de Saint-Arnould et des Ognons, sur les ravins de Gorze et d'Ars, au débouché desquels il mettait de nombreuses réserves et entassait une masse énorme de canons et de mitrailleuses. Ladmirault, qui n'avait pas reçu le moindre ordre ni une seule instruction de toute la journée, se replia à la nuit sur la hauteur de Bruville et y bivouaqua sous la protection de la division Lorencez qui était enfin parvenue à le rejoindre.

Tandis que ces événements se passaient en face du 4ᵉ corps, les divisions Buddenbrock et Stülpnagel du corps Voigts-Rhetz s'étaient maintenues entre le village de Vionville et le bois du même nom, mais au prix d'énormes sacrifices ; la première continuait à être accablée par les batteries du 6ᵉ corps placées le long de la voie romaine. Pour éteindre ce feu, les Prussiens avaient déjà fait anéantir la brigade de cavalerie Bredow ; leur ligne de bataille ne se composait plus que de batteries d'artillerie dont les coffres étaient presque vides et dont la fatigue devenait visible. Une poussée du corps Canrobert suffisait pour achever la déroute du IIIᵉ corps ; c'était l'opinion de l'état-major du prince Frédéric-Charles qui, prévenu à Pont-à-Mousson de l'intensité de la lutte, avait brusquement interrompu son déjeuner pour parcourir à fond de train, en une heure et demie, les 27 kilomètres qui le séparaient du IIIᵉ corps, le même qu'il commandait avant de devenir chef d'armée dans la campagne de Bohème. Vers 4 heures, le prince en personne lança contre le corps Canrobert deux bataillons restés disponibles et qui durent se replier devant des forces très supérieures.

Fait singulier, des deux côtés on craignait d'être tourné par les ravins et les bois avoisinant Metz. Dans le but de s'opposer aux masses que Bazaine y avait accumulées, les VIIIᵉ et IXᵉ corps reçurent l'ordre de franchir rapidement la Moselle à Novéant. Quoique la chaleur fût étouffante dans les ravins encaissés que les troupes avaient à traverser, l'ordre fut ponctuellement exécuté. A 3 heures 1/2, la 32ᵉ brigade de la 16ᵉ division Barnekow du VIIIᵉ corps arrivait à Gorze. De là, le général envoyait aussitôt 3 batteries et 5 escadrons du 9ᵉ hussards au secours de Stülpnagel ; neuf bataillons furent dirigés par la côte Mousa vers le bois de Saint-Arnould sous les ordres du colonel Rex, commandant la 32ᵉ brigade. Ils ne purent déboucher que vers 5 heures sur la lisière du bois ; tous leurs efforts vinrent échouer devant la belle attitude des troupes françaises soutenues par quatre bataillons de voltigeurs amenés de Gravelotte par le général Deligny.

La 25ᵉ division hessoise du IXᵉ corps, sous les ordres du prince Louis de Hesse, qui suivait immédiatement la 16ᵉ, envoya encore deux batteries de renfort à celles de Stülpnagel dont les munitions étaient épuisées ; une troisième batterie avec les 1ᵉʳ et 2ᵉ régiments d'infanterie hessois appuyèrent à droite par les bois des Chevaux et des Ognons où ils furent contenus jusqu'à la nuit par les voltigeurs et les chasseurs à pied de la garde.

A 7 heures du soir, le prince Frédéric-Charles, avec les débris des 6ᵉ et 20ᵉ divisions soutenues par les trois régiments de la 14ᵉ brigade de cavalerie, tenta contre le centre de Canrobert un effort suprême préparé par une vive canonnade. Déjà la cavalerie avait obtenu quelques avantages, enlevé un canon et pris l'aigle du 93ᵉ de ligne, quand les escadrons de Valabrègue la repoussèrent en l'obligeant à abandonner ses trophées. L'infanterie fut également maltraitée par la division Lafont-Villiers et par les grenadiers de la garde qui, dans cette terrible journée, justifièrent au plus haut point leur renom de bravoure.

La nuit était arrivée lorsque, après 8 heures, un bruit de chevaux et des hurrahs troublèrent encore le silence qui commençait à se faire. C'était une dernière attaque dirigée, sur l'ordre du prince Frédéric-Charles, par la brigade de hussards Rauch de la division Mecklembourg contre le malheureux village de Rezonville, à moitié détruit par l'incendie et les obus. Les brillants hussards rouges de Zieten vinrent se briser contre le 6ᵉ corps, les grenadiers et les zouaves de la garde. La brigade perdit 13 officiers et 193 hussards ; le général Rauch et le colonel du 16ᵉ hussards étaient blessés, le colonel du 3ᵉ régiment tué. Ce fut le dernier épisode de cette sanglante journée de Rezonville que les Allemands appellent officiellement bataille de Vionville-Mars-la-Tour.

Les pertes répondaient à l'acharnement de la lutte. Nous comptions 837 officiers, 16.193 hommes tués, blessés ou disparus. Les généraux Legrand, Brayer et Marguenat avaient été tués; les généraux Bataille, Letellier-Valazé et de Montaigu étaient blessés. Les Prussiens avaient perdu 711 officiers, 15.079 hommes tués, blessés ou disparus.

Dans les premiers mois qui suivirent cette mémorable journée, beaucoup d'écrivains des deux nations se sont livrés à des exagérations regrettables dans l'énumération des forces engagées de part et d'autre. En voici un relevé aussi exact que possible et qui a paru dans notre édition de 1872. Nous n'y avons rien modifié, car il concorde avec ceux des ouvrages spéciaux parus récemment. Le maréchal Bazaine a mis en ligne : les 2ᵉ et 6ᵉ corps en entier, 55.000 hommes ; le 3ᵉ corps, moins les divisions Metman et Montaudon, 26.000 ; le 4ᵉ corps, moins la division Lorencez, 20.000 ; la garde et les réserves d'artillerie, moins quelques bataillons, batteries et escadrons, 15.000 ; total : 116.000 hommes. Les Prussiens ont engagé : les IIIᵉ et Xᵉ corps en entier, 64.000 hommes ; les 14 régiments des 5ᵉ et 6ᵉ divisions de cavalerie, les 2 régiments des dragons de la garde, avec l'artillerie à cheval, 10.000 ; la brigade Rex du VIIIᵉ corps, avec cavalerie et artillerie, 6.000 ; le régiment de grenadiers n° 11 de la 18ᵉ division et la 1ʳᵉ brigade de la 25ᵉ division du IXᵉ corps (les régiments hessois n'étaient qu'à deux bataillons), 8.000 ; total : 88.000 hommes.

Nos réserves étant plus rapprochées de la ligne de bataille que celles des Allemands qui arrivaient péniblement à une heure avancée de la soirée, notre supériorité numérique était incontestable, surtout sur notre droite, où les corps Le Bœuf et Ladmirault n'eurent pas devant eux plus de cinq à six régiments d'infanterie. Aussi, de ce côté, le succès fut-il complet et il ne dépendait que du commandant en chef d'en recueillir les avantages. Le conseil de guerre de Trianon a jugé que la décision de Bazaine d'empêcher la continuation de l'offensive lui avait été inspirée par des considérations plus politiques que militaires. D'après l'opinion des officiers les mieux renseignés, le maréchal considérait l'empire comme perdu et tenait avant tout à séparer son sort de celui d'un souverain à la veille d'être détrôné. Dans ce but, il jugea inutile de marcher sur Verdun et préféra se replier sur Metz où, à la tête d'une belle armée, la seule que possédât alors la France, il ne tarderait pas à être l'arbitre d'une paix qu'il n'était pas seul à croire prochaine.

Mais reprenons notre récit.

Au moment où la nuit mit fin à la bataille, le maréchal Bazaine se trouvait en avant de Rezonville et dirigeait en personne les bataillons de la garde qui repoussèrent les dernières attaques. Dans son célèbre ouvrage *Metz, campagne et négociations*, le général d'Andlau raconte avec des détails précis tout ce que fit Bazaine pendant les heures qui suivirent ; l'écrivain véridique doit donc s'appuyer sur son témoignage, corroboré du reste par tous les officiers de l'état-major général et par le procès de Trianon, en ce qui concerne la soirée et la nuit du 16 août.

La gauche de l'armée prussienne était en déroute complète ; sur les autres points les troupes françaises étaient maîtresses du champ de bataille et y bivouaquaient. Déjà, vers 6 heures 1/2 du soir, les officiers de l'état-major général avaient été étonnés d'entendre le maréchal répondre au colonel Loysel qui lui conseillait de pousser les Prussiens jusqu'à la Moselle avec la conviction que ce conseil était conforme à la pensée de son général en chef : « Vous ne savez pas ce qui se passe ailleurs, je ne suis pas si libre de mes mouvements... » Le colonel, en homme qui s'incline devant les hautes responsabilités, n'insista pas.

L'étonnement de l'état-major général devint de la stupeur quand, à 9 heures du soir, Bazaine, au lieu de donner des instructions pour compléter au point du jour son succès du 16, se contenta de prescrire aux troupes de rentrer dans leurs bivouacs et se dirigea silencieusement vers Gravelotte, où il installa son quartier général dans l'auberge où avait couché l'empereur.

Aussitôt arrivé, il fait appeler l'intendant Préval, faisant fonctions d'intendant en chef de l'armée à la place de M. Wolf parti en avant pour Verdun, et l'invite à se rendre immédiatement à Metz pour en ramener des vivres. A M. Préval succéda le colonel Vasse Saint-Ouen, chef d'état-major de l'artillerie, qui vint annoncer au maréchal, de la part de son chef, le général Soleille, que beaucoup de coffres à munitions étaient vides et qu'il fallait un certain effort pour les combler. Ce renseignement était inexact, car des 106.000 charges de canon emportées de Metz, l'armée n'en avait consommé que 26.000 et brûlé seulement un million de cartouches sur dix-sept millions. Il restait donc encore largement de quoi livrer deux ou trois grandes batailles avec la certitude de pouvoir se réapprovisionner à Verdun où le général Palikao dirigeait des quantités énormes de munitions et de vivres. Mais, dans la disposition d'esprit où se trouvait Bazaine d'abandonner l'empereur à son sort, il prêta une oreille complaisante aux faux renseignements du général Soleille et, sans s'être un seul instant préoccupé de les contrôler, il fit donner, à 10 heures du soir, au général Jarras, les instructions suivantes, aussitôt transmises aux commandants de corps d'armée et dont le premier paragraphe indique nettement à quelles pensées obéissait celui qui les dictait :

Après la bataille d'aujourd'hui, les corps ont dû reprendre à dix heures leurs anciens campements ; par suite de la grande consommation qui a été faite de munitions d'artillerie et d'infanterie, nous allons *donc* nous reporter sur le plateau de Plappeville.

Le 2º corps occupera la position qui s'étend entre le Point-du-Jour et Rozérieulles.

Le 3º se placera à sa droite, en avant de Châtel-Saint-Germain, vers les fermes de Moscou et de Leipzig.

Le 4º, à la droite du 3º, vers Montigny-la-Grange et Amanvillers.

Le 6º s'établira à Verneville.

La garde se placera en arrière entre Lessy et le village de Plappeville, où sera porté le grand quartier général.

La division de cavalerie de Forton ira s'installer en avant de Longeville.

La division de cavalerie du Barail se placera à Saint-Privat, pour éclairer et garder la route de Briey.

La réserve d'artillerie suivra la garde et s'établira sur le plateau de Plappeville, entre le fort de Saint-Quentin et le col de Lessy... C'est là que l'artillerie des corps d'armée devra venir demain recompléter ses munitions.

Le mouvement devra commencer le 17, à quatre heures du matin ; il sera couvert par la division Metman, qui tiendra la position de Gravelotte et ira ensuite rallier son corps. . . . . . . . . . . . . . . . . . . . . .

Dans le cas où l'ennemi entreprendrait une attaque sur nos lignes, le mieux serait d'indiquer comme point de ralliement, si cela était nécessaire, le plateau de Rozérieulles, entre l'auberge de Saint-Hubert et le Point-du-Jour... Dans le cas où les troupes qui sont en position depuis la bataille y seraient encore, vous les rappelleriez dès à présent si la sécurité de vos campements ne s'y oppose pas.

Le soir même, à 11 heures, Bazaine écrivit à l'empereur *une lettre* pour lui rendre compte de la bataille de Rezonville et de son obligation de se reporter sur la route de Vigneulles à Lessy pour se ravitailler. Le lendemain, il adressait à Napoléon III une dépêche télégraphique datée de Plappeville et une lettre confirmative de la dépêche datée de Metz dans chacune desquelles le maréchal déclare qu'il va « faire tous ses efforts pour reconstituer ses approvisionnements de toutes sortes, afin de reprendre sa marche sur Verdun *dans deux jours, si cela est possible* : — je prendrai la route de Briey », disait-il en terminant. En attendant, le 17 à 4 heures du matin, les divisions de l'armée du Rhin se mettaient en mouvement pour occuper la ligne Rozérieulles-Amanvillers. Le maréchal Canrobert, en arrivant à Verneville, fit observer avec beaucoup de justesse que son corps y serait trop en flèche et de plus exposé à être surpris par les Prussiens qui pourraient s'avancer sous le couvert des bois dont le village est entouré. Le général en chef l'autorisa *par lettre* à se placer à la droite du corps Ladmirault et à occuper le hameau de Jérusalem, les villages de Saint-Privat et de Roncourt, avec le 94ᵉ de la division Lafont-Villiers en poste avancé à Sainte-Marie-aux-Chênes, sur la route de Briey par laquelle Bazaine manifestait l'intention de renouveler la tentative avortée le 16 par suite de son indécision ou de sa tendance à ne pas s'éloigner de Metz.

En examinant attentivement les faits, il est évident que la terrible journée de Rezonville a exercé une influence décisive sur les résolutions du maréchal. L'audace et l'énergie des Prussiens, la rapidité de leurs mouvements, avaient frappé son esprit et lui inspiraient les plus vives appréhensions sur le résultat final d'une longue retraite de Metz à la falaise de Champagne. De là cette crainte d'aller de l'avant en rase campagne et cette tendance manifeste à rester abrité dans le camp retranché de Metz, tendance qui était, en outre, d'accord avec son désir d'attendre dans une position inexpugnable les événements ultérieurs sans avoir d'autre arrière-pensée que celle d'être débarrassé du voisinage à la fois gênant et encombrant de l'empereur. Les personnes qui attribuent à Bazaine un plan de trahison longuement médité et savamment échafaudé sont dans l'erreur. L'homme vulgaire que l'on a pu voir pendant deux mois à Trianon n'était pas capable des vastes conceptions que lui a prêtées complaisamment une opinion publique fort mal éclairée. Nous verrons dans la suite de ce récit que les fautes commises par Bazaine pendant son commandement en chef manquent de connexité; il en a commis la plupart inconsciemment, parce que, dénué de sens moral et privé d'une sérieuse culture intellectuelle, il ne pouvait comprendre les grands devoirs qui s'imposent à un maréchal de France commandant en chef une armée.

## CHAPITRE XIX

Retraite de l'armée française sur Metz. — Etonnement des Prussiens. — Ils annoncent enfin leur prétendue victoire du 16. — Marche de l'armée du prince royal du 14 au 18 août. — Mouvements des 1$^{re}$ et 2$^e$ armées les 16 et 17. — Description du champ de bataille de Saint-Privat. — Attaque de la 2$^e$ armée à midi. — A 4 heures, tentative de Steinmetz. — Mouvement tournant des Saxons. — Défaite du 6$^e$ corps et d'une partie du 4$^e$. — Inaction de Bazaine. — Résultats de la bataille. — 14 août, le général comte de Bismarck-Bohlen est nommé gouverneur général d'Alsace. — 21 août, jonction à ce gouvernement de plusieurs arrondissements des départements de la Moselle, de la Meurthe et des Vosges.

La retraite fut navrante; les habitants des villages voisins du théâtre de la lutte, à la nouvelle inattendue du mouvement de recul de l'armée française, s'empressèrent de charger sur des charrettes ou sur leur dos ce qu'ils possédaient de plus précieux et de s'acheminer sur Metz avec leurs femmes et leurs enfants qui ne cessaient de gémir et de pleurer en poussant leurs bestiaux devant eux. Les voitures de provisions qui avaient été arrêtées en arrière de Gravelotte pendant la bataille furent déchargées et employées au transport des blessés. Les soldats qui s'étaient battus la veille avec un héroïsme auquel l'ennemi a rendu les hommages les plus éclatants, contemplaient avec un douloureux étonnement ce spectacle désolant; ils ne pouvaient comprendre pourquoi on les ramenait à leur point de départ quand, des trois routes de

Verdun, les deux routes du nord étaient libres, celle de Mars-la-Tour faiblement gardée par des troupes exténuées et que, à perte de vue vers l'ouest, on n'apercevait aucun Prussien. L'acte le plus blâmable de cette triste journée du 17 fut certainement l'abandon dans les ambulances de Rezonville de nombreux blessés qui, faute de moyens de transport, tombèrent au pouvoir de l'ennemi.

La fâcheuse résolution de Bazaine était d'autant plus incompréhensible et moins excusable qu'il ne pouvait ignorer l'existence des approvisionnements en vivres et en munitions réunis à Verdun où son armée était attendue le 17. Dans la matinée de ce jour, MM. Wolf, intendant en chef de l'armée, et Vigo-Roussillon, intendant du 6ᵉ corps, n'attendaient qu'un signal pour amener plus d'un million de rations au-devant des troupes, au besoin par les trois routes à la fois. Ces hauts fonctionnaires avaient bien eu connaissance de la bataille de Rezonville, mais la diligence de Metz ayant pu parvenir à Verdun en suivant la route de Briey, la garnison et les habitants commençaient à être fort inquiets de ne pas voir arriver la moindre avant-garde de la cavalerie française qui la veille avait été signalée à Vionville et à Conflans. Ils ne pouvaient admettre que le retard eût pour cause le manque de vivres ou de munitions, puisque les rues et les abords de la ville étaient encombrés de troupeaux et de voitures de réquisition portant des rations par centaines de mille, que d'un autre côté il arrivait du camp de Châlons un certain nombre de trains placés sous la surveillance d'officiers d'artillerie.

Les Prussiens, encore sous le coup de leur sanglant échec de la veille, furent peut-être plus étonnés que les soldats français du singulier mouvement de l'armée du Rhin. Ne la voyant plus devant eux, leurs reconnaissances s'enhardirent et ne tardèrent pas à envahir le plateau qu'ils avaient vainement essayé de conquérir la veille. Mais l'état-major prussien était tellement convaincu de la reprise par l'armée française de sa marche sur la Meuse que toute l'attention des officiers chargés d'explorer le pays se portait vers l'ouest ; en même temps, leurs corps d'armée restaient placés le long de la route de Mars-la-Tour de manière à pouvoir gagner la Meuse en même temps que nous.

La division Metman ne pouvait rester à Gravelotte sans courir le danger d'être écrasée par les Prussiens avertis de son isolement, et cependant il se trouvait à l'entrée du défilé compris entre les bois de Vaux et des Chevaux un immense amas de vivres de campagne et d'effets de toute nature provenant des voitures déchargées. Pour éviter que ces denrées ne deviennent la proie de l'ennemi, on en fit un immense auto-da-fé après avoir autorisé les régiments voisins à prendre tout ce que les hommes pouvaient emporter. Singulier lendemain pour une bataille où l'avantage était incontestablement resté à l'armée de Metz! Seuls, les historiens de l'avenir pourront rendre compte de l'impression démoralisante produite sur une armée incomparable pour sa vigueur, son énergie, sa bravoure, par les opérations incohérentes de chefs incapables comme l'empereur et son major général, qui ne savaient pas le premier mot de la conduite des grandes masses, ou comme un Bazaine chez qui l'ignorance scientifique et technique se joignait à une vulgarité de sentiments et à une absence de sens moral inouïs. Une armée placée entre les mains de pareils hommes est fatalement vouée à l'impuissance et à la défaite, chaque fois qu'elle se trouvera en face d'adversaires chez lesquels, par des soins infinis, par un entraînement journalier, par le respect scrupuleux du mérite et des services rendus, des chefs comme le roi Guillaume et le maréchal de Moltke se seront efforcés, pendant de longues années, à développer les qualités de discipline, d'abnégation et d'obéissance qui, deux mille ans plus tôt, ont créé la puissance romaine. Le général Lewal a dit dans un beau langage rappelé au début de ce livre, en parlant de notre système d'avancement : « L'empire a récolté ce qu'il avait semé. »

Avons-nous profité de la leçon? Bien hardi serait celui qui oserait répondre affirmativement.

Lorsque l'état-major allemand eut constaté que notre retraite n'était pas une feinte, il se hasarda à expédier au *Moniteur prussien* une dépêche datée du 17 août, 7 heures du soir, et annonçant le gain d'une bataille à moitié perdue. Le télégramme du roi à la reine Augusta ne partit que quatre heures plus tard, c'est-à-dire à 11 heures du soir, ainsi que le constate le Recueil des dépêches officielles allemandes. Donc, pendant vingt-quatre heures on tint à cacher à l'Allemagne la nouvelle d'un échec plus grave encore en apparence qu'en réalité, à cause des pertes énormes essuyées par les III$^e$ et X$^e$ corps d'armée. En consultant le Recueil, on s'aperçoit que les vraies victoires ont toujours été notifiées officiellement le jour même; le retard apporté à l'envoi de la dépêche annonçant le résultat favorable de la bataille de Rezonville ne peut donc provenir que de la conviction où était l'état-major allemand que Bazaine continuerait sa marche sur Verdun. Quand il se fut assuré que celui-ci renonçait à profiter de son succès, il chanta victoire et, pour être juste, on doit reconnaître qu'il avait raison. En effet, son but était atteint et la partie la plus difficile de sa tâche remplie; l'armée française se laissant couper sa ligne de retraite, il ne restait plus qu'à la refouler dans Metz, à l'y enfermer et à l'y prendre, ce qui devenait possible du moment que Bazaine laissait bénévolement à son adversaire le temps de concentrer en face de lui des masses écrasantes.

Toutes les combinaisons du général de Moltke tendaient à ce résultat qu'une fatalité sans exemple et une succession continuelle de fautes de la part de l'état-major français lui permirent seules d'atteindre. Il reste à faire connaître maintenant les mouvements exécutés par l'armée du prince royal que nous avons laissée le 12 concentrée sur la Sarre. Dans les journées des 13, 14, 15 et 16 août, elle s'était avancée vers la Meurthe et la Moselle en trois gros échelons: celui de gauche formé par le XI⁰ corps soutenu en arrière par la 11⁰ division du VI⁰ corps ; celui du centre par le V⁰ corps et la division wurtembergeoise ; celui de droite par les deux corps bavarois et la 12⁰ division du VI⁰ corps. Ces échelons étaient disposés de façon que l'aile gauche, la plus éloignée de Metz, débordât constamment l'aile droite qui n'avançait qu'à petites journées. Selon leur tactique invariable, les Prussiens profitaient de leur grande supériorité numérique pour être toujours prêts à envelopper l'armée française.

Le 13, la division bavaroise Bothmer du 2⁰ corps, Hartmann, reçut l'ordre de s'emparer de la petite place de Marsal dont le principal rôle consistait à assurer la possession des eaux de l'étang de Lindre, d'où sort la Seille, pour permettre de tendre l'inondation de Metz. Ce rôle était plus qu'insignifiant depuis la création du camp retranché, et l'on eût dû procéder au déclassement comme place forte de cette bicoque. Le récit de sa prise suffira pour montrer à quels gaspillages d'hommes et d'argent nous exposait la légèreté du maréchal Le Bœuf et l'entêtement du comité des fortifications à conserver quantité de petites forteresses devenues de véritables nids à bombes et à obus depuis l'invention de l'artillerie rayée.

Marsal avait une garnison de 35 hommes qui fut renforcée par une compagnie de dépôt du 60⁰ de ligne, composée de 270 soldats éclopés, malingres ou recrues. Le génie comptait un officier et deux gardes ; l'artillerie, un seul garde ; il n'y avait ni un canonnier ni un sapeur du génie. Le bombardement commença le 13 août à 9 heures 1/2 avec sept batteries de campagne. Il cessa vers 11 heures, reprit à midi et continua jusqu'à 2 heures. Plusieurs maisons étaient en flammes ; un magasin à poudre avait sauté ; le commandant de la place, n'ayant pas un seul artilleur pour servir les 60 mauvais canons lisses épars sur les remparts et dans les magasins, fut contraint de capituler. Le grand état-major prussien, en relatant la prise de Marsal, dit ironiquement : « Nous avons pris 60 canons, 3000 fusils, un important matériel de guerre. Parmi les prisonniers ne se trouvait pas *un seul* artilleur, circonstance qui nous expliqua pourquoi la place n'avait tiré qu'un seul coup de canon. » Peut-on rien imaginer de plus triste que la position de ces braves officiers mis littéralement en cage avec trois cents hommes, de telle sorte que les Allemands n'avaient qu'à les cueillir en passant moyennant quelques coups de canon !

Le 2e corps bavarois continua aussitôt sa marche sur Nancy où il fit son entrée le 17, en même temps que le prince royal qui y installa son quartier général. Le 1er corps bavarois von der Tann passait la Meurthe à Saint-Nicolas, le Ve corps et les Wurtembergeois s'avançaient jusqu'à la Moselle ; enfin le XIe corps, qui était le plus avancé, après avoir couché le 14 à Lunéville, avait atteint Bayon sur la Moselle le 15 et bivouaquait le 17 à Vezelize, dans la direction de Neufchâteau, sur l'ancienne ligne de retraite de Mac-Mahon. A cette dernière date, les deux divisions du VIe corps, séparées depuis leur entrée en France, se réunirent à Lunéville.

Ces mouvements à peine terminés, le prince royal fut informé par le grand état-major de la retraite de l'armée de Bazaine sur Metz et reçut en même temps l'ordre de concentrer la 3e armée autour de la place de Toul et d'y attendre le résultat de la grande bataille que les 1re et 2e armées devaient livrer le lendemain. En conséquence de cet ordre, le 18 août le 2e corps bavarois marcha de Nancy sur Toul ; le 1er se rendit à Mézières, à 16 kilomètres sud-est du 2e ; le Ve corps et les Wurtembergeois campèrent autour de Blenod-lès-Toul, à 10 kilomètres sud-ouest de Toul ; le XIe corps un peu plus au sud, à Colombey. La 3e armée était couverte sur son front par les six régiments de cavalerie du prince Albrecht et, sur son flanc gauche, par le VIe corps à Bayon et par la 2e division de cavalerie à Gripport d'où elle pouvait surveiller la haute Moselle et le chemin de fer d'Epinal. Ces dernières précautions avaient été prises dans la supposition erronée que les corps Mac-Mahon et de Failly avaient cherché un refuge de ce côté des Vosges.

Revenons maintenant aux armées allemandes sous Metz dont le général de Moltke allait prendre pendant quelques jours la direction immédiate. Le 16 août au soir, six des sept corps de l'armée du prince Frédéric-Charles avaient passé sur la rive gauche de la Moselle ; seul le II° corps, récemment appelé d'Allemagne, était encore en entier sur la rive droite. Le IV° corps, qui formait l'extrême gauche de la 2° armée à Saizeray, ayant été jugé trop éloigné pour pouvoir arriver en temps utile sur le champ de bataille, fut dirigé sur la Meuse vers Commercy. Restaient donc cinq corps de la 2° armée immédiatement disponibles : la garde royale, les III°, IX°, X° corps prussiens, le XII° corps saxon, auxquels de Moltke adjoignit les VII° et VIII° corps de l'armée de Steinmetz qui devaient former l'aile droite.

Le général d'Avensleben I$^{er}$, commandant le IV° corps, ayant la liberté de ses mouvements, résolut de mettre à profit son indépendance momentanée pour tenter un coup de main contre la place de Toul qu'il supposait en médiocre état de défense. La reddition rapide des forts de Lichtemberg, de la Petite-Pierre et de Marsal, leurs succès inespérés de Spickeren et de Wœrth, inspiraient d'ailleurs aux généraux allemands une confiance sans bornes. En outre, la prise de Toul avait pour les armées d'invasion une importance exceptionnelle, car, Mac-Mahon ayant oublié de faire sauter le tunnel de Saverne, cette forteresse, placée à cheval sur le chemin de fer, sur la route impériale de Strasbourg à Paris et sur le canal de la Marne au Rhin, restait le seul obstacle sérieux aux mouvements des Prussiens du Rhin à la Meuse. Donc, en sacrifiant quelques bataillons pour l'enlever, d'Alvensleben était sûr d'agir conformément aux intentions du grand état-major.

Dans la matinée du 16, il prescrivit au général-major Zychlinski, commandant la brigade d'avant-garde, de marcher sur Toul où il arriva un peu avant 1 heure de l'après-midi. L'attaque commença sur-le-champ et fut vigoureusement repoussée par les défenseurs de la place. Vers 4 heures, les deux régiments de la brigade Zychlinski battirent en retraite après avoir perdu 17 officiers et 182 hommes. La tentative, en dépit de son insuccès, n'en fut pas moins approuvée par le grand état-major.

Le 17 au soir, les corps désignés pour l'attaque générale de l'armée de Metz occupaient les positions suivantes : le XII⁰ corps était à Mars-la-Tour, ayant à sa gauche la garde ; les III⁰ et X⁰ corps, avec les 5⁰, 6⁰ divisions de cavalerie et les dragons de la garde qui avaient combattu à Rezonville, devaient rester en réserve dans leurs campements entre Tronville, Vionville et Flavigny ; le IX⁰ corps, dont trois régiments avaient assisté à la bataille du 16, se concentrait à l'ouest du bois de Vionville ; le VIII⁰ corps et la 1ʳᵉ division de cavalerie prenaient leur bivouac plus à droite, à l'ouest du bois de Saint-Arnould ; le VII⁰ corps s'établissait dans le ravin d'Ars entre les bois des Ognons et de Vaux, couvert sur les bords de la Moselle, entre Ars et Jussy, par la 26⁰ brigade d'infanterie. Telles étaient très exactement les positions occupées par les armées allemandes la veille de la bataille de Saint-Privat; une des plus grandes du siècle tant par le chiffre des troupes engagées que par l'acharnement de la lutte et par l'immensité des moyens de destruction mis en œuvre.

La ligne de bataille choisie par Bazaine était très forte naturellement et mérite une description détaillée : en sortant de Metz par le ban Saint-Martin, l'ancien champ d'exercice de la garnison, une pente assez raide conduit au plateau, d'une altitude de 340 à 360 mètres, sur lequel s'élèvent les forts de Plappeville et de Saint-Quentin ; des forts, vers l'ouest, le terrain s'abaisse insensiblement jusqu'à une distance de plusieurs lieues. En se plaçant sur la partie du mont Saint-Quentin qui domine le village de Lessy, on aperçoit à environ 1500 mètres une profonde déchirure au fond de laquelle se trouve Châtel-Saint-Germain et où coule le ruisseau du même nom, côtoyé dans toute sa longueur par la chaussée du chemin de fer de Metz à Reims par Verdun, encore inachevé en 1870. Plus loin, le regard découvre une deuxième déchirure dirigée comme la première du sud au nord et arrosée par le ruisseau de la Mance, à sec dans la belle saison et qui se jette dans la Moselle à Ars ; les abords des ravins de Châtel et de la Mance sont couverts de bois épais, l'espace qui les sépare varie de 2.500 mètres à hauteur de Verneville, à 4.000 mètres en avant de Rozérieulles. Cet espace, qui forme un glacis naturel incliné vers la Mance, était occupé par les corps Frossard et Le Bœuf ; le point de jonction des deux corps était à l'auberge du Point-du-Jour, sur la route impériale qui coupe près de l'auberge de Saint-Hubert le ravin de la Mance, très profond à cet endroit, et remonte ensuite vers le village à jamais célèbre de Gravelotte. A mesure qu'on s'éloigne de la Moselle vers la droite, les ravins deviennent de moins en moins profonds ; comme deux rides profondément creusées à leur naissance, ils disparaissaient sans laisser de traces à partir d'Amanvillers et de Verneville. La droite du corps Ladmirault et tout le front du corps Canrobert n'étaient donc couverts par aucun obstacle naturel et, ce qui était plus grave, le village de Roncourt, auquel s'appuyaient nos derniers régiments, était trop facilement abordable pour constituer un point d'appui bien solide.

Cette circonstance fâcheuse aurait dû frapper l'attention du général en chef puisqu'il n'ignorait pas que les trains du 6º corps ayant été coupés entre Frouard et Metz, le 12 au soir, il manquait à ce corps 3 régiments d'infanterie de la division Bisson, 11 batteries sur 20, le génie de la réserve, tous ses parcs et toute sa cavalerie. Pour tout renfort, on lui constitua une division de cavalerie de quatre régiments avec l'unique régiment de chasseurs d'Afrique du général du Barail resté à Metz, les trois régiments de chasseurs de la brigade Bruchard du 3º corps et deux batteries à cheval. Bazaine, confiné à Plappeville depuis le matin, ne songeait nullement à envoyer de ce côté une partie de l'infanterie et de la garde, ainsi qu'un certain nombre des 28 batteries, y compris les 12 de la garde, qui formaient la réserve générale.

Les commandants de corps d'armée eurent toute latitude pour exécuter les instructions un peu vagues qui leur avaient été adressées le 16, à 10 heures du soir, par le général Jarras. Il y a lieu de remarquer à cet égard que jamais, soit au Mexique, soit à l'armée de Metz, Bazaine n'a donné des ordres précis et formels; toujours il se réservait, en cas d'insuccès, de se décharger sur ses subordonnés d'une partie de sa responsabilité. Son dernier livre, daté de 1883, fourmille de récriminations contre ses anciens lieutenants au sujet de la manière dont ils ont exécuté des ordres intentionnellement entachés d'obscurité; à ce point de vue, la lecture en est attristante et donne une idée juste du peu de discernement apporté par Napoléon III dans le choix de ses maréchaux, beaucoup trop nombreux du reste.

Un heureux hasard avait fait échoir à Frossard et à Le Bœuf des positions excellentes où ils purent utilement exercer leurs incontestables talents d'ingénieur et d'artilleur. Le 2ᵉ corps, arrivé à destination vers 10 heures du matin, se rangea en bataille entre Rozérieulles et l'auberge du Point-du-Jour. La brigade Lapasset occupa plus à gauche l'extrémité du contrefort et la croupe arrondie qui dominent Rozérieulles et plaça de forts détachements aux abords des villages de Sainte-Ruffine et de Jussy. Les divisions de cavalerie Valabrègue, Forton et Desvaux de la garde vinrent camper dans le vallon de Châtel à l'endroit où il s'élargit entre le moulin de Lonjeau et le village de Moulins-lès-Metz. Le général Frossard employa toute l'après-midi du 17 à faire creuser des tranchées-abris et à élever des épaulements pour son artillerie; les maisons du Point-du-Jour et de Bellevue furent mises en état de défense, de même que la ferme de Pampelune placée sur la route un peu plus à gauche. De nombreux postes avancés s'installèrent dans les carrières avoisinant le bois de Vaux.

A la droite du 2ᵉ corps, s'établit le 3ᵉ, son front solidement appuyé aux fermes de Moscou, Leipzig, la Folie, noms étranges ! il occupe très fortement avec de l'infanterie et de l'artillerie le bois des Génivaux et l'auberge de Saint-Hubert qui couvre le défilé de Gravelotte. La division de cavalerie se place entre les fermes et le village de Châtel ; les quatre divisions d'infanterie se rangent dans l'ordre suivant, en commençant par la gauche : Aymard, Metman, Nayral, Montaudon. Le Bœuf, de même que Frossard, met les fermes en état de défense, les relie par des tranchées-abris et fait construire des épaulements pour canons.

La division Grenier du corps Ladmirault prend position à la droite de Montaudon, entre le château de Montigny-la-Grange et Amanvillers, avec un poste avancé à la ferme Champenois ; puis vient la division Cissey entre Amanvillers et le coude de la chaussée du chemin de fer de Verdun ; la division Lorencez en réserve derrière le centre des deux divisions de première ligne ; la division de cavalerie Gondrecourt, ancienne du général Legrand tué à Rezonville, vient se ranger en arrière d'Amanvillers, au débouché du vallon de Châtel.

Le 6ᵉ corps, placé à l'extrême droite, était en *l'air*, c'est-à-dire exposé à être tourné ; en conséquence, le maréchal Canrobert avait pris des dispositions qui pouvaient le mettre à l'abri de cette éventualité. A gauche, la division Levassor-Sorval, entre la chaussée du chemin de fer de Verdun et Saint-Privat, faisait face aux villages d'Habonville et de Saint-Ail ; les généraux Lafont-Villiers et Bisson, ce dernier avec son seul régiment, occupaient l'espace compris entre Saint-Privat et Roncourt, avec les trois bataillons du 94ᵉ de ligne en poste avancé à Sainte-Marie-aux-Chênes ; la division Tixier était placée en potence, c'est-à-dire perpendiculairement au front de bataille, face aux villages de Montois et de Malancourt.

Quoique le général Ladmirault n'eût appris que le 18 au matin le départ de Verneville du corps Canrobert et dût se se croire en seconde ligne, il eut tort de ne pas se couvrir de terre comme ses voisins de gauche. Le même reproche ne saurait atteindre le 6ᵉ corps qui, arrivé très tard à son bivouac, n'eut pas le temps de creuser des tranchées et n'en avait du reste pas les moyens, puisque son parc du génie était resté au camp de Châlons et que les parcs divisionnaires n'avaient qu'un nombre très insuffisant d'outils. Le grand parc et la réserve générale du génie auraient pu lui venir en aide, mais, on ne saurait trop le répéter, Bazaine et son chef d'état-major ne savaient rien prévoir et se distinguaient par la plus déplorable incapacité en face d'un adversaire habile et résolu.

La garde et la réserve générale d'artillerie durent camper au col de Lessy, à huit kilomètres de Saint-Privat, le point faible et par suite le plus menacé de la ligne de bataille !

Le développement des lignes françaises de Moulins à Roncourt était de 12 kilomètres ; ce développement exagéré rendait trop mince l'ordre de bataille adopté sans réflexion par Bazaine ; de plus, du moment que le corps Canrobert avait été autorisé à transporter son bivouac à la droite de Ladmirault et à allonger de trois kilomètres le front de nos troupes, les réserves eussent dû également appuyer de ce côté et prendre position sur les hauteurs en arrière d'Amanvillers. La faute était si manifeste que l'état-major prussien lui-même n'osa y croire et que dans le conseil de guerre tenu le 17 à Rezonville, sous la présidence du roi, et auquel assistaient les deux commandants d'armée et leurs chefs d'état-major, le général de Moltke donna ses dernières instructions dans l'hypothèse que l'aile droite des Français ne pouvait dépasser Amanvillers.

Tandis que Bazaine prenait la résolution d'attendre passivement les attaques de l'ennemi, c'est-à-dire d'appliquer un système condamné depuis des siècles comme ne pouvant donner que des résultats négatifs, l'état-major allemand disposait tout, non plus pour couper son adversaire de Metz, mais pour l'y refouler. Dans ce but, il prescrivit aux VII° et VIII° corps de contenir la gauche de l'armée française, pendant que le IX° corps et la garde attaqueraient la droite à Amanvillers et essayeraient de l'enfoncer. Cette attaque devait être soutenue en seconde ligne par les III° et X° corps ; le corps saxon, à l'extrême gauche allemande, avait pour mission de déborder notre droite et de gagner à marche forcée la Moselle de manière à couper la route de Thionville, dernière ligne de retraite ouverte à Bazaine. L'aile droite allemande, dont le rôle était celui de l'expectative, ne pouvait compter que sur le concours problématique du II° corps, arrivé seulement le 17 dans l'après-midi, très fatigué, à Pont-à-Mousson distant de près de huit lieues.

Le 18, avant le jour, le vieux roi Guillaume, loin d'imiter l'indolente inertie de Bazaine, partait de Pont-à-Mousson où il était retourné après le conseil de guerre de la veille et se rendait, accompagné du grand état-major, au milieu de son armée. Le général Fransecky, commandant le II° corps, qui avait l'ordre de ne se mettre en route qu'à 4 heures, demanda au roi l'autorisation de commencer son mouvement plus tôt afin d'être sûr d'arriver à temps pour soutenir Steinmetz dans une lutte où devait se jouer le sort de l'armée du Rhin et peut-être celui de toute la campagne. Sa demande lui ayant été accordée, la 4° division qui avait bivouaqué sur la rive droite de la Moselle se mit en marche à minuit.

Il importe d'insister sur ces détails, car ils indiquent que les rapides concentrations des Prussiens n'étaient pas l'effet du hasard, mais le résultat de sages conceptions, de l'excellent esprit militaire qui animait chefs et soldats, de l'excellente préparation des officiers d'état-major à leur service spécial. Pour stimuler l'amour-propre et exciter l'émulation de leurs armées, les Allemands ont sans cesse exalté l'incomparable valeur de Napoléon I$^{er}$ et de ses soldats ; l'exemple est bon à suivre et il faut à notre tour adresser aux Prussiens de 1870 les éloges qu'ils méritent au point de vue exclusivement militaire. Le colonel Stoffel avait prévenu l'empereur et son gouvernement que nous aurions affaire à un ennemi sérieux et leur recommandait de se méfier de l'état-major prussien. Ces avertissements et ce langage peu optimiste étaient préférables à ces légendes d'antan, et qui malheureusement reviennent à la mode, dans lesquelles on vante avec emphase l'héroïsme de nos soldats et la valeur de nos généraux actuels. On berce ainsi la nation française d'illusions décevantes et on la rend un peu ridicule aux yeux des peuples étrangers.

Le premier mouvement des armées campées le long de la route de Mars-la-Tour devait naturellement tendre à l'occupation de la deuxième route de Verdun, celle qui passe par Conflans. A cet effet, dès 6 heures du matin les Saxons furent dirigés sur Jarny ; le XI$^e$ corps sur la ferme de Cautre, par Saint-Marcel, et la garde sur Doncourt aussitôt qu'elle eut été démasquée par le XII$^e$ corps qui, après avoir campé à sa droite, devait maintenant prendre sa place de combat à l'extrême gauche. Au début, les écrivains allemands ne purent ou ne voulurent pas s'expliquer sur ce singulier mouvement qui entraînait une perte de temps. Le grand état-major a rompu le silence dans sa relation officielle et il ressort de ses explications entortillées, pour qui sait lire entre les lignes, que l'on avait plus confiance dans la garde prussienne que dans le corps saxon pour donner le coup de collier contre la droite française supposée vers Amanvillers.

Cette marche offensive vers la seconde ligne de retraite de Bazaine s'étant effectuée sans brûler une amorce, le prince Frédéric-Charles ne douta plus que l'armée française n'eût renoncé provisoirement à son projet de se replier sur la Meuse. En même temps, les officiers et les patrouilles de cavalerie envoyées de tous les côtés ne tardèrent pas à l'informer que de grandes masses de troupes occupaient les hauteurs en avant du mont Saint-Quentin. Un seul officier crut avoir aperçu une arrière-garde française vers Briey, mais il s'était empressé de rectifier son erreur. Alors, conformément aux instructions du général de Moltke et pour fermer toutes les issues, il fit continuer à 10 heures le mouvement de conversion de la 2ᵉ armée de manière à atteindre avec sa gauche la route de Verdun, par Briey. Le général Manstein, commandant le IXᵉ corps, reçut l'ordre de marcher droit sur Verneville et de là sur Amanvillers, pendant que le prince Auguste de Wurtemberg, commandant la garde, devait aller de Doncourt à Habonville, dépasser la chaussée du chemin de fer et déborder la droite française toujours supposée à Amanvillers. Le prince royal de Saxe, avec le XIIᵉ corps, avait pour mission de traverser la route de Briey à Sainte-Marie-aux-Chênes et de gagner le même jour, si cela lui était possible, les bords de la Moselle afin d'y couper le chemin de fer et le télégraphe de Thionville.

Vers midi, le Xᵉ corps fut invité à venir appuyer la garde à Saint-Ail ; le IIIᵉ à soutenir le IXᵉ à Verneville et le IIᵉ à hâter sa marche sur Rezonville. Le VIIIᵉ corps, campé en arrière de Gravelotte, n'attendait qu'un signal pour entrer en ligne à la droite de Manstein ; le VIIᵉ, placé près du bois de Vaux, était si rapproché du corps Frossard qu'il n'avait qu'à engager le feu.

On voit avec quelle précision et quelle prudence les Prussiens, forts de leur supériorité numérique, formaient peu à peu le demi-cercle qui devait enserrer l'armée de Bazaine. L'opération était hardie ; mais, comme dans les journées des 13, 14 et 15 août, aucun mouvement de notre part ne venait troubler leur audacieuse marche de flanc. Le maréchal, toujours à Plappeville, à 6 kilomètres du centre de son armée, non seulement ne donnait aucun ordre, mais n'informait même pas le général Ladmirault qu'il avait autorisé Canrobert à quitter la dangereuse position de Verneville. Aussi, l'étonnement du commandant du 4ᵉ corps et de son état-major fut-il à son comble quand, le 18, à 9 heures du matin, leur voisin le général Montaudon du 3e corps, qui occupait la lisière du bois des Génivaux, fit prévenir que des masses ennemies se dirigeaient sur Verneville qu'ils croyaient occupé par le 6e corps. Le mouvement de Canrobert avait entièrement découvert le 4e corps ; encore, si celui-ci eût été prévenu à temps, il aurait pu occuper le bois de la Cusse, à l'abri duquel les Prussiens ne devaient pas tarder à lui faire beaucoup de mal. Dans le premier moment, le général Ladmirault ne voulut pas croire à tant de négligence et d'incapacité ; mais un deuxième avis très pressant dissipa ses derniers doutes et il fit aussitôt avancer de l'artillerie vers la ferme Champenois en face de Verneville.

Que faisait donc le chef d'état-major général M. Jarras à qui ses fonctions commandaient de coordonner les mouvements des troupes et de suivre les péripéties de la lutte à l'aide de ses nombreux auxiliaires ? Il réunissait à Châtel-Saint-Germain les sous-chefs d'état-major des différents corps d'armée pour leur donner des indications sur les positions à occuper le *lendemain* autour de Metz, dans l'enceinte du camp retranché ! C'était entre le commandant en chef et son premier lieutenant un véritable assaut d'imprévoyance et d'incapacité.

Peu après 11 heures, le IXe corps arrivait à Verneville et jetait aussitôt deux bataillons dans le bois de la Cusse que le général Manstein était tout étonné de trouver inoccupé ! A midi précis, la célèbre bataille de Saint-Privat ou de Gravelotte commençait par le feu des 54 pièces de la 18e division et de la réserve du IXe corps contre Montigny-la-Grange et Amanvillers. Cette première attaque réussit mal aux Prussiens, car leur artillerie placée obliquement, la gauche en avant, fut prise d'enfilade par l'artillerie française dont ils ne soupçonnaient pas la présence au-delà d'Amanvillers. La position des pièces dut être modifiée ; en même temps la 25e division entrait en ligne dans le bois de la Cusse, à la gauche de la 18e.

Vers 1 heure, le prince Frédéric-Charles, mieux renseigné sur la position des troupes de Bazaine, prescrivit à la garde de prolonger son mouvement en ne laissant que la 2º division à Habonville, tandis que la 1ʳᵉ pousserait jusqu'à Saint-Ail. Vu le développement inattendu des positions à attaquer, la garde dut s'avancer de front contre le corps Canrobert, et l'exécution du mouvement tournant dont elle avait été chargée contre la droite française être confiée aux Saxons. Ceux-ci, au lieu de se rabattre à droite, à hauteur de Batilly, se portèrent à 5 kilomètres plus au nord, vers Auboué ; le prince de Wurtemberg devait se borner à un combat d'artillerie en attendant la fin de ce mouvement. Le Xᵉ corps avait suivi les Saxons à Batilly ; le IIIᵉ arrivait vers 2 heures à Verneville.

A l'aile droite, au signal donné à midi par le canon de Manstein, Steinmetz avait porté le VIIIᵉ corps contre le bois des Génivaux, à gauche de Gravelotte, son artillerie en travers de la route impériale, de façon à battre la position du Point-du-Jour. Le VIIᵉ corps déployait son artillerie à droite de Gravelotte et lançait son infanterie dans le bois de Vaux.

A 2 heures, les positions de l'armée française n'avaient subi aucune modification, partout l'ennemi était vigoureusement contenu ; le corps Le Bœuf avait même infligé un sérieux échec à la 15ᵉ division prussienne qui voulait enlever le bois des Génivaux. Un combat violent d'artillerie était engagé sur toute la ligne depuis Rozérieulles jusqu'à Saint-Privat. Les Prussiens avaient alors en batterie la majeure partie de l'artillerie de la garde, des IXᵉ, VIIIᵉ, VIIᵉ corps, évaluée dans leurs rapports à 246 pièces ; leur infanterie, sauf la 15ᵉ division, restait immobile sous la protection de ses puissants canons dont le nombre allait en augmentant de minute en minute. Le combat d'artillerie ayant été engagé de très près, 1.200 ou 1.500 mètres, vers Amanvillers et Saint-Privat, les canons français luttaient sans désavantage contre ceux des Prussiens. Vers 3 heures, la ligne d'artillerie prussienne avait même fléchi sur la gauche, et le corps Canrobert dessinait assez rapidement un mouvement en avant vers Sainte-Marie-aux-Chênes et Saint-Ail. La division Cissey, vigoureusement enlevée par son chef, appuyait son voisin de droite. Par suite du rapprochement des lignes, la fusillade commençait à devenir d'une extrême violence et, grâce à la déclivité favorable du terrain qui formait glacis en avant des positions françaises, le chassepot causait de grands ravages dans les rangs de l'ennemi. Mais celui-ci comblait sans cesse ses vides avec des renforts que le général Ladmirault, placé en observation aux carrières de la Croix, voyait défiler derrière le IX$^e$ corps.

A 3 heures 1/2, la 24$^e$ division saxonne partant de Batilly et la 1$^{re}$ division de la garde enlevèrent, après une lutte sanglante et prolongée, le village de Sainte-Marie-aux-Chênes aux 1.450 hommes du 94$^e$ de ligne chargés de la défense de ce poste avancé. Le prince royal de Saxe put alors continuer son mouvement tournant par Auboué et Roncourt. La cavalerie saxonne battait l'estrade au loin ; le 18 au soir, les patrouilles des ulans dépassèrent Etain et poussèrent leurs excursions à plus de 30 kilomètres du champ de bataille.

Le IX$^e$ corps avait de la peine à se maintenir en face de Ladmirault et de la droite de Le Bœuf ; la division hessoise était accablée de feux dans les bois de la Cusse ; son artillerie avait 15 pièces hors de service et 2 pièces enlevées. Le prince Frédéric-Charles le fit soutenir sur sa gauche par la 3$^e$ brigade d'infanterie de la garde et sur sa droite, vers le bois des Génivaux, par 10 batteries du III$^e$ corps. La division Montaudon avait largement contribué à écraser le IX$^e$ corps sur lequel la brigade Clinchant, embusquée dans le bois, ne cessait de diriger un feu meurtrier. Les trois autres divisions Nayral, Metman, Aymard du corps Le Bœuf n'opéraient pas avec moins de succès contre le VIII$^e$ corps qui éprouvait de grosses pertes et s'épuisait en vaines tentatives pour enlever le bois des Génivaux et s'avancer contre les fermes qui jalonnaient la ligne de bataille française. La ferme de Saint-Hubert, surtout, qui couvre l'entrée du défilé de Gravelotte, devint le théâtre de combats furieux ; les Prussiens parvinrent à s'en rendre maîtres au prix d'énormes sacrifices, mais ne purent en déboucher devant les feux convergents des batteries et des tranchées-abris habilement échelonnées par Le Bœuf et Frossard.

A 4 heures, Steinmetz, trompé par un silence momentané des 3ᵉ et 4ᵉ corps qui tenaient à ne tirer qu'à coup sûr, crut qu'ils battaient en retraite. En conséquence, il ordonna un mouvement d'une excessive témérité, dont le coûteux insuccès est considéré comme la cause principale de la disgrâce que subit peu de temps après le doyen respecté des généraux prussiens. La 1ʳᵉ division de cavalerie devait, pour appuyer une attaque générale des VIIᵉ et VIIIᵉ corps, franchir le défilé de Gravelotte et se déployer devant la formidable position du Point-du-Jour. Pour préparer cette attaque, toutes les batteries portées près de Gravelotte reçoivent l'ordre de franchir le ravin de la Mance, mais, de même que la cavalerie, elles sont obligées de suivre la grande route. Les 25ᵉ, 27ᵉ et 28ᵉ brigades du VIIᵉ corps s'engagent dans les bois et escaladent le plateau avec beaucoup d'entrain. Mais leur mouvement ne peut être appuyé d'une manière efficace ; vu la raideur des talus du ravin qui empêche les chevaux et les voitures de s'y engager, le passage des quatre premières batteries et du 4ᵉ régiment de ulans produit un tel encombrement, que le reste de l'artillerie et de la 1ʳᵉ division de cavalerie doit rebrousser chemin et reprendre les anciennes positions.

Les Français ont vu avec une satisfaction mêlée d'étonnement les Prussiens s'engager témérairement dans un véritable coupe-gorge ; les premières lignes sont renforcées, dans certains régiments les fantassins sont sur quatre rangs, les deux premiers couchés, les deux autres à genoux ; les canons sont braqués et les mitrailleuses disposées de façon à battre les points les plus abordables. A peine les Prussiens ont-ils ébauché leur déploiement et ouvert le feu qu'ils sont assaillis par un véritable ouragan de fer et obligés de fuir en désordre. Les tirailleurs de la division Aymard embusqués dans la partie sud du bois des Génivaux prennent l'ennemi en flanc ; artilleurs, cavaliers, fantassins se pressent à l'entrée du défilé ; ceux que leur mauvaise étoile dirige vers les carrières du Caveau, situées au nord de la route entre le ravin et l'auberge de Saint-Hubert, y sont précipités d'une hauteur de dix à quinze mètres. Ces scènes terribles devaient se renouveler à l'entrée de la nuit dans des conditions encore plus dramatiques. Dans son histoire de la guerre de 1870, le grand état-major avoue la panique, mais il l'attribue exclusivement aux troupes de seconde ligne ; cependant, le 4e de ulans qui, vu la raideur des talus, avait dû suivre la grande route, est signalé comme ayant battu en retraite par le ravin, ce qui donne à penser que cette retraite ressemblait à une déroute.

Également vers 4 heures, les six bataillons de la brigade de Goltz, soutenus par une batterie, s'avançaient le long de la Moselle sur Jussy et Sainte-Ruffine. Ils s'emparent d'abord de la crête qui domine le premier village, mais le poste de Sainte-Ruffine tient ferme et les tirailleurs de la brigade Lapasset, embusqués dans les vignes et dans les bois, soutenus par une batterie de la garde, par des pièces installées sur la croupe de Rozérieulles ainsi que par le gros canon du fort Saint-Quentin, les forcent à battre en retraite.

A 5 heures, les positions de l'armée du Rhin étaient intactes à la gauche et au centre, les corps Frossard, Le Bœuf et Ladmirault avaient victorieusement repoussé toutes les attaques ; à l'extrême droite, Canrobert, se multipliant à la tête de ses soldats, luttait avec une ténacité et une énergie dignes de son brillant passé militaire. Malgré l'incompréhensible inertie de Bazaine, les 54 pièces du 6e corps avaient tenu jusqu'à l'entier épuisement de leurs munitions contre les 250 pièces de la garde royale, des X$^e$ et XII$^e$ corps que le prince Frédéric-

Charles avait fait converger sur Saint-Privat. Les Saxons sont arrivés à Auboué, le mouvement qui doit décider la retraite de l'aile droite française est presque achevé et le canon de Canrobert est réduit au silence ; le prince de Wurtemberg croit le moment favorable pour en finir avec la résistance de son opiniâtre adversaire ; il forme les trois brigades de la garde disponibles en colonnes d'attaque et les lance à droite et à gauche de la route de Sainte-Marie-aux-Chênes à Saint-Privat. Accueillie par une fusillade exécutée avec un calme remarquable, la garde royale est arrêtée court et se replie après avoir subi des pertes colossales. Si à ce moment la garde impériale était arrivée avec la réserve générale d'artillerie, la bataille était gagnée et son issue aurait certainement influé sur les suites de la campagne. Mais la fatalité qui semblait peser sur les destinées de la France continuait à l'accabler ; les 30.000 hommes du 6e corps devaient rester sans appui et succomber sous les efforts de 80.000 ennemis.

Bazaine n'envoyait aucun secours à Canrobert, pas même les munitions pour canon dont il manquait complètement. Vers 6 heures, ce dernier voyant son aile droite tournée, comprit qu'il était perdu. Quoique résolu à lutter jusqu'à l'anéantissement, il envoya au commandant en chef un mot au crayon pour lui dire que « les attaques de l'ennemi redou-
» blaient et que son artillerie avait dominé la sienne à tel
» point qu'il ne pourrait plus tenir ».

Pour rendre exactement les émouvantes péripéties de cette lutte désespérée et si glorieuse pour les corps Canrobert et Ladmirault, nous ne pouvons mieux faire que de reproduire l'extrait du journal d'un officier du 4e corps, extrait qui, publié dans notre édition de 1872, a été trouvé d'une vérité saisissante par les aides de camp du général Ladmirault.

Vers 3 heures, le général se rend aux carrières de la Croix pour examiner le champ de bataille de cette position dominante. De là nous voyons distinctement à la lorgnette des colonnes prussiennes marchant par le flanc de Batilly vers Sainte-Marie-aux-Chênes.

Le mouvement en avant du 6ᵉ corps s'arrête un peu avant 4 heures, la canonnade s'étend sur la droite et à la gauche de la position prussienne de Sainte-Marie. On commence à comprendre que l'effort principal de la fin de la journée va se faire entre Roncourt et Saint-Privat, quand, selon leur habitude, les Prussiens auront obligé leur adversaire à épuiser ses munitions.

Deux corps d'armée tout entiers avaient défilé sous nos yeux. Vers 4 heures le maréchal Canrobert prie son collègue Ladmirault de mettre à sa disposition la brigade de dragons du 4ᵉ corps, *en le prévenant qu'il voyait beaucoup de monde.* — Accordé. — Il envoie, une demi-heure après, demander des munitions d'artillerie. Notre parc étant revenu de Metz à 3 heures, on lui cède 25 coups par pièce. — Les visages se rembrunissent, le 6ᵉ corps paraît menacé et avoir un front trop étendu, sa droite *balance* vers Roncourt. A 5 heures, la canonnade du 6ᵉ corps se ralentit, l'artillerie des 1ʳᵉ et 2ᵉ divisions (Cissey et Grenier) du 4ᵉ corps donne les mêmes signes de faiblesse ; le bois de la Cusse attaqué n'a pas été pris. La division Cissey entraînée par le 6ᵉ corps recule, elle appuie sa droite jusqu'à Jérusalem. Le vide entre elle et la division Grenier est momentanément comblé par la brigade de hussards. La division Lorencez est entrée en ligne ; il ne reste plus au 4ᵉ corps qu'une réserve de quelques bataillons au bas des carrières de la Croix. *C'est à ces carrières qu'eût dû se placer Bazaine, de là il aurait tout vu et tout pu prévoir.*

On dit que la garde est sur le plateau de Saint-Vincent ou du Gros-Chêne, qu'on vient de la faire prévenir ; on l'attend avec anxiété, car les masses ennemies sont de plus en plus considérables à droite et à gauche de Sainte-Marie ; vers Roncourt les Prussiens dessinent clairement leur mouvement pour déborder le 6ᵉ corps dont la droite *s'effilait, se distendait, s'éclaircissait, flottait indécise*. Il est six heures, *on attend toujours la garde* et on ne reçoit aucun ordre du maréchal commandant en chef, il ne prescrit aucune disposition et n'envoie aucun renfort. Le corps de Canrobert est évidemment impuissant, il perd Roncourt et bat en retraite sur la route de Saulny. La droite du 4ᵉ corps entre Saint-Privat et la Mare (ferme située à mi-chemin de Saint-Privat et d'Amanvillers) est également battue, refoulée. Les obus prussiens pleuvent sur Amanvillers où jusque-là ils n'étaient pas encore arrivés. Le maréchal Canrobert nous fait annoncer par le commandant Lonclas, son aide de camp, qu'il ne peut plus tenir et qu'il bat en retraite. Hélas ! nous le voyons bien. De Roncourt et de Saint-Privat il tombe sur notre droite ; l'artillerie ennemie débouchant entre ces deux points couvre d'obus la bifurcation des chemins derrière ce dernier village, il en arrive même qui nous prennent d'enfilade par la droite du chemin de Saint-Privat à Amanvillers... et nous n'avons pas d'artillerie fraîche pour leur répondre. Saint-Privat et Amanvillers sont en flammes ; la division Cissey, entraînée par le 6ᵉ corps, perd son bivouac du matin, une *partie* de la division Grenier est également repoussée en arrière d'Amanvillers et de Montigny-la-Grange. *On se trouble* ; le général Ladmirault court alors vers Montigny pour rétablir l'ordre ; il est près de 7 heures quand un de ses aides de camp vient lui annoncer enfin que la garde arrive. On fait à la hâte déblayer le chemin en arrière d'Amanvillers, mais la garde n'arrive pas, sa marche est retardée par les fuyards qui encombrent le chemin de Lorry.

La bataille est irrévocablement perdue.

On ne peut rien ajouter à ce récit si émouvant et si vrai de la lutte gigantesque soutenue par les corps Ladmirault et Canrobert contre plus de cent mille Allemands des IXᵉ, Xᵉ, XIIᵉ corps et de la garde royale. Le corps Ladmirault, très éprouvé à Rezonville, avait 246 officiers et 4.561 sous-officiers et soldats hors de combat ; les pertes du corps de Canrobert étaient les mêmes à quelques hommes près, mais additionnées avec celles du 16, elles dépassaient 400 officiers et 10.300 hommes, soit le tiers de l'effectif. Cette proportion est considérée comme le maximum des pertes que la troupe la plus énergique puisse supporter sans se rompre ; cependant l'observateur impartial est obligé de reconnaître que ces braves gens auraient encore tenu ferme si les munitions ne leur eussent pas fait défaut. N'avaient-ils pas repoussé la garde royale avec leurs seuls chassepots, sans le secours de leur faible artillerie réduite au silence ? L'histoire de France enregistrera les efforts sublimes de ces officiers et de ces soldats d'élite poussés au désespoir par l'ineptie de Bazaine, et qui, débordés de tous les côtés, se sont acharnés contre les Allemands et combattirent jusqu'à ce qu'ils fussent tués ou pris couverts de blessures. Les maisons isolées, l'église, la face ouest du village et enfin le cimetière furent le théâtre de combats sanglants et opiniâtres, immortalisés par le pinceau de notre grand peintre Neuville. Le 9ᵉ bataillon de chasseurs à pied, de la brigade Péchot, à l'extrême droite, perdit 10 officiers et 156 hommes sur 23 officiers et 750 hommes. Le 12ᵉ de ligne, de la brigade Le Roy de Dais, sur 65 officiers et 2.200 hommes, compta 25 officiers et 655 hommes hors de combat. Le 93ᵉ de ligne, le plus maltraité de tous, éprouva dans les deux journées du 16 et du 18 la perte colossale de 45 officiers sur 66 et de 1.132 hommes sur 2.200.

Au centre et à gauche, les corps Le Bœuf et Frossard ne sont entamés nulle part et se maintiennent dans leurs postes avancés. Le maréchal Le Bœuf, un instant découvert sur sa droite, au nord du bois des Génivaux, avait arrêté sur-le-champ tout progrès de l'ennemi avec deux batteries et le 41ᵉ tenu en réserve jusque-là. La position des 2ᵉ et 3ᵉ corps ne courait aucun danger puisque, malgré sa force naturelle, Bazaine avait assuré au 3ᵉ corps une réserve éventuelle en faisant diriger dès midi sur ses derrières, au nord de Châtel-Saint-Germain, la 1ʳᵉ brigade des voltigeurs de la garde.

A 6 heures, la situation de l'armée de Steinmetz, VIIᵉ et VIIIᵉ corps, était critique ; le roi et de Moltke, à cheval sur la grande route entre Gravelotte et Rezonville, attendirent non sans angoisse l'arrivée du IIᵉ corps auquel ils dépêchaient officier sur officier pour activer sa marche. Vers 7 heures, ce renfort si ardemment désiré débouchait enfin en avant de Gravelotte. Malgré la fatigue extrême des troupes épuisées par une marche de dix-sept heures sous un soleil brûlant et quoiqu'il commençât à faire nuit, le roi prescrivit au général Fransecky d'attaquer. Cette attaque eut encore moins de succès que celle tentée à 4 heures par Steinmetz, et les carrières du Caveau reçurent de nouvelles victimes. Longtemps les Prussiens ont nié l'insuccès qu'ils ont éprouvé sur ce point, mais les dernières relations le mentionnent. Le 18 août, nous étions par hasard très près du champ de bataille et un habitant de Gravelotte, requis pour enterrer les morts, nous a donné des détails circonstanciés sur le terrible drame qui s'est accompli entre la ferme de Saint-Hubert et le ravin de la Mance. Du reste, il suffisait en 1871 d'examiner le fond des carrières pour y voir les longues herbes qui recouvraient les chevaux tombés dans le gouffre ; les officiers et les soldats ont été ensevelis à proximité, comme l'indiquent de nombreux tumulus ornés de monuments funéraires et de pierres tombales.

Qu'était devenu Bazaine pendant cette funeste journée si fatale pour la France et que les hommes clairvoyants, M. de Bismarck en tête, considérèrent comme décisive pour l'issue de la campagne ? Fait inouï, inexplicable même de la part du condamné de Trianon ! Tandis que plus de trois cent mille hommes se livraient un combat terrible et laissaient plus de trente mille morts et blessés ; tandis que le roi Guillaume, de Moltke, Frédéric-Charles, Steinmetz étaient au milieu de leurs troupes, le maréchal Bazaine et le général Jarras, son chef d'état-major, restèrent tranquillement sur le plateau de Plappeville, à 5 ou 6 kilomètres des corps de première ligne les plus rapprochés et à plus de deux lieues de l'aile droite qui était la plus menacée. Dans son livre *Metz, campagne et négociations,* le général d'Andlau fait connaître qu'à 2 heures Bazaine se décida enfin à monter à cheval pour se rendre au mont Saint-Quentin, d'où il assista en amateur à la bataille. Sans s'émouvoir des détonations de *mille* bouches à feu ni de la ceinture de fumée qui se développait sous ses yeux par un temps magnifique et surtout très clair, il occupa ses loisirs à faire pointer quelques pièces de 12 contre la brigade de Goltz qui se livrait à des démonstrations peu dangereuses sur Vaux et Jussy.

On a vu que les voltigeurs de la garde avaient pris les armes à midi ; les grenadiers ne les prirent qu'à 3 heures et le général Bourbaki les porta vers la droite dans le bois de Lorry où ils attendirent jusqu'à 7 heures 1/2 du soir l'autorisation de marcher au secours de Canrobert, Bazaine leur ayant recommandé d'éviter tout engagement. Il a été dit plus haut que l'encombrement des chemins empêcha ce renfort d'arriver en temps utile.

Sur les trente officiers de l'état-major général, cinq seulement furent autorisés par le général Jarras à rejoindre le maréchal, les vingt-cinq autres restèrent employés à leur inutile et fastidieux travail de bureau, le seul auquel l'incapable chef d'état-major de l'armée du Rhin attachât de l'importance. A tous les officiers envoyés par les commandants de corps d'armée pour lui demander des renforts, Bazaine répondait invariablement : « Ils sont dans de bonnes position, qu'ils les défendent. » Quand on lui fit remarquer combien le feu devenait terrible du côté de Saint-Privat, sa réponse fut encore la même, seulement il ajouta : « Je vais du reste envoyer deux batteries de la garde au débouché de la route de Briey, pour le garder s'il y a lieu. » Ce fut la seule mesure qu'il prescrivit dans cette fatale journée pour sauver son aile droite d'un désastre.

Pendant que le roi de Prusse mettait en ligne huit corps d'armée et **726** canons, plus de la moitié des forces qui avaient envahi la France, les 16 batteries de la réserve générale restèrent dans leur camp, de même que la cavalerie de la garde et la cavalerie de réserve. L'infanterie de la garde resta sans instructions jusqu'à 6 heures du soir et arriva trop tard quand, sur les instances réitérées de Ladmirault, elle se décida à marcher au secours de l'aile droite. Voici ce que d'Andlau, témoin oculaire, dit de l'attitude de Bazaine à la fin de la bataille : « Le feu augmente d'intensité et paraît se rapprocher, il ne semble pas s'en apercevoir ; la garde est près de lui, à quelques centaines de mètres, il ne songe pas à s'en rapprocher ni à donner la moindre instruction au général Bourbaki ; il atteint un des points dominants du plateau, d'où l'on découvre la route de Briey, et là il se trouve en face du triste spectacle de la panique qui s'est emparée du convoi du 6ᵉ corps, au moment de l'attaque de Saint-Privat. Les voitures civiles, les équipages du train, les cavaliers qui les escortaient, tous fuient pêle-mêle sur cette route, dans la direction de Metz ; la poussière l'empêche de distinguer les formes qui passent au milieu de ces épais nuages ; on peut croire à un désastre, à la déroute de notre artillerie ; il ne témoigne pas d'inquiétude et pense sans doute avoir tout prévu ou tout préparé quand il voit arriver ses deux batteries et qu'il en a déterminé l'emplacement. Puis il revient sur ses pas, s'assure au col de Lessy de la présence des voltigeurs chargés de garder cet autre débouché, et il rentre tranquillement à son quartier général de Plappeville, à l'heure où l'ennemi allait renouveler son attaque avec toutes ses forces réunies. »

L'esprit reste confondu devant le spectacle d'une aussi monstrueuse incapacité, car, dans la journée du 18 août, la conduite étrange de Bazaine ne peut être attribuée qu'à un manque absolu de jugement et de coup d'œil militaires, sa bravoure personnelle le mettant au-dessus de tout autre soupçon. Le récit de la bataille de Saint-Privat qu'il a donné dans son livre paru à Madrid en 1883 témoigne de son inconscience ; il y persiste à ne pas se rendre compte de son incroyable ineptie et s'y borne à récriminer contre le maréchal Canrobert.

Aussitôt rentré dans sa maison à Plappeville, Bazaine adressa à l'empereur une dépêche qui dénote à la fois une ignorance complète de ce qui s'était passé et un parti pris de pallier les fautes et de nier tout désordre. Une fois lancé dans la voie funeste du mensonge, l'ancien officier des bureaux arabes, le personnage louche du Mexique, ne devait plus s'arrêter et finir par ne plus s'émouvoir des défaillances les plus coupables ni des capitulations les plus honteuses. Voici cette dépêche : « Le maréchal Bazaine à l'empereur. Camp du fort de Plappeville, 18 août 1870, 8 h. 20 du soir. — J'ignore l'importance de l'approvisionnement de Verdun ; je crois qu'il est nécessaire de n'y laisser que ce dont a besoin la place. J'arrive du plateau, l'attaque a été très vive. En ce moment, sept heures, le feu cesse (!!!). Nos troupes constamment restées sur leurs positions. Un régiment, le 60ᵉ, a beaucoup souffert en défendant la ferme Saint-Hubert. » Le lendemain la déroute du 6ᵉ corps et de la droite du 4ᵉ devenait un simple changement de front et il télégraphiait à Napoléon III : « Ban Saint-Martin, 19 août. — L'armée s'est battue hier toute la journée sur les positions de Saint-Privat-la-Montagne à Rozérieulles, et les a conservées jusqu'à neuf heures du soir, moment où le sixième et le quatrième corps ont fait un changement de front, l'aile droite en arrière, pour parer à un mouvement tournant par la droite que des masses ennemies tentaient d'opérer à l'aide de l'obscurité... »

La vérité, hélas ! était bien autrement triste. Le corps Canrobert et trois brigades sur six du corps Ladmirault avaient été écrasés et obligés de se retirer en désordre, le premier par la route de Saulny, les autres par les chemins de Lorry et de Châtel. La brigade Pradier a passé la nuit à Montigny-la-Grange et la division Lorencez n'a quitté le champ de bataille qu'à neuf heures du soir pour reprendre son bivouac du matin en arrière de la chaussée du chemin de fer. Pendant toute la nuit du 18 au 19, personne, ni Français ni Allemands, n'a occupé Amanvillers dont les maisons en flammes éclairaient au loin la campagne. Le lendemain avant l'aube, les troupes des 2ᵉ et 3 corps qui avaient conservé leurs positions de la veille se replièrent sur le camp retranché. Ainsi, il est constant que, de Montigny-la-Grange à Sainte-Ruffine, les attaques d'un ennemi numériquement très supérieur furent repoussées et que l'armée du Rhin n'a perdu que la droite du champ de bataille entre Roncourt et Amanvillers. Saint-Privat, Sainte-Marie, les fermes de Moscou, de Leipzig, du Point-du-Jour, de Saint-Hubert, avaient été incendiés ou détruits par les obus.

Les pertes officiellement constatées s'élevaient pour les Français à 595 officiers et 11.678 hommes ; pour les Allemands, à 899 officiers et 19.260 hommes. La garde royale seule perdit plus de huit mille hommes dont 307 officiers et 7.923 sous-officiers et soldats. Le chiffre des combattants, déduction faite des non-valeurs, était de 110.000 Français contre 220.000 Allemands.

Les résultats de la bataille étaient désastreux : notre belle armée était refoulée dans Metz et le moral des troupes, qui avait résisté jusque-là à toutes les épreuves, venait de recevoir une profonde atteinte dont il était difficile de le relever.

Après la bataille de Saint-Privat, Bazaine ne pouvait plus songer à se porter sur Verdun ; il résolut en conséquence de concentrer ses troupes sous la protection des forts en formant un vaste demi-cercle sur la rive gauche de la Moselle.

L'armée du Rhin n'est plus ; comme corps organisé elle ne reverra plus ni ce beau fleuve, ni la France ; l'incapacité et l'imprévoyance de ses chefs l'ont plongée dans le gouffre d'où elle ne pourra plus sortir. La première partie du drame commencé à Wissembourg est finie. Nous en avons fait connaître tous les détails, parce qu'on y puise de sérieuses consolations dans la belle attitude des troupes. La deuxième partie est bien autrement douloureuse à raconter ; on est condamné à y signaler plus d'actes de faiblesse que de traits d'énergie et l'on n'y retrouve plus cette solidité dans les combats, ni cet esprit de discipline dont la malheureuse armée de Metz a donné des preuves réitérées.

Le comte de Bismarck, qui suivait attentivement les opérations militaires pour en tirer profit sans perte de temps, comprit sur-le-champ celui qu'il pouvait obtenir de l'anéantissement de l'armée de Mac-Mahon à Wœrth et du refoulement des autres corps français dans Metz. Le 14 août, un ordre du Cabinet, signé du roi, nommait le général de cavalerie comte de Bismarck-Bohlen, gouverneur général de l'Alsace. Après Saint-Privat, la Prusse pouvait démasquer ses batteries et faire entendre à l'Europe quels territoires elle comptait enlever à la France. Un deuxième ordre du Cabinet délimitait le gouvernement de l'Alsace auquel on ajoutait les arrondissements lorrains de Sarrebourg, Château-Salins, Sarreguemines, Metz et Thionville. Une carte de ce gouvernement fut publiée à Berlin en septembre 1870 par la division géographique du grand état-major ; ce fut cette carte qui servit, au moment de la paix, à déterminer les territoires dont l'Allemagne exigea la cession. Ainsi, quoi que prétendent certains *politiciens*, la chancellerie prussienne avait fixé dès le 21 août 1870 la frontière qu'elle entendait nous imposer. A l'exemple de Brennus jetant son épée dans la balance, le roi de Prusse, par un troisième ordre de son Cabinet en date du 7 novembre 1870, augmenta encore le gouvernement de l'Alsace des cantons de Schirmeck et de Saales, enlevés au département des Vosges et rattachés à celui du Haut-Rhin. M. Edgar Lœning, professeur à la faculté de droit de l'Université de Strasbourg, dans son ouvrage « *Die Verwaltung des General-Gouvernements im Elsass* », paru en 1874, donne des détails circonstanciés sur l'administration du comte de Bismarck-Bohlen et sur les ménagements recommandés aux autorités civiles et militaires prussiennes envers des populations destinées à devenir allemandes.

## CHAPITRE XX

Camp de Châlons. — Composition primitive du 12e corps. — Le général Schmitz arrive au camp le 15 août. — Aspect du camp. — Dépêche du général Schmitz au ministre de la guerre. — Arrivée de l'empereur et du général Trochu, le 16 août. — Arrivée de Mac-Mahon dans la nuit du 16 au 17. — Conférence du 17. — Graves résolutions. — Le général Trochu est nommé gouverneur de Paris. — Retour de la garde mobile à Paris. — Projet de retraite sur la capitale. — Réorganisation de l'armée de Châlons et du 12e corps. — Arrivée de Trochu à Paris. — Son entrevue avec l'impératrice-régente et avec Palikao. — Mission du prince Napoléon en Italie. — La circulaire de M. Visconti-Venosta, 29 août. — Projets du gouvernement de Florence.

Pendant que l'armée de Bazaine était refoulée dans le camp retranché de Metz, des événements non moins décisifs pour les résultats de la campagne se passaient ou allaient s'accomplir au camp de Châlons.

Ce camp avait été occupé successivement par les corps Frossard et Canrobert appelés à l'armée du Rhin ; puis étaient venus la garde mobile de la Seine, les débris du corps Mac-Mahon, les corps de Failly et Douay, avec lesquels le général Palikao comptait organiser une nouvelle armée. Le 13 août, un décret inséré au *Journal officiel* annonçait en outre la formation au camp de Châlons d'un 12e corps d'armée dont le commandement était confié au général Trochu. Ce corps devait avoir trois divisions d'infanterie dont les deux premières comprenaient chacune trois régiments de garde mobile de la Seine et deux régiments de marche de nouvelle création ; la 3ᵉ division se composait des quatre régiments d'infanterie de marine sous les ordres du général de Vassoigne.

Les régiments de marche avaient été organisés à la hâte avec les quatrièmes bataillons créés postérieurement à la déclaration de guerre. Les cadres d'officiers en étaient très incomplets ; on n'avait pu encore nommer ceux des 5ᵉ et 6ᵉ compagnies, de sorte que ces régiments ne comprenaient que douze compagnies au lieu de dix-huit. Grâce à des prodiges d'activité, on était parvenu à réunir les quinze batteries nécessaires pour constituer l'artillerie divisionnaire de réserve.

Le général Trochu se rendit tout de suite compte de l'insuffisance des troupes mises à sa disposition ; il n'y avait là de force sérieuse que la magnifique division d'infanterie de marine dont l'entrain et l'attitude martiale excitèrent, à son passage à Paris, l'admiration de la population qui commençait à s'affliger du spectacle peu encourageant des compagnies et des bataillons de dépôt ou de marche, composés de recrues et dépourvus de cadres. Les instructions du ministère, rédigées à la hâte, n'étaient pas claires et avaient été exécutées de manières tout à fait différentes : certains commandants de dépôts avaient compris dans les bataillons de marche tous les hommes armés et équipés ; d'autres, plus avisés, n'y avaient incorporé que des soldats ayant reçu un commencement d'éducation militaire. Pour tous, l'instruction était insuffisante ; la plupart, sans en excepter les réservistes, ne connaissaient pas le fusil chassepot ; tous ignoraient le service en campagne. Dans l'artillerie, on comptait les servants ayant plus de six semaines de présence au corps. Et c'est avec de pareils éléments, devant se coordonner sur le lieu même de leur réunion, que le général Palikao avait la prétention de faire exécuter des marches stratégiques et d'affronter une armée numériquement supérieure, organisée de longue main et de plus exaltée par la victoire.

Le général Trochu, retenu à Paris par quelques affaires relatives à son commandement, fit partir le 15 août au matin le général Schmitz, son chef d'état-major, en lui donnant pour mission spéciale de classer ces éléments disparates qui arrivaient au camp par groupes isolés, de se mettre en rapport avec le général de Vassoigne, dont la belle division était réunie, et surtout de pressentir le général Berthaut sur le parti que l'on pourrait tirer des 15.000 mobiles de la Seine, alors présents sous les drapeaux. Cette troupe n'avait pas la confiance des militaires qui la trouvaient indisciplinée, frondeuse et fort mal encadrée ; la mauvaise impression causée par son départ tumultueux avait encore augmenté à la suite de l'algarade qu'ils avaient faite au maréchal Canrobert et dont les journaux avaient grossi l'importance.

Avant de rejoindre le camp, le général Schmitz s'arrêta à Châlons où le général marquis de Liniers, commandant la 4e division territoriale, le prévint qu'il venait d'envoyer au ministre de la guerre une dépêche annonçant l'entrée de l'ennemi sur le territoire de la division, comprenant les départements de la Marne, des Ardennes et de l'Aisne. Il demandait en même temps s'il ne conviendrait pas qu'il se mit en retraite sur-le-champ et, dans ce cas, s'il devait se retirer sur Laon ou sur Soissons ; sa hâte de partir était telle qu'il fit travailler ostensiblement à l'établissement de fourneaux de mine pour faire sauter le beau pont de la Marne situé dans la ville. Or, le 15 août, les Allemands n'avaient pas encore atteint la Meuse, mais les autorités civiles et militaires des départements de l'Est commençaient à être atteintes d'affolement et répandaient les nouvelles les plus inexactes.

A la même date, le camp de Châlons offrait le triste spectacle d'un immense désordre. Les trains de chemin de fer y amenaient sans discontinuer des troupes de toute provenance, entre autres les débris du corps Mac-Mahon, dépourvus de leurs effets de campement et fortement atteints dans leur moral. La vue de ces vaillants soldats avec leurs visages amaigris, leurs longues barbes, leurs habits et leurs chaussures couverts d'une épaisse couche de poussière et de boue, était navrante. Le général de Fénelon, qui commandait le camp depuis le départ de Canrobert, cherchait, avec le colonel du génie Weynand, à installer de son mieux ces hommes presque nus. Outre les troupes encadrées tant bien que mal, il y avait encore au camp quelques milliers de soldats isolés échappant à toute surveillance efficace et qui devenaient un sujet d'inquiétude à cause de leur grand nombre. Rappelons enfin que le corps Canrobert avait dû laisser en arrière trois régiments de la division Bisson, la division de cavalerie Fénelon et ses réserves d'artillerie et du génie.

Le général Berthaut, commandant des mobiles de la Seine, apprit à son collègue Schmitz que plusieurs bataillons n'étaient pas encore armés et que les autres venaient seulement de recevoir des fusils à tabatière dont ils ignoraient le maniement. Son avis formel était qu'il ne fallait pas compter la garde mobile comme une force réelle prête à marcher et à soutenir le choc de l'ennemi en rase campagne.

Alors ces deux officiers généraux, s'inspirant du spectacle qu'ils avaient sous les yeux, échangèrent leurs impressions et furent amenés à la conviction que le seul parti à prendre était d'évacuer sans retard le camp de Châlons et d'aller occuper une position défensive entre la Seine et la Marne. Jamais, du reste, le camp n'avait été considéré comme une position militaire, puisque les points d'appui y faisaient défaut, et il y avait un danger évident à laisser exposée à une surprise cette foule de soldats sans cohésion dans lesquels la panique se fût produite à l'apparition d'un simple parti de cavalerie.

Sur ces entrefaites, le général Schmitz reçut du ministre de la guerre une dépêche dont voici l'analyse très fidèle : « Le général de Liniers m'informe que l'ennemi est sur son territoire et me demande s'il y a lieu de diriger en arrière les établissements militaires de Châlons. Faites-moi connaître votre appréciation sur l'opportunité de cette mesure. »

Le 16 août, le général Schmitz adressait au ministre la dépêche suivante :

Camp de Châlons, 9 heures du matin. — Je pense que c'est par une mesure de *haute prudence* que le général de Liniers désire se mettre en retraite. Il y a à Châlons des dépôts de cavalerie qui ne sont pas faciles à mouvoir ; il y a encore bien d'autres intérêts militaires qui ne pourront être sauvegardés que par une retraite tranquille. J'ajoute, en le prenant sous ma responsabilité, que si l'ennemi arrive en force au camp de Châlons, on n'est pas prêt à le recevoir et que l'on est exposé aux plus grands désastres. La première chose absolument nécessaire est d'éloigner d'ici l'élément désorganisateur, c'est-à-dire les 18 bataillons de gardes mobiles de Paris, tout aussi bien que les isolés, en nombre très considérable, qui ne peuvent qu'apporter une perturbation déplorable dans une opération régulière quelconque. Je ne connais pas la situation de l'armée de Metz ; mais, si elle est en retraite, pensez-vous qu'elle puisse arriver au camp de Châlons avant que le prince royal, qui est à Bar-le-Duc (ses coureurs n'avaient même pas dépassé Commercy et Vaucouleurs, c'est-à-dire la Meuse, le général Schmitz était donc mal renseigné), ait tenté une attaque sur notre position ? La vérité est que si son armée continue à s'avancer, nous ne pourrons pas lui résister au camp de Châlons qui n'est pas une position défensive. Il faut absolument en choisir une en arrière, entre Marne et Seine, d'Epernay à Vertus, ce qui aura l'inconvénient, il est vrai, de placer la Marne entre Bazaine et nous ; mais, je le répète, la situation de l'armée de Metz m'étant inconnue, je parle seulement pour la sécurité de celle du camp de Châlons. Onze ou douze (onze) batteries Canrobert sont restées ici et à peu près une division entière. Si, comme on paraît le supposer, l'ennemi s'approche, il faut absolument prendre des mesures d'extrême urgence pour débarrasser le camp des éléments signalés plus haut.

Cette dépêche ayant été expédiée au ministre, le général Schmitz en envoya une copie au général Berthaut et lui demanda s'il l'approuvait. Celui-ci répondit aussitôt : « Vous avez bien agi, j'accepte la responsabilité de cette dépêche ; je l'aurais signée. »

Ces deux officiers d'un mérite reconnu avaient bien jugé la situation et il fallait l'inexpérience de certains officiers de la mobile ou les arrière-pensées du comte de Palikao pour oser soutenir le contraire.

La journée du 16 continuait sans incidents particuliers, quand vers 4 heures le général Fénelon reçut une dépêche lui annonçant l'arrivée de l'empereur pour 6 heures, avec invitation de ne prendre aucune mesure pour sa réception. A l'heure indiquée, Napoléon III arrivait à Mourmelon où il trouva sur le quai de la gare le général Trochu, débarqué quelques minutes plus tôt. Suivant l'habitude contractée en pleine paix, on avait fait garer tous les trains sur le parcours du train impérial, de façon que le ravitaillement sur la ligne de Verdun fut retardé de près de vingt-quatre heures et que le général Trochu dut attendre pendant près de trois heures le débarquement de ses chevaux.

Après quelques paroles échangées avec le général, l'empereur se mit en route pour le quartier général. Les troupes l'accueillirent froidement. Rien n'était préparé pour sa réception, d'après ses ordres. Napoléon III monta avec le prince impérial, le prince Napoléon et les principaux aides de camp, dans le vaste char-à-bancs omnibus qui faisait le service des voyageurs ; les officiers d'ordonnance et les écuyers s'en furent à pied. Le cortège était lugubre et laissait pressentir une chute prochaine.

Le prince Napoléon, à peine arrivé au camp, s'empressa de raconter avec son émotion habituelle que le train impérial avait couru les plus grands dangers sur le parcours de la voie de fer, et qu'il ne mettait pas en doute qu'elle ne fût coupée dès le lendemain. En réalité, le danger était nul, car un convoi de poudres fut dirigé le soir même sur Verdun où il arriva sans encombre et sans que le voisinage de l'ennemi eût été seulement signalé. Le chemin de fer fut du reste couvert jusqu'au 20 août par la brigade Margueritte et les trains circulèrent jusqu'à cette date sans avoir été inquiétés. Le prince fit prier le général Trochu de venir causer avec lui le plus tôt possible ; il paraissait tourmenté du désir de voir l'empereur retourner à Paris et fort contrarié d'entendre le général Schmitz déclarer ce retour dangereux dans la situation actuelle de la capitale où les esprits étaient très surexcités.

Dans la nuit du 16 au 17, arriva le maréchal de Mac-Mahon, et au point du jour le général Trochu se mit en relations avec lui et avec le prince Napoléon qui l'attendait avec la plus vive impatience. On se rendit alors chez l'empereur qui reçut dans son cabinet de travail ce conseil de guerre *improvisé* et composé du prince Napoléon, du maréchal Mac-Mahon, des généraux Trochu, Schmitz et Berthaut. La conversation s'engagea aussitôt sur l'état du camp, sur les moyens de l'améliorer et d'en faire disparaître les causes de désordre signalées plus haut ; on paraissait d'accord sur la nécessité d'investir le maréchal du commandement de l'armée concentrée au camp de Châlons. L'empereur exprima le désir que cette armée fût indépendante de celle de Metz, lorsque Mac-Mahon, avec cette abnégation et cette modestie qui lui ont conservé l'estime générale malgré ses fautes militaires et politiques, prononça ces paroles : « Il y a avantage à ce que les deux armées soient sous un chef unique ; ne craignez pas de compétition de personnes, Bazaine est mon ami, je me mettrai en rapport avec lui et je serai volontiers sous ses ordres. »

L'empereur demanda ensuite au général Berthaut des renseignements précis sur ses bataillons de mobiles et sur ce qu'on pouvait en espérer. Le général répondit sans hésiter : « Ces bataillons ne peuvent sans les plus grands dangers être conduits au feu en rase campagne. Quel que soit leur moral, ils sont incapables d'affronter une aussi rude épreuve ; j'en ai 6.000 qui ne sont pas encore armés, et les autres viennent à peine de recevoir des armes avec lesquelles ils ne sont pas encore familiarisés. Je pense toutefois que si l'armée prend une position définitive en arrière du camp, cette troupe suffisamment abritée pourra rendre d'excellents services. » Le général Berthaut ignorait à ce moment que le ministre de la guerre, rallié aux mêmes idées, venait d'envoyer l'ordre de répartir les mobiles de Paris dans les différentes places du Nord. On doit donc blâmer le sentiment qui a poussé le comte de Palikao, dans sa déposition devant la commission d'enquête parlementaire, à affirmer au sujet de la garde mobile de la Seine des faits notoirement inexacts au vu et au su des officiers que leurs fonctions mettaient à même de savoir la vérité dans tous ses détails.

Le conseil n'avait encore arrêté aucune résolution lorsque le général Schmitz se leva et, s'adressant directement à l'empereur, lui dit :

Les circonstances sont telles que chacun a le devoir de dire toute la vérité, quoi qu'il en coûte. Dans les résolutions proposées, quelle est la part réservée à Votre Majesté ? L'empereur n'est plus à la tête des armées, il a résigné son commandement et il n'est plus sur son trône. — Oui, dit l'empereur, j'ai l'air d'avoir abdiqué. — Vous avez abdiqué de fait, répliqua vivement le général ; si vous suivez l'armée vous serez sans autorité, sans pouvoir ; c'est une situation indigne de vous et du pays. Votre place est sur le trône, à la tête de votre gouvernement. Il y a, Sire, un moyen de tout concilier : à tort ou à raison l'opinion publique s'est émue de voir le général Trochu, ici présent, dans qui le pays a confiance, éloigné jusqu'à ce jour des conseils et de la personne de Votre Majesté. Le public ne sait pas que vous lui réserviez un commandement latéral que les circonstances ont fait supprimer. Il est temps de lui donner une situation en rapport avec les espérances que l'on a fondées sur lui. Le salut de la France est désormais dans Paris ; nommez-le gouverneur de la capitale ! il partira ce soir pour prendre possession de son commandement, vous le suivrez à quelques heures d'intervalle, et lorsque Paris se réveillera, il lira une proclamation du général annonçant que vous l'avez nommé gouverneur et que l'empereur est revenu avec lui pour se remettre à la tête du gouvernement. Dans les conditions où nous sommes, vous ne pouvez effectuer votre retour qu'en adoptant cette résolution. Vous aurez ainsi donné deux grandes satisfactions à l'opinion : elle vous saura gré de confier un poste aussi important à un général qui jouit de sa faveur, et puis, faut-il le dire ? on verra à n'en pas douter que vous avez renoncé à toute ingérence dans la direction des affaires militaires. Le maréchal de Mac-Mahon se mettra en retraite sur la position d'Epernay à Vertus et la capitale sera couverte,

Le maréchal intervint pour dire qu'il préférerait, selon toute probabilité, se tenir sur la rive droite de la Marne, sa droite appuyée à la rivière, sa gauche à Reims et son centre derrière le canal de l'Aisne à la Marne.

L'empereur parut adopter ces conclusions sans hésitation et indiqua d'un léger signe de tête au général Trochu qu'il désirait avoir la pensée du principal intéressé sur la proposition de son chef d'état-major. Le général répondit qu'il était prêt à accepter cette lourde responsabilité ; qu'il savait avoir été desservi auprès de l'empereur à qui on l'avait représenté comme hostile à sa personne et même à sa dynastie, tandis qu'il n'avait fait qu'exprimer loyalement ses opinions, parfois, il est vrai, en termes un peu vifs, sur la politique et sur les tendances de l'empire. Napoléon III, l'interrompant avec douceur, déclara qu'il ne pouvait, dans les circonstances actuelles, être question de divergences de vues et de principes et qu'il était tout disposé à confier au général Trochu les destinées futures de la capitale. Puis, se préoccupant de la manière dont devaient être formulées les résolutions qu'il venait d'adopter, il ajouta :

Vous savez que je suis un souverain constitutionnel, je vais donc écrire tout de suite à l'impératrice pour que les lettres de service soient expédiées à Mac-Mahon et à vous, *car il faut qu'elles soient contresignées par un ministre.*

Sur ces mots, le prince Napoléon, qui savait à quoi s'en tenir sur les dispositions sottes et malveillantes de l'entourage de l'impératrice à l'égard du général Trochu, se leva et prononça avec animation les paroles suivantes :

Vous n'avez pas besoin de contreseing, les circonstances vous commandent d'être le maître, il faut que Trochu parte d'ici à quelques heures et qu'il emporte sa lettre de service qui le fera reconnaître à Paris ; d'ailleurs qui, dans le gouvernement, pourrait s'opposer à la résolution que vous venez de prendre ? Ordonnez, Sire, et chacun devra obéir.

Après quelques observations assez timides de l'empereur, il fut arrêté que l'on rédigerait sur-le-champ les pouvoirs et l'on se sépara à 11 heures 1/2. Outre les personnages désignés, un seul officier de la maison militaire assista à ce conseil dont il a été si souvent et si inexactement parlé : le général Courson, adjudant général du palais, arriva dès le début de la conversation pour prendre quelques ordres et, se retirant dans l'embrasure d'une fenêtre, il assista debout à l'échange des paroles qui viennent d'être reproduites avec une scrupuleuse fidélité. Le général Trochu, dans les discours prononcés devant l'Assemblée nationale les 30 mai, 2, 13, 14 et 15 juin 1871, a donc pu dire avec raison que la conférence du 17 août 1870 avait abouti à la convention verbale dont voici les termes précis : « Le général Trochu, nommé gouverneur et commandant en chef, partira immédiatement pour Paris. Il y précédera l'empereur de quelques heures. Le maréchal de Mac-Mahon fera ses dispositions pour se diriger avec son armée sur Paris. »

Le prince Napoléon avait une telle hâte de voir consacrer définitivement les résolutions de l'empereur, qu'il sortit précipitamment, emmenant avec lui le général Schmitz, le général Waubert de Genlis, aide de camp de l'empereur, et un aide de camp de Trochu. Sans perdre une minute, ils rédigèrent : la lettre de service du maréchal Mac-Mahon par laquelle on lui conférait le commandement de l'armée de Châlons ; celle du général Lebrun nommé commandant du 12e corps en remplacement et sur la désignation du général Trochu ; et le billet suivant adressé au général Trochu :

Camp de Châlons, 17 août 1870. — Mon cher général, je vous nomme gouverneur de Paris et commandant en chef de toutes les forces chargées de pourvoir à la défense de la capitale. *Dès mon arrivée à Paris*, vous recevrez ratification du décret qui vous investit de ces fonctions ; mais d'ici là, prenez sans délai toutes les dispositions nécessaires pour accomplir votre mission. — Recevez, mon cher général, l'assurance de mes sentiments d'amitié. Napoléon.

Aussitôt rédigées, ces lettres furent soumises par le général Schmitz à l'empereur qui déjeunait avec sa maison militaire. Le général Trochu fit de son côté une démarche évidemment destinée à augmenter l'engouement dont il était l'objet de la part de la population parisienne : il pria le souverain de l'autoriser à ramener avec lui les bataillons des mobiles de la Seine, l'assurant qu'ils pourraient être une véritable force pour Paris, où il aurait le temps de compléter leur éducation, en attendant que l'ennemi fût arrivé sous ses murs. Quels qu'aient été les mobiles de cette démarche, elle n'en doit pas moins être considérée comme une faute politique et militaire ; il eût été préférable de se conformer aux instructions du général Palikao qui voulait répartir les mobiles dans les places fortes du Nord. La faute était d'autant plus manifeste que, moins de trois semaines après cet incident, le général Trochu se voyait obligé de dissoudre la brigade des mobiles de la Seine et d'en disperser les dix-huit bataillons dans les forts de Paris.

Le général quitta le camp dans l'après-midi avec la conviction qu'il allait préparer la défense d'une capitale protégée par une armée de secours commandée par Mac-Mahon qui avait accepté sans réserve le plan d'opérations développé en conseil.

On a vu dans le chapitre XV comment les 1$^{er}$, 5$^e$ et 7$^e$ corps étaient parvenus à gagner soit le camp de Châlons, soit Reims, dans les journées du 16 au 21 août. Il restait à reconstituer le 12$^e$ corps, disloqué par le départ de la garde mobile de la Seine. Dans ce but, on fit venir par les voies rapides la division d'infanterie, composée de quatre régiments de ligne et d'un bataillon de chasseurs de marche, qui était en observation sur la frontière d'Espagne sous les ordres du général Grandchamp ; une deuxième division, commandée par le général Lacretelle, fut formée avec les trois régiments coupés du corps Canrobert et les 3$^e$ et 4$^e$ régiments d'infanterie de marche ; la division d'infanterie de marine resta au 12$^e$ corps qui reçut en outre quatre régiments de cavalerie de la division Fénelon. Les deux régiments de cavalerie du général Tilliard furent réunis aux trois régiments de chasseurs d'Afrique pour former une deuxième division de réserve sous les ordres de l'intrépide général Margueritte.

Le court séjour des anciens corps d'armée au camp de Châlons fut employé à remettre en état les effets d'armement, d'équipement et de campement, à compléter l'approvisionnement en vivres et en munitions, enfin à renforcer les effectifs avec des soldats de la réserve ou des deuxièmes portions des contingents et même avec des recrues de la classe de 1869 appelées en juillet 1870. Quarante-cinq mille fusils chassepot expédiés au camp pour le réarmement des 1er, 5e et 7e corps témoignent de la prodigieuse activité déployée alors par le comte de Palikao et par l'administration du chemin de fer de l'Est. Le général Ducrot remplaça Mac-Mahon dans le commandement du 1er corps et fut lui-même remplacé par le général Wolff à la tête de la 1re division. Le 1er régiment de marche fut adjoint à la division Pellé, ancienne Douay, si éprouvée à Wissembourg et à Wœrth; le 1er bataillon des francs-tireurs de Paris suivit la division Lhériller, ancienne Raoult, à demi détruite à Wœrth; enfin le 2e régiment de marche remplaça dans la division Lartigue le 87e de ligne resté à Strasbourg. Le général Faure fut nommé chef d'état-major général de l'armée de Châlons à la place de Colson tué à Wœrth.

Le comte de Palikao fut avisé des résolutions prises dans la conférence du 16 et de la retraite de l'armée sur Paris. Ces nouvelles furent mal accueillies par le ministère et par l'opinion publique que l'on avait maladroitement préparée à l'idée de voir l'armée de Châlons marcher au secours de Bazaine. Dans la nuit du 17 au 18, le général Trochu arriva aux Tuileries où l'impératrice Eugénie le reçut froidement. « Je la trouvai pleine de fermeté, pleine de courage, mais exaltée et défiante de moi », dit le général dans son discours devant l'Assemblée nationale. Après un échange de paroles assez aigres au fond, mais prononcées avec une réserve commandée l'un des interlocuteurs par le rang auquel l'avait élevé le hasard d'un mariage inespéré, à l'autre par le respect que l'on doit à une femme, même quand elle s'occupe de politique plus qu'il ne convient à son sexe et à sa nationalité étrangère, l'impératrice fit biffer les premières lignes d'une proclamation préparée par le gouverneur de Paris, qui annonçaient le retour prochain de l'empereur. Elle soutenait, non sans raison, qu'il y aurait des inconvénients à prononcer le nom de Napoléon III dans l'état actuel des esprits et s'opposa d'une façon péremptoire au retour de son mari. Cette indication disparut ainsi, sur l'ordre de la régente, d'un document approuvé par l'empereur et cette suppression réduisit à néant le projet ingénieux du général Schmitz, projet qui consistait à permettre au souverain de rentrer dans sa capitale sous le couvert de la popularité d'un général considéré comme un ennemi par la camarilla de l'impératrice.

En sortant du palais, le général Trochu se rendit chez le comte de Palikao qui le reçut encore plus mal. Le ministre de la guerre se montra fort mécontent du projet de retraite sur Paris et de la nomination d'un gouverneur de la capitale, d'un *ad latus*, dont la situation mal définie ne pouvait que diminuer son autorité et, par suite, lui porter ombrage. Le ministre tenait beaucoup à son plan d'opérations de Châlons sur Verdun et sur Metz. Théoriquement l'idée était assez bonne et paraissait praticable, mais du moment que l'on avait vu les troupes de Mac-Mahon dans leurs marches et leurs bivouacs, l'illusion n'était pas possible et l'on sentait qu'il leur fallait du temps pour se réorganiser et reprendre de la cohésion. Malgré la funeste issue de la courte campagne de Sedan, le général Palikao n'a cessé de soutenir l'excellence de ses projets et trop souvent d'une façon peu courtoise pour ses contradicteurs, qu'en plein conseil de guerre de Trianon il a qualifié de « stratèges en chambre ». N'était-ce donc pas lui qui faisait de la stratégie de cabinet et qui suivait les errements de l'ancien Conseil aulique de Vienne dont les plans élaborés à distance ont si puissamment contribué aux succès de Bonaparte en 1796 et 1797 ? On peut dire du reste que, si les écrits et les dépositions parlementaires et judiciaires du vainqueur de Pékin dénotent une remarquable fermeté de caractère et une extrême opiniâtreté dans les idées, ils prouvent aussi un manque regrettable de générosité et de mémoire à l'égard de ses ennemis politiques et surtout à celui de ses compétiteurs militaires. Il avait l'âme ulcérée depuis le rejet humiliant, par le Corps législatif, de la dotation de 30.000 francs demandée par l'empereur pour le commandant en chef de l'expédition de Chine et son mécontentement avait encore augmenté quand, à la mort de Niel, son cadet Le Bœuf fut élevé à la dignité de maréchal, à laquelle il se croyait des droits incontestables.

Le général Schmitz, qui assistait à l'entrevue et qui connaissait le caractère impérieux et vindicatif du ministre dont il avait été le chef d'état-major en Chine, fut vivement affligé de voir l'intérêt de la France menacé d'être sacrifié à des rancunes personnelles. Les deux chefs militaires se séparèrent dans un état de profond dissentiment et, depuis cette époque, le comte de Palikao n'a jamais négligé une occasion de témoigner au général Trochu des sentiments de haine jalouse peu dignes d'un ancien président du Conseil des ministres. Le 18 août, après sa conversation avec le gouverneur de Paris, il n'eut d'autre pensée que d'amoindrir les pouvoirs de celui-ci et de faire revenir l'empereur et le maréchal Mac-Mahon sur le projet de retraite adopté par eux sur l'avis de généraux compétents, avis ratifié aussitôt par la majorité du comité de défense institué à Paris. M. Thiers, membre de ce conseil, appuyait le projet avec sa vivacité accoutumée, et c'est peut-être à l'ancien président de la République que faisait allusion Palikao en s'élevant à Trianon contre les « stratèges en chambre ». Néanmoins, Mac-Mahon resta au début sourd aux suggestions du ministre de la guerre, mais l'opiniâtre comte de Palikao ne se tint pas pour battu et l'on verra bientôt par quel fatal enchaînement de circonstances et à la suite de quelle pression venant de Paris, la malheureuse armée de Châlons fut précipitée dans le gouffre de Sedan.

Avant de quitter le camp, l'empereur fit un nouvel acte d'initiative souveraine en chargeant directement le prince Napoléon d'une négociation diplomatique en Italie. Pareil au noyé qui se raccroche à toutes les branches, Napoléon III espérait encore le concours de l'étranger au moment où celui-ci se rangeait du côté du vainqueur.

Déjà, les nouvelles du 17 annonçant un mouvement de recul de Bazaine au lendemain de la bataille de Rezonville avaient péniblement impressionné l'empereur; celles du 18 au soir et du 19 annonçant « le changement de front du corps Canrobert » et la concentration de l'armée dans l'intérieur du camp retranché de Metz, ne lui laissaient plus de doute sur la mauvaise situation de sa meilleure armée.

Le 19 août, raconte le prince Napoléon dans une brochure parue en septembre 1871, l'empereur entre dans ma baraque et me dit:

— Les affaires vont mal. Tu ne m'es d'aucune utilité auprès de moi; une chance, peu probable, mais cependant possible, serait décisive, c'est que l'Italie se prononçant pour la France déclare la guerre et tâche d'entraîner l'Autriche. Personne n'est mieux indiqué que toi pour cette mission près de ton beau-père et de l'Italie. Il faut que tu partes de suite pour Florence. J'écris au roi, voici ma lettre.

Le prince, qui ne partageait pas les espérances de son impérial cousin, mit peu d'empressement à accepter une mission qu'il savait condamnée d'avance à un pitoyable échec. Intelligence ouverte, aimant à causer avec les hommes distingués de tous les partis, il savait l'empire perdu à bref délai et n'ignorait pas qu'à l'intérieur et à l'extérieur on se préparait à se partager ses dépouilles. D'un autre côté, il lui paraissait inutile de froisser le ministre des affaires étrangères, M. le prince de la Tour d'Auvergne, qui offrit sa démission quand il apprit la mission du prince. M. Valfrey, à qui sa situation auprès du comte de Chaudordy permettait d'être exactement renseigné, dit malicieusement, après avoir rappelé l'incident de la démission : « Est-il besoin d'ajouter que la diplomatie du prince Napoléon se dépensa en conversations académiques entre lui et son royal beau-père, et qu'elle fut absolument stérile? C'est qu'à mesure que nos défaites s'accentuaient, le gouvernement italien se familiarisait avec l'idée d'en profiter pour s'emparer de Rome. »

Voilà la vérité exprimée sobrement et sans fard. Du moment que les Italiens avaient la presque certitude d'occuper Rome sans coup férir, il fallait une forte dose de naïveté pour espérer leur concours effectif en échange des services rendus en 1859 par les Français à la cause de leur indépendance. L'empereur leur demandait d'envoyer de 100.000 à 150.000 hommes au-delà des Alpes pour remonter les vallées du Rhône, de la Saône et prendre en flanc les lignes d'opérations des Allemands. Le gouvernement italien fit la sourde oreille et continua ses armements en vue d'éventualités plus profitables. Afin de préparer l'Europe à l'entrée des troupes royales dans la Cité éternelle, M. Visconti-Venosta envoya aux agents italiens, à l'étranger, une circulaire dans laquelle il essayait de démontrer l'insuffisance de la convention franco-italienne du 15 septembre 1864 relative à l'occupation de Rome. Le passage suivant en est particulièrement significatif: « Dans ses rapports avec l'Italie, disait M. Visconti, la cour de Rome a cru devoir se refuser même aux tempéraments les plus transitoires et de simple administration. Elle a pris l'attitude d'un gouvernement ennemi établi au centre de la Péninsule, cherchant dans les complications européennes la possibilité d'amener de nouvelles interventions militaires, enrôlant des forces étrangères... » Ainsi le pape était nettement désigné comme un ennemi ; le gouvernement de Florence se réservait donc le droit de le traiter en conséquence et de lui enlever sa puissance temporelle pour l'empêcher de faire de Rome le centre d'une propagande contraire aux intérêts de la patrie italienne. L'occasion de dénoncer la convention de septembre et de s'annexer les derniers débris du domaine de Saint-Pierre ne pouvait tarder à se produire et nous verrons avec quel empressement elle fut saisie aussitôt après la capitulation de Sedan et la chute de l'empire.

# CHAPITRE XXI

Levée du camp de Châlons, le 21 août. — Force de l'armée de Mac-Mahon. — Retraite sur Reims. — Triste aspect de l'armée. — Graves désordres à Reims. — Visite de M. Rouher au quartier impérial. — Le 22 août, l'empereur et Mac-Mahon reçoivent chacun une dépêche de Bazaine. — Histoire de la dépêche du 2 août inventée par le général Séré de Rivières. — Marche sur Montmédy. — Le 7, au Chêne-Populeux, Mac-Mahon veut revenir sur ses pas. — Dépêches pressantes de Palikao. — L'armée française reprend sa marche sur la Meuse. — Marche des armées allemandes du 19 au 27 août. — Démonstration contre Verdun exécutée le 24 août par le XII° corps saxon. — Combat de Buzancy, le 27.

Le 21 août, suivant les conventions arrêtées dans le conseil du 17, le maréchal de Mac-Mahon commença la retraite sur Reims, dans une direction nord-ouest, de manière à se couvrir rapidement du canal de la Marne à l'Aisne qui longe la gauche du chemin de fer de Mourmelon à Reims. Grâce aux efforts du comte de Palikao, les effectifs étaient remis au complet et atteignaient les chiffres ci-après : 1$^{er}$ corps, Ducrot, 4 divisions, 40.000 hommes et 20 batteries ; 5° corps, de Failly, 2 divisions 1/2, 25.000 hommes et 15 batteries ; 7° corps, Douay, 3 divisions, 30.000 hommes et 15 batteries ; 12° corps, Lebrun, 3 divisions, 35.000 hommes et 15 batteries. Chaque corps avait une division de cavalerie ; seule la brigade Jolif-Ducoulombier du 7° corps n'était pas parvenue à rejoindre. La réserve de cavalerie se composait des quatre régiments de cuirassiers de Bonnemains, si éprouvés à Wœrth, et des cinq régiments de cavalerie légère du général Margueritte avec trois batteries dont une de mitrailleuses. En tout, 135.000 hommes avec 67 batteries dont 14 de mitrailleuses, soit 402 bouches à feu.

A l'aube, le camp fut levé, les grandes tentes dirigées sur Paris, les hommes pourvus de quatre jours de vivres, et tout ce qu'on ne put emporter fut livré aux flammes, ainsi qu'une partie des baraquements installés à grands frais depuis 1857, date de l'inauguration du camp par la garde impériale. Le maréchal commit la faute de faire exécuter dès le premier jour une marche beaucoup trop longue ; de Mourmelon à Reims, la distance étant de 33 kilomètres, la plupart des régiments durent fournir une traite d'environ 40 kilomètres pour gagner les campements qui leur étaient assignés. Il oubliait que le chiffre des recrues et des réservistes peu habitués à la marche était considérable et que les soldats de l'infanterie de marine n'avaient jamais fait une étape.

En arrivant à Reims, l'armée, si ébranlée par les événements antérieurs, présentait un triste spectacle. Le nombre des traînards était énorme ; des milliers de soldats, au lieu de s'occuper de leur installation au bivouac, erraient sans armes par les rues, entrant dans les maisons particulières, dans les cafés et les auberges pour se faire offrir des rafraîchissements, du vin, de la nourriture, du tabac ; quelques-uns allèrent jusqu'à mendier de l'argent et à dévaster les propriétés.

Dans la journée du lendemain, le désordre prit des proportions encore plus considérables ; enhardis par l'impunité, pervertis par les prédications anarchiques, beaucoup de soldats, peu soucieux de se battre, s'abstinrent de rallier leurs drapeaux et continuèrent à encombrer la ville. Vers le soir, un train de vivres fut pillé en pleine gare et les voleurs eurent l'audace d'installer une espèce de foire où ils essayèrent de vendre le produit de leurs rapines ; la garde nationale convoquée en toute hâte mit fin à cette scène inqualifiable.

Quoique les troupes fussent d'une qualité médiocre, peut-être eût-il été possible d'y maintenir un peu de discipline, mais, depuis la sanglante défaite de Wœrth, le maréchal Mac-Mahon semblait avoir perdu l'entrain et la lucidité dont il avait toujours fait preuve dès qu'il était au milieu de ses soldats. Aucune mesure ne fut prise pour faire rentrer les hommes dans le devoir ; la négligence du commandement était telle qu'on avait oublié de laisser à la gare du chemin de fer ou sur les principales routes, des officiers chargés d'indiquer leur direction aux détachements qui arrivaient sans discontinuité. Il faisait déjà nuit que l'on voyait encore des sous-officiers du train d'artillerie et des équipages militaires entrer dans les hôtels afin de s'enquérir auprès de quelque officier du campement de la troupe dont ils charriaient les munitions ou les bagages. Jamais peut-être la haute direction d'une armée française ne se montra plus faible. En route, généraux et états-majors cheminaient à cheval en tête des soldats sans se retourner pour savoir s'ils étaient suivis et si les colonnes ne s'allongeaient pas outre mesure ; à l'arrivée, ils allaient à la recherche d'installations confortables dans de bonnes maisons, tandis que la troupe campait dans les champs sous la petite tente, quel que fût le temps. Cette habitude, contractée en Afrique, était commode pour les généraux qu'elle débarrassait de l'ennui de faire un cantonnement, mais préjudiciable à la santé des hommes pendant cette seconde quinzaine d'août 1870 où la terre ne cessait d'être détrempée par des orages continuels.

Sur ces entrefaites, le général Palikao refusant de prendre en considération les graves motifs qui avaient fait adopter le projet de retraite sur Paris, adressa à Mac-Mahon, le 20, à 3 heures 40 minutes du soir, un télégramme par lequel il lui indiquait la position de Bazaine le soir de la bataille de Saint-Privat. Il espérait ainsi le faire renoncer à son plan primitif et le décider à marcher sur Metz. Cette démarche indirecte avait l'approbation du conseil de régence, composé occasionnellement du Conseil des ministres, du Conseil privé, du président du Sénat et de celui du Corps législatif. Le comité de défense, formé de généraux auxquels on avait adjoint successivement M. Thiers et d'autres notabilités politiques, était partisan de la marche sur Paris. On peut conclure de cet antagonisme que l'entourage de l'impératrice subordonnait les opérations militaires à des considérations exclusivement dynastiques.

Désireux de faire triompher ces dernières, M. Rouher partit spontanément le même soir pour le camp de Châlons, mais sans aucune mission du Conseil des ministres qui n'eut pas connaissance de son départ. Le comte de Palikao l'affirme dans son ouvrage : *Un ministère de vingt-quatre jours*, et n'a pas été démenti. Ayant trouvé le camp levé et les troupes en marche vers l'ouest, le président du Sénat, accompagné de M. de Saint-Paul, poursuivit sa route et atteignit, le dimanche 21, vers 4 heures de l'après-midi, le quartier impérial, à Courcelles, un des faubourgs de Reims.

L'empereur, qu'il sollicitait vivement de marcher sur Metz, lui répondit qu'une décision pareille dépendait exclusivement du maréchal Mac-Mahon, en ce moment occupé à visiter les éclopés, très nombreux après la rude marche de la journée. Un peu après 6 heures, le maréchal rentrait à son quartier général, contigu à celui du souverain, et M. de Saint-Paul l'informait de la présence de M. Rouher en le priant de vouloir bien prendre part à la conversation qui durait depuis plus de deux heures.

M. Rouher renouvela ses instances, mais le maréchal resta inébranlable. Il expliqua que le mouvement sur Metz présentait les plus grandes difficultés ; que, d'après ses renseignements, 200.000 hommes bloquaient Bazaine ; le prince royal de Saxe s'avançait vers lui avec 80.000 hommes et le prince de Prusse le menaçait de flanc avec près de 150.000 ; qu'enfin on ne pourrait pas se lancer dans une opération aussi aventureuse avec la dernière armée de la France, armée jugée indispensable pour couvrir Paris et dont les cadres dédoublés serviraient à organiser les nouvelles levées. Bref, il resta convenu que l'armée se porterait sur Paris et l'on décida également, sur l'avis de M. Rouher, que l'empereur publierait un manifeste expliquant à la nation pourquoi l'armée de Châlons se repliait sur la capitale.

Vers huit heures, Napoléon III réunit de nouveau MM. Rouher et Mac-Mahon. Dans le cours de la conversation, le maréchal exprima l'intention de continuer son mouvement de retraite dès le lendemain, 22.

Le comte de Palikao, à la nouvelle que le maréchal persistait à se replier sur Paris, s'empressa de combattre ce projet en Conseil des ministres. De plus en plus entêté dans son idée néfaste de pousser l'armée de Châlons aux aventures, il envoya le 22, à 1 heure du soir, la dépêche suivante à l'empereur :

> Le sentiment unanime du Conseil, en présence des nouvelles du maréchal Bazaine, est plus énergique que jamais. Les résolutions prises hier soir devraient être abandonnées.
>
> Ni décret, ni lettre, ni proclamation ne devraient être publiés. Un aide de camp du ministre de la guerre part pour Reims avec toutes les instructions nécessaires. Ne pas secourir Bazaine aurait à Paris les plus déplorables conséquences; en présence de ce désastre (?), il faudrait craindre que la capitale ne se défendît pas. Votre dépêche à l'impératrice nous donne la conviction que notre opinion est partagée. Paris sera à même de se défendre contre l'armée du prince royal de Prusse ; les travaux sont poussés très promptement, une armée nouvelle se forme à Paris, nous attendons une réponse par le télégraphe.

Le ministre de la guerre continuait à entraver l'action du général en chef et persistait en outre à correspondre directement avec l'empereur dans le but évident de le faire sortir du rôle passif qu'il s'était imposé et qu'il sut remplir avec une louable abnégation jusqu'au 1er septembre.

Le maréchal n'eut pas connaissance de cette dépêche si pressante ; l'empereur se borna à lui en donner le sens, pour ne pas influencer le chef de l'armée dont il approuvait les

## CHAPITRE XXI

idées quoi qu'en dît le ministre dans son télégramme. Le projet de retraite fut maintenu et le chef d'état-major prépara les ordres de marche dans ce sens.

Depuis la veille, Mac-Mahon attendait avec anxiété des nouvelles de Bazaine, nouvelles demandées par une dépêche partie le 20 du camp de Châlons. Il ne pouvait attendre des *instructions*, puisque Bazaine lui avait télégraphié le 18 août à minuit :

Maréchal Bazaine au maréchal de Mac-Mahon, à Bar-sur-Aube. — Je reçois votre dépêche ce matin seulement. Je présume que le ministre vous aura donné des ordres, vos opérations étant tout à fait en dehors de ma zone d'action pour le moment, et je craindrais de vous donner une fausse direction.

Il est nécessaire d'insister sur ces détails d'heures, de jours où sont parties et où ont été reçues les dépêches échangées ; ils permettent de fixer les responsabilités et de faire justice de certaines légendes qui ont pris naissance dans le rapport du général Séré de Rivières, chargé d'instruire le procès de Trianon. Ce rapport, dans lequel son rédacteur aurait dû se borner à exposer les faits de la cause, très suffisants pour amener la condamnation du maréchal Bazaine, affectait trop les formes d'un réquisitoire. Il paraît plutôt l'œuvre d'un *politicien* que celle d'un général uniquement soucieux de rechercher la vérité ; aussi, certains passages de ce long document sont-ils sévèrement appréciés par les officiers qui ont fait une étude consciencieuse de la marche sur Sedan.

Le 22 au matin, les ordres de marche allaient être expédiés aux corps d'armée, quand, à 9 heures 1/2, arriva la dépêche suivante :

*Le maréchal Bazaine à l'Empereur.*

Metz, Ban-Saint-Martin, 19 août.

L'armée s'est battue hier toute la journée sur les positions de Saint-Privat-la-Montage à Rozérieulles, et les a conservées. Les 4e et 6e corps ont fait, vers neuf heures du soir, *un changement de front l'aile droite en arrière*, pour parer à un mouvement tournant par la droite, que des masses ennemies tentaient d'opérer à l'aide de l'obscurité. Ce matin, j'ai fait descendre de leurs positions les 2º et 3º corps, et l'armée est de nouveau groupée sur la rive gauche de la Moselle, de Longeville à Sansonnet, formant une ligne courbe, passant derrière les forts de Saint-Quentin et de Plappeville. Les troupes sont fatiguées de ces combats incessants, qui ne leur permettent pas les soins matériels, et il est indispensable de les laisser reposer *deux ou trois jours*. Le roi de Prusse était ce matin à Rezonville avec M. de Moltke, et tout indique que l'armée prussienne va tâter la place de Metz. *Je compte toujours prendre la direction du nord et me rabattre ensuite, par Montmédy*, sur la route Sainte-Menehould à Châlons, si elle n'est pas fortement occupée ; dans le cas contraire, je continuerai sur Sedan et même Mézières pour gagner Châlons. Il y a dans la place de Metz 700 prisonniers qui deviendraient un embarras pour la place en cas de siège ; je vais proposer un échange à M. le général de Moltke pour pareil nombre d'officiers et de soldats français.

Dans cette dépêche, Bazaine transformait en un simple changement de front en arrière la défaite du corps Canrobert et d'une partie du corps Ladmirault, et commettait une faute grave en annonçant qu'après un repos *de deux ou trois jours, il prendrait la direction du Nord pour de là se rabattre à l'Ouest sur Montmédy*. Cette assertion volontairement inexacte et ces promesses faites avec une coupable légèreté eurent des conséquences terribles dans lesquelles, il ne faut pas l'oublier, le général Palikao a sa large part de responsabilité pour son insistance à pousser l'armée de Châlons vers la Meuse.

Mac-Mahon, en recevant communication du télégramme précité qui annonçait la marche sur Montmédy sous deux ou trois jours, pensa que Bazaine pouvait déjà être en route, sa dépêche étant datée du 19. Avec son caractère chevaleresque, il lui répugnait d'abandonner son collègue et, sans hésiter, il ordonna de marcher sur la Meuse. *Telle est la vraie et l'unique raison qui a déterminé le maréchal de Mac-Mahon à entreprendre cette marche si critiquée et qui s'est terminée à Sedan.*

Cette phrase, nous l'avons écrite en la soulignant dans

notre première édition, un an avant le procès de Trianon. Elle reste aujourd'hui l'expression rigoureusement exacte de notre opinion sur une opération militaire condamnée à un insuccès certain. Les motifs développés par le maréchal Mac-Mahon devant l'empereur et M. Rouher pour ne pas aventurer son armée dans une marche extrêmement dangereuse, avaient acquis encore plus de force par la dépêche du 19 qui annonçait en définitive, qu'après les deux sanglantes batailles de Rezonville et de Saint-Privat, l'armée de Bazaine avait été refoulée dans le camp retranché de Metz. Les empêchements à la reprise de la marche sur Châlons, signalés par Bazaine à l'empereur au lendemain de Rezonville, ne pouvaient qu'avoir augmenté après une nouvelle bataille suivie d'un nouveau mouvement de recul. Le maréchal de Mac-Mahon a donc eu tort de revenir sur son projet primitif et de céder aux instances du ministre de la guerre.

On peut ajouter à ce rapport que, dès le lendemain, Bazaine rectifiait ce que sa dépêche du 19 avait de trop affirmatif, par ce télégramme :

Le maréchal Bazaine au maréchal de Mac-Mahon.

Metz, 20 août. — J'ai dû prendre position près de Metz pour donner du repos aux soldats et les ravitailler en vivres et en munitions. L'ennemi grossit toujours autour de moi, et je suivrai très probablement pour vous rejoindre, la ligne des places du Nord, et vous *préviendrai* de ma marche, si toutefois je puis l'entreprendre sans compromettre l'armée.

Cette dépêche faisait suite à celle du 19 reçue par l'empereur le 22, à 9 heures 1/2 du matin. Adressée au commandant en chef d'une armée de secours, elle aurait dû être plus explicite ; au contraire, elle était plus laconique et rédigée dans un sens restrictif. Le mouvement sur Montmédy, annoncé comme devant être entrepris sous deux ou trois jours, était ajourné. Mais le sens dubitatif donné plus ou moins volontairement par Bazaine à cette seconde dépêche, n'impliquait pas une renonciation explicite à la marche sur Montmédy. Cette dépêche, contrairement aux dénégations ultérieures du maréchal Mac-Mahon qui l'avait oubliée parce qu'elle était insignifiante, est arrivée à Reims le 22 août vers cinq heures du soir et fut aussitôt traduite par les officiers du maréchal qui, possédant *seuls* le chiffre convenu, pouvaient seuls traduire cette dépêche qui était chiffrée. I' était donc absurde d'accuser le colonel Stoffel d'avoir intercepté une dépêche qu'il ne pouvait pas lire.

Elle n'était certes pas de nature à modifier la résolution regrettable prise par Mac-Mahon, à dix heures du matin, de contremander le mouvement de retraite sur Paris et de marcher sur la Meuse. Cependant, le rapporteur du conseil de guerre de Trianon s'en est servi pour incriminer à la fois le colonel Stoffel et l'empereur, qu'il accusa d'avoir intercepté cette dépêche afin d'empêcher le maréchal Mac-Mahon de revenir sur la détermination qui aboutit à la catastrophe de Sedan. En bâtissant son roman juridique, le général de Rivières dégageait à la fois la responsabilité du maréchal de Mac-Mahon, alors président de la République, et pensait complaire aux tendances du duc d'Aumale, président du conseil de guerre, qui commit la faute d'accepter avec une facilité surprenante la thèse du rapporteur.

Dans une brochure intitulée « *La dépêche du 20 août* 1870, du maréchal Bazaine au maréchal de Mac-Mahon », le colonel baron Stoffel a fait bonne justice des étranges allégations du général de Rivières, et prouvé jusqu'à la dernière évidence leur insigne fausseté. L'auteur des célèbres rapports sur l'armée prussienne mit fièrement le conseil de guerre et le gouvernement de Mac-Mahon en demeure de faire la lumière sur l'accusation inconsidérée du rapporteur. Il fut fait droit à cette requête ; en conséquence, l'affaire dite de la dépêche du 20 août dut être déférée au 2ᵉ conseil de guerre du gouvernement militaire de Paris.

Le commissaire *spécial* du gouvernement près de ce conseil, le colonel d'état-major Clappier, uniquement préoccupé de la recherche de la vérité et peu soucieux de plaire aux puissants du jour, fit appeler les témoins que M. de Rivières et le duc d'Aumale s'étaient abstenus de convoquer à Trianon. Après une instruction minutieuse de six longs mois, le colonel Clappier adressa à son collègue Stoffel la lettre suivante, que les historiens de l'avenir feront bien de ne pas oublier de citer :

Paris, le 16 juillet 1874. — Monsieur le Colonel,

J'ai l'honneur de vous prévenir que le ministre de la guerre, après examen de la procédure suivie contre vous, *sur votre propre demande*, a rendu, à la date du 13 juillet, une ordonnance de non-lieu.

Recevez, Monsieur le Colonel, l'assurance de mes sentiments les plus distingués.

Le Commissaire spécial du gouvernement près le 2ᵉ Conseil de guerre.
Signé : Colonel CLAPPIER.

Cette lettre fut remise au baron Stoffel à la prison de Versailles où il subissait, comme un malfaiteur de droit commun, la peine de trois mois de prison à laquelle il avait été condamné, à la requête du duc d'Aumale, pour avoir qualifié de mensongère, comme elle le méritait, l'accusation de suppression de dépêche dirigée contre lui par le général de Rivières. Ce fut la seule récompense accordée à l'officier dont les rapports prophétiques ont excité l'admiration des gens éclairés par la justesse et la profondeur des observations, et frappé d'étonnement le public français qui ne savait pas l'empereur et le maréchal Le Bœuf si bien renseignés sur la puissance militaire de la Prusse.

Il est donc avéré que la dépêche du 20 août est arrivée à Reims dans la soirée du 22, et que son contenu n'a en rien modifié les dispositions prises par Mac-Mahon, à 10 heures du matin, pour marcher au secours de l'armée de Metz. Avis de la mise en route de l'armée de Châlons fut transmis à Bazaine par une dépêche qui a été l'objet d'un sérieux débat devant le conseil de guerre :

*Maréchal Mac-Mahon à maréchal Bazaine.* — Reçu votre dépêche du 19, à Reims. Me porte dans la direction de Montmédy ; serai après-demain sur l'Aisne, d'où j'agirai selon les circonstances pour vous venir en aide.

Bazaine affirme n'avoir reçu cette dépêche que le 30, tandis que le colonel Lewal déclare qu'elle est arrivée à Metz le 23. Cette question sera élucidée dans le chapitre relatif aux premières opérations autour de Metz.

Conformément au nouvel ordre de marche, l'armée quitta Reims le 23 au matin et vint camper sur la Suippe, entre Heutrégiville et Dontrien ; les cuirassiers de Bonnemains couvraient la droite de l'armée ; la cavalerie de Margueritte, à plus de 16 kilomètres en avant du front, observait les débouchés de l'Argonne par Grand-Pré et la Croix-aux-Bois. Après cette seconde marche de 32 kilomètres qui avait encore augmenté le nombre déjà énorme des traînards, l'armée se retrouvait à moins de 16 kilomètres du camp de Châlons, ayant ainsi perdu trois jours dans une conjoncture où la célérité pouvait seule lui permettre d'échapper aux armées allemandes. La confusion qui régnait dans les colonnes augmentait tous les jours par suite de dispositions mal ordonnées et de la mauvaise organisation des charrois ; le 7ᵉ corps avait laissé les siens à Belfort et en était réduit aux voitures de réquisition ; de plus, les chemins étant détrempés par les pluies, les troupes n'arrivaient que harassées et fort tard à leur bivouac. Après le départ de l'armée, Reims resta encombré de soldats débandés, aux vêtements sordides, à la face avinée, qui s'étaient débarrassés de leurs armes et de leurs sacs pour marcher plus à l'aise ; la gare, les salles d'attente, les magasins et les quais du chemin de fer étaient encore, à dix heures du matin, remplis de centaines de militaires plongés pour la plupart dans le sommeil de l'ivresse et qui ne témoignaient aucune velléité de jamais rejoindre leurs corps. Les évaluations les plus modérées portent à plus de 10.000 le chiffre de ces horribles traînards qui, par leur indiscipline et leur mauvaise tenue, rappelaient les *fricoteurs* de 1812. Leur vue impressionna de la façon la plus douloureuse la population ainsi que les nombreux correspondants de journaux accourus à Reims pour juger de l'attitude de cette armée, dernier espoir de la France. Il y avait là des écrivains du *Moniteur universel*, de la *Patrie*, du *Gaulois*, du *Siècle*, du *Rappel,* de la *Marseillaise*, et, malgré la diversité de leurs opinions, ils étaient unanimes à reconnaître que l'armée de Mac-Mahon manquait de cohésion et se trouvait dans de déplorables conditions pour se risquer en rase campagne. La plupart d'entre eux se hâtèrent de regagner Paris, le chemin de fer étant sur le point d'être coupé par la cavalerie prussienne ; les plus jeunes et les plus hardis suivirent seuls les troupes pédestrement, sans aucun bagage, car tous avaient et exprimaient la conviction qu'ils ne tarderaient pas à assister à une affreuse déroute.

Le lendemain 24, l'armée alla camper sur les hauteurs de la rive gauche de l'Aisne, entre Vouziers et Rethel ; le 7e corps toujours à la droite, le 1er corps au centre à Juniville, les 5e et 12e corps à Rethel. La cavalerie de Margueritte continue à observer les défilés de l'Argonne, à Monthois, les cuirassiers de Bonnemains descendent la vallée de la Suippe pour se rendre à Pont-Faverger.

Cette marche de 28 kilomètres en moyenne s'exécuta dans des conditions passables ; la pluie avait cessé, le terrain sablonneux n'enfonçait pas sous les pieds et sa stérilité permettait aux troupes de passer à travers champs et de laisser les routes libres pour les voitures. Il n'y avait qu'à continuer de la sorte, et en six ou sept jours on était sous Metz. Mais le destin et l'indécision du commandement en avaient ordonné autrement.

Dans la soirée, des commandants de corps d'armée firent observer qu'ils n'avaient plus leur alignement en vivres, de sorte que l'on dut appuyer à gauche pour se rapprocher du chemin de fer et se réapprovisionner à la gare de Rethel.

D'après les récits faits sous l'empire de la passion, on pensait généralement que ce manque de vivres, qui entraîna une perte de temps de plus de 24 heures, devait être attribué à l'intendance. Il n'en est rien, et la responsabilité en pèse tout entière sur le maréchal ; en voici la preuve : le 20 août, le grand convoi préparé à Verdun pour l'armée de Bazaine par les intendants Wolf et Vigo-Roussillon quittait cette place sous la conduite de ce dernier, peu d'heures avant l'arrivée du corps d'investissement saxon. Ce convoi se composait de 575 voitures à 3 et à 4 chevaux, occupant sur la route une longueur de 7 kilomètres et suivies par un troupeau de 1.700 bœufs. Il eut la chance d'échapper aux Prussiens qui déjà pénétraient dans la forêt de l'Argonne, et amena un *million* de rations à Reims, le jour même où Mac-Mahon prenait la funeste résolution de marcher sur Metz. Le maréchal donna, on ne sait pour quel motif, à M. Vigo-Roussillon l'ordre *écrit* de n'emmener que la moitié de ces vivres, environ 500.000 rations, de diriger le reste sur Mézières, et de laisser en arrière les bœufs sur pied et l'avoine. En vain l'intendant fit observer au maréchal qu'en voulant éviter l'encombrement il risquerait d'affamer ses troupes, cette contrée peu fertile ayant été frappée de nombreuses réquisitions ; les premiers ordres furent maintenus. Cette erreur du commandement obligea l'armée à passer les journées des 24 et 25 autour de Rethel pour y recevoir 374.000 rations de pain, 525.000 de biscuit, 700.000 de ce que l'on appelle vivres de campagne et composées de riz, sel, sucre et café, le tout venant de Paris.

Le 25 août, les 5ᵉ et 12ᵉ corps restent à Rethel, le 1ᵉʳ et le 7ᵉ quittent les hauteurs et descendent dans la vallée de l'Aisne entre Attigny et Vouziers. Le 7ᵉ corps, qui avait fait la marche la plus longue, s'était déplacé d'à peine huit kilomètres. Si encore le maréchal Mac-Mahon s'était borné à perdre du temps ; mais il commit coup sur coup plusieurs fautes impardonnables. Les cuirassiers de Bonnemains qui couvraient en l'éclairant le flanc droit de l'armée, le seul qui fût menacé, durent se porter sur la gauche à Rethel ; la cavalerie de Margueritte qui, à Monthois, éclairait en avant et sur la droite fut envoyée au Chêne-Populeux, sur le front de l'armée, de façon que, en arrivant à Vouziers avec le 7ᵉ corps, le général Douay apprit que son flanc droit et ses derrières étaient complètement découverts, et qu'il disposait seulement des trois régiments de cavalerie de son corps pour battre l'estrade en face des douze régiments des divisions Stolberg-Wernigerode et prince Albrecht père qui précédaient l'armée du prince royal de Prusse.

Le général Douay, toujours prévoyant et plein de sollicitude pour la sécurité et le bien-être de ses soldats, s'empressa de réparer, autant qu'il dépendait de lui, la faute du commandant en chef en envoyant à Grand-Pré le 4ᵉ de hussards, avec ordre de se procurer des nouvelles de l'ennemi.

Le 26, l'armée pivote sur son aile droite : le 7ᵉ corps traverse Vouziers pour établir son bivouac sur la route de Grand-Pré ; le général Ducrot avec le 1ᵉʳ corps fait huit kilomètres d'Attigny à Voncq, mais les 5ᵉ et 12ᵉ corps font un trajet de 25 à 30 kilomètres pour se rendre de Rethel à Tourteron. Les cuirassiers de Bonnemains continuent à se promener sur la gauche de l'armée, du côté opposé à l'ennemi ; Margueritte reste en avant du front, aux Petites-Armoises, pendant qu'aucune cavalerie ne protège l'armée vers l'Aisne, du côté le plus menacé.

A peine les troupes du général Douay venaient-elles de dresser leurs tentes que la générale se fait entendre. A ce signal, tout le corps d'armée prend les armes et se range en bataille, prêt à secourir le détachement de Grand-Pré que l'on dit en danger. Généraux et soldats passent la nuit derrière les faisceaux. Nos rares cavaliers envoyés à la découverte ont pris quelques escadrons allemands pour des corps d'armée au grand complet. Le général Douay s'attendait donc à livrer bataille au point du jour et avait cru devoir prévenir le maréchal de l'approche d'une armée prussienne.

La nouvelle n'était toutefois pas trop prématurée, car Mac-Mahon recevait au Chêne d'autres rapports lui annonçant également l'approche des armées ennemies. D'un autre côté, les habitants de la contrée, entre autres M. de Montagnac, maire de Sedan, faisaient savoir qu'aucun détachement de l'armée de Metz ne s'était montré du côté de Montmédy et que tous leurs renseignements concordaient dans le sens que Bazaine était resté immobile dans son camp retranché. Néanmoins, l'armée de Châlons avait continué son mouvement sur Stenay dans la matinée du 27 ; mais le maréchal, ébranlé par les mauvaises nouvelles qui lui arrivaient coup sur coup, et comprenant qu'il donnait tête baissée dans une impasse, envoya brusquement contre-ordre, et prescrivit à tous les corps d'armée de marcher au nord-ouest, avec Mézières comme point de direction général. Avis de ce mouvement fut donné au comte de Palikao par la dépêche suivante :

« Les première et deuxième armées, plus de 200.000
» hommes, bloquent Metz, principalement sur la rive gauche.
» Une force évaluée à 50.000 hommes serait établie sur la
» droite de la Meuse pour gêner la marche sur Metz. Des
» renseignements annoncent que l'armée du prince royal de
» Prusse se dirige aujourd'hui sur les Ardennes avec 150.000
» hommes ; elle serait déjà à Varennes. Je suis au Chêne-
» Populeux avec plus de 100.000 hommes. Depuis le 19, je
» n'ai aucune nouvelle de Bazaine ; si je me porte à sa ren-
» contre, je serai attaqué par une partie des 1re et 2e armées
» qui, à la faveur des bois, peuvent dérober une force supé-
» rieure à la mienne ; en même temps attaqué par l'armée du
» prince de Prusse me coupant toute ligne de retraite.

» Je me rapproche demain de Mézières, d'où je continuerai
» ma retraite, selon les événements, vers l'ouest. »

Au reçu de cette dépêche, le président du Conseil, toujours plus préoccupé du salut de la dynastie que de celui de la France et ayant toujours, en dépit de ses affirmations contraires, la prétention de diriger les opérations du fond de son cabinet, répondit à la communication du maréchal Mac-Mahon par un télégramme chiffré qui arriva au Chêne dans la nuit du 27 au 28, à 2 heures du matin. Cette dépêche si grave ne figure pas dans l'ouvrage du général Palikao : *Un ministère de vingt-quatre jours.*

> Si vous abandonnez Bazaine, la révolution est dans Paris et vous serez attaqué vous-même par toutes les forces de l'ennemi. Contre le dehors Paris se gardera, les fortifications sont terminées. Il me paraît urgent que vous puissiez parvenir rapidement jusqu'à Bazaine. Ce n'est pas le prince royal qui est à Châlons, mais un des frères du roi de Prusse avec son avant-garde et des forces considérables de cavalerie. Je vous ai télégraphié ce matin deux renseignements qui indiquent que le prince royal de Prusse, sentant le danger auquel cette marche tournante expose son armée et l'armée qui bloque Bazaine, avait changé de direction et marchait vers le Nord. Vous avez au moins 36 heures d'avance sur lui, peut-être 48 heures.
>
> Vour n'avez devant vous qu'une partie des forces qui bloquent Metz, et qui, vous voyant vous retirer de Châlons sur Metz, s'étaient étendues sur l'Argonne ; votre mouvement sur Reims les avait trompées comme le prince royal de Prusse. Ici tout le monde a senti la nécessité de secourir Bazaine, et l'anxiété avec laquelle on vous suit est extrême.

Mac-Mahon, très ébranlé par cette dépêche dans sa résolution de se replier sur Mézières, en reçut une seconde, une demi-heure plus tard, conçue en termes encore plus pressants:

> Au nom du Conseil des ministres et du Conseil privé, je vous demande de secourir Bazaine en profitant de toute heure d'avance que vous avez sur le prince de Prusse ; je fais partir le corps Vinoy sur Mézières.

Le comte de Palikao s'acharnait de plus en plus à épouser les passions et les craintes de la camarilla de l'impératrice, et à ne tenir aucun compte des avis du Conseil de défense où siégeaient les Thiers et les Trochu, plus préoccupés du salut de Rome que de celui de César.

Les dernières hésitations du maréchal durent disparaître devant une pareille insistance ; le sort de la France fut définitivement sacrifié à l'intérêt, fort mal compris du reste, de la dynastie des Bonaparte et l'armée reprit ce mouvement vers la Meuse, le plus malheureux, le plus désastreux et le plus mal conçu de toute la campagne. Le changement de direction, ordonné pendant la nuit, amena une fâcheuse confusion qui fit encore perdre quelques heures. Pour comble de fatalité, l'armée était en marche sur Stenay, quand l'état-major général fut informé que les Prussiens occupaient ce point en grande force et que le pont était détruit. L'armée dut, en conséquence, appuyer à gauche pour franchir la Meuse en aval, à Mouzon et à Remilly. La retraite sur Reims avait fait perdre plus de deux jours, le mouvement à gauche sur Rethel avait retardé l'armée d'au moins 24 heures, le contre-ordre du Chêne-Populeux venait de causer une perte de temps au moins égale, c'étaient donc quatre jours pleins perdus et dont le général de Moltke sut profiter avec son habileté ordinaire.

Pendant que le ministère du 10 août faisait des efforts louables pour organiser une nouvelle armée au camp de Châlons, l'état-major allemand prenait de son côté les mesures nécessaires pour renforcer l'armée du prince royal de Prusse et l'appuyer dans sa marche sur Paris. L'investissement de Metz fut confié aux armées de Steinmetz et du prince Frédéric-Charles, mais la dernière dut fournir un détachement destiné à former une 4ᵉ armée, dite armée de la Meuse, sous les ordres du prince royal de Saxe. Elle fut organisée dès le 19 août, le lendemain de la bataille de Saint-Privat, et composée de trois corps : la garde royale, les IVᵉ et XIIᵉ corps, avec quatre divisions de cavalerie, celle de la garde, celle du corps saxon et les 5ᵉ et 6ᵉ divisions Rheinbaben et Mecklembourg. Le général major de Schlotheim était le chef d'état-major de la nouvelle armée.

Le prince Frédéric-Charles, investi du commandement en chef de l'armée d'investissement, conserva donc : les Iᵉʳ, VIIᵉ, VIIIᵉ corps, avec les 1ʳᵉ et 3ᵉ divisions de cavalerie de l'armée de Steinmetz, les IIᵉ, IIIᵉ, IXᵉ et Xᵉ corps de la 2ᵉ armée, auxquels on adjoignit encore la division de réserve du général de Kummer qui comprenait une brigade d'infanterie de ligne, la 3ᵉ division de landwehr, 4 régiments de cavalerie et 3 batteries. En réalité cette division formait un petit corps d'armée de 18 bataillons, 16 escadrons avec 18 canons.

L'armée du prince de Prusse n'ayant subi aucune modification, l'ensemble des forces dirigées contre Mac-Mahon s'élevait au total formidable de 252 bataillons, 248 escadrons avec 813 canons, soit, d'après la situation d'effectif insérée dans l'ouvrage du grand état-major, environ 246.000 combattants.

Pour nourrir ces masses énormes, il était indispensable d'organiser solidement le service des lignes d'étape par lesquelles arrivaient les renforts et les approvisionnements. Dans ce but, le général de Bismarck-Bohlen avait été nommé gouverneur général de l'Alsace, le général d'infanterie de Bonin, gouverneur général de la Lorraine, et, comme il a été dit, toutes les parties du territoire français destinées à une future annexion ressortirent au premier de ces gouvernements dont le siège fut établi à Haguenau, en attendant que Strasbourg eût été réduit à capituler.

Afin de ne pas affaiblir les armées d'opérations par des détachements, on fit venir d'Allemagne des bataillons de landwehr et des régiments de cavalerie de réserve ; on créa trois inspections générales d'étapes dont les titulaires avaient à leur disposition, pour la sécurité des voies de communication : 27 bataillons, 13 escadrons, 1 batterie, 3 compagnies de pionniers et 3 détachements pour le service des chemins de fer et des télégraphes.

L'armée du prince de Prusse qui, le 18 août, était concentrée aux environs de Toul avec ses avant-postes sur la Meuse, reçut, le 19, avis de la victoire de Saint-Privat, ainsi que l'ordre de continuer sa marche sur Paris. Ses différents corps s'avancèrent alors à petites journées en longeant le chemin de fer de Strasbourg à Paris. Une brigade bavaroise fut laissée en arrière pour renouveler contre la place de Toul la tentative avortée du 16 août. L'attaque eut lieu le 23 et fut suivie du même insuccès. Le prince de Prusse, pour ne pas affaiblir son armée en vue d'opérations plus importantes, prescrivit aux Bavarois de cesser le bombardement de Toul et de rejoindre leur corps.

De Moltke, informé du grand rassemblement de troupes en voie de formation au camp de Châlons et fidèle à son principe de toujours chercher l'armée ennemie en rase campagne, avait indiqué le camp comme objectif aux 3e et 4e armées. Le 25 août, la cavalerie du prince Albrecht occupait Vitry-le-François et enlevait le bataillon des mobiles de la Marne qui, après avoir évacué cette place incapable de toute résistance, essayait de gagner Châlons. La faible défense des 850 hommes de ce bataillon devant quelques escadrons de cavalerie, démontrait à quel point les généraux Schmitz et Berthaut étaient bien inspirés en proposant de ne pas aventurer dans des opérations actives de jeunes troupes mal exercées et mal encadrées.

Le 24 août, le prince royal avait appris par des lettres interceptées que les Français avaient évacué le camp de Châlons. Cette nouvelle le porta naturellement à modifier son ordre de bataille et à faire avancer son aile gauche, toujours couverte par le VIe corps et la 2e division de cavalerie. La 3e armée fut concentrée sur la rive droite de l'Ornain entre Vitry et Châlons, la gauche appuyée à la Marne, la droite formée par les deux corps bavarois ; les batteurs d'estrade s'avançaient le même jour, 25 août, jusqu'à Mourmelon, à plus de 30 kilomètres en avant de l'infanterie. Le quartier général du prince fut transporté de Bar-le-Duc à Revigny.

Pendant que la 3e armée exécutait cette marche qui donnait les plus vives préoccupations au gouvernement de Paris, le prince de Saxe organisait avec une remarquable activité la nouvelle armée placée sous son commandement. Dès le 20 au soir, les Saxons et la garde royale se mettaient en route sur Verdun, éclairés sur leur droite par la 5e division de cavalerie, sur leur gauche par la 6e ; le IVe corps se trouvait à 12 lieues plus loin au sud, près de Commercy.

Le 24 août, le corps saxon essaya d'enlever Verdun de vive force, mais cette entreprise téméraire n'eut aucun succès. Après un bombardement de quelques heures exécuté avec toute leur artillerie de campagne, les Saxons continuèrent leur route en laissant un faible détachement devant la place. Leurs pertes étaient de un officier et 19 hommes.

Le prince de Saxe, ignorant que Mac-Mahon marchait au nord-est, s'avançait au sud-ouest, dans une direction inversement parallèle. La cavalerie de Rheinbaben, qui éclairait le front de l'armée, traversa sans obstacle la forêt de l'Argonne dont les mamelons, hauts de 300 à 400 mètres seulement et d'un passage néanmoins difficile, couvrent l'espace compris entre l'Aire et l'Aisne, et s'étendent encore au nord au delà du confluent des deux rivières.

Le 25, en arrivant à Sainte-Menehould, le général Rheinbaben apprit par ses éclaireurs l'évacuation du camp de Châlons. En même temps la 6ᵉ division de cavalerie, duc de Mecklembourg, allait donner la main à l'armée du prince de Prusse vers Nettancourt. Les trois corps du prince de Saxe avançaient ainsi avec une sécurité parfaite, sous la protection d'un épais rideau de cavalerie qui permettait à l'infanterie de prendre dans des cantonnements un repos indispensable après des marches fatigantes.

Pendant que la 3ᵉ armée se concentrait au nord de Vitry, la 4ᵉ se massait sur les positions suivantes : le corps saxon, à l'aile droite, le long du chemin de fer de Verdun à Châlons, entre Clermont et Lempire ; au centre, la garde royale à Triaucourt, entre l'Aire et l'Aisne ; le IVᵉ corps, après avoir couché à Bar-le-Duc le 24, avait poussé le lendemain jusqu'à Laheycourt et pris position à la gauche de la garde, près des sources de l'Aisne. Le quartier général du prince de Saxe fut installé à Fleury-sur-Aire.

Les deux armées dirigées contre Mac-Mahon formaient presque un angle droit, dont la 3ᵉ armée, campée le long de la rive droite de l'Ornain, occupait un côté d'une étendue de

30 kilomètres et la 4ᵉ l'autre côté d'une étendue de près de 40 kilomètres. Le roi, M. de Moltke et le grand état-major étaient à Bar-le-Duc où ils apprirent de source certaine l'évacuation du camp de Châlons. Mais, à cause même des hésitations de Mac-Mahon, il était difficile à M. de Moltke de discerner les intentions de son adversaire.

Dans la soirée du 25 août, les journaux de Paris levèrent ses doutes en lui apportant, par le compte rendu des Chambres, la preuve que l'armée de Châlons se portait au secours de Bazaine. Sur-le-champ le chef du grand état-major combina un nouveau plan d'opérations avec une justesse de vues qu'on ne peut s'empêcher d'admirer. Voici à grands traits l'esquisse de ce plan, dont la très heureuse exécution amena la catastrophe de Sedan :

Le premier but à atteindre était de gagner Mac-Mahon de vitesse pour lui barrer soit le passage de la Meuse, soit, si l'on arrivait trop tard, les routes entre Meuse et Moselle. Cette mission ne pouvait être remplie que par l'armée du prince de Saxe ; elle reçut, à cet effet, l'ordre de se concentrer rapidement sur son aile droite, la plus rapprochée des Français. Les ordres furent expédiés dans la nuit du 25 au 26 de façon que le mouvement pût commencer de grand matin. La 5ᵉ division de cavalerie dut se porter de Sainte-Menehould sur Grand-Pré, la 6ᵉ se rendre à Tahure au nord-est du camp de Châlons et à 16 kilomètres au sud de Vouziers ; la cavalerie saxonne resta à l'est de l'Argonne, avec ordre d'éclairer à 40 kilomètres au nord du chemin de fer de Verdun, le pays compris entre l'Aire et la Meuse.

Masqués par cette nombreuse cavalerie, les trois corps de la 4ᵉ armée remontèrent droit au nord. Les Saxons fournirent dans la journée du 26 une traite de plus de dix lieues pour prendre position entre Charpentry et Montfaucon, au nord-est de Varennes, entre l'Aire et la Meuse ; la garde royale se rendit de Triaucourt à Dombasle, sur le chemin de fer de Verdun, un peu en arrière du corps saxon ; le

IV⁰ corps quitta Laheycourt pour occuper Fleury-sur-Aire.

Dans la 3ᵉ armée, les deux corps bavarois durent suivre le mouvement du prince de Saxe menacé à tout instant d'avoir sur les bras toute l'armée de Mac-Mahon. Les V⁰, XI⁰ corps et la division wurtembergeoise restèrent sur l'Ornain, près de Vitry-le-François ; le VI⁰ corps fut rapproché de Vitry et la 2ᵉ division de cavalerie maintenue en observation sur l'Aube aux environs d'Aulnay, à 40 kilomètres au sud de Vitry. La 4ᵉ division de cavalerie, prince Albrecht, dont l'avant-garde avait occupé le camp de Châlons, s'avança en éventail entre Reims et Vouziers.

Les audacieuses pointes d'avant-garde de Rheinbaben rencontrèrent le 26, dans l'après-midi, les hussards du corps Douay aux environs de Grand-Pré et firent mettre sous les armes tout notre corps d'armée. La cavalerie saxonne était parvenue à atteindre la route de Vouziers à Stenay ; arrivés à Nouart, quelques escadrons se rabattirent à gauche dans la direction de Buzancy, où ils rencontrèrent les avant-postes de Mac-Mahon. Le général de Moltke, grâce à ses nombreux escadrons bien exercés au service d'exploration, se trouvait exactement renseigné le 27 août au soir sur la position de l'armée française. Celle-ci marchant au nord, le grand quartier général prussien fut transféré de Bar-le-Duc à Clermont-en-Argonne.

Cette nombreuse cavalerie qui se développait sur son flanc droit, sur son front et même sur ses derrières, ne pouvait laisser au maréchal de Mac-Mahon le moindre doute sur les intentions de l'ennemi et sur son écrasante supériorité numérique. Néanmoins, sous la pression du comte de Palikao, il fit continuer le 27 au matin le mouvement sur la Meuse par une partie de l'armée. Dans la soirée, le 1ᵉʳ corps, après s'être mis en marche pour Terron, était revenu à son campement de Voncq ; le 7ᵉ n'avait pas bougé de Vouziers ; les 5ᵉ et 12ᵉ corps, qui jusque-là avaient formé la gauche de l'armée, furent portés en première ligne à Germont et au Chêne. Le général Margueritte, posté à Stonne, éclairait les routes de Stenay et de Dun, car l'état-major, dans sa perpétuelle ignorance des mouvements des Allemands, comptait encore franchir la Meuse entre ces deux points déjà occupés par l'infanterie saxonne.

Dans la matinée du même 27 août, le corps de Failly envoya une reconnaissance de cavalerie vers Buzancy pour y faire quelques prisonniers et en obtenir des nouvelles. Deux escadrons du 12ᵉ chasseurs rencontrèrent au delà de ce village la 24ᵉ brigade de cavalerie saxonne avec une batterie à cheval. Les têtes de colonne s'abordèrent vivement et la brigade allemande céda devant l'impétuosité de nos cavaliers. Mais la batterie à cheval ayant ouvert le feu, le 12ᵉ chasseurs se replia sur les 3ᵉ et 5ᵉ lanciers qui lui servaient d'appui. Dans la soirée, la cavalerie saxonne fut relevée à Buzancy par des escadrons de Rheinbaben et de la garde royale ; le réseau se serrait donc de plus en plus.

L'armée de la Meuse avait continué à gagner du terrain vers le nord. Les deux divisions du XIIᵉ corps avaient passé sur la rive droite du fleuve et fortement occupé Dun et Stenay ; la 24ᵉ division avait même envoyé un détachement à Mouzon, à 16 kilomètres en aval de Stenay. La garde et le IVᵉ corps avaient suivi les Saxons de manière à les soutenir au premier signal ; les deux corps bavarois continuaient à servir de réserve au prince de Saxe.

L'aile gauche de la 3ᵉ armée commença également sa marche vers le nord, le 27 au point du jour, pour se concentrer près de Sainte-Menehould. Des bords de l'Ornain à cette ville, la distance est de 40 kilomètres, que l'avant-garde du Vᵉ corps franchit dans la journée ; en arrière de ce corps, s'échelonnaient la division wurtembergeoise, les XIᵉ et VIᵉ corps. La 2ᵉ division de cavalerie remonta au nord d'Aulnay à Châlons ; le prince Albrecht occupa Suippes, sur le chemin de fer de Verdun ; la cavalerie de Mecklembourg inquiétait près de Vouziers le flanc droit et les derrières de Mac-Mahon.

Le maréchal, harcelé de plusieurs côtés par la cavalerie allemande et averti qu'il ne devait plus espérer la coopération de Bazaine, avait été bien inspiré en prescrivant à son armée de se replier sur Mézières ; aussi ne saurait-on trop déplorer ni trop blâmer, en même temps, la dépêche du comte de Palikao et la faiblesse du maréchal, qui reprenait une marche désastreuse, oubliant qu'un général en chef ne doit jamais subordonner le salut de son armée à des considérations exclusivement dynastiques. L'intérêt de la France commandait de ne pas risquer sa dernière armée dans une entreprise qu'il jugeait lui-même plus qu'aventureuse, et l'on peut s'étonner que le loyal et chevaleresque duc de Magenta n'ait pas compris qu'il devait persister dans son projet de retraite, sans s'inquiéter de la possibilité d'une révolution considérée par tous les gens sensés comme inévitable dès le lendemain de Wœrth et qui ne pouvait être conjurée par une régente franchement impopulaire.

# CHAPITRE XXII

Mouvements des armées allemandes dans la journée du 28 août. — Mouvements de l'armée française. — Journée du 29. — Combat de Nouart. — Retard du corps Douay. — Positions des armées allemandes dans la soirée du 29. — Passage de la Meuse par le corps Ducrot dans la journée du 30. — Combat de Beaumont. — Défaite du corps de Failly. — Belle contenance de son arrière-garde. — Dévouement du 5e cuirassiers. — Retraite du 7e corps. — Dispersion de la division Conseil-Dumesnil. — Passage de la Meuse par le 5e corps à Mouzon, par le 7e corps à Remilly, à Bazeilles et à Sedan. — Positions respectives des armées française et allemandes dans la nuit du 30 au 31. — Désordre et situation désespérée de l'armée de Mac-Mahon.

Le général de Moltke, bien renseigné par sa cavalerie et par son service politique sur la position de l'armée de Mac-Mahon, resserrait chaque jour, chaque heure, les mailles du réseau dont il était sûr de l'enlacer, si elle ne s'empressait de se replier sur Mézières.

Le 28 août, les différents corps de la 4e armée reçurent l'ordre de serrer le plus possible sur les Saxons, qui pouvaient être compromis dans le cas où les Français les attaqueraient à Stenay. Pour parer au danger de cette éventualité, le prince Frédéric-Charles fut invité à détacher de Metz sur la Meuse les IIe et IIIe corps ; en même temps, pour éviter que Mac-Mahon ne précipitât sa marche sur Stenay, il fut prescrit aux chefs de la cavalerie de l'inquiéter assez pour ralentir ses mouvements, et de ne pas s'engager de façon à le pousser à quelque résolution désespérée. Le grand état-major prussien eut même la précaution d'arrêter la 3ᵉ armée à moitié chemin de Sainte-Menehould à Bouconville, sa première destination, afin de ne pas inspirer au maréchal Mac-Mahon des craintes trop sérieuses pour ses derrières. Enfin, pour mieux dissimuler leurs marches-manœuvres et tenir leurs troupes plus concentrées, tous les corps de première ligne durent bivouaquer ; les autres furent seuls autorisés à prendre leurs cantonnements. Le quartier général du prince de Saxe fut transporté à Malancourt, celui du prince de Prusse à Sainte-Menehould, celui du roi à Clermont.

Mac-Mahon, trop docile aux suggestions des conseillers de l'impératrice, mit ses corps en marche vers Montmédy. Le 12ᵉ corps se porta sur la Besace et fut remplacé au Chêne par le 1ᵉʳ, qui fit ainsi 14 kilomètres en trois jours. Le 5ᵉ corps dut se porter de Germont sur Belval à travers un pays difficile et par de très mauvais chemins. La proximité de l'ennemi et un temps affreux rendirent cette marche excessivement pénible ; le désordre et la confusion régnaient dans les colonnes. Le 7ᵉ corps ne reçut le contre-ordre qu'à 8 heures du matin, quand il était engagé en entier vers les Quatre-Champs, sur la route de Vouziers à Mézières. Pour se rabattre à droite sur Boult-aux-Bois, son nouveau gîte d'étape, il lui fallut prendre un chemin de traverse étroit et défoncé par les pluies. Les bagages qui, de même que ceux des autres corps d'armée, avaient pris les devants pour la retraite ordonnée la veille au soir, étaient arrivés au Chêne et ne purent rejoindre dans la journée. Une partie des convois n'ayant pas été avertie en temps utile, se rendit à Mézières et échappa ainsi au désastre de Sedan.

L'empereur ne pouvait se dissimuler la gravité de la situation, néanmoins il persista à partager le sort de ses troupes et se contenta de faire partir le prince impérial. Le commandement était dans le plus complet désarroi et parmi les troupes régnait une telle confusion, que l'on attendait souvent des heures entières que les hommes d'un même régiment pussent se retrouver à la levée d'un bivouac. L'armée était entièrement disloquée, sans compter les trente mille traînards qui s'abattaient sur les villages et les fermes comme une nuée de sauterelles. Le général Schmitz n'avait que trop bien jugé l'armée de Châlons ; elle commençait, après les dernières fatigues, à tourner à l'état de bande ; et l'état-major, qui ne savait plus assurer les distributions, était mal venu à lancer le 28 un ordre du jour pour blâmer la conduite des pillards et les menacer du conseil de guerre.

Les cuirassiers de Bonnemains, si dévoués et si disposés à se rendre utiles, continuaient à se promener sur la gauche, du côté opposé à l'ennemi ; la cavalerie de Margueritte fut envoyée à Sommauthe, entre le 5ᵉ et le 12ᵉ corps, dans un pays boisé et montueux. Il était difficile de déployer moins d'habileté, et cela en présence d'un ennemi actif, intelligent et entreprenant. Dans l'ouvrage du grand état-major de Berlin, on se montre étonné du petit nombre d'escadrons que rencontraient les 36.000 cavaliers des 3ᵉ et 4ᵉ armées.

Le lendemain 29, le maréchal résolut enfin de franchir la Meuse. L'armée continuait à marcher sur deux lignes : à gauche, les 12ᵉ et 1ᵉʳ corps, précédés par le général Margueritte, devaient prendre le pont de Mouzon ; à droite, les 5ᵉ et 7ᵉ corps marchaient sur Stenay ; mais les dernières nouvelles parvenues au quartier général à Stonne, dans la soirée du 28, avaient fait modifier l'itinéraire primitif et, au lieu de marcher vers l'est, l'armée dut s'élever droit au nord. Ce changement de direction mettait en première ligne les 1ᵉʳ et 12ᵉ corps, en seconde ligne les 7ᵉ et 5ᵉ, très exposés par suite de la proximité de l'ennemi. Ces nouvelles portaient que les Saxons étaient en force à Stenay, au moment même où ils venaient de repasser sur la rive gauche de la Meuse pour occuper Nouart, sur le flanc droit du corps de Failly.

Le général Margueritte et le corps Lebrun arrivèrent sans encombre sur la rive droite à Mouzon et les chasseurs d'Afrique poussèrent aussitôt jusqu'à Carignan. Le corps Ducrot quitta le Chêne à 7 heures du matin pour camper à 5 heures du soir à Raucourt, à l'embranchement des routes de Mouzon et de Rémilly, où s'établirent également le grand quartier général et les cuirassiers de Bonnemains.

A 10 heures du matin seulement, le 5ᵉ corps se mit en marche sur deux colonnes : celle de droite, composée de la division Lespart, se dirigea sur Beauclair ; celle de gauche, comprenant la division Goze, la brigade Maussion et la réserve d'artillerie, marcha sur Beaufort. Mais à peine l'infanterie de la division Lespart eut-elle quitté les hauteurs, que la cavalerie fut attaquée par l'avant-garde de la 23ᵉ division saxonne, composée de deux régiments d'infanterie, d'un régiment de Reiter et de deux batteries auxquelles ne tardèrent pas à s'en joindre une troisième puis une quatrième. La cavalerie dut se replier sur l'infanterie de Lespart qui repoussa l'ennemi après un violent combat dans lequel les Saxons perdirent 14 officiers et 349 hommes ; les pertes de la division Lespart ne sont pas connues exactement, parce qu'elle n'eut plus un instant de repos entre le combat de Nouart et la bataille de Sedan où son chef fut tué.

Après cette première attaque, le général de Failly, jugeant avec raison la marche sur Stenay trop dangereuse en présence d'un ennemi placé sur son flanc, arrêta ses troupes et les mit en position sur le plateau de Bois-des-Dames, à côté et à l'est de Belval. Pendant le combat, un officier envoyé du grand quartier général apporta enfin l'ordre de quitter la route de Stenay pour marcher au nord vers Beaumont. Cet ordre n'était pas arrivé dans la nuit parce que l'officier chargé de le remettre avait été enlevé et, par surcroît de malheur, les dépêches dont il était porteur furent saisies et apprirent au général de Moltke le changement d'itinéraire vers le nord prescrit par le maréchal Mac-Mahon.

Ce retard eut les conséquences les plus regrettables, car si de Failly avait été averti en temps opportun, il serait arrivé à Beaumont le 29 à midi, au lieu d'y arriver le 30 à 5 heures du matin, avec des hommes exténués par deux nuits de marche forcée et par des combats incessants pendant lesquels ils ne reçurent pas de distributions et durent vivre de maraude et d'achats directs chez les habitants.

Le 7ᵉ corps, plus favorisé, avait reçu en temps utile l'ordre de se rendre de Boult-aux-Bois à la Besace, par l'entremise du capitaine d'état-major qui fut pris en allant porter des instructions pareilles au général de Failly. Les chemins étant difficiles, le général Douay fit partir d'abord les bagages ; le reste du corps se mit en route à 9 heures, couvert par les trois régiments de son unique brigade de cavalerie. Entre Germont et Authe, le général Dumont range sa division en bataille pour contenir la garde royale dont quelques bataillons et escadrons menacent ses derrières ; un peu plus loin, à Saint-Pierremont, des hussards viennent inquiéter le convoi ; toute la journée on tiraille avec l'ennemi ; le chemin devenait de plus en plus étroit et accidenté ; les chevaux d'attelage étaient hors d'haleine et tout faisait prévoir que le 7ᵉ corps ne parviendrait pas à gagner la Besace avant la nuit. A 5 heures du soir, il arrivait à Oches, après avoir fait une douzaine de kilomètres : les 1ʳᵉ et 2ᵉ divisions traversèrent le village avec l'artillerie de réserve ; la 3ᵉ division se mit en bataille au sud d'Oches, face à l'ennemi, le convoi et les bagages encombrèrent l'unique rue du village, trop étroite pour donner passage à plus d'une voiture de front.

On a vivement reproché au général Douay d'avoir commis une négligence en laissant le défilé d'Oches obstrué par les charrois, et une faute pour avoir pris sous sa responsabilité de désobéir à Mac-Mahon en ne se rendant pas à la Besace. Cependant on doit reconnaître à la décharge de cet officier, dont l'intelligence et la vigueur n'ont jamais été mises en doute, que la situation matérielle de ses troupes était mauvaise. Les carnets de plusieurs officiers du 7ᵉ corps permettent de constater que, du 28 au 29, on avait bivouaqué dans la boue et que les distributions de vivres avaient été nulles ; de là cet état de découragement et de fatigue dont ne tiennent pas assez compte les personnes qui jugent après coup, les « stratèges en chambre » qui n'ont pas fait la guerre. Le trajet de Boult-aux-Bois à Oches, quoique court, a dû être très pénible, car la proximité de l'ennemi a obligé les troupes à ne se retirer que successivement, par échelons, de manière à ne pas se laisser entamer.

Dans les armées allemandes, la journée du 29 avait été utilement employée. Pour resserrer le cercle, le corps saxon fut ramené sur la rive gauche de la Meuse et dirigé sur Nouart où, comme il a été dit, il eut un vif engagement avec la division Lespart ; la garde marcha sur Buzancy et inquiéta l'arrière-garde de Douay ; le IV° corps, à Bayonville, quartier général du prince de Saxe, entre le XII° corps et la garde, servait de réserve à l'armée de la Meuse. Les deux corps bavarois, mis provisoirement à la disposition de cette armée, prirent position à Sommerance et à Cornay, à gauche et en arrière de la garde qu'ils reliaient ainsi à l'armée du prince de Prusse. Dans celle-ci, le V° corps franchit l'Aisne et s'installa à Grand-Pré, sur l'Aire, quartier général du roi ; le XI° corps occupa Monthois à l'extrême gauche ; le VI° corps fut dirigé sur Vouziers où il ne pouvait arriver que le lendemain. Les divisions de cavalerie du XII° corps et de la garde continuaient à harceler de Failly et Douay sur la route de Buzancy à Stenay ; les neuf régiments de Rheinbaben occupèrent les environs d'Attigny sur les derrières de Mac-Mahon ; les 4° et 6° divisions rayonnèrent autour de Vouziers ; la 2° division à Maure, à 8 kilomètres au sud de Monthois, se préparait à entrer en ligne après avoir fait plus de quarante lieues en trois jours. Le prince de Prusse transporta son quartier général à Senuc, au confluent de l'Aisne et de l'Aire.

La simple inspection de la carte permet de constater que, le 29 au soir, le général de Moltke avait achevé de tisser la toile d'araignée dans laquelle devait se prendre l'armée française, et qu'il ne restait à celle-ci d'autre alternative que de se jeter en Belgique ou de se faire jour en écrasant par un mouvement rapide le XIe corps et la cavalerie placés sur sa ligne de retraite. L'état-major prussien était si confiant dans le résultat de ses savantes dispositions qu'il renvoya sous Metz les IIe et IIIe corps, alors en position d'attente à Briey et à Etain, sur les deux routes de Metz à Verdun.

Dans la nuit du 29 au 30, le général de Moltke fut informé par les Reiter saxons en observation près de Stenay qu'aucun détachement n'avait encore passé la Meuse; la nouvelle était erronée, puisque le corps Lebrun et la division Margueritte avaient traversé Mouzon le 29 dans l'après-midi. Aussitôt il résolut de commencer l'attaque de cette malheureuse armée fatiguée, découragée, sans confiance dans son chef, et de ne plus lui laisser un instant de répit.

Le maréchal Mac-Mahon, qui sentait le danger, sans cependant en comprendre toute la gravité, donna l'ordre aux trois corps qui restaient sur la rive gauche de passer la Meuse à tout prix, le jour même, c'est-à-dire le 30. Le 5e corps dut se diriger sur Mouzon, le 7e sur Villers, le 1er sur Rémilly avec les cuirassiers de Bonnemains; la cavalerie de Margueritte surveillait près de Carignan le chemin de fer et la route de Sedan à Montmédy, qui longent tous deux la vallée du Chiers.

Le 1er corps, Ducrot, partit de Raucourt à 6 heures du matin; à 9 heures il arrivait à Rémilly et commençait aussitôt le passage sur deux mauvais ponts: l'un était une passerelle en bois, très étroite, où l'infanterie pouvait à peine passer sur quatre hommes de front et impraticable aux chevaux; l'autre était formé par un barrage en terre avec quelques bateaux de différentes dimensions dans le milieu, le tout recouvert de madriers; des poutrelles placées en long servaient de garde-fous. Les terres avaient cédé sous le poids des voitures; en outre, les inondations tendues à Sedan élevaient progressivement le niveau de la Meuse, de façon que, le soir, la chaussée du barrage était recouverte de cinq à six centimètres d'eau. L'encombrement était tel que les troupes mirent six heures en moyenne pour franchir les quatre kilomètres qui séparent Rémilly de Douzy-sur-le-Chiers ; et dire que l'état-major du maréchal ne pensait pas au magnifique pont du chemin de fer situé en face de Bazeilles, à trois mille mètres en aval de Rémilly !

Le 5ᵉ corps, arrivé au point du jour à Beaumont dans un état de fatigue extrême et dans le plus complet désordre, au lieu de s'installer en entier sur les hauteurs au nord de la ville, commit la faute de laisser au sud la valeur d'une division. Mac-Mahon passa à Beaumont vers 7 heures du matin et prescrivit à de Failly de marcher sur Mouzon le plus tôt possible.

Quand les troupes du 5ᵉ corps étaient arrivés dans la nuit, hommes, chevaux, voitures, avaient été installés pêle-mêle ; au jour, on remit un peu d'ordre dans les camps, mais en apportant la plus coupable négligence au service des grand' gardes et des reconnaissances. A 9 heures, le général de Failly réunit les généraux de division et les chefs de service ; aucun rapport ne signala la proximité de l'ennemi et l'on va jusqu'à dire, dans le compte rendu officiel des opérations de la journée, que « *les renseignements recueillis* donnaient lieu de penser que les Allemands avaient continué leur marche sur Stenay, dont les ponts avaient été rétablis ». En conséquence, les soldats furent autorisés à faire la soupe et à démonter leurs armes pour les nettoyer. Le départ de la tête de colonne fut fixé à 11 heures du matin, le trajet de Beaumont à Mouzon ne dépassant pas huit kilomètres.

Dans son rapport sur les opérations du 5ᵉ corps, le général de Failly tente d'expliquer les événements accomplis dans cette fatale journée ; mais les témoignages de ses propres officiers infirmant son récit et les troupes françaises ayant été complètement surprises, c'est dans les relations de personnes désintéressées dans le débat qu'il faut chercher comment un corps de 25.000 hommes a pu être chassé de son camp presque sans combat.

Loin de revenir sur Stenay, comme le supposait le commandement du 5ᵉ corps, le prince de Saxe avait formé quatre colonnes d'attaque contre Beaumont : celle de droite, formée de la 23ᵉ division saxonne, devait partir de Beauclair et passer par Laneuville ; au centre, la 24ᵉ division également saxonne et la 7ᵉ division du IVᵉ corps, partant de Nouart, avaient l'ordre de passer, la première par Beaufort, la deuxième par Grand-Champy, pour se réunir en face de Beaumont, à hauteur de la ferme de Belle-Tour ; la colonne de gauche, comprenant la 8ᵉ division, partait de Fossé pour traverser Belval et le bois du Petit-Dieulet. Chacune de ces colonnes avait à parcourir un espace de 10 à 12 kilomètres. La garde royale resta en réserve à Nouart.

La marche concentrique de l'armée de la Meuse commença à 10 heures précises ; à midi trois quarts, les deux colonnes de droite atteignaient la ferme de Belle-Tour sans avoir seulement rencontré une patrouille ; peu d'instants après, les deux colonnes de gauche débouchaient à leur tour du bois de Gérache, à moins de 2.000 mètres du camp français. Les Allemands furent littéralement stupéfaits de voir que personne n'avait signalé l'approche d'une armée de plus de 60.000 hommes, sans compter la garde ; les soldats du 5ᵉ corps faisaient la cuisine, nettoyaient leurs armes, conduisaient à l'abreuvoir les chevaux dessellés, sans se douter de l'orage qui les menaçait. Ce n'était plus un combat qui se préparait, mais un massacre. L'artillerie du prince de Saxe mit silencieusement ses pièces en batterie et en un clin d'œil le camp fut couvert d'obus. Les malheureux ainsi surpris, sans avoir le temps de plier leurs tentes, saisissent leurs armes et essayent de résister ; mais l'infanterie ennemie ne leur laisse pas le temps de se reconnaître, elle se rue sur eux et les met dans une affreuse déroute. L'artillerie n'a pas le temps d'atteler et le camp devient la proie des Allemands, tandis que les soldats dispersés vont se réfugier sous la protection des troupes campées sur les hauteurs et qui se rangent vivement en bataille entre la ferme de la Harnoterie et le bois de Giraudeau, malgré la pluie de projectiles dont les accablent les batteries allemandes.

Un violent combat s'engage entre les deux artilleries, pendant lequel le 1ᵉʳ corps bavarois en marche de Buzancy sur Mouzon était arrivé près de Warniforêt. Attiré par le canon, il mit en batterie des pièces qui prenaient d'écharpe la droite du corps de Failly ; la gauche était battue de même par les Saxons qui venaient d'enlever le village de Létanne, à l'est de Beaumont. La position du 5ᵉ corps devenait intenable et, après une résistance énergique de près d'une heure, il se mit en retraite sur deux colonnes. Les soldats purent jeter un dernier regard sur leur camp dont il leur était facile de voir les tentes toujours alignées derrière les feux de cuisine encore pétillants.

L'arrière-garde protégea la retraite avec un sang-froid et un courage qu'on ne saurait trop faire ressortir et dont témoignent les pertes essuyées par le IVᵉ corps prussien. Le bois de Villemontry et le mont Brune furent défendus avec acharnement, et les régiments de la brigade Maussion, ralliés en avant de Mouzon, se distinguèrent par leur opiniâtre ténacité. Malheureusement, Mac-Mahon, imparfaitement renseigné sur la force de l'ennemi, s'opposa au départ de la division Grandchamp que le général Lebrun envoyait vers 2 heures au secours de son collègue de Failly. Le maréchal, rencontrant cette division au pont de Mouzon, l'arrêta en disant : « Le 5ᵉ corps ne m'inquiète pas, mais bien les bagages du 7ᵉ, » et lui fit ensuite rebrousser chemin. L'empereur, qui passa une partie de la journée à errer autour de Mouzon, ne comprit pas davantage la gravité de la situation, car il télégraphia le même soir à l'impératrice : « 30 août, 5 heures 30. — Il y a en
» corc eu un petit engagement aujourd'hui, sans grande im-
» portance, et je suis resté à cheval assez longtemps. »

Peu après 4 heures, la brigade Cambriels de la division Grandchamp, appuyée par les 5ᵉ et 6ᵉ régiments de cuirassiers, s'avança de nouveau pour contenir l'ennemi qui débouchait par la route de Yoncq. Malgré les efforts de son vigoureux général, la brigade, gênée par le flot des fuyards, ne parvint pas à se déployer et se replia sur Mouzon avec le 6ᵉ cuirassiers. Le 5ᵉ cuirassiers resta seul en position au nord du village de Pourron. Un général qui n'avait pas su profiter des leçons de Frœschwiller et de Morsbronn donna l'ordre de charger. Le colonel de Contenson, un ancien chasseur d'Afrique, enlève ses cuirassiers avec une vigueur à laquelle l'ouvrage du grand état-major prussien a cru devoir payer son tribut d'admiration ; mais que peuvent des hommes armés de sabres contre les nouvelles armes à feu ? en un instant le quart du régiment est détruit ; le colonel, le lieutenant-colonel, sont tués avec une dizaine d'officiers, et les survivants vont grossir la foule des fuyards qui se précipitent vers le pont de Mouzon. Le faubourg de la rive gauche est large, le pont est étroit, il se forme donc à l'entrée de celui-ci un encombrement tel que beaucoup d'hommes sont écrasés ou horriblement froissés. En aval du pont on a reconnu un gué vers lequel se précipitent la cavalerie et l'artillerie, mais bientôt le fond se creuse et le gué devient un abîme où s'engloutissent pêle-mêle chevaux, cavaliers et canons ; la moitié de la batterie de mitrailleuses de la division Lespart disparut de la sorte.

Le général Lebrun, intrépide et d'une décision prompte devant le danger, avait pris de lui-même les meilleures dispositions pour recueillir les épaves du désastre de Beaumont : son infanterie était déployée sur la rive droite de la Meuse, bien abritée derrière les maisons et la chaussée de la route de Sedan ; de nombreuses batteries disposées avec intelligence arrêtèrent la poursuite, et l'état-major allemand reconnaît que les pièces placées à l'est de Mouzon, sur la gauche du 12ᵉ corps, ont empêché la cavalerie saxonne, qui venait de franchir le fleuve à Pouilly, de tourner ce jour-là l'armée française.

Le combat de Beaumont coûta, dit-on, au 5ᵉ corps : 1.500 tués ou blessés, 3.000 prisonniers, 19 canons, 8 mitrailleuses, son campement et ses bagages ; les derniers chiffres sont exacts, mais celui des tués et des blessés est certainement trop faible ; le corps Lebrun perdit de 200 à 300 hommes, y compris les cuirassiers. Ce qui fait le plus grand honneur aux braves gens qui, au milieu de cette déplorable confusion, ont soutenu l'honneur du drapeau, c'est que le IV<sup>e</sup> corps prussien seul accuse une perte de 2.878 hommes ; celles des Bavarois et des Saxons s'élevèrent à 566 hommes.

Là ne devaient pas se borner les malheurs de la journée, dont le 7<sup>e</sup> corps devait aussi avoir une part. Le général Douay, pour regagner le temps perdu la veille, quitta Oches au point du jour, mais le convoi entassé sur un chemin étroit occupait une longueur de 15 kilomètres. La première voiture partit à 4 heures du matin et le dernier régiment ne quitta pas le village avant 11 heures. La division Conseil-Dumesnil, si maltraitée à Wœrth, escortait le convoi. Mac-Mahon vint de sa personne, à 6 heures du matin, renouveler à Douay l'ordre de passer à tout prix la Meuse dans la journée ; les bagages et les voitures devaient se diriger sur un pont de bateaux que l'on avait jeté en amont de Villers, entre Mouzon et Rémilly.

Vers midi seulement, le 7<sup>e</sup> corps atteignit Stonne, à moins de 7 kilomètres d'Oches ; il avait été retardé dans sa marche par le V<sup>e</sup> corps prussien qui venait de Boult-aux-Bois, précédé de la brigade des ulans de la garde ; peu après entraient en ligne le XI<sup>e</sup> corps et la cavalerie du prince Albrecht venant des Quatre-Champs.

Pendant que Douay s'arrêtait sur l'importante position de Stonne, il entendit le canon de Beaumont, distant d'une douzaine de kilomètres ; mais outre qu'il lui était prescrit par des instructions formelles de rallier au plus tôt le point de concentration fixé par le maréchal, il put s'assurer bien vite : qu'il ne pourrait secourir à temps le 5<sup>e</sup> corps, et que le corps Lebrun était en meilleure situation pour venir en aide à de Failly ; enfin, que mal renseigné sur la position de l'ennemi qui le serrait lui-même de près, il courait le risque d'être écrasé isolément. En agissant ainsi, Douay fit preuve de jugement et eut encore raison de marcher sur Raucourt, au nord, au lieu de continuer sur Villers par la Besace. Mais ce changement d'itinéraire avait l'inconvénient de l'éloigner de la division Conseil-Dumesnil qui était partie avec le convoi pendant qu'il contenait l'ennemi à Stonne. L'arrière-garde de la colonne des bagages, sous les ordres du général Saint-Hilaire, fut surprise entre Warniforêt et Yoncq par l'avant-garde des Bavarois ; le convoi fut perdu en grande partie et les fuyards se rabattirent sur le gros du 7e corps sans avoir essayé de résister à l'ennemi. Ces marques de défaillance impressionnèrent péniblement les troupes.

Arrivé à Raucourt vers 5 heures, Douay témoigna de nouveau l'intention de marcher sur Villers pour se conformer à l'ordre qu'il en a reçu ; mais les mauvaises nouvelles qui lui viennent de la droite lui firent craindre que l'ennemi ne le prévînt sur ce point et il prit le sage parti de poursuivre sa marche sur Rémilly où il arriva vers 7 heures. L'encombrement dépassait toute imagination ; le 1er corps et les cuirassiers de Bonnemains continuaient à défiler ; enfin, à 10 heures du soir, les ponts furent mis à la disposition du 7e corps. De chaque côté de la Meuse d'immenses feux éclairaient la voie et servaient de points de direction ; cependant, malgré ces phares improvisés, une voiture d'artillerie tomba dans le fleuve avec chevaux et conducteurs. Le passage s'effectuait avec une lenteur désespérante ; à 2 heures du matin, prévoyant que le défilé de son corps d'armée serait loin d'être fini au jour et qu'alors, à coup sûr, ce qui resterait sur la rive gauche serait impunément mitraillé par l'ennemi maître des hauteurs dominantes, Douay donna l'ordre à la 2e division d'infanterie, à la cavalerie et à la réserve d'artillerie de se porter sur Sedan par la route qui longe la rive gauche de la Meuse.

Cette marche de nuit ne fut pas exécutée d'une façon régulière et, contrairement aux récits officiels, des renseignements extraits de carnets d'officiers permettent de constater qu'une partie de la 2ᵉ division, Liébert, a pris le pont du chemin de fer de Bazeilles, à 5 kilomètres en amont de Sedan, pendant que l'autre continuait à longer la rive gauche par Wadelincourt et gagnait la ville par le faubourg de Torcy, vers 7 heures du matin.

L'armée française était dans un tel désordre, qu'il est impossible de donner exactement les emplacements occupés par les troupes dans la nuit du 30 au 31 août ; la plupart des corps n'ont même pas cessé de marcher ; cependant, voici les limites qu'ils n'ont pas dépassées : le 1ᵉʳ corps et les cuirassiers de Bonnemains entre Douzy et Carignan, le long du Chiers, couverts par la cavalerie de Margueritte ; le 5ᵉ corps ou plutôt ses débris, entre Mouzon et Carignan ; le 12ᵉ, de beaucoup le plus reposé et le plus en ordre, sur les hauteurs qui dominent Mouzon ; le 7ᵉ en face de Rémilly sur la rive droite, à Bazeilles et sur la route de Sedan.

Le demi-cercle formé par les Allemands dès le 29 et qui ne laissait à l'armée de Mac-Mahon d'autre alternative qu'une lutte désespérée contre des forces écrasantes ou l'internement en Belgique, s'était encore resserré. Le général de Moltke avait, en apparence, découvert la route de Montmédy, mais l'armée de la Meuse était placée de façon à l'intercepter de nouveau au premier ordre. Conformément à ses instructions, les 3ᵉ et 4ᵉ armées occupaient le 30 au soir les positions suivantes : en première ligne le corps saxon en avant de Létanne, sa cavalerie à cheval sur la Meuse à Pouilly ; le IVᵉ corps près du faubourg de Mouzon ; la garde à Beaumont ; le 1ᵉʳ corps bavarois entre Raucourt et Pourron ; le Vᵉ corps à la Berlière ; le XIᵉ corps et la 4ᵉ division de cavalerie à Stonne ; en deuxième ligne, à huit kilomètres en arrière de la première, le 2ᵉ corps bavarois à Sommauthe ; la 2ᵉ division de cavalerie à Oches et la division wurtembergeoise à Verrières. A six lieues de là se tenaient, à l'extrême gauche, la 5ᵉ division de cavalerie à Tourteron, plus au sud la 6ᵉ à Semuy et au Chêne, enfin, plus au sud encore, le VIᵉ corps à Vouziers.

Les combats du 30 n'étaient en définitive que le prélude de

la bataille de trois jours qui s'est terminée sous les murs de Sedan. Leurs tristes et inévitables résultats avaient encore déprimé le moral déjà si affaissé de l'armée française : chefs et soldats sentaient qu'ils marchaient à une catastrophe ; régiments, bataillons, escadrons, batteries, convois gisaient ou se traînaient pêle-mêle sur les routes ou dans les champs, pendant cette lamentable nuit du 30 au 31 août. Les témoins de ces tristes scènes sont unanimes dans l'expression du profond découragement auquel tous étaient en proie ; on ne se sentait plus commandé ; le désordre des colonnes, l'encombrement et l'ignorance où chacun était laissé sur la direction à suivre ne permettaient plus le doute sur l'absence ou la faiblesse de l'autorité suprême. Des murmures se faisaient entendre, les hommes devenaient de plus en plus irrespectueux pour les officiers, et personne ne se gênait pour accabler de quolibets les préposés aux bagages de la maison impériale qui, dans cette journée néfaste, encombraient la route entre Sedan et Carignan. Leurs conducteurs ayant émis la prétention au libre passage furent brutalement rappelés à une attitude plus modeste et le général Wimpffen, qui venait d'arriver pour prendre le commandement du 5° corps à la place de de Failly, dut leur signifier d'avoir à profiter de leurs vigoureux attelages pour prendre des chemins de traverse. Rien du reste n'avait pu faire renoncer certains généraux aux habitudes d'un bien-être poussé jusqu'au sybaritisme ; on en pourrait citer de haut placés qui, eux, dormaient ou soupaient tranquillement à plus d'une lieue de leurs malheureux soldats errant à l'aventure, ne sachant où aller ni où s'arrêter, sans vivres, sans distributions, parce que personne ne pouvait plus se reconnaître au milieu de ce chaos. Cependant, sous ce rapport, le maréchal continuait à donner à tous l'exemple de ce stoïcisme dont il ne s'est jamais départi dans le cours de ses longues et pénibles campagnes ; il ne dormait plus depuis plusieurs jours, et ne quittait plus la selle, aussi était-il à bout de forces en arrivant à Sedan.

## CHAPITRE XXIII

Le 30 août au soir, Mac-Mahon ordonne la retraite sur Sedan. — Marche de nuit. — Désordre des colonnes. — Description de la position de Sedan. — Emplacements assignés aux différents corps de l'armée française. — Sages observations du général Ducrot. — Wimpffen prend le commandement du 5e corps. — Mouvements des armées allemandes dans la journée du 31. — Dépêche de Bismarck au ministre de Prusse à Bruxelles. — Premier combat de Bazeilles. — Dispositifs de combat des deux armées pour la bataille du lendemain. — Critique de celui de Mac-Mahon. — Conversation entre les généraux Douay et Doutrelaine, le 31 août au soir.

L'heure avait sonné pour le maréchal de Mac-Mahon de prendre une résolution désespérée, mais du moins définitive, car il ne lui restait d'autre alternative que de se jeter à corps perdu sur l'armée de la Meuse qui lui barrait la route de Montmédy, ou de se replier à tire d'aile sur Mézières et de sauver ainsi quelques débris de son armée. Le dernier parti était certainement le plus sage, avec des troupes fatiguées et découragées, toutefois on eût été réduit à faire de lourds sacrifices, parce que les Prussiens seraient arrivés assez tôt pour couper la retraite aux corps qui n'auraient pas eu le temps de défiler par l'unique route qui contourne la presqu'île d'Iges. On verra que Mac-Mahon, écrasé par la responsabilité qu'il avait assumée en ne résistant pas à la pression du général de Palikao, ayant perdu toute initiative, se laissa gagner par un sentiment voisin du fatalisme musulman.

Le 30 au soir, lorsque la division Grandchamp et une brigade d'infanterie de marine, envoyées par le général Lebrun au secours du 5ᵉ corps, furent rentrées à Mouzon, Mac-Mahon put se convaincre que, dans l'état d'éparpillement où était son armée, il lui serait impossible de continuer le lendemain sa marche sur Montmédy. Il résolut alors de concentrer toutes ses troupes sous les murs de Sedan, de les y laisser un peu reposer et de prendre conseil des circonstances avant de marcher soit sur Mézières, soit sur Montmédy. La résolution était singulière après le désastre de Beaumont et les démonstrations des nombreux escadrons prussiens qui annonçaient la proximité des armées ennemies signalées par le maréchal lui-même dans ses dépêches à Palikao.

D'après les rapports officiels des généraux de Failly et Lebrun, les ordres concernant les 5ᵉ et 12ᵉ corps leur furent donnés vers 9 heures du soir, mais il est constant que celui qui était destiné au 7ᵉ corps n'arriva pas au général Douay avant 2 heures du matin, et que le général Ducrot fut seulement fixé dans l'après-midi sur les intentions du commandant en chef. Ces ordres une fois parvenus aux généraux de corps d'armée, il restait à les transmettre aux différents corps de troupe, ce qui n'était pas facile.

Dans leurs relations officielles et dans les regrettables polémiques qui se sont engagées entre eux, les commandants de corps d'armée parlent des mouvements exécutés pendant la triste nuit du 30 au 31 août, comme s'il ne s'y était passé rien d'anormal. A peine si le général de Failly, dans sa brochure sur les *Marches et opérations du 5ᵉ corps*, consacre cinq lignes au récit de sa dernière et douloureuse étape. Pour suppléer à la réserve fort excusable des principaux chefs de l'armée française naturellement peu soucieux de faire connaître l'état lamentable de leurs troupes, le mieux est de céder la parole à de plus modestes acteurs, dont le témoignage est d'autant plus digne de foi que leur responsabilité n'est engagée en rien dans la mauvaise conduite des opérations. Il importe que la vérité soit connue et que l'on sache comment une armée qui comptait 135.000 rationnaires le 21 août, jour de la levée du camp de Châlons, ne put mettre en ligne plus de 65.000 combattants le 1er septembre ; c'est le général en chef de Wimpffen lui-même qui fait ce pénible aveu dans son *Rapport particulier au ministre sur l'état de l'armée de Châlons*, daté de Stuttgard, le 12 septembre 1870.

Voici comment un capitaine d'artillerie raconte, dans une note adressée à un de ses camarades, la marche de nuit exécutée par sa batterie qui appartenait au 5e corps :

Dans la soirée du 30, ma batterie, postée sur la rive droite de la Meuse, a fait feu pendant une heure sur les batteries prussiennes en position sur le mont Brune. A la nuit, j'ai reçu l'ordre de marcher sur Carignan et plus tard celui de me rabattre ensuite à gauche sur Sedan. A tout instant la marche était entravée, au point que je n'arrivai qu'entre une heure et deux heures du matin à Carignan, situé à six kilomètres de Mouzon.

Là, nous avons commencé à nous mélanger avec les batteries du corps Ducrot, et le désordre fut à son comble lorsqu'arrivèrent les voitures du train déjà engagées sur la route de Montmédy et auxquelles on venait de faire rebrousser chemin. Aux carrefours, je ne trouvai pas un officier d'état-major pour nous indiquer la direction à suivre.

On est allé ainsi lentement vers Sedan. Au jour, je pus m'apercevoir qu'on marchait sur la route par trois ou quatre voitures de front; on voyait sur le même rang à la file des caissons du train, des voitures d'ambulance, des canons, des chariots à bagages appartenant à tous les corps d'armée. L'infanterie et les hommes à pied des autres armes marchaient sur les accotements. Je recherchai alors *les débris de ma batterie épars sur une longueur de deux kilomètres*. Entre Douzy et Bazeilles je voulus faire arrêter ma voiture de tête afin de permettre aux autres de rejoindre. L'idée, je le reconnais, était mauvaise, puisque d'autres commandants de batterie et de détachements du train ayant suivi mon exemple, il se produisit un encombrement que les généraux essayaient de faire cesser en défendant aux voitures de s'arrêter. Mais on ne s'entendait pas, et chaque officier d'état-major qui passait apportait un ordre différent ; l'un disait de faire marcher en tête les voitures d'administration, l'autre les voitures d'artillerie. Enfin, vers 11 heures, nous sommes arrivés à Balan où l'on a réussi à débrouiller en partie le désordre.

> A peine avions-nous terminé cette laborieuse opération que quelques obus envoyés par les batteries allemandes de la rive gauche sont venus tomber à proximité de la route. Des conducteurs effrayés partent au galop et il se produit de nouveau un immense désordre. Peu à peu le calme se rétablit, l'infanterie prend les armes et des batteries françaises ripostent au feu des Prussiens. Nous continuons notre chemin, on nous fait prendre à droite de la route vers les hauteurs, entre Daigny et le Fond-de-Givonne... enfin, après plusieurs changements de position, nous nous établissons au nord-ouest du Vieux-Camp.

Ce récit donne une idée exacte du désordre qui régnait dans l'armée après les combats du 30 et le passage de la Meuse exécuté à la hâte sur des ponts en mauvais état et trop peu nombreux ; il témoigne également de l'inaltérable dévouement avec lequel les officiers d'un grade relativement peu élevé s'efforçaient de réparer ou d'atténuer les fautes des généraux. Ces efforts eurent ce résultat que, dans la journée du 31, les bons soldats, ceux qui tenaient à faire leur devoir, parvinrent à rallier leurs régiments et à occuper les positions qui leur avaient été assignées par le maréchal de Mac-Mahon autour de la place de Sedan.

Cette forteresse est à cheval sur la Meuse qui, en amont et en aval de la ville, coule dans la direction du sud-est au nord-ouest. Dans l'intérieur de Sedan, le fleuve fait un coude à angle droit vers l'est et reprend sa direction première après avoir décrit une courbe dont la concavité forme le faubourg de Torcy. Les fortifications se composent d'une enceinte bastionnée protégée par quelques ouvrages avancés. Sur la rive droite s'étend la ville proprement dite, dominée dans toute sa longueur par la citadelle ou le château qui se dresse sur un contrefort des Ardennes haut de 150 mètres environ. Ce contrefort, évasé en avant du château, va se rétrécissant vers le nord-est dans la direction de la frontière belge, distante d'une douzaine de kilomètres. Le plus grand rétrécissement se trouve à 4 kilomètres de Sedan, entre les villages d'Illy à gauche et de Givonne à droite ; le terrain s'y abaisse en pente douce pour se relever ensuite jusqu'à la frontière.

Le point culminant de cette petite ligne de partage des eaux se trouve à la ferme de la Garenne, qui forme avec Givonne et Illy un triangle à peu près équilatéral, dont les côtés ont une longueur moyenne de 2.500 mètres. De la ferme se détache vers ce dernier village un éperon ou promontoire au milieu duquel s'élève une croix en pierre : c'est le Calvaire d'Illy.

Le contrefort est limité au nord par le ruisseau de Floing qui, partant d'Illy, va de l'est à l'ouest se jeter dans la Meuse, à un kilomètre au-dessus du village de Floing et à 2.500 mètres en aval de Sedan. Entre Illy et Floing, le terrain est raviné, les crêtes des plateaux s'élèvent sur les deux rives à près de 100 mètres au-dessus du lit du ruisseau. A l'est, la limite du contrefort est nettement marquée par la petite rivière de Givonne, dont l'étroit vallon débouche perpendiculairement à la Meuse près de Bazeilles, à 4 kilomètres en amont de Sedan. La Givonne, très encaissée, arrose les villages de Givonne, de Daigny, de la Moncelle, les hameaux ou usines de la Foulerie, de la Rapaille, de la Petite-Moncelle, de Ramorie, puis le beau village de Bazeilles. Sur les hauteurs de la rive gauche du ruisseau, on aperçoit le village et le bois de Villers-Cernay, et plus au sud le bois Chevalier, qui commandent d'une centaine de mètres les hauteurs de la rive droite qu'allaient occuper les Français.

En avant du château de Sedan, vers la Garenne, on découvre les vestiges d'un ancien camp retranché connu sous le nom de Vieux-Camp. — De Bazeilles à Sedan, on suit la route de Metz qui traverse le long faubourg de Balan parallèlement à la Meuse ; l'espace d'une largeur de 1.500 mètres compris entre la route et le fleuve était presque entièrement inondé par le barrage du pont de Sedan. — Le Fond-de-Givonne est un vallon rempli de maisons de campagne et qui forme le faubourg de la ville le long de la route de Bouillon.

Sur la rive gauche de la Meuse et la serrant de très près, les hauteurs de Frénois et de Wadelincourt forment, à partir du chemin de fer, un vaste amphithéâtre très favorable à l'établissement de batteries qui, de là, dominent complètement les fortifications de Sedan à des distances de 2.000 à 3.800 mètres. Fait digne de remarque : sur les remparts neufs, très élevés et par suite très coûteux, on apercevait, en 1871, de distance en distance, gravés sur la pierre, les millésimes de 1861, 1862 ; c'est donc après l'adoption du canon rayé que le génie s'est livré à ces dépenses dont la France a pu apprécier l'absolue inutilité.

A l'ouest de Floing, la Meuse, en décrivant une boucle allongée, forme la presqu'île d'Iges au delà de laquelle se trouvent, dans une position symétrique à celle de Sedan, le bourg et le pont de Donchery.

Mac-Mahon, après avoir reconnu les environs de Sedan, assigna aux différents corps d'armée les positions qu'ils devaient occuper dans la journée du 31.

Le 7ᵉ corps avait provisoirement installé son bivouac dans les prairies qui s'étendent le long de la Meuse, entre le ruisseau de Floing et la place de Sedan. Dans l'après-midi, le général Douay reconnut que cette position était mauvaise ; et, en prévision d'une lutte qu'il considérait comme certaine, il demanda au maréchal l'autorisation de la rectifier en occupant les hauteurs qui bordent la rive gauche du ruisseau de Floing, entre Floing et le bois de la Garenne. Il aurait bien voulu installer un poste avancé sur le mamelon qui domine le village de Floing et qui forme promontoire dans la direction de Saint-Menges, mais la faiblesse de ses effectifs l'obligea de renoncer à ce projet.

La division Liébert fut placée à la gauche ; la division Dumont à la droite ; la division Conseil-Dumesnil, incomplètement réorganisée depuis la bataille de Wœrth et très éprouvée par la surprise de Warniforêt, resta en seconde ligne ; la cavalerie et la réserve d'artillerie se rangèrent en arrière de la droite de la division Dumont. Le général Douay fit commencer sur-le-champ les tranchées-abris pour l'infanterie et des épaulements pour abriter ses canons ; au mois

CHAPITRE XXIII 367

de septembre 1871 ces travaux étaient encore presque intacts et témoignaient de l'intelligente sollicitude de celui qui les avait ordonnés.

Les positions assignées au 1ᵉʳ corps engagèrent le général Ducrot à présenter au maréchal des observations qui font le plus grand honneur à son coup d'œil militaire. Grâce à ses brillantes qualités de soldat et à une expérience chèrement acquise par le désastre de Wœrth, Ducrot comprenait l'immense danger auquel on exposait l'armée en l'acculant à une mauvaise place forte plus qu'imparfaitement pourvue d'un matériel de défense et dénuée de toute espèce d'approvisionnements. Il n'avait qu'une idée, celle de se replier en toute hâte sur Mézières, de sorte que, en recevant l'ordre de battre en retraite dans la direction de Sedan, il usa de la latitude que l'on doit toujours laisser à un commandant de corps d'armée, pour prescrire à ses troupes campées entre Douzy et Carignan de se réunir à Francheval, à 4 kilomètres au nord de la route de Carignan à Sedan. Il emmena avec lui les 2ᵉ et 4ᵉ divisions qui avaient passé la nuit près de Carignan et se rendit directement au rendez-vous désigné. De Francheval, il comptait prendre la route des hauteurs par Villers-Cernay et Illy. En arrivant au premier de ces villages, il reçut l'ordre écrit de prendre position sur la rive droite du ruisseau de Givonne, entre le cimetière de Givonne et Daigny, où l'attendaient les 1ʳᵉ et 3ᵉ divisions que le maréchal avait rencontrées à Douzy et empêchées de marcher sur Francheval. En donnant cet ordre, Mac-Mahon avait ajouté que son intention d'aller à Mézières n'était nullement arrêtée. Le général Ducrot, péniblement affecté en apprenant cette nouvelle et dernière hésitation de son chef, se dirigea vers le campement qui lui était assigné malgré ses observations, et où son arrière-garde n'arriva qu'à 11 heures du soir.

Le général Lebrun avait reçu dès le matin l'ordre verbal d'installer ses troupes d'une façon assez étrange, puisque les trois divisions du 12ᵉ corps devaient se ranger parallèlement à la Meuse, par suite perpendiculairement à la ligne de bataille du 1ᵉʳ corps. Le terrain fixé par le maréchal, dit le rapport du général Lebrun, est compris dans un triangle dont un côté est la route de Sedan à Bazeilles, les deux autres, la Givonne de Bazeilles à Daigny, et le chemin de Daigny à Balan. Cette disposition dépassait les limites de l'absurdité, mais il n'y a pas lieu de s'y arrêter, puisque le 12ᵉ corps dut se battre toute la journée du 31 et n'eut pas le loisir d'établir son campement sur des données incompréhensibles et provenant d'un cerveau fatigué et surmené depuis le commencement du mois d'août.

Le 5ᵉ corps, arrivé à Sedan dans la matinée, avait établi son bivouac au Vieux-Camp, au centre de la demi-circonférence occupée par les autres corps. Dans l'après-midi, le général de Wimpffen remplaça dans son commandement le général de Failly révoqué, sur la demande du Conseil des ministres, à la suite des plaintes unanimes soulevées par la manière déplorable dont il avait dirigé ses troupes de Bitche à Beaumont.

Dans la soirée, Mac-Mahon monta au château pour examiner les mouvements des Prussiens vers Donchery, mouvements qui lui avaient été signalés par un ancien sous-officier d'artillerie retiré dans cette localité. Sur ces entrefaites, les généraux Douay et Ducrot vinrent s'entretenir avec lui de la position de leurs corps qui ne se reliaient pas bien entre la Garenne et le cimetière de Givonne. Le général Ducrot, toujours disposé à appuyer sur sa gauche, dans la direction de Mézières, offrait d'occuper la Garenne et le Calvaire d'Illy que l'on supposait plus particulièrement menacés ; mais le maréchal, que le mouvement de l'ennemi sur Donchery inquiétait pour sa marche vers l'ouest, refusa de dégarnir la ligne de Givonne à Daigny afin d'être prêt, le cas échéant, à écraser avec les 1ᵉʳ et 12ᵉ corps réunis les troupes qui lui barraient la route de Carignan. Il fit alors appeler le général de Wimpffen pour lui demander ce qu'il pouvait faire pour relier les corps d'armée de ses deux collègues. Wimpffen répondit qu'il pensait avoir encore 16.000 hommes et accepta de couvrir l'aile droite du général Douay.

Il est clair que l'évaluation du commandant du 5ᵉ corps était exagérée et qu'après le désastre de Beaumont et le désordre de la marche de nuit, il disposait au plus de 10.000 combattants. La brigade Maussion s'établit à la Garenne ; en arrière d'elle venait la division Lespart ; la division Goze fut placée près du 12ᵉ corps ; la cavalerie de Margueritte et de Bonnemains s'installa sur les emplacements restés libres entre les lignes d'infanterie. Mac-Mahon, en pelotonnant son armée comme un troupeau de moutons, paraissait avoir totalement oublié que les canons prussiens étaient rayés et portaient à près de 4.000 mètres.

Dans la nuit du 30 au 31 août, le général Vinoy était arrivé à Mézières avec la division Blanchard et la réserve d'artillerie du 13ᵉ corps. Le 31, vers 8 heures du matin, il envoya un de ses aides de camp, le capitaine de Sesmaisons, à Sedan pour prendre les ordres de l'empereur et ceux du maréchal. Tous les deux l'invitèrent à concentrer ses troupes dans Mézières et à y attendre l'armée, car à ce moment, 10 heures, Mac-Mahon semblait décidé à se replier sur cette place ; plus tard, quand Douay et Ducrot vinrent lui parler, il avait changé d'idée et songeait à marcher sur Carignan !

De leur côté, les Allemands se préparaient à porter les derniers coups à l'armée française. Forts de leur immense supériorité numérique, ils ne craignaient pas de s'étendre, dans la conviction que, sur tous les points, ils pourraient opposer à Mac-Mahon une force capable de l'arrêter assez longtemps pour permettre au reste de l'armée d'accourir et de l'écraser. Leur confiance était si grande que, dans l'après-midi du 30, le comte de Bismarck avait adressé au ministre de Prusse à Bruxelles une dépêche télégraphique, pour appeler l'attention du gouvernement du roi Léopold sur l'imminence du passage de l'armée française sur le territoire belge et pour l'inviter, dans ce cas, à procéder à son désarmement immédiat. Dans la soirée, le général de Moltke expédiait de Buzancy, à 11 heures du soir, l'ordre du roi Guillaume de poursuivre à outrance l'armée française et de l'acculer entre la Meuse et la frontière belge. L'armée du prince de Saxe était chargée de couper les communications avec Montmédy ; celle du prince de Prusse devait l'attaquer par son flanc droit. L'ordre, signé « de Moltke », se terminait par cette injonction impérative : « Dans le cas où l'ennemi passerait sur le territoire belge et ne serait pas immédiatement (*sogleich*) désarmé, il y a lieu de l'y poursuivre sans attendre de nouveaux ordres. Sa Majesté le Roi se rendra demain à 8 heures 1/2 du matin d'ici à Buzancy. Les dispositions arrêtées par les commandants d'armée seront adressées ici jusqu'à l'heure précitée. »

En exécution de cet ordre, le prince de Saxe dirigea la garde sur Carignan, le corps saxon sur Douzy, le IVe corps devait rester en réserve sur la rive gauche de la Meuse, en face de Mouzon. Les deux premiers de ces corps exécutèrent sans obstacle les mouvements prescrits, l'armée française ayant reçu l'ordre de se replier sur Sedan. L'encombrement des routes et le désordre des convois permirent à la cavalerie allemande d'enlever plusieurs centaines de voitures, quelques détachements isolés et de nombreux traînards. Le soir, la garde royale prit ses cantonnements en avant de Carignan avec de forts avant-postes à Pouru-aux-Bois et à Pouru-Saint-Remy, sur la rive droite du Chiers. Le corps saxon occupa l'espace compris entre le Chiers et la Meuse, d'Amblimont et d'Évilly à Douzy dont il avait été fort étonné de trouver le pont intact. Le prince de Saxe établit son quartier général à Carignan.

L'armée du prince royal de Prusse, chargée d'attaquer le flanc droit et en même temps de couper les communications avec Mézières, prit des dispositions en conséquence. La division wurtembergeoise, à l'extrême gauche, dut aller de Verrières à Boutencourt par Stonne et Vendresse, et se mettre à cheval sur la route de Sedan à Mézières, à égale distance, c'est-à-dire à 10 kilomètres de cette dernière place et de Sedan ; le XIe corps, qui avait passé la nuit à Stonne, suivit le chemin de Chémery et de Cheveuge pour occuper Donchery ; le 1er corps bavarois, von der Tann, devait aller à Rémilly par Raucourt. Ces trois colonnes avaient l'ordre impératif d'attaquer les Français partout où elles les rencontreraient, de les chasser de la rive gauche et de procéder à l'établissement d'un certain nombre de ponts.

En seconde ligne s'avançaient : le 1er corps dans les traces du XIe et le 2e corps bavarois dans celles du corps von der Tann. L'état-major allemand ayant eu vent de la formation des 13e et 14e corps, le VIe corps prussien fut posté de Vouziers à Attigny et à Semuy, avec mission de surveiller à la fois la vallée de l'Aisne et le chemin de fer de Rethel ; la 5e division de cavalerie fut maintenue autour de Tourteron ; la 6e se porta au nord de Semuy jusqu'à Foix ; la 2e éclairait le flanc gauche des Wurtembergeois et du Ve corps ; la 4e surveillait l'intervalle qui séparait les Bavarois du XIe corps. Le prince de Prusse s'installa à Chémery avec son état-major.

Le XIe corps, arrivé à Donchery sans avoir rencontré la moindre résistance, jeta immédiatement un pont de chevalets en aval du bourg ; le Ve corps s'avança jusqu'à Cheveuge et envoya ses pionniers construire un deuxième pont de chevalets au-dessous et à côté de celui du XIe corps. Le général von der Tann, avec la 1re division de son corps d'armée, arriva de bonne heure à Rémilly et fit aussitôt mettre une nombreuse artillerie en position sur les hauteurs de la rive gauche de la Meuse, entre Aillicourt et les Noyers. Ce furent ces pièces qui occasionnèrent le désordre signalé plus haut dans les colonnes en marche sur la rive droite, entre Douzy et Sedan. En même temps arrivait le 12e corps, énergiquement conduit par le général Lebrun. Au milieu du désarroi général, il fit avancer le long du fleuve une dizaine de batteries qui ripostèrent avec vivacité au feu des Bavarois. Mais ceux ci, sous la protection de leur puissante artillerie, purent néanmoins jeter deux ponts de pontons près d'Aillicourt, un peu au-dessous du confluent de la Meuse et du Chiers ; leurs tirailleurs embusqués le long du fleuve se glissèrent jusqu'au pont du chemin de fer de Bazeilles que, comme toujours, on avait oublié de faire sauter. Les ordres ne furent-ils pas régulièrement transmis au service du génie, ou l'officier chargé de l'opération a-t-il été tué dans Bazeilles, ou n'a-t-il pu réunir les hommes chargés de l'aider ? Il est certain que l'ordre est parti de l'état-major général et que le général Lebrun en fut avisé, puisque, dans son rapport officiel, il déclare avoir prescrit au général de Vassoigne « de prêter le concours le plus efficace à l'officier du génie chargé de l'opération ». On ignore encore par suite de quelles circonstances le pont n'a pas été détruit. On en peut dire autant des ponts de Blagny et de Carignan sur le Chiers, de Donchery et de Mouzon sur la Meuse, dont la conservation a été si avantageuse aux Allemands. On avait bien oublié de faire sauter le tunnel de Saverne !

Un peu après 2 heures, le général von der Tann, croyant avoir désorganisé la défense de Bazeilles par le feu incessant de son artillerie, lança une colonne d'attaque contre la brigade Cambriels qui était chargée de la défense du village et surtout de la protection des batteries. Le général Lebrun fit soutenir Cambriels par la brigade Martin des Pallières de l'infanterie de marine. Cette belle troupe, qui, dans ces funestes journées, devait acquérir une gloire impérissable, se lança résolument sur l'ennemi et le refoula à coups de fusil et de baïonnette de l'autre côté du pont du chemin de fer sans s'inquiéter des incendies allumés par les obus. Dans ce combat d'une violence inouïe, les Bavarois perdirent environ cent cinquante hommes.

Vers 6 heures, le feu cessa ; la partie avancée de Bazeilles devenait la proie de l'incendie et le 12ᵉ corps s'établissait entre Daigny et Bazeilles ; la division Lacretelle à gauche, face à La Moncelle ; l'infanterie de marine dans le village qu'elle avait si brillamment reconquis sur l'ennemi ; la division Grandchamp en seconde ligne derrière la gauche de Lacretelle.

L'armée de Mac-Mahon formait ainsi une demi-circonférence de 4.000 mètres de rayon décrite autour de Sedan comme centre. A gauche, le corps Douay bordait les hauteurs entre Floing et le Calvaire d'Illy ; au centre et à droite, le long de la Givonne, le corps Ducrot occupait des positions très fortes ; plus à droite encore, le corps Lebrun. Au milieu se tenait le 5e corps, avec une brigade vers le bois de la Garenne près duquel campaient également les réserves de cavalerie.

La ligne de bataille française était détestable ; il n'était pas possible d'en choisir une plus mauvaise et le respect professé par tous les militaires pour le vaillant maréchal de Mac-Mahon les a seul empêchés de dire toute leur pensée sur la marche de Châlons à Sedan et sur la bataille qui l'a terminée. Le simple examen du dispositif des troupes sur une carte amène à se demander si l'on se trouve en face d'un ordre de bataille réel ou hypothétique, tellement il était illogique et en opposition avec les principes de guerre les plus élémentaires. La petite place de Sedan, mal approvisionnée et mal armée, ne pouvait être d'aucun secours aux combattants et, en s'y adossant pour soutenir une lutte purement défensive, Mac-Mahon laissait à son adversaire toute la liberté de ses mouvements et se condamnait lui-même à une destruction totale en cas de défaite, puisqu'il n'avait pas de ligne de retraite.

En effet, l'armée du prince de Saxe était, dès le 31 au matin, placée de façon à intercepter toutes les communications avec l'est ; les 1er et 2e corps bavarois, entre Aillicourt et Frénois, fermaient les issues vers le sud ; et du moment que Mac-Mahon restait immobile, les XIe, Ve corps et les Wurtembergeois n'avaient qu'à franchir la Meuse à Donchery et à Dom-le-Mesnil, pour contourner la presqu'île d'Iges et donner la main à la garde royale aux environs de Fleigneux. Le général Douay n'avait-il pas déclaré que la faiblesse numérique de son corps ne lui permettait pas d'occuper un mamelon dominant entre Saint-Menges et Floing !

Les Allemands eux-mêmes s'étonnent que le maréchal ait seulement eu la pensée de s'arrêter dans une position aussi désavantageuse ; doit-on l'attribuer aux renseignements erronés recueillis par Mac-Mahon sur la force des armées prussiennes ? A plusieurs reprises il a donné à entendre qu'il ne croyait pas avoir devant lui plus de 70 à 80 mille hommes, et les explications qu'il a données depuis sur son dispositif de combat ne sauraient satisfaire personne. Le sort en était jeté, une armée française de 130.000 hommes réduite, pour des raisons qu'il serait trop triste de répéter, à moins de 70.000 combattants, allait livrer bataille à 220.000 soldats fiers de leurs récents triomphes et conduits par un stratégiste consommé. — Le VI° corps observait le corps Vinoy et diminuait d'environ 26.000 le chiffre des combattants allemands.

L'évaluation à 70.000 hommes, par le maréchal, des forces ennemies en contact avec les siennes paraîtrait incroyable si elle ne se trouvait affirmée dans le rapport officiel du général Lebrun, rapport daté du 3 septembre 1870, et dans l'historique du 7° corps par le prince Bibesco, aide de camp et ami personnel du général Douay. Dans ce même historique, se trouve le récit d'une conversation qui résume exactement l'opinion de tous les officiers sur les dispositions prises par le maréchal la veille de la bataille de Sedan.

Le 31 août, à 10 heures du soir, le général Douay, ayant mandé son chef du génie, le général Doutrelaine, sans contredit un des officiers les plus instruits et les plus intelligents de notre armée, lui dit à brûle-pourpoint : « Eh bien, que pensez-vous de la situation ? » « Je pense, répondit Doutrelaine, que nous sommes perdus ! » et il s'expliqua.

Après avoir écouté attentivement : « C'est aussi mon

opinion », lui dit le commandant du 7ᵉ corps, et il ajouta : « Il ne nous reste donc plus, mon cher Doutrelaine, qu'à faire de notre mieux avant de succomber. »

Et nous ajouterons avec les officiers qui ont vu dès le premier jour que la marche imprudente sur la Meuse mettrait l'armée en perdition : « Voilà pourtant où nous avaient conduits le plan fantaisiste du comte de Palikao, la pression qu'il n'a cessé d'exercer sur un général en chef plus chevaleresque que clairvoyant et, avant tout, les préoccupations dynastiques de l'impératrice et de sa camarilla qui ne pouvaient se résoudre à accepter le général Trochu comme chaperon de l'empereur. »

# CHAPITRE XXIV

Bataille de Sedan. — Préparatifs des Allemands pour entourer l'armée française. — Instructions du général de Moltke aux 3ᵉ et 4ᵉ armées.— A 4 heures du matin les Bavarois attaquent Bazeilles. — A 6 heures Mac-Mahon est blessé; il désigne Ducrot pour prendre le commandement. — Wimpffen réclame le commandement en chef et veut percer sur Carignan. — Marche des armées allemandes. — L'armée française est acculée aux murs de Sedan. — Wimpffen supplie Napoléon III de venir le rejoindre. — L'empereur fait arborer le drapeau blanc. — Résistance de Wimpffen. — A 4 heures, dernière tentative pour faire une trouée par Bazeilles. — Préliminaires de la capitulation. — Wimpffen et de Moltke à Donchery. — Entrevue de Guillaume et de Napoléon III au château de Bellevue. — Les prisonniers français dans la presqu'île d'Iges. — Inhumanité du vainqueur. — Les convois de prisonniers, leurs souffrances.

Sous les murs de Sedan, l'armée française ne pouvait livrer qu'une bataille défensive et laissait à l'ennemi le choix de la combinaison destinée à produire son anéantissement. Le roi Guillaume et son chef d'état-major, exactement renseignés sur la situation désespérée de Mac-Mahon, résolurent de profiter de la nouvelle faute qu'il venait de commettre. La route de Belgique était restée ouverte, l'immobilité de leur adversaire allait leur permettre de la fermer également.

Dans la soirée du 31, en passant par Chémery pour se rendre à son quartier général de Vendresse, le roi tint avec le prince royal, les généraux de Moltke et de Blumenthal une

## CHAPITRE XXIV

conférence à la suite de laquelle l'état-major de la 3ᵉ armée rédigea un ordre daté de Chémery, 9 heures du soir, dont voici la traduction :

Pour arrêter l'ennemi et l'empêcher de gagner Mézières par la rive droite de la Meuse, une partie de l'armée traversera ce fleuve, demain 1ᵉʳ septembre, à Dom-le-Mesnil et à Donchery. On exécutera les mouvements indiqués ci-après :

Le XIᵉ corps partira au point du jour et se dirigera par Donchery sur Vrigne-aux-Bois, où il occupera une position qui lui permettra d'intercepter le passage sur Mézières, entre la Meuse et la frontière belge.

— Le Vᵉ corps quittera son bivouac à 5 heures du matin, suivra le XIᵉ par Donchery et s'y raccordera de façon que son aile droite déborde Vrigne-aux-Bois ; il y placera son artillerie de manière à battre la route de Vrigne à Sedan. — La division wurtembergeoise jettera encore dans la nuit un pont à Dom-le-Mesnil, le franchira à l'aube et restera à cheval sur la route de Sedan à Mézières, de manière à observer cette dernière place et à servir en même temps de réserve au XIᵉ corps. — Le 2ᵉ corps bavarois se mettra en marche à 5 heures ; une division passera par Bulson et Frénois et occupera avec l'artillerie du corps les hauteurs de la rive gauche en face de Donchery ; l'artillerie marchera en tête. L'autre division passera par Noyers et prendra position entre Frénois et Wadelincourt. — Le 1ᵉʳ corps bavarois restera à Rémilly si une marche offensive du prince royal de Saxe ne rend pas nécessaire son entrée en ligne. (Dans la nuit cet ordre fut modifié : le prince de Saxe devant attaquer de grand matin, le 1ᵉʳ corps bavarois se mit en marche le 1ᵉʳ septembre dès le point du jour.) — La 6ᵉ division de cavalerie quittera Mazerney pour aller, par Boutencourt ou par Boulzicourt, à Flize, sur la Meuse, où elle restera en position. — La 4ᵉ division de cavalerie se concentrera à Frénois et y attendra des ordres ultérieurs. — La 2ᵉ division de cavalerie quittera ses cantonnements à 6 heures, marchera sur Boutencourt et s'arrêtera au sud de ce village. — La 5ᵉ division de cavalerie et le VIᵉ corps resteront dans leurs cantonnements près de Tourteron et d'Attigny.

Vers minuit, un avis pressant du général de Moltke invita le XIᵉ corps et les Wurtembergeois à hâter leur mouvement le plus possible pour empêcher l'ennemi de marcher sur Mézières, comme il paraissait en avoir l'intention. Ce renseignement n'était pas rigoureusement exact, puisque

Mac-Mahon n'avait encore pris aucune décision, mais, instinctivement, les trainards débandés, les hommes qui se souciaient peu d'affronter l'ennemi, les conducteurs de bagages et de parcs, dont le devoir est de débarrasser la zone occupée par les troupes agissantes, s'étaient dirigés vers l'ouest et formaient de longues colonnes qui avaient donné le change aux reconnaissances prussiennes.

Le prince de Saxe, plus éloigné du quartier général, ne reçut qu'à 1 heure du matin l'ordre de mouvement pour le 1$^{er}$ septembre. Il lui était prescrit de diriger le XII$^e$ corps sur Sedan par Douzy, Lamécourt et La Moncelle ; la garde plus à droite sur Villers-Cernay et Givonne ; le IV$^e$ corps devait, avec la 8$^e$ division et la réserve d'artillerie, appuyer l'attaque des Bavarois sur Bazeilles, et laisser la 7$^e$ division en réserve à Mairy. La confiance du prince était telle qu'il fit déposer les havre-sacs dans les différents cantonnements.

De Moltke, pour arrêter la retraite de Mac-Mahon vers l'ouest, ordonna l'attaque du côté opposé, vers Bazeilles. Le général von der Tann fit enlever pendant la nuit le poste français du chemin de fer et, à 4 heures du matin, à la faveur d'un épais brouillard qui couvrait la Meuse et ses abords, le 1$^{er}$ corps bavarois défila par les ponts établis entre Rémilly et Bazeilles et attaqua vigoureusement l'infanterie de marine. La brigade des Pallières, dont le chef grièvement blessé la veille avait dû être transporté dans une ambulance, repoussa cette attaque avec la dernière énergie ; bientôt la brigade Reboul, la 1$^{re}$ de la division de Vassoigne, vint soutenir la 2$^e$. Le brouillard toujours très épais empêchait l'artillerie de prendre une part active à la lutte, mais vers 6 heures, la brume commençant à se dissiper, les batteries bavaroises de la rive gauche se mirent à accabler Bazeilles de leur feu auquel l'artillerie du 12$^e$ corps répondait de son mieux.

Le général Lebrun saisit tout de suite l'importance du mouvement dirigé contre lui et en donna avis au maréchal

Mac-Mahon dès 5 heures. Celui-ci, à cheval depuis le point du jour, s'était précisément dirigé de ce côté, attiré par le bruit et aussi par les nouvelles de la nuit. Avant de donner des ordres, — les commandants de corps d'armée n'avaient reçu aucune instruction depuis la veille, — le maréchal voulait se rendre compte des mouvements de l'ennemi et, dans ce but, il s'était porté sur un point élevé, à l'intersection des chemins de Daigny à Bazeilles et de La Moncelle à Balan. De là il voyait distinctement : l'attaque des Bavarois et du IV$^e$ corps, les Saxons en marche vers la gauche du corps Lebrun et l'artillerie bavaroise en position sur les hauteurs entre Wadelincourt et le bois de la Marfée. En même temps, le général Margueritte l'informait du mouvement tournant par Villers-Cernay que commençait à dessiner très nettement la garde royale. Il était en observation depuis quelques minutes sans s'inquiéter du feu violent dirigé sur le groupe de son état-major, quand, vers 6 heures, l'éclat d'un obus parti de La Moncelle l'atteignit à la cuisse et brisa la jambe de son cheval. Cette blessure vraiment providentielle permit à l'intrépide et honnête duc de Magenta d'échapper à la terrible responsabilité d'une capitulation amenée par son indécision, par sa faiblesse de caractère et par son étrange dispositif de combat pour la journée du 1$^{er}$ septembre. M. Thiers aurait-il osé, en 1871, confier le commandement de l'armée de Versailles au signataire vraiment responsable de la capitulation de Sedan et l'Assemblée nationale l'eût-elle nommé président de la République ?

Avant de rentrer à Sedan, Mac-Mahon prescrivit au général Faure, son chef d'état-major, de prévenir le général Ducrot d'avoir à prendre le commandement en chef. Il savait que les généraux Wimpffen et Douay étaient plus anciens de grade, mais il désignait le général Ducrot parce qu'il le considérait comme le plus capable. Plus tard, le maréchal soutint que, vivant, il avait le droit de choisir son successeur. Cette opinion assez étrange est contraire à tous les précédents.

Le chef d'escadron d'état-major de Bastard, envoyé à la recherche du nouveau général en chef, ne le rencontra que vers 7 heures, aux environs de Givonne. A ce propos, on s'étonne généralement que le maréchal n'ait fait transmettre aucune instruction à son successeur ; cela était impossible, puisque Mac-Mahon reconnaît qu'au moment où il fut blessé il n'avait encore pris aucune décision pour les mouvements à exécuter.

Dès que le général Ducrot fut informé du choix dont il était l'objet, il revint à son idée initiale de concentrer toute l'armée sur le plateau d'Illy et de se faire jour dans la direction de Mézières. Le mouvement tournant des Prussiens se voyait à l'œil nu ; des masses considérables se prolongeaient vers le nord-ouest et nulle part l'ennemi ne prenait encore une offensive décidée. Pour éviter d'être enveloppé, Ducrot prescrivit au général Lebrun de battre en retraite par son aile droite, et vivement, parce que les avis de Villers-Cernay et de Givonne devenaient de plus en plus inquiétants.

Lebrun, dont le corps d'armée était engagé à fond, fit observer avec justesse que l'exécution de ce mouvement présenterait des difficultés sérieuses et que ses troupes, admirables de bravoure et d'entrain, se démoraliseraient si on leur donnait l'ordre de battre en retraite. Un peu avant 9 heures, le général Ducrot, qui s'était transporté au milieu du 12ᵉ corps, consentit à retarder d'une demi-heure le mouvement sur Illy. Dans les rapports officiels on semble dire, assez vaguement, que ce mouvement eut un commencement d'exécution, mais les notes particulières des officiers d'infanterie de marine indiquent qu'ils n'ont ni reçu ni exécuté aucun ordre dans ce sens.

Au moment où le général Ducrot venait enfin de donner l'ordre impératif de commencer le mouvement de retraite du XIᵉ corps, Wimpffen qui, de sa position du Vieux-Camp, ne voyait pas ce qui se passait du côté du 7ᵉ corps masqué par le bois de la Garenne, et avait sous les yeux le spectacle rassurant des 1ᵉʳ et 12ᵉ corps luttant avec fermeté, prévint le général Ducrot, par un billet au crayon, qu'il était en possession d'une lettre de commandement signée du ministre de la guerre et qu'en qualité de général en chef, il lui prescrivait de regagner le terrain abandonné, son intention étant de jeter les Bavarois à la Meuse et de percer sur Carignan.

Il était alors 9 heures et, dans son récit de la bataille, Wimpffen prétend qu'il connaissait déjà la position désespérée de l'armée et qu'il « avait fait valoir son droit au commandement par abnégation et par patriotisme ». Ni lui, ni son chef d'état-major, le général Besson, tué plus tard à l'attaque de Courbevoie sous la Commune, n'étaient assez perspicaces pour comprendre toute l'horreur de la situation. On prétend, avec une grande apparence de raison, que le général Besson croyait la victoire non seulement possible, mais probable, et que cette opinion hautement manifestée avait décidé son chef, arrivé de la veille et nullement au courant de la guerre avec les Prussiens, à revendiquer une responsabilité écrasante même pour un homme de talent, et à plus forte raison pour un général, brave sans doute, mais d'une intelligence plus que médiocre.

Une polémique ardente s'est élevée depuis entre les généraux Wimpffen et Ducrot sur la possibilité de se faire jour dans la direction de Montmédy ou dans celle de Mézières. Le conseil d'enquête sur les capitulations a émis l'avis : « que le projet du général Ducrot était le plus rationnel, car en admettant que la concentration sur la gauche pût réussir, ce qui était difficile il est vrai, et qu'après un vigoureux effort l'on pût ouvrir la route de Mézières, on pouvait, tout au moins, concevoir l'espoir de sauver une bonne partie de l'armée en se jetant sur le territoire belge. » Cet avis n'est étayé d'aucune considération sérieuse ; il est vrai qu'à l'époque où il a été exprimé, les documents officiels allemands faisaient défaut ou étaient encore incomplets. Les mouvements exécutés par les Prussiens sont maintenant connus, ainsi que les heures d'arrivée de leurs corps d'armée aux différents points de la ligne enveloppante. Ces renseignements constituent une base d'appréciation bien supérieure à celle que donnent des discussions passionnées ou les avis de généraux intéressés à pallier les fautes commises. L'état-major de M. de Moltke, ayant pleinement réussi, ne saurait avoir le moindre intérêt à ne pas être véridique. Voici le résumé de son récit de la bataille de Sedan :

Dès 4 heures du matin, le roi, accompagné du grand état-major, quittait son quartier général de Vendresse pour visiter ses troupes et se rendre ensuite sur la hauteur de Frénois d'où la vue embrasse tout le champ de bataille. Le prince de Prusse installait son quartier général plus à gauche, au-dessus de Donchery, d'où il pouvait surveiller le mouvement destiné à couper Mac-Mahon de Mézières ; le prince de Saxe, chargé d'une manœuvre analogue du côté de Montmédy, se tenait au milieu de son armée.

Conformément aux instructions données dans la soirée du 31, les armées allemandes s'étaient mises en marche dans la nuit ou au point du jour. A minuit, le XI$^e$ corps avait été averti d'avoir à passer la Meuse à Donchery ; à 5 heures 1/4, il était en entier sur la rive droite et s'avançait en trois colonnes pour couper la route de Sedan à Mézières par Vrigne-aux-Bois. N'ayant pas rencontré la moindre patrouille de cavalerie, il reçut à 7 heures l'ordre de contourner la presqu'île d'Iges et de marcher sur Saint-Menges par l'étroit défilé de Saint-Albert, entre la Meuse et le bois de la Falizette. Quand cet ordre arriva, l'avant-garde avait déjà atteint le village de Bosseval, à 3 kilomètres au nord de la route et à pareille distance de la frontière de Belgique. La communication de Mac-Mahon avec Mézières était donc coupée dès 7 heures du matin. A 8 heures 1/4, la tête de colonne du XI$^e$ corps arrivait à Saint-Menges, en chassait les faibles avant-postes de la brigade Guiomar, division Liébert, et installait son artillerie sur ce fatal mamelon compris entre Floing et Saint-Menges et d'où elle battait les positions du corps Douay ainsi que le Calvaire d'Illy. L'avant-garde du XI⁰ corps, qui avait poussé jusqu'à Bosseval, resta en position pendant que le V⁰ corps continuait le mouvement prescrit par l'ordre général et venait se ranger à la gauche de la partie du XI⁰ corps qui avait franchi le défilé ; ce déploiement était protégé par le feu de toute l'artillerie des deux corps, audacieusement envoyée en avant sous la protection de quelques escadrons de cavalerie. A 9 heures précises, heure à laquelle Ducrot voulait concentrer l'armée à Illy et la lancer dans la direction de Fleigneux-Saint-Menges, l'état-major allemand reconnaît qu'il n'y avait encore entre ces deux villages que trois brigades, les 41⁰ et 42⁰ du XI⁰ corps et la 19⁰ du V⁰ corps, soutenues il est vrai par plus de 120 pièces de canon. La cavalerie du V⁰ corps avait atteint Fleigneux.

La 4⁰ division de cavalerie, chargée de couvrir l'aile gauche de la 3⁰ armée, s'arrêta près de Briancourt, derrière la presqu'île d'Iges, mais ses deux batteries à cheval découvrirent sur la droite une position d'où, à 3.000 mètres, elles prenaient à revers le corps Douay entre Floing et le faubourg de Cazal. — La division wurtembergeoise, après avoir suivi pendant quelque temps l'aile gauche, fut ramenée en arrière et chargée de la garde du bourg et des ponts de Donchery, dont la possession était de la plus haute importance ; son artillerie se plaça de façon à lancer des obus dans Sedan, pendant que de fortes reconnaissances étaient dirigées vers Mézières contre le corps Vinoy dont la présence était signalée dans cette direction. — La 2⁰ division de cavalerie, Wernigerode, se posta à Vrigne-sur-Meuse pour éclairer les Wurtembergeois sur la route de Mézières qui longe de près la rive droite du fleuve. Au centre, le 2⁰ corps bavarois, Hartmann, envoya une de ses divisions en face de Bazeilles pour soutenir von der Tann ; l'autre division prit avec son artillerie position sur la hauteur de Wadelincourt, d'où elle dominait les défenses de Sedan.

A notre aile droite, le combat avait pris un grand développement et se poursuivait avec un incroyable acharnement. Von der Tann avec ses 35.000 Bavarois, avait été chassé deux fois de Bazeilles par l'héroïque infanterie de marine, vaillamment secondée par la division Lacretelle. La 23e division saxonne, sur la droite, et une division du 2e corps bavarois sur la gauche du corps von der Tann avaient dû entrer en ligne pour enlever, maison par maison, le malheureux village. Canonnés avec furie depuis la veille par plus de cent bouches à feu, les défenseurs de Bazeilles durent céder la place, non à l'ennemi, mais à l'incendie, pour continuer la lutte dans les jardins et les parcs qui entourent ce lieu de villégiature des habitants de Sedan. A 10 heures, von der Tann, maître de la position, renouvela les cruautés de son prédécesseur Tilly, le général de Maximilien de Bavière, qui en 1630 ordonna le sac de Magdebourg. Les maisons de Bazeilles qui avaient résisté aux obus furent brûlées de fond en comble, les habitants tombés entre les mains des assassins de Wissembourg furent lâchement égorgés et le même traitement infligé à des soldats français faits prisonniers pendant le combat. La conduite des soldats bavarois souleva un long cri de réprobation dans le monde entier et le général von der Tann se crut obligé, après la guerre, d'adresser aux journaux une longue lettre rectificative, tendant à établir qu'il n'y avait eu à Bazeilles que trente-neuf habitants tués, dont huit brûlés. Le maire, dont le général bavarois invoquait le témoignage, lui opposa un démenti formel. Les Bavarois ont commis le 1er septembre 1870 un crime de lèse-humanité qui restera leur honte dans l'histoire.

A 6 heures 1/4, le corps saxon avait attaqué La Moncelle, occupé par la gauche du corps Lebrun. A 7 heures, l'ennemi était maître du village et du pont de la Givonne, quand la brigade Fraboulet, de la division Lartigue, s'élança au secours de son voisin de droite et, par un vigoureux retour offensif, rejeta les Saxons sur la rive gauche et réoccupa le bois Chevalier qui domine Daigny et La Moncelle. Mais, bientôt débordée par sa gauche, la brigade fut repoussée sur Daigny dont le prince de Saxe se rendit maître à 9 heures 1/2. Malgré le feu de l'artillerie bavaroise et saxonne dirigé sur le plateau occupé par le corps Ducrot, l'ennemi ne put aller plus loin ; un instant même ses pièces furent mises en danger par une attaque furieuse des braves gens qui se battaient avec la rage du désespoir, pendant que de très nombreuses défaillances se produisaient dans certains régiments et augmentaient sans cesse le chiffre des soldats débandés.

Chez les Prussiens, au contraire, les renforts arrivaient avec une désolante régularité. On a vu von der Tann soutenu successivement par deux divisions ; le prince de Saxe, croyant alors que la 24ᵉ division saxonne ne pourrait enlever Daigny, l'avait fait appuyer par la 2ᵉ division de la garde. En même temps, la 1ʳᵉ division marchait sur Givonne et la cavalerie continuait son mouvement vers Fleigneux. Enfin, le IVᵉ corps avait sa 7ᵉ division à Mairy prête à soutenir les Saxons, sa 8ᵉ à Rémilly comme soutien du général von der Tann.

A 10 heures, l'armée de la Meuse était maîtresse du cours de la Givonne, de Givonne à Bazeilles ; il ne restait donc ouvert que l'espace compris entre la route de Bouillon et Fleigneux, espace sur lequel s'avançait comme un gros bastion le Calvaire d'Illy.

Lorsque le prince de Wurtemberg, commandant la garde, entendit le canon de la 3ᵉ armée, il réunit les 90 pièces de son artillerie en une seule batterie au-dessus de Givonne, avec ordre de canonner sans répit le Calvaire d'Illy et les bois de la Garenne, qui étaient également battus par les canons des Vᵉ et XIᵉ corps. Chose à peine croyable ! sous le feu de cette puissante artillerie qui prenait nos infortunés soldats de front, d'écharpe, d'enfilade et à revers, la garde prussienne tenta vainement d'enlever le bois de la Garenne, et la belle résistance du corps Ducrot l'obligea à se diriger plus au nord vers Illy, où le terrain était plus abordable. A 3 *heures seulement,* la garde et des détachements des Ve et XIe corps se donnèrent la main entre le moulin d'Olly et Fleigneux. Dans l'intervalle, la 8e division du IVe corps avait rallié von der Tann qui, avec plus de 60.000 hommes, ne put enlever les jardins de Bazeilles avant 11 heures du matin ; il marcha alors contre Balan, où la lutte se prolongea encore pendant plusieurs heures.

Tels sont les mouvements exécutés par les armées allemandes dans la journée du 1er septembre ; ils permettent de bien se rendre compte de la situation de l'armée de Mac-Mahon pendant les différentes phases de la bataille, situation qui a toujours été absolument désespérée. En lisant cinquante relations émanant d'acteurs de ce terrible drame, on a autant de versions différentes, parce que chacun tient ou cherche à prouver que personnellement il a fait son devoir. Ce qui ressort le plus clairement de ces récits, c'est que la moitié à peine de l'armée faisait tête à l'ennemi et que l'autre moitié était abritée dans Sedan ou s'éloignait volontairement ou d'une façon inconsciente du champ de bataille. *Les perceurs de lignes* ont été vite jugés ; après les avoir acclamés avec enthousiasme, on a été obligé de reconnaître que la plupart de ces héros n'avaient qu'un seul mérite, celui d'être sortis d'une souricière avant que la porte n'en fût fermée, et que ceux qui ont osé parler de leurs efforts pour passer sur le ventre de l'ennemi étaient des imposteurs. Ils n'avaient qu'à plaider les circonstances atténuantes : ainsi il n'est pas étonnant que dans le 1er corps, dont le chef, le général Ducrot, était, ce dont on ne saurait trop le louer, poursuivi par l'idée fixe d'aller à Mézières, plusieurs colonnes se soient engagées dans cette direction et, parmi elles, presque toute la cavalerie. Le 3e zouaves fait seul exception : après avoir vaillamment contribué à la défense du bois Chevalier sous les ordres du général Fraboulet, ce régiment était repoussé vers Givonne lorsque, entre 10 et 11 heures, il se trouva inopinément sous le feu de la grosse batterie de la garde royale. Pour échapper à une destruction certaine, une partie du régiment appuya à gauche et gagna heureusement le bois du Petit-Terme, à gauche de la route de Bouillon, peu d'instants avant que la cavalerie de la garde n'eût fermé cette issue.

Un simple récit peut difficilement rendre compte de ce qu'a pu être cette bataille de Sedan, livrée par les Français avec un décousu regrettable, d'abord à cause du dispositif de combat insensé prescrit par le maréchal de Mac-Mahon, ensuite par suite des ordres diamétralement opposés donnés à deux heures d'intervalle par les généraux Ducrot et Wimpffen qui cherchaient tous deux à tirer l'armée de la souricière dans laquelle l'avait mise l'indécision du maréchal. Les personnes qui ont visité le champ de bataille en 1871 ont pu retrouver facilement les positions occupées par les corps d'armée dans la nuit du 31 août ; mais il leur était moins aisé de suivre les péripéties de la lutte, parce que, les premières lignes enfoncées, la confusion était telle qu'il n'y a plus eu de bataille dans la véritable acception du mot. Il ne pouvait en être autrement du moment que la disposition des troupes en demi-cercle, avec des murs et une rivière à dos, ne permettait pas le moindre mouvement de recul sans amener une affreuse confusion. Quelques vaillants soldats continuaient à se battre pour l'honneur, tandis que la grande majorité cherchait dans la ville ou dans les fossés des remparts un abri contre l'artillerie prussienne. Cependant, il est certains points, tels que la partie des bois de la Garenne comprise entre le Calvaire d'Illy et le cimetière de Givonne, où les tumulus plus rapprochés indiquaient que la lutte y avait été vive et les victimes du devoir accompli jusqu'au bout excessivement nombreuses. Quant à Bazeilles, sa défense restera un de nos faits d'armes les plus brillants, ainsi qu'en témoignent les 3.900 hommes perdus par les deux corps bavarois; et les 12.500 Allemands mis hors de combat dans les trois journées des 30, 31 août et 1er septembre prouvent ce que valent des soldats français bien commandés.

Tel n'était malheureusement pas le cas de l'armée de Châlons, dans laquelle la part des éléments inférieurs était au moins égale à celle des bons. De là ces défaillances, ces faiblesses, ces débandades peu dignes du glorieux passé des troupes françaises : depuis le départ de Reims, le commandant en chef était resté inférieur à tout ce qu'on peut imaginer ; les généraux faisaient pour la plupart preuve d'une coupable insouciance ou d'une regrettable insuffisance dans l'exercice de leurs fonctions ; l'administration était déplorable, comme conséquence forcée d'un commandement faible et indécis ; les soldats avaient en partie le moral déprimé par des prédications anarchiques, par la défaite de Wœrth, par une retraite de cent lieues dont les débuts furent navrants. Napoléon III, avec sa figure mélancolique, son cortège d'inutiles et ses bagages encombrants, n'avait pas une attitude capable de relever le moral de ses soldats. Que la France sache donc courber la tête et écouter, la rougeur au front, le récit de la plus cruelle humiliation qui lui ait jamais été infligée, celle de la capitulation en rase campagne d'une armée de plus de cent mille hommes engagés dans une impasse par la présomption du comte de Palikao, la faiblesse du maréchal de Mac-Mahon et les préoccupations intéressées des mamelucks du second empire.

Tandis que l'infanterie de marine défendait Bazeilles avec une admirable ténacité, le reste du 12ᵉ corps et les troupes de Ducrot ne luttaient pas avec moins d'énergie le long de la Givonne. Leurs positions étaient naturellement très fortes, et le profond encaissement de la petite rivière contribuait puissamment à ralentir la marche offensive de l'armée du prince de Saxe. A la gauche, la situation du 7ᵉ corps, considérée au début de la bataille comme assez bonne, protégée qu'elle était sur son front par le ruisseau de Floing et sur sa gauche par la Meuse, n'allait pas tarder à devenir critique. A 8 heures 1/4, quand le XIᵉ corps prussien eut repoussé de Saint-Menges les avant-postes de la division Liébert, le feu de son artillerie fit d'abord peu de mal aux troupes du général Douay, grâce au soin avec lequel celui-ci avait établi les tranchées-abris pour l'infanterie et les épaulements pour ses batteries. Mais quand le V⁰ corps, Kirchbach, commença à entrer en ligne, les vingt-huit batteries des deux corps prussiens, par leurs déploiements successifs, ne tardèrent pas à déborder la droite des divisions Liébert et Dumont. Les débris de la division Conseil-Dumesnil reçurent alors l'ordre d'occuper les crêtes du plateau vers Illy ; peu de temps après, la brigade Bordas de la division Dumont fut également envoyée de ce côté. Mais, vers 11 heures, l'armée de la Meuse et les trois divisions bavaroises engagées contre Bazeilles ayant forcé sur tous les points le passage de la Givonne, il en résulta une grande confusion. Déjà la division Wolff, placée à la gauche de Ducrot, s'était repliée sur le bois de la Garenne ; l'intrépide général Cambriels, écrasé par près de vingt mille Saxons, avait ramené vers le Calvaire d'Illy les quatre derniers bataillons de la division Grandchamp du 12ᵉ corps et venait de tomber, le crâne ouvert par un éclat d'obus ; enfin, tous les régiments qui avaient combattu entre La Moncelle et Givonne se rabattaient les uns après les autres sur le même point où il y avait jusqu'à des soldats d'infanterie de marine ; les débris de la vaillante division de Vassoigne soutenaient un combat acharné dans le faubourg de Balan.

Par malheur, les braves qui luttaient avec le courage du désespoir devenaient plus rares de minute en minute, exposés qu'ils étaient au feu de plus de deux cent cinquante pièces qui battaient le terrain compris entre le village de Floing et le cimetière de Givonne. Des milliers de soldats débandés se précipitaient vers Sedan, encombrant les rues et les fossés de la place, leur général en chef ne leur ayant ménagé aucune issue.

Wimpffen se multipliait sur le champ de bataille dans l'espoir chimérique de relever par sa ferme attitude les courages abattus, et de se maintenir jusqu'à la nuit sur ses dernières positions. A midi, il se rendit auprès de Douay qui, à la vue des 60.000 Prussiens qui se déployaient devant son corps d'armée réduit à moins de 15.000 combattants, lui déclara qu'il ne se battait plus que pour l'*honneur des armes*. Wimpffen dut se rendre à l'évidence, car il voyait distinctement se rapprocher les pinces de la terrible tenaille préparée par M. de Moltke. Pendant que les V° et XI° corps gagnaient Illy, la garde royale n'allait pas tarder à les y rejoindre. Le corps Douay et les troupes de tous les corps, agglomérées dans le bois de la Garenne pour s'y battre avec acharnement ou plus souvent dans l'espoir de s'y abriter contre la mitraille prussienne, recevaient des obus de tous les côtés. En vain le général Forgeot, commandant en chef l'artillerie de l'armée, tenta un effort suprême avec les dernières batteries qu'il put réunir en avant du bois de la Garenne; en un instant les pièces étaient démontées, chevaux et servants tués. De gros tumulus indiquaient après la bataille les emplacements où étaient tombés nos intrépides canonniers.

A 2 heures, les Prussiens avaient à peu près fermé le cercle fatal; les projectiles se croisaient dans tous les sens sur le champ de bataille transformé en un véritable abattoir. Les relations allemandes avouent que l'artillerie prussienne, n'ayant plus devant elle de but précis, tirait au hasard dans les masses confuses qui se dirigeaient vers la ville. Les fossés étaient remplis de fuyards, de morts et de blessés; la balustrade du pont de Balan avait en partie cédé sous la pression d'une foule éperdue dans laquelle les obus traçaient à tout instant un sillon de sang, et pour échapper au péril beaucoup de soldats escaladèrent les remparts au moyen de cordes que leur jetaient des camarades du haut des parapets.

Une heure auparavant, le brave Wimpffen, après s'être rendu compte de l'immensité du désastre et de l'impossibilité de garder ses positions jusqu'à la nuit, avait pris la mâle résolution de se frayer un passage sur Carignan. Les généraux Douay, Ducrot et Lebrun furent prévenus de cette détermination par les rares officiers qui entouraient encore le général en chef et qui, dans ces tristes conjonctures, se conduisirent avec une bravoure et un dévouement auxquels on ne saurait trop rendre hommage. Les derniers ordres expédiés, Wimpffen adressa à l'empereur un billet au crayon dont les termes constituent le plus éclatant et le plus honorable témoignage des nobles sentiments qui animaient ce vieux soldat d'Afrique. « *Sire,* écrivait-il, *je me décide à forcer la ligne qui se trouve devant le général Lebrun et le général Ducrot plutôt que d'être prisonnier dans la place de Sedan. Que Votre Majesté vienne se mettre au milieu de ses troupes, elles tiendront à honneur de lui ouvrir un passage.* — 1 heure 1/4, 1er septembre. De Wimpffen. » Ces paroles, si dignes d'un chef d'armée, ne trouvèrent pas d'écho dans le cœur de son souverain ; Napoléon III déclina la proposition qui lui était faite et préféra un peu plus tard faire arborer le drapeau blanc. Cette conduite a donné lieu à diverses appréciations : en général, elle a été condamnée avec la dernière sévérité, parce que chez une nation digne de ce nom et fière de son passé militaire, la capitulation d'une armée en rase campagne a toujours été considérée comme un acte blâmable ; seuls les partisans de la famille Bonaparte ont eu l'idée au moins étrange de transformer en un acte héroïque un fait qui ne dénote de la part de son auteur qu'un grand abattement moral et physique. Toutefois, on est forcé de reconnaître que la faute colossale commise par le maréchal Mac-Mahon en pelotonnant son armée autour de Sedan rendait infaillible sa destruction complète ; la reddition s'imposait donc, mais l'empereur des Français devait à sa haute situation, au prestige et à l'honneur de son nom, de se mêler aux braves gens qui allaient tenter un effort suprême.

En revanche, les commandants des corps d'armée répondaient avec un louable empressement à l'appel désespéré de leur chef et oubliaient la sotte présomption et la profonde incapacité dont il venait de faire montre en prenant le commandement en chef et en révoquant les ordres de Ducrot. Pour dégager le 7ᵉ corps et permettre aux troupes massées dans le bois de la Garenne d'effectuer leur retraite sur la Givonne, le général Ducrot pria Margueritte de faire un dernier effort pour arrêter l'ennemi qui commençait à escalader le plateau entre Floing et Illy. En chef expérimenté et calme qui tient à engager sa cavalerie sagement quoique avec audace, Margueritte s'avançait pour reconnaître le terrain, lorsqu'il fut mortellement blessé à la tête. Le général Tilliard ayant été tué pendant que sa brigade se rendait à son poste de combat, le général Ducrot renouvela sa demande d'appui au colonel de Galliffet. Le fait n'est pas contestable, mais le colonel de Beauffremont ayant revendiqué plus tard l'honneur d'avoir commandé la charge à titre de plus ancien, l'historien peut lui répondre que l'attaque n'ayant eu aucun succès, toute revendication à ce sujet devenait inutile. Les cavaliers de la division Margueritte ont vaillamment fait leur devoir ; il y a toutefois lieu de faire remarquer que la personnalité envahissante du général de Galliffet a poussé beaucoup d'écrivains français à attribuer cette charge légendaire à cette seule division. C'est une erreur que l'ouvrage du grand état-major prussien a réparée d'une façon positive et claire ; il cite nommément la brigade Savaresse du 12ᵉ corps et les cuirassiers de Bonnemains comme ayant chargé l'infanterie allemande. Le régiment n° 83 a été attaqué par des lanciers et le régiment n° 46 par deux escadrons de cuirassiers « montés sur des chevaux gris », qui se sont conduits avec la dernière bravoure. Le grand état-major rend pleine justice « à l'impétuosité et à l'abnégation » déployées par la cavalerie française dans les *trois charges* qu'elle a exécutées entre 2 et 3 heures entre Floing et Illy.

Mais, on ne saurait trop le répéter, les charges directes de la cavalerie sur de l'infanterie en ordonnance de combat et armée de fusils à tir rapide ne peuvent produire aucun résultat utile. Malgré la bravoure inouïe déployée par nos cavaliers, ils furent rejetés en désordre sur l'infanterie après avoir subi des pertes énormes. Du haut du Calvaire d'Illy, en se tournant vers le soleil couchant, le touriste pouvait, en 1871, contempler d'un œil attristé les monticules funéraires qui jalonnaient la plaine ondulée où périrent tant d'intrépides soldats.

Du côté de la Givonne, les attaques de l'infanterie aboutirent au même insuccès ; les 1$^{er}$ et 12$^e$ corps furent repoussés sur Sedan. Quelques vaillants cavaliers échappés aux charges en avant de Floing et décidés aux entreprises les plus téméraires plutôt que de tomber au pouvoir des Prussiens, se rallient autour du commandant d'Alincourt, du 1$^{er}$ cuirassiers, et se font presque tous tuer en chargeant comme des furieux dans la grande rue du faubourg de Balan. Vains efforts ; de tous côtés, les masses prussiennes couronnent les hauteurs abandonnées ; sous l'action d'une artillerie formidable, le cercle se resserrait de plus en plus et le massacre prenait des proportions formidables.

A 3 heures précises, la garde royale de l'armée de la Meuse et le V$^e$ corps de la 3$^e$ armée se rejoignaient entre Fleigneux et Illy ; le cercle était fermé et l'armée de Mac-Mahon prisonnière de fait. Les derniers débris de nos troupes avaient été refoulés sur les glacis de la place et les généraux Douay, Lebrun et Ducrot, après avoir fait d'inutiles efforts pour constituer un centre de résistance, étaient rentrés dans Sedan. L'encombrement des rues était énorme et la circulation tout à fait impossible. Voyant qu'il n'y avait rien à faire avec cette cohue de soldats débandés et découragés, le général Ducrot se rendit à la sous-préfecture auprès de l'empereur qui, les larmes aux yeux, lui déclara sa ferme volonté de mettre fin à ces horribles scènes de carnage en faisant arborer le drapeau blanc.

De vives discussions se sont élevées sur les suggestions auxquelles aurait obéi l'empereur. Par une lettre adressée à tous les commandants de corps d'armée et qui a été publiée dans les journaux en juin 1872, Napoléon III a revendiqué avec une louable franchise l'entière responsabilité et l'initiative de la capitulation. Le pavillon blanc fut donc hissé sur les remparts de la ville et du château ; mais quand, vers 4 heures, le général Lebrun parvint à rejoindre Wimpffen dans le faubourg de Balan, celui-ci fit abattre le fanion blanc que portait un des soldats de l'escorte et exprima de nouveau l'intention de percer sur Bazeilles plutôt que de rendre son épée. Lebrun accepta sans hésiter de prendre part à cette tentative, quoiqu'il ne se fît aucune illusion sur son insuccès. Les clairons sonnent la charge, Wimpffen fait répandre le bruit que l'armée de Bazaine approche de Sedan ; deux mille hommes, auxquels se joignent des gardes mobiles et de courageux gardes nationaux, se ruent sur le faubourg de Balan et repoussent les Bavarois ; mais en débouchant vers Bazeilles, l'artillerie les foudroie, les disperse, et les deux généraux se voyant isolés rentrent dans Sedan.

Des hauteurs de Frénois, le roi Guillaume avait assisté au désastre de l'armée française et s'attendait d'un moment à l'autre à recevoir des propositions de capitulation. A la vue des premiers drapeaux blancs, plusieurs batteries allemandes avaient suspendu leur feu ; elles le reprirent avec vigueur dès qu'ils furent abattus et, à 5 heures, le roi impatient d'une solution donna l'ordre de tirer à outrance sur la ville qu'il savait remplie de troupes. Une demi-heure plus tard, les pavillons ayant reparu, les Allemands cessèrent de tirer pendant que des parlementaires français se présentaient aux portes de Balan et de Torcy. Le roi envoya à Sedan le lieutenant-colonel du grand état-major Bronsart de Schellendorf, avec ordre de s'aboucher avec la *personne qui commandait en chef*. Grand fut l'étonnement de cet officier quand on le conduisit devant l'empereur qu'il croyait alors loin de son armée. Napoléon III lui ayant demandé le but de sa mission, M. Bronsart dut lui faire cette dure réponse : « Je suis chargé de demander la reddition de la forteresse et de l'armée. »

L'empereur lui fit savoir que cette négociation concernait le général en chef, M. de Wimpffen ; que, pour son compte personnel, il allait dépêcher au roi son aide de camp le général Reille, qui remit à Guillaume le billet dans lequel l'empereur disait : « Monsieur mon frère, n'ayant pas pu mourir au milieu de mes troupes, il ne me reste qu'à remettre mon épée dans les mains de Votre Majesté. Je suis de Votre Majesté le bon frère, Napoléon. »

Le général Reille ayant fait connaître que l'empereur ne rendait que sa personne et qu'il n'avait aucun pouvoir pour négocier, le roi répondit par le billet dont voici la teneur : « Devant Sedan, le 1$^{er}$ septembre 1870. — Monsieur mon frère, — En regrettant les circonstances dans lesquelles nous nous rencontrons, j'accepte l'épée de Votre Majesté, et je la prie de vouloir bien nommer un de vos officiers muni de vos pleins pouvoirs, pour traiter de la capitulation de l'armée, qui s'est si bravement battue sous vos ordres. De mon côté, j'ai désigné le général de Moltke à cet effet. Je suis de Votre Majesté le bon frère, Guillaume. »

La nouvelle de la présence de l'empereur se répandit avec la rapidité de la foudre dans le camp allemand ; les soldats l'accueillaient avec joie et s'embrassaient en criant : *Der Kaiser ist da, der Friede ! der Friede !* — L'empereur est là, la paix ! la paix ! — Ce n'était pas la victoire qui causait cette exubérance de joie, mais bien l'espoir de revoir prochainement leurs familles, car, habitués à tout rapporter au roi, il ne venait à l'idée d'aucun soldat allemand que la France continuerait la lutte après la capture du chef de l'Etat.

Plusieurs officiers du quartier impérial s'étaient rendus auprès du général Wimpffen pour le prier d'entamer des négociations, mais celui-ci, froissé de ce que l'empereur, « usant de son droit de souverain », avait fait arborer le drapeau blanc, refusa de se rendre à la sous-préfecture et envoya pour toute réponse une lettre par laquelle il donnait sa démission de commandant en chef et réclamait sa mise à la retraite. L'empereur écrivit alors le billet suivant : « Général, vous ne pouvez pas donner votre démission lorsqu'il s'agit encore de sauver l'armée par une honorable capitulation. Je n'accepte pas cette démission. Vous avez fait votre devoir toute la journée, faites-le encore. C'est un service que vous rendrez au pays. Le roi de Prusse a accepté l'armistice et j'attends ses propositions. — Croyez à mon amitié. NAPOLÉON. » Cette lettre détermina Wimpffen à accepter le rôle de parlementaire que son refus persistant de déposer les armes lui donnait, jusqu'à un certain point, le droit de décliner, mais, d'un autre côté, l'imprudence et l'ignorance qu'il avait montrées en réclamant dans un moment critique le commandement d'une armée dont il ne connaissait pas la situation et où il était inconnu, lui imposaient des devoirs dont ce général inintelligent n'a jamais eu conscience. Ses récriminations déplacées, ses vanteries ridicules, ses écrits dans lesquels il parle de ses talents militaires, témoignent contre lui : ils prouvent en outre que le comte de Palikao ne savait pas mieux juger les hommes que combiner des plans d'opérations, puisqu'il donnait des lettres de commandant en chef à un général d'aussi mince valeur que le général de Wimpffen et qu'à la même date il confiait la direction du 14e corps d'armée au général Renault, dont l'incapacité professionnelle et la faiblesse intellectuelle étaient proverbiales dans l'armée.

A 8 heures 1/2, Wimpffen arrivait à la sous-préfecture où le général Ducrot lui fit, en présence de l'empereur, une scène au moins déplacée de la part d'un inférieur et inaugura ainsi cette série de querelles et de polémiques entre généraux dont la France a été affligée pendant les dix années qui ont suivi la guerre. Le commandant du 1er corps finit par se calmer et, quand il fut sorti, l'empereur rédigea le pouvoir suivant :

L'empereur Napoléon III ayant donné le commandement en chef au général de Wimpffen à cause de la blessure du maréchal de Mac-Mahon

## CHAPITRE XXIV

qui l'empêchait de remplir son commandement, le général de Wimpffen a tous les pouvoirs pour traiter des conditions à faire à l'armée que le roi reconnaît avoir vaillamment combattu. — NAPOLÉON.

Muni de cette lettre de créance, de Wimpffen se rendit aussitôt à Donchery accompagné du général Castelnau, chargé de débattre les intérêts particuliers de l'empereur. Ils furent immédiatement mis en rapport avec MM. de Moltke et Bismarck, assistés du quartier-maître général de Podbielski et du capitaine de Nostitz, chargé de sténographier l'entretien. Les plénipotentiaires allemands déclarèrent qu'après en avoir délibéré, leurs conditions étaient celles-ci : « L'armée française déposera les armes et sera conduite prisonnière de guerre en Allemagne. » Wimpffen refusa et demanda que l'armée pût se retirer avec armes et bagages après avoir pris l'engagement de ne plus servir jusqu'à la fin de la guerre. Le général de Moltke répéta qu'il exigeait une capitulation sans réserve et disposait des moyens nécessaires pour l'obtenir à très bref délai. Il entra dans des détails qui dénotaient une connaissance exacte de la situation ; il savait que l'armée française n'avait ni vivres, ni munitions, et prouva que l'artillerie allemande pourrait l'anéantir avant qu'elle eût eu le temps d'opérer le moindre mouvement.

M. de Bismarck appuya les exigences du général de Moltke. Mieux éclairé que les soldats sur les dispositions de la France, loin de croire à la paix, il s'attendait à l'établissement d'un nouveau gouvernement qui, comme en 1792, appellerait aux armes le peuple tout entier. Il exprima son opinion avec fermeté et insista sur la nécessité d'obtenir des garanties sérieuses.

Dans la relation détaillée de cette poignante entrevue publiée par le commandant en chef français, on remarque un passage instructif.

Le comte de Bismarck, dit Wimpffen, venant ensuite à parler de la paix, me dit que la Prusse avait l'intention bien arrêtée d'exiger, non seulement une indemnité de guerre de quatre milliards, mais encore la cession de l'Alsace et de la Lorraine allemande, seule garantie pour nous, ajouta-t-il, car la France nous menace sans cesse et il faut que nous ayons comme protection solide, une bonne ligne stratégique avancée.

Après l'ordre du Cabinet du roi du 21 août qui délimitait le gouvernement d'Alsace-Lorraine et la reproduction des paroles de M. de Bismarck, il ne reste rien de l'assertion des personnes qui prétendent que le lendemain de Sedan on aurait pu traiter à des conditions relativement assez douces.

Après une longue conférence, Wimpffen déclara ne pouvoir accepter les dures conditions qui lui étaient imposées sans en avoir référé à un conseil de guerre. M. de Moltke se refusait d'abord à prolonger la suspension d'armes au delà de 4 heures du matin, mais, sur l'avis de M. de Bismarck, il accorda un nouveau délai jusqu'à 9 heures. On se sépara à 1 heure du matin et le général de Wimpffen se rendit sur-le-champ chez l'empereur pour le prier d'intercéder auprès du roi de Prusse afin d'obtenir une capitulation moins humiliante. Napoléon III lui promit de se mettre en route au jour, mais les mesures étaient prises au quartier général allemand pour empêcher toute entrevue entre les souverains avant la signature de la capitulation.

L'historique du grand état-major, en rendant compte de l'arrivée de l'empereur à Donchery dans la matinée du 2 septembre, dit nettement qu'il n'avait plus qualité pour traiter d'une capitulation après le plein-pouvoir remis la veille à Wimpffen. Il ajoute que Napoléon III ayant envoyé le général Reille demander une entrevue au comte de Bismarck, le chancelier se serait empressé de se rendre auprès du souverain prisonnier et de lui dire que le quartier royal se trouvait à Vendresse. Puis, l'empereur et le chancelier entrèrent dans la maisonnette d'un tisserand, située sur la grande route, pour continuer la conversation. M. de Bismarck ayant demandé à Napoléon III s'il était disposé à entamer des négociations de paix, celui-ci le pria de s'adresser au gouvernement de Paris. Dans ces conditions, les pourparlers devant rester exclusivement militaires, M. de Bismarck fit prévenir M. de Moltke auquel l'empereur demanda si l'armée française ne pourrait pas être autorisée à passer sur le territoire belge pour y être désarmée et internée. Le chef du grand état-major repoussa la proposition et se rendit à Vendresse pour mettre le roi au courant des négociations. Mais, auparavant, il avait donné des ordres pour la reprise des hostilités à l'heure convenue.

Aucun plénipotentiaire ne se présentant, le général Reille retourna à Sedan avec le capitaine Zingler du grand état-major prussien qui était chargé de prévenir le général de Wimpffen qu'à 10 heures précises, dernier délai, le feu recommencerait si la capitulation n'était pas conclue. Le général en chef ayant montré une certaine hésitation à partir, sous le prétexte qu'il attendait le résultat de l'entrevue entre les deux souverains, le capitaine lui déclara qu'il avait l'ordre formel de prévenir les troupes qui se trouveraient sur son chemin de commencer le feu. L'argument était sans réplique et M. de Wimpffen n'avait plus qu'à monter à cheval pour se rendre au quartier général allemand à Frénois, où il rencontra l'empereur qui se morfondait depuis 5 heures du matin à attendre le roi Guillaume.

Dans l'intervalle, à 6 heures du matin, trente-deux généraux s'étaient réunis en conseil de guerre dans la place de Sedan et acceptaient la capitulation à la majorité de trente voix contre deux, celles des généraux Pellé et Carrey de Bellemarre. Il ne restait donc au général Wimpffen qu'à signer, sans nouvelle discussion, le protocole de la convention arrêtée par M. de Moltke et dans laquelle fut intercalé un article 2 qui excitait en quelque sorte les officiers à séparer leur sort de celui de leurs soldats ; il allouait même une prime à la violation du devoir militaire en autorisant à conserver armes et bagages les seuls officiers qui engageraient *leur parole d'honneur par écrit* de ne plus porter les armes contre l'Allemagne.

Dans un but difficile à discerner, l'historique du grand état-major rejette aux annexes le texte de cette célèbre convention qui a servi de type à tous les protocoles de capitulation rédigés pendant la guerre de 1870-71 et se contente d'une simple analyse de ce document, analyse dans laquelle l'autorisation de garder leurs armes et leurs bagages aurait été accordée aux officiers signataires de l'engagement précité en reconnaissance de leur valeureuse défense! Voici ce document, dont les termes nets et précis se passent de commentaires :

ENTRE LES SOUSSIGNÉS, le chef d'état-major du roi Guillaume, commandant en chef des armées de l'Allemagne, et le général commandant de l'armée française, tous deux munis de pleins pouvoirs de LL. MM. le roi Guillaume et l'empereur Napoléon, la convention suivante a été conclue :

Art. 1er. — L'armée française placée sous les ordres du général de Wimpffen, se trouvant actuellement cernée par des troupes supérieures autour de Sedan, est prisonnière de guerre.

Art. 2. — Vu la défense valeureuse de cette armée, il est fait exception pour tous les généraux et officiers, ainsi que pour les employés supérieurs ayant rang d'officier, qui engagent leur parole *par écrit* de ne pas porter les armes contre l'Allemagne et de n'agir d'aucune manière contre ses intérêts jusqu'à la fin de la guerre actuelle. Les officiers et les employés qui acceptent ces conditions conserveront leurs armes et les effets qui leur appartiennent personnellement.

Art. 3. — Toutes les armes, ainsi que le matériel de l'armée, consistant en drapeaux, aigles, canons, munitions, etc., seront livrés, à Sedan, à une commission militaire instituée par le général en chef, pour être remis immédiatement aux commissaires allemands.

Art. 4. — La place de Sedan sera livrée dans son état actuel et, au plus tard, dans la soirée du 2, à la disposition de S. M. le roi Guillaume.

Art. 5. — Les officiers qui n'auront pas pris l'engagement mentionné à l'article 2, ainsi que les troupes désarmées, seront conduits, rangés d'après leur régiment ou corps, en ordre militaire.

Cette mesure commencera le 2 septembre et sera terminée le 3. Ces détachements seront conduits sur le terrain bordé par la Meuse, près Iges, pour être remis aux commissaires allemands par leurs officiers, qui céderont alors leurs commandements à leurs sous-officiers. Les médecins-majors sans exception resteront en arrière pour soigner les blessés.

A Frénois, le 2 septembre 1870.

DE MOLTKE, DE WIMPFFEN.

Après avoir signé, le général de Wimpffen se rendit auprès de l'empereur et lui annonça d'un ton triste que le sacrifice était consommé. L'émotion de Napoléon III était si poignante que de grosses larmes descendirent le long de ses joues et qu'il ne put que serrer la main du général et l'embrasser. C'est Wimpffen lui-même qui a rendu compte de cette suprême entrevue et, sa relation n'étant guère favorable à l'empereur, on doit considérer comme calomnieux ces récits inventés par l'esprit de parti et qui représentent Napoléon III calme, impassible, presque insouciant, en présence de l'affreux désastre qui frappait son armée et son pays.

Le roi Guillaume avait quitté à 8 heures du matin Vendresse, situé à 12 kilomètres de Frénois, et, au lieu de se rendre à l'appel de celui qu'il traitait officiellement de bon frère, il savourait son triomphe en se promenant avec une lenteur calculée au milieu de ses soldats. Vers midi, MM. de Bismarck et de Moltke, qui avaient fait installer l'empereur au château de Bellevue, sur les bords de la Meuse, à 500 pas de Frénois, allèrent prévenir le roi que la capitulation était signée et que le fait accompli le garantissait contre toute obsession de la part de son prisonnier. Arrivé au château, le roi s'avança seul jusqu'au double perron de cinq marches qui fait face à Sedan ; l'empereur, conformément à l'étiquette, le reçut au bas du perron et salua en ôtant son képi, tandis que Guillaume portait militairement la main à son casque. Ces détails, recueillis sur place, montrent qu'il y a loin de cet échange de saluts *réglementaires*, aux marques d'humilité que l'on prétend avoir été prodiguées par le vaincu au vainqueur.

L'entrevue fut sans importance, l'empereur ne se reconnaissant pas le droit d'entamer des négociations de paix ; elle se borna à un échange de paroles courtoises. Le roi écrivit à la reine Augusta une lettre dans laquelle il lui dit : « Nous étions tous deux très émus de nous revoir. Je ne saurais exprimer tout ce que je ressentis, après avoir vu Napoléon il y a trois ans au faîte de sa puissance. » De son côté, l'empereur se loua hautement des égards que lui témoigna son vainqueur et le grand état-major n'oublie pas de dire que le roi s'était empressé de donner des ordres pour que son prisonnier fût traité avec convenance. Il lui offrit pour résidence le beau château de Wilhelmshœhe, près de Cassel, et le fit escorter le lendemain jusqu'à la frontière belge par un escadron des hussards de la garde.

Le grand état-major de Berlin a seul pu établir la situation de l'armée française le soir de Sedan ; la voici :

Pendant la bataille : tués, 3.000 hommes ; blessés, 14.000 ; pris, 21.000 ; faits prisonniers par capitulation, 83.000 ; désarmés en Belgique, 3.000. Total : 124.000 hommes. En outre : une aigle et deux drapeaux ; 419 canons ou mitrailleuses ; 139 pièces de siège ; 1.072 voitures de toute espèce ; 66.000 fusils ; 6.000 chevaux en état de servir.

Les pertes des Allemands s'élevaient à 465 officiers et 8.500 hommes ; en y ajoutant celles qu'ils éprouvèrent aux combats préparatoires de Nouart, de Beaumont, de Mouzon et de Bazeilles, elles s'élevèrent à 637 officiers et 12.350 hommes, chiffres respectables et qui prouvent avec quelle bravoure ont combattu les soldats français malgré l'impéritie du commandement.

Environ 500 officiers de tous grades profitèrent de l'article 2 et furent laissés libres sur parole ; les autres se soumirent aux sévères prescriptions contenues dans l'article 5, dont les Allemands usèrent d'une façon odieuse et qui a été publiquement flétrie. Il est d'autant plus utile de signaler leur conduite inhumaine dans cette circonstance, que le grand état-major a soigneusement évité de répondre aux justes reproches dirigés contre lui à ce sujet et se contente de dire que les vivres nécessaires à l'entretien des prisonniers devaient être envoyés de Mézières. La garde des malheureux parqués dans la presqu'île d'Iges fut confiée au XIe corps et au 1er corps bavarois, von der Tann, qui continua à se signaler parmi les plus acharnés contre nos soldats. Voici le récit d'un officier du 5ᵉ de ligne, récit qu'on ne saurait lire sans émotion ; tous les faits qui y sont relatés ont été soigneusement contrôlés et reconnus conformes à la plus stricte vérité :

L'évacuation sur la presqu'île d'Iges ne s'étant pas effectuée dans les délais voulus, le lieutenant-colonel de Heuduck, du 13ᵉ hussards prussiens, nommé commandant de la place, menaça d'employer la force pour expulser les Français de Sedan. Le 3, vers 6 heures du soir, le maire, revêtu de son écharpe, parcourut les rues en suppliant les soldats de quitter la ville qui aurait dû être évacuée depuis cinq heures. A la nuit nous avons campé dans une prairie humide, sans bois, sans paille et sans nourriture.

4 septembre. Le 4 au matin, on *nous parque* dans la presqu'île d'Iges, où se trouvait réunie toute l'armée. On ne nous donne rien à manger. A 5 heures du soir, on nous a réunis autour du général Douay qui a demandé les noms de ceux qui voulaient partir. Nous avons tous refusé de signer le *revers* prussien. — 5 septembre. A 5 heures du matin on nous fait appeler pour nous communiquer des ordres : les lieutenants et les sous-lieutenants marcheront à pied, les capitaines monteront en charrette. Les Prussiens insistent vivement pour nous faire signer l'engagement de ne plus servir ; sur notre refus, on nous retire nos bagages, puis commence la série des humiliations et des vexations, toujours dans le but de nous faire commettre un acte répréhensible. A 9 heures, on fait un nouvel appel pour compter les officiers ; un commissaire prussien fait remplir à chacun un billet mentionnant ses noms et prénoms, son grade et le numéro du régiment. Général en tête, on défile par grade et par ancienneté. Les Allemands continuent à nous laisser sans vivres ; nous vivons de betteraves et de pommes de terre que nous déterrons dans la presqu'île. Combien de temps cela va-t-il encore durer ? Il n'y a plus rien à manger et de temps à autre un coup de feu abat quelque affamé qui tente de s'échapper. La presqu'île est entourée de postes et des canons sont disposés de manière à nous écraser tous au premier symptôme de mutinerie. Beaucoup de soldats donnent le plus triste spectacle ; sans souci de leur situation, encore moins de celle de la France, ils rient, ils chantent, ils font des cavalcades sur des chevaux lâchés, au risque d'écraser les piétons. —6 septembre. La pluie vient compléter notre malheur ; campés dans une prairie, nous serons ce soir dans une mer de boue. Les officiers supérieurs, autorisés à se rendre sur parole à Pont-à-Mousson, nous font leurs adieux. A 10 heures on nous distribue enfin 8 biscuits pour 14 officiers avec un peu de café sans sucre, une vache et un mouton pour tout le régiment. Si ces

cruautés se prolongent, nous allons littéralement mourir de faim. —
7 septembre. A 9 heures on nous fait prendre un peu de café ; environ
300 capitaines, lieutenants et sous-lieutenants sont rangés sur deux rangs,
et l'on renouvelle le passage des Fourches Caudines en obligeant les
officiers à déposer leurs sabres avant de franchir le pont du canal. La
colonne arrive à Sedan entre une double haie de soldats, plus un pelo-
ton devant et derrière ; tristes et humiliés, nous traversons les rues
jonchées de débris d'armes, de munitions, de cadavres de chevaux et
encombrées de charrois ; partout les Prussiens se promènent en maîtres.
Le baron de Lœffel, capitaine de cuirassiers bavarois, commande l'escorte. Bientôt nous atteignons la petite ville de Bazeilles que les Bavarois
ont brûlée de fond en comble et méthodiquement ; Raucourt a eu le
même sort pour venger l'échec infligé par l'infanterie de marine aux
soldats du général von der Tann. Nous nous apercevons bien que notre
escorte a été fournie par cette bande d'incendiaires ; tout officier qui
s'écarte pour *mendier un morceau de pain ou un verre d'eau* est impitoyablement repoussé dans la colonne à coups de crosse. Le baron de
Lœffel se montre d'une insolence et d'une cruauté qui ne se démentent
pas un instant : jamais forçats n'ont été conduits avec cette inhumanité ;
il nous fait faire de 13 à 15 kilomètres d'une seule traite, et cela par une
pluie presque continuelle. A 10 heures du soir, nous sommes enfin arrivés à Stenay ; après nous avoir retenus jusqu'à 11 heures dans la grande
rue, M. de Lœffel a daigné nous dire que nous étions libres de chercher
un logement et des vivres. Beaucoup d'entre nous, blessés, contusionnés,
mourant d'inanition, s'étaient trouvés mal en route et en avaient fait la
plus grande partie soutenus par leurs camarades ; la fatigue était si
extrême que la plupart préférèrent coucher dans la rue plutôt que de
se donner la peine de chercher un gîte.

8 septembre. A 7 heures du matin, la colonne se rassemble sur la
place de Stenay où le maire nous fait distribuer quelques vivres ; à
8 heures 1/2 elle se met en route, heureusement diminuée de quelques
prisonniers qui se sont évadés dans la nuit. A midi, Lœffel réunit les
plus anciens capitaines de chaque régiment et leur fait jeter les tentes
sous le prétexte de donner place sur les charrettes aux éclopés et en
promettant que l'on sera toujours logé dans des maisons. Le soir, on
nous faisait camper près de Damvillers dans une prairie entourée d'une
palissade et qui avait servi de parc à bestiaux. On a annoncé une distribution de pain ; il y en a eu environ 500 grammes pour les trente officiers du 5º de ligne ! Les Bavarois ont poussé la cruauté jusqu'à nous
empêcher d'aller puiser de l'eau à une fontaine dont nous entendions le
murmure de notre campement ; en revanche, nos gardiens ont gardé

pour eux la paille qui nous était destinée. Vers 10 heures on a servi une soupe ignoble ; à minuit, une pluie fine et pénétrante mettait le comble à notre misère. — 9 septembre. Nous sommes enfin débarrassés de notre bourreau Lœffel et traités avec plus d'humanité par l'escorte prussienne. Le soir on couche à Etain. — 10 septembre. Départ à 8 heures ; l'étape est aussi longue que les précédentes. Vers 3 heures nous passons à Mars-la-Tour, où nous apprenons que Bazaine est enfermé dans Metz ; de nombreux tumulus indiquent combien la bataille du 16 août a été sanglante. Tous les villages sont remplis de soldats prussiens qui ont tout pris ; pour insulter à notre malheur, la musique prussienne de Gorze joue pendant notre défilé dans la matinée du 11. Je passe sur des scènes regrettables qui se sont produites pendant la nuit, où des officiers prisonniers, peu soucieux de leur dignité, ont été jusqu'à imiter des cris d'animaux. Dans la journée, un de nos camarades entré dans une maison pour y demander à boire a été violemment jeté à terre par un homme de l'escorte ; furieux, il s'est relevé et lui a jeté de la boue à la figure. Pendant la halte, ce garde-chiourme s'est plaint à un officier ; celui-ci a fait appeler la victime de cet acte d'odieuse brutalité et, sans explication, l'a fait conduire à la gauche de la colonne. Nous ne savons ce qu'est devenu notre camarade ; peut-être a-t-il été interné dans une forteresse ? Le soir même, nous montions en chemin de fer à Rémilly, sur la ligne de Metz à Forbach ; on voulut bien nous donner, outre les wagons à bestiaux, quelques voitures de 3e et de 4e classe. Vingt-quatre heures après, le 12 au soir, nous arrivions à Cologne, où nous pûmes enfin faire le premier repas substantiel depuis le 31 août.

Ce récit véridique des souffrances et des humiliations subies par les prisonniers de Sedan prouve que tout est préférable à la capitulation d'une armée en rase campagne. Les conséquences de cet acte de faiblesse, amené par la présomption du général Palikao, par la condescendance du brave Mac-Mahon pour le ministre de la guerre et la camarilla de l'impératrice, ont été incalculables. Il a surexcité au plus haut degré les passions populaires et servi d'excuse à plus d'un commandant de place pour rendre avant l'heure la forteresse dont la défense lui avait été confiée.

Par hasard, MM. Robert Mitchell et Paul de Cassagnac, engagés volontaires pour la durée de la guerre aux zouaves de la garde, faisaient partie de la colonne qui a monté le calvaire dont on vient de lire le procès-verbal. Ils en ont reconnu la parfaite sincérité et l'on peut regretter que le grand état-major de Berlin ait osé affirmer dans son historique de la guerre, que le quartier-maître général, M. de Podbielski, avait prescrit les mesures nécessaires pour que les prisonniers fussent convenablement traités.

# CHAPITRE XXV

Bataille de Noisseville. — Position de l'armée de Metz du 19 au 26 août. — On découvre 4 millions de cartouches. — 22 août, lettre du général Soleille à Bazaine. — Le prince Frédéric-Charles est nommé général en chef de l'armée d'investissement dès le 19 août. — Positions occupées par cette armée. — La dépêche du 23 août. — Tentative de sortie du 26 août. — Le conseil de guerre de la ferme Grimont. — Ordres donnés par le prince Frédéric-Charles en prévision d'une nouvelle sortie. — Le 29 et le 30, Bazaine reçoit deux dépêches importantes. — Il prépare une grande sortie pour le 31. — Lenteur de l'armée française. — Positions occupées par les armées française et allemande. — La bataille s'engage seulement à 4 heures du soir. — Premiers succès arrêtés par la nuit. — Le prince Frédéric-Charles envoie des renforts dans la matinée. — Retour offensif des Prussiens. — Retraite de l'armée de Metz. — Pertes des deux armées. — Jugements portés sur la bataille de Noisseville.

Pendant que l'armée de Châlons livrait le combat de Bazeilles et la bataille de Sedan, l'armée de Metz faisait, dans les journées du 31 août et du 1er septembre, une tentative de sortie infructueuse, à laquelle on a donné le nom de bataille de Noisseville. Mais, avant de décrire la dernière lutte sérieuse de cette vaillante et solide armée, il est nécessaire de faire connaître les événements qui se sont accomplis sous Metz, du 18 août au jour de cette bataille.

A la fin du chapitre XIX, on a vu que Bazaine s'était replié le soir de Saint-Privat sous la protection des forts de la rive gauche de la Moselle ; dans le chapitre XXI, consacré au récit de la marche de Mac-Mahon, il a été question des dépêches échangées entre les commandants en chef des deux armées françaises. Ces dépêches ont été l'objet de nombreux commentaires et les débats du Conseil de guerre de Trianon n'ont pas, comme nous en émettions l'espoir dans notre édition de 1872, mis en pleine lumière les motifs de l'inaction de Bazaine. Cet espoir, nous n'avions pas tardé à le perdre, des renseignements certains nous ayant convaincu que ces motifs étaient d'une nature trop délicate et ne pourraient être avoués par un maréchal de France accusé d'avoir contrevenu aux règlements militaires et failli à tous les devoirs qu'ils imposent à un chef d'armée en présence de l'ennemi. Ces motifs très simples n'avaient du reste aucune chance d'être admis par un conseil de guerre et par un public enclin à voir dans Bazaine un politique à longue vue ayant médité les plus noirs desseins dès le jour de sa prise de commandement. Pour eux, il était entendu que l'armée de Metz devait être présentée comme une poignée de héros, livrés par un traître et dont le moral n'avait pas souffert la moindre atteinte à la suite des gigantesques batailles des 6, 14, 16 et 18 août qui leur avaient prouvé l'immense supériorité numérique des Allemands. En outre, le désastre de Mac-Mahon à Wœrth ne leur laissait aucune illusion sur la possibilité d'un secours sérieux, car, il faut oser le dire, officiers et soldats de l'armée de Metz n'avaient pas la moindre confiance dans la solidité de l'armée de Châlons. De là, chez les chefs et dans la troupe, un sentiment de découragement, qui se traduisit chez les premiers par un manque complet d'initiative et chez les seconds par une espèce d'écœurement pareil à celui qui s'était manifesté dans l'armée de Crimée au lendemain de l'assaut infructueux de Malakoff du 18 juin 1855.

Pour pallier cet état d'esprit de l'armée de Metz, on s'est livré à une véritable débauche de commentaires et de réflexions sur la conduite de Bazaine que le président et le ministère public du procès de Trianon s'efforçaient d'autant plus à transformer en bouc émissaire et à charger de toutes les iniquités, qu'ils dégageaient ainsi les responsabilités encourues par des personnages marquants dont les services paraissaient nécessaires en 1873. L'exposé des faits qui se sont déroulés entre la bataille de Saint-Privat et la capitulation de Metz démontrera mieux que des commentaires plus ou moins entachés de partialité que le maréchal Bazaine ne fut pas seul à espérer une solution pacifique à bref délai. Toutefois, cette espérance ne l'excuse pas d'avoir violé les règlements militaires quand cette solution se fit attendre et, comme sa qualité de général en chef le condamnait à endosser l'entière responsabilité des fautes commises, point n'était besoin de deux mois de débats pour obtenir une sentence de mort. Mais il fallait faire passer le maréchal de Mac-Mahon, président de la République, pour une victime du machiavélisme de son collègue Bazaine et c'est dans ce but que le ministère public a embrouillé la question des dépêches échangées entre les deux maréchaux et inventé des histoires qui ne supportaient pas l'examen. Cela dit, reprenons notre récit.

Le 18 août, en apprenant que le 6° corps et la droite du 4° avaient dû reculer, le maréchal Bazaine prescrivit aux troupes d'occuper des positions formant une demi-circonférence d'un rayon moyen de trois kilomètres avec le centre au fort de Plappeville ; le quartier général fut établi au ban Saint-Martin.

Le lendemain, cette position en avant des forts ayant paru trop exposée, la garde ainsi que les 3° et 4° corps furent ramenés plus en arrière et la cavalerie de Forton envoyée dans l'île Chambière. Deux jours après, le 22, le 3° corps fut envoyé sur la rive droite de la Moselle, entre les forts de Queuleu et de Saint-Julien, et chargé de fournir au génie des travailleurs pour l'achèvement de ces ouvrages.

Malgré l'excellent esprit des officiers et des soldats, la situation de l'armée de Metz — c'est ainsi qu'elle doit être désignée à l'avenir — ne laissait pas que d'être inquiétante, parce que l'approvisionnement avait été calculé pour une garnison d'une trentaine de mille hommes et que l'intendance n'avait reçu aucune instruction pour le cas où les corps d'armée concentrés sur la Moselle seraient obligés de s'abriter derrière les forts.

Loin de là, l'intendant en chef Wolf avait été envoyé en mission sur les routes de l'ouest et du nord, par Verdun et Montmédy, ainsi que M. Vigo-Roussillon, intendant du 6e corps. Ces deux fonctionnaires se trouvaient dès le 16 au soir à Verdun, où ils avaient réuni un énorme convoi, des troupeaux et plus d'un million de rations de vivres-pain et de campagne; le 17, au point du jour, ils attendaient, en proie aux plus vives appréhensions, les colonnes de troupes sorties de Metz le 15 au matin. Dans la même journée du 17, l'intendant Préval, adjoint de M. Wolf, était envoyé à son tour sur les routes du nord pour y réquisitionner tout ce qui avait pu échapper aux recherches de ses collègues. Suivant l'expression de l'intendant général Wolf, « la rafle avait été si complète que la zone comprise entre l'Aisne et la Moselle était tondue comme un œuf ». Ces denrées et les bestiaux qui suivaient les convois eussent été d'un puissant secours pour l'armée de Mac-Mahon si, par suite d'ordres et de mouvements confus, la majeure partie n'en avait été dirigée sur Mézières ou enlevée par la cavalerie allemande.

Malgré le zèle déployé par M. le sous-intendant Gaffiot à qui incomba la lourde tâche de remplacer l'intendant en chef, et en dépit des réductions prescrites dès le 23 août sur le chiffre et la quotité des rations, on n'espérait pas, après un premier inventaire, pouvoir nourrir l'armée pendant plus de trente à trente-cinq jours. Les fourrages et surtout le sel faisaient presque entièrement défaut; on rentra les avoines et les meules des environs, mais cette mesure ne fut pas exécutée avec le soin et la rigueur commandés par les circonstances. A cet égard, les commandants et les intendants des corps d'armée ont leur part de responsabilité, ce que le commissaire spécial du gouvernement, le général Pourcet, a omis de faire ressortir à Trianon.

L'artillerie déployait le zèle le plus actif pour reconstituer les approvisionnements en munitions qui avaient été en partie épuisés par la bataille du 18, plus coûteuse sous ce rapport que Borny et Rezonville réunis. La consommation s'y était élevée à 170 coups par canon, à 200 par mitrailleuse, c'est-à-dire à plus de moitié de l'approvisionnement primitif, fixé à 300 coups par canon et à 405 par mitrailleuse. On découvrit dans les magasins du chemin de fer 4 millions de cartouches arrivées le 19 de Thionville sans lettre d'envoi et dont on ignorait l'existence ; l'arsenal fournit un autre appoint de 650.000 cartouches, ainsi que les munitions nécessaires pour garnir à nouveau les coffrets des batteries. Le 22, le général Soleille, commandant en chef l'artillerie, rendit officiellement compte de cette situation par une lettre qui se terminait ainsi : « A la suite des journées des 16 et 18, les troupes ont pu croire un instant que les munitions leur feraient défaut. Pour relever leur moral, je pense, monsieur le maréchal, qu'il ne serait pas inutile que l'armée sût qu'elle est aujourd'hui, 22 août, complètement réapprovisionnée et prête à marcher. » L'effectif réel était alors de 140.000 hommes, non compris les blessés ni la garnison de Metz, et de 36.000 chevaux.

On a vu au chapitre XXI que, dès le 19 août, l'état-major allemand avait modifié la composition des armées en formant une 4ᵉ armée dite de la Meuse avec trois corps et deux divisions de cavalerie tirés de la 2ᵉ armée, prince Frédéric-Charles. Celui-ci reçut le commandement en chef de l'armée d'investissement de Metz, composée de sept corps, de deux divisions de cavalerie et de la division de réserve du général Kummer. Le général Steinmetz, mis en sous-ordre, continua à commander les trois anciens corps de la 1ʳᵉ armée, à laquelle on adjoignit la division Kummer.

Les instructions de M. de Moltke étaient datées du 19 août, 11 heures du matin. Le même jour à 11 heures du soir, le prince Frédéric-Charles expédia de Doncourt-en-Jarnisy, l'ordre général par lequel il annonçait sa prise de commandement et prescrivait les mesures nécessaires pour bloquer étroitement l'armée de Bazaine. Après quelques tâtonnements, la position des différents corps autour de Metz était, à la date du 22 août, réglée comme il suit : sur la rive droite de la Moselle, la division Kummer à cheval sur la route de Bouzonville, entre Malroy et Charly ; à sa gauche, la 1$^{re}$ division du I$^{er}$ corps Manteuffel, entre Failly et Servigny ; la 2$^e$ division du I$^{er}$ corps gardait, entre Ars-Laquenexy et Peltre, les routes de Courcelles-sur-la-Nied et de Strasbourg ; la cavalerie du I$^{er}$ corps remplissait l'intervalle entre les deux divisions d'infanterie, la 3$^e$ division de cavalerie celui compris entre le I$^{er}$ corps et le VII$^e$, Zastrow ; celui-ci gardait, sur la rive droite, le terrain compris entre la Seille et la Moselle, à hauteur du château de Frescaty et de la ferme de Tournebride ; sur la rive gauche de la Moselle, le VII$^e$ corps occupait encore Ars-sur-Moselle et les hauteurs de Vaux ; le VIII$^e$ corps, de Gœben, s'étendait de Jussy à la ferme de Leipzig, par le Point-du-Jour et Moscou. Dans la 2$^e$ armée, le II$^e$ corps, Fransecky, était à cheval sur la route de Briey un peu en avant de Saulny ; le X$^e$, Voigts-Rhetz, gardait dans la vallée la route et le chemin de fer de Thionville, avec la mission spéciale d'entretenir et de surveiller les ponts qui lui permettaient de communiquer avec la division Kummer. Le III$^e$ corps, d'Alvensleben, était en réserve derrière le II$^e$, le IX$^e$ corps Manstein, derrière le X$^e$.

Les troupes allemandes reçurent l'ordre de se couvrir d'ouvrages, d'abatis et de batteries, tandis que les Français travaillaient avec énergie pour rendre leurs positions inexpugnables. Les sanglantes batailles des 14, 16 et 18 avaient appris au prince Frédéric-Charles de quels efforts était capable l'armée du Rhin, aussi son ordre général entrait-il dans les détails les plus minutieux sur les points de concentration en cas de sortie, sur l'établissement des ponts, routes, communications et observatoires, sur le service des télégraphes de campagne, des correspondances par estafettes et sur celui des lignes d'étape ; il assignait à chaque corps d'armée la zone dans laquelle il devait organiser ses réquisitions en vivres, fourrages, etc. Deux régiments de cavalerie furent envoyés en observation devant Thionville et le génie dut s'occuper avec la dernière activité de relier les gares de Rémilly et de Pont-à-Mousson.

L'armée de Metz restait immobile, pas un mot s'adressant au cœur des soldats ne fut prononcé par Bazaine, toujours confiné à son quartier général du ban Saint-Martin. Cependant il ne pouvait retarder d'une façon trop ostensible l'exécution de la promesse faite à Mac-Mahon de lui donner la main en marchant vers les places du nord. Il le pouvait d'autant moins que le 23 il avait reçu, en présence du colonel Lewal, une dépêche annonçant le mouvement de l'armée de Châlons. Au cours du procès de Trianon, le maréchal a nié avoir reçu cette dépêche et soutenu que M. Lewal faisait confusion avec une autre dépêche arrivée le 29. L'agent porteur de celle du 23 n'ayant pas été retrouvé, le colonel Lewal n'a pas trop insisté, mais pour qui connaît la sûreté de mémoire de cet officier, le doute n'est pas possible : Bazaine a reçu une dépêche importante le 23 et n'a pas voulu l'avouer pour ne pas être convaincu d'avoir agi avec mollesse quand il eût dû, au contraire, déployer la plus grande énergie pour marcher au-devant de Mac-Mahon. Notre conviction est basée d'abord sur la véracité connue du général Lewal, ensuite sur les détails qu'il nous a donnés sur cette affaire à Stuttgard, vers le milieu du mois de février 1871, où ses souvenirs étaient encore tout frais.

Quoi qu'il en soit, le 25 août, Bazaine adressa aux corps d'armée, pour la réduction des bagages, des ordres qui furent mal exécutés parce qu'ils étaient donnés d'une façon incolore quand, au contraire, il eût fallu réagir avec une inflexible rigueur contre les habitudes de bien-être excessif contractées par les officiers dans les campagnes précédentes ; l'armée restait l'armée de *Darius.*

La division Forton fut réunie à la cavalerie de la garde pour former un corps sous le commandement du général Desvaux et, à 10 heures du soir, l'ordre de mouvement fut expédié aux chefs des corps d'armée. D'après les instructions du général en chef, l'armée tout entière devait se transporter au point du jour sur la rive droite de la Moselle afin de rouvrir les communications entre Metz et Thionville. Ce mouvement paraît étrange au premier abord, car, après avoir percé la ligne d'investissement, il obligeait à exécuter un passage de rivière en amont de Thionville ; donc, l'ennemi, en filant par la rive gauche, pouvait prévenir l'armée française et placer ses canons de manière à cribler de projectiles le débouché des ponts. En général, on trouvait plus naturel de marcher droit à l'est dans la direction de Château-Salins afin de gagner les Vosges, couper les communications du prince royal et peut-être débloquer Strasbourg. Personne ne songeait à suivre la rive gauche de la Moselle, le long du chemin de fer de Luxembourg, à cause des nombreuses batteries élevées par les Prussiens sur les coteaux qui le bordent dans tout son parcours. La marche vers l'ouest présentait les mêmes difficultés, le prince Frédéric-Charles ayant pris dès le début les mesures nécessaires pour y concentrer rapidement cinq corps d'armée dans d'excellentes positions. En définitive, la promesse faite à Mac-Mahon de marcher au nord ne laissait pas le choix du point d'attaque qui était indiqué par la direction à suivre : il fallait de toute nécessité enlever les hauteurs de Sainte-Barbe pour se rabattre ensuite à gauche sur Thionville.

Les troupes se mirent en route à l'heure indiquée ; le temps était pluvieux et froid, bientôt éclata un orage épouvantable ; par surcroît de fatalité, on s'aperçut seulement au moment de franchir la Moselle que, des deux ponts construits par l'artillerie, un seul était en état de supporter les voitures. Personne n'avait songé à ouvrir aux abords de ces ponts des routes permettant à chaque colonne de passer d'une rive à l'autre sans arrêter le mouvement des colonnes voisines. Il résulta de ces négligences un grand allongement dans les colonnes et un retard considérable. Néanmoins, vers midi, la majeure partie des troupes avait effectué son passage ; le 3e corps, Le Bœuf, s'établit en arrière de Noisseville, sa gauche sur la hauteur entre Méy et Nouilly, sa cavalerie sur la droite, la 2e division, Castagny, détachée à Grigy pour inquiéter l'ennemi sur les routes de Strasbourg et de Courcelles-sur-Nied. Le 4e corps, Ladmirault, vint se former entre Méy, la ferme de Grimont et Villers-l'Orme ; le 6e, Canrobert, prit position à la gauche du 4e, à cheval sur la route de Bouzonville. Le 2e corps, Frossard, fut mis en réserve derrière le 3e, entre la ferme de Bellecroix et le ravin de Vantoux ; la garde, le corps de cavalerie et la réserve générale d'artillerie se rangèrent en arrière du 6e corps.

Les chemins détrempés par une pluie torrentielle rendaient tout mouvement à peu près impossible ; le maréchal Bazaine, hésitant alors à faire avancer son armée dans de si mauvaises conditions et n'osant pas assumer la responsabilité d'un contre-ordre, réunit, vers 1 heure, à la ferme de Grimont, un conseil de guerre composé des chefs de corps d'armée, du commandant supérieur de Metz et du commandant en chef de l'artillerie.

Dans la matinée, ces deux derniers officiers, MM. Coffinières et Soleille, avaient vivement insisté auprès de Bazaine pour le faire renoncer à son projet de sortie, et c'est sous l'influence de cette entrevue que fut réuni ce conseil de guerre qui inaugura une série d'actes par lesquels le général en chef associait ses lieutenants à ses faiblesses et à ses fautes dont, aux termes des règlements militaires, il ne restait pas moins le seul responsable, les avis d'un conseil ne pouvant être que consultatifs. Le maréchal a eu soin d'insérer les procès-verbaux de ces réunions dans son livre *L'armée du Rhin*, et l'on y remarque avec peine que le conseil de guerre de la ferme Grimont, au lieu de se borner à examiner la question qui avait servi de prétexte à sa convocation, sembla vouloir engager l'avenir. Le général Bourbaki se prononça seul pour la sortie ; son avis, résumé en quatre lignes dans le procès-verbal, mérite d'être signalé : « Mon désir le plus vif, dit-il, eût été de faire un trou par Château-Salins, mais *si nous n'avons pas de munitions*, il est clair que nous ne pouvons rien faire. »

Évidemment, le commandant de la garde impériale n'a pu parler du manque de munitions que par suite du silence concerté du maréchal Bazaine et du général Soleille, et relatif à la lettre du 22 août, dans laquelle ce dernier présentait l'état des munitions comme très satisfaisant. « Il y a là, disions-nous en 1872, un fait grave qui a besoin d'être éclairci. » L'éclaircissement donné par le procès de Trianon a été médiocre : le général Soleille a certainement joué un triste rôle dans les journées des 16 et 26 août en insistant d'une façon étrange sur un manque de munitions et sur la nécessité de ne pas s'éloigner de Metz ; il a pu se féliciter de voir toutes les colères adroitement concentrées sur un seul accusé. Les Prussiens ont été plus sévères et plus justes au lendemain d'Iéna ; toutes les responsabilités ont été évoquées et tous les coupables punis.

Le conseil émit l'avis que :

L'armée devait rester sous Metz, parce que sa présence maintenait devant elle 200.000 ennemis, qu'elle donnait à la France le temps d'organiser la résistance, aux armées en formation celui de se constituer, et qu'en cas de retraite de l'ennemi, elle le harcèlerait, si elle ne pouvait lui infliger une défaite décisive. Quant à la ville de Metz, elle avait besoin de la présence de l'armée pour terminer les forts, leur armement, les défenses extérieures du corps de place, et il fut reconnu qu'elle ne pourrait tenir plus de quinze jours sans la protection de l'armée.

Cet avis était inconciliable avec le projet de marcher sur la Meuse que fit avorter le rapport du général Soleille le soir de Rezonville et avec la dépêche adressée le 20 à Mac-Mahon pour lui annoncer une marche prochaine par les places du Nord. Il est vrai que Bazaine avait dissimulé au conseil le contenu de la lettre du 22 août relative à l'état satisfaisant des munitions, ainsi que la dépêche reçue le 23 en présence du colonel Lewal et annonçant la marche de l'armée de Châlons vers la Meuse. Mais, d'un autre côté, les commandants de corps d'armée devaient être informés par les chefs du service de l'artillerie dans leurs corps respectifs du bon état des munitions constaté dans la lettre précitée ; ils savaient également qu'une armée se réorganisait à Châlons. Les motifs pour reprendre l'offensive ne leur faisaient donc pas défaut ; mais, il faut oser le dire : tous étaient profondément découragés et convaincus de leur impuissance devant les forces écrasantes des Allemands ; de plus, personne à Metz ne croyait à la possibilité de réorganiser en quelques jours, avec les débris de Wœrth, une armée capable de tenir la campagne avec la moindre chance de succès. La plupart des généraux considéraient la question des armes comme tranchée et s'attendaient à voir conclure la paix à brève échéance ; en conséquence, toute effusion de sang ultérieure leur paraissait inutile. Lorsque parut *L'armée du Rhin*, aucun d'eux ne protesta contre l'exactitude des procès-verbaux rédigés par le colonel Boyer.

Conformément à l'avis du conseil de guerre de Grimont, Bazaine donna l'ordre aux corps d'armée de reprendre leurs anciens campements, à l'exception du 2e corps qui s'établit entre la Seille et la Moselle en avant de Montigny ; le 3e corps appuya plus à gauche. La pluie continuait à tomber par torrents ; chacun s'installa au camp avec un profond mécontentement et l'âme déchirée en songeant à la France devenue la proie de l'invasion et privée de sa meilleure armée.

Les mouvements des troupes de Metz ayant été exécutés en plein jour, les officiers prussiens postés aux observatoires établis sur tous les points élevés par ordre du prince Frédéric-

Charles avaient pu les suivre dès le début. Le grand état-major, averti par les débats du Corps législatif de Paris et par le simulacre de sortie du 26, était ainsi fixé sur la direction adoptée par Bazaine et mis à même de prescrire les mesures de précaution nécessaires pour l'avenir. Un ordre du prince, en date du 27, modifia les emplacements de l'armée d'investissement. Les II⁰ et III⁰ corps venaient de recevoir l'ordre de marcher sur Stenay pour soutenir au besoin l'armée du prince de Saxe dans le cas où Mac-Mahon chercherait à l'accabler avec toutes ses forces réunies. Le VIII⁰ corps dut étendre ses lignes vers Saulny et relever les postes du II⁰ ; les IX⁰ et X⁰ corps furent invités à se tenir prêts à passer au premier signal sur la rive droite de la Moselle, pour y soutenir la division Kummer que l'on considérait comme très menacée ; le VII⁰ corps envoya une brigade bien pourvue d'artillerie à Laquenexy pour protéger la gare de Courcelles-sur-Nied ; la 1ʳᵉ division de cavalerie se transporta plus au nord de Vionville à Habonville, et le quartier général fut transféré de Doncourt à Malancourt, à 4 kilomètres au nord-est de Saint-Privat-la-Montagne, sur les hauteurs d'où l'on surveillait toute la vallée de la Moselle à l'aval de Metz. Les précautions les plus minutieuses furent prises pour l'interception des dépêches entre la France et l'armée investie.

Malgré ces précautions, le maréchal Bazaine reçut coup sur coup deux dépêches de la plus haute importance. La première, signée du commandant de place de Thionville et arrivée le 29, faisait savoir que « le général Ducrot commandait l'ancien corps Mac-Mahon ; il doit se trouver le 27 à Stenay, gauche de l'armée. Général Douay, à la droite sur la Meuse. Se tenir prêt à marcher au premier coup de canon ». La seconde lui fut remise le 30, à 11 heures du matin ; c'est la dépêche du 22, relatée au chapitre XXI, dont la première expédition serait parvenue à Metz le 23 et par laquelle Mac-Mahon l'informait de sa marche sur Montmédy.

En présence de cette nouvelle, qu'il était en tout cas impossible de cacher plus longtemps, Bazaine ne pouvait plus hésiter à mettre son armée en mouvement pour marcher au secours de Mac-Mahon, qu'à la date du 30 il devait le supposer à une quinzaine de lieues de Metz. En conséquence, le 31 au matin, reprenant le plan du 26, et indiquant comme objectif la prise du plateau de Sainte-Barbe, l'armée fut déployée en avant des forts de Queuleu et de Saint-Julien.

Au lieu de profiter des fautes commises le 26 et de faire exécuter une marche de nuit afin de pouvoir commencer l'attaque au point du jour, Bazaine mit de nouveau ses troupes en mouvement après le lever du soleil, avec cette seule différence que le 4ᵉ corps, le plus éloigné des trois ponts jetés sur la Moselle en aval de la ville, passa devant le 6ᵉ. Le maréchal Canrobert, dont les troupes étaient sur pied depuis plusieurs heures, impatienté d'être arrêté trop longtemps, fit avancer ses colonnes malgré les instructions qui lui étaient transmises par les officiers de l'état-major général et causa ainsi une fâcheuse confusion. Le dispositif de combat adopté par le commandant en chef était du reste tellement étrange, que les officiers de son entourage se demandaient involontairement s'il avait bien l'intention de percer les lignes prussiennes. Nul n'osait croire à tant d'incapacité ; peut-être aussi la crainte de l'inconnu et le sentiment de leur impuissance paralysaient-ils l'énergie des principaux généraux et obscurcissaient-ils leur intelligence ? La plupart des relations de la bataille de Noisseville contiennent des réflexions analogues, tellement sont singulières les conditions dans lesquelles elle a été livrée. Des officiers d'une compétence indiscutable ont souvent affirmé la conviction que jamais ni Bazaine ni ses principaux lieutenants n'avaient sérieusement songé à s'éloigner de Metz depuis la bataille de Saint-Privat et cette conviction nous a toujours paru justifiée.

Le passage de la Moselle s'opéra avec plus de lenteur encore que le 26. Les 4ᵉ, 6ᵉ corps et la garde, campés sur la rive gauche, ne finirent de défiler qu'à 5 heures du soir ; la réserve générale d'artillerie gravit les pentes du Saint-Julien à 6 heures ; la cavalerie Desvaux n'arriva sur son emplacement qu'à 8 heures. Les personnes qui ont parcouru les rues tortueuses de Metz, les abords de l'île Chambière ainsi que l'étroit espace compris entre le plateau de Saint-Julien et la Moselle, peuvent avoir une idée de l'encombrement qui devait résulter de dispositions aussi vicieuses.

Les troupes occupèrent les mêmes positions que le 26. En première ligne : trois divisions du 3° corps, Le Bœuf, en arrière de Noisseville, la droite appuyée à la route de Sarrelouis, la gauche au bois de Méy ; le 4° corps, Ladmirault, à cheval sur la route de Sainte-Barbe ; le 6°, Canrobert, à cheval sur celle de Bouzonville. En deuxième ligne : le 2° corps, Frossard, était placé derrière le 3°, la droite à la ferme de Bellecroix, la gauche au ravin de Vallières ; la garde, la réserve générale d'artillerie et le corps de cavalerie Desvaux, derrière le corps Canrobert, entassés dans l'étroit espace compris entre le fort Saint-Julien, le bois de Grimont et la ferme de Châtillon. La division Laveaucoupet du 2° corps restait à Metz ; la division Castagny du 3° corps prenait position en avant de Queuleu et devait, en cas de réussite, rentrer à Metz et constituer au général Coffinières les 20.000 hommes de troupes de ligne reconnus nécessaires pour la défense de la place et des forts.

L'étude de la bataille étant des plus compliquées à cause de l'illogisme des dispositions adoptées par Bazaine, il faut s'en rapporter à ses propres instructions et essayer d'y démêler sa pensée, aussi obscure que ses ordres. En voici la teneur exacte :

« Le 3° corps cherchera à aborder la position de Sainte-Barbe par la gauche et prendra position à la côte 319 du bois de Cheuby et à Avancy. Le 4° abordera la position de Sainte-Barbe par la droite (Villers-l'Orme, Failly et Vremy) et fera son possible pour aller prendre position à Sanry-les-Vigy. Le

6e corps abordera les positions en avant de Chieulles, Charly, Malroy, et se portera sur Antilly, où il prendra position, appuyant sa gauche sur Argancy. Le 2e corps suivra la marche du 3e, en veillant sur la droite, et est placé sous les ordres du maréchal Le Bœuf. La garde en réserve. »

Bazaine dit dans *L'armée du Rhin* que son projet était de gagner Thionville, par Bettelainville, avec les 3e, 4e et 6e corps, faisant filer la garde et le 2e corps par la route de Malroy le long de la Moselle, tout en prenant pied sur la rive gauche au besoin. De la sorte, il évitait le passage de l'Orne, affluent de gauche de la Moselle. (*L'armée du Rhin*, page 100.)

En comparant cette assertion avec ses instructions, il est difficile de comprendre comment le 2e corps, en suivant le 3e sur Sainte-Barbe, pouvait ensuite gagner la route de Malroy. A Trianon, Bazaine a fourni une autre explication aussi obscure que la précédente : « Je ne voulais pas trop me lancer, dit-il, et je voulais pouvoir revenir du côté où l'on pouvait avoir besoin de moi. » Il faisait ainsi allusion au cas où Mac-Mahon serait arrivé par Mars-la-Tour ou par Etain.

L'objectif de Sainte-Barbe était bien choisi, car il laissait l'armée prussienne dans le doute sur la direction que suivrait ultérieurement l'armée de Metz qui pouvait à son gré, une fois les lignes percées, remonter au nord vers Thionville ou se rabattre au sud-est sur Château-Salins pour couper les communications du prince royal de Prusse. Le maréchal dit encore qu'il a entamé l'action dans l'après-midi pour attirer l'ennemi sur la rive droite, permettre à l'armée de Mac-Mahon d'approcher facilement par la rive gauche et éviter que les Prussiens, descendant cette même rive, ne vinssent lui barrer le passage de la Moselle près de Thionville. Ces explications confuses et quelque peu contradictoires dénotaient à la fois une conscience tourmentée et un esprit peu lucide. Il fallait au moins commencer l'attaque assez tôt pour permettre aux troupes d'atteindre les points désignés dans les instructions, et ne pas attirer sur la rive droite des forces capables d'empêcher la sortie de l'armée assiégée. Ce dernier résultat a seul été obtenu.

Les troupes allemandes qui occupaient la rive droite de la Moselle le 30 août au matin se composaient : des trois brigades de la division Kummer, du I$^{er}$ corps Manteuffel, de la 4$^e$ division de cavalerie Grœben et de la division Kameke du VII$^e$ corps, soit de 60.000 à 70.000 hommes, répartis sur une étendue de 30 kilomètres, dans les positions indiquées au commencement de ce chapitre. Dès 7 heures du matin, les Allemands étaient prévenus par leurs postes d'observation, et le général Manteuffel, chargé du commandement de la zone menacée, concentrait ses troupes en avant de son front ; le prince Frédéric-Charles se rendait au mont Horimont d'où il embrassait tout le champ de bataille et prescrivait en toute tranquillité les mesures de défense ; le général Steinmetz observait les événements en amont de la place, du haut du mont Saint-Blaise, au sud et à proximité de Jouy-aux-Arches.

Le prince ordonna au X$^e$ corps, Voigts-Rhetz, d'envoyer au secours de la division Kummer toutes ses forces disponibles qui s'élevaient à 12 bataillons, 3 escadrons et 60 canons des 19$^e$ et 20$^e$ divisions. Ces troupes franchirent la rivière à Argancy et prirent position entre ce village et Antilly. Le IX$^e$ corps, Manstein, dut envoyer la 25$^e$ division à Antilly par le pont de Hauconcourt ; la 18$^e$ division resta sur la rive gauche avec ordre de se tenir prête à soutenir les troupes attaquées.

Pendant que les Allemands prenaient leurs dispositions de défense, le maréchal Bazaine attendait que tous ses corps fussent concentrés, quand il lui était facile de commencer l'attaque avec les 100.000 hommes des 2$^e$, 3$^e$, 4$^e$ et 6$^e$ corps, plus que suffisants pour culbuter les troupes de Manteuffel. Le mouvement eût encore pu être accéléré, si l'on avait employé les divisions Castagny et Laveaucoupet déjà portées sur la rive droite et affecté à la garde de Metz des troupes tirées des 4ᵉ et 6ᵉ corps. Il est encore plus inconcevable que Bazaine ait fait passer en dernier la réserve générale d'artillerie dont les 96 pièces eussent été de la plus grande utilité pour préparer le mouvement offensif de l'aile droite. Leur feu eût permis d'atteindre le but qu'il prétend s'être proposé : d'attirer sur la rive droite la majeure partie de l'armée prussienne pour faciliter à Mac-Mahon l'accès de Metz.

Vers 2 heures, quand toute la première ligne déjà formée n'attendait que le signal de la lutte, le maréchal Bazaine prescrivit de faire le café et chargea les hommes les plus rapprochés de son quartier général de construire à droite et à gauche de la route de Sainte-Barbe, en avant de la ferme de Grimont, un épaulement en terre derrière lequel il fit placer douze pièces de 12 tirées de la réserve du 4ᵉ corps et trois pièces de 24 court amenées du fort Saint-Julien à grand renfort de chevaux.

Les Allemands, qui contemplaient avec étonnement ces singuliers préparatifs, s'empressèrent d'imiter les Français, d'abord en prenant leur repas, puis en concentrant sur le plateau en avant de Poixe et de Servigny les dix batteries de la 1ʳᵉ division, Bentheim, et de la réserve du Iᵉʳ corps. Les distances étant connues, ces 60 pièces purent régler à loisir leur tir contre les épaulements.

Le terrain sur lequel l'armée de Metz allait livrer sa dernière bataille forme un vaste plateau ondulé, qui s'élève insensiblement du fort Saint-Julien jusqu'au village de Sainte-Barbe, situé à six kilomètres plus loin et dont le clocher très élevé se dresse à l'horizon comme un obélisque. Il est coupé longitudinalement par le ravin à bords escarpés de Vallières, qui se dirige en ligne droite vers la trouée entre Noisseville et Servigny ; à deux kilomètres en avant de ces villages, il se bifurque et forme une deuxième tranchée également profonde dans la direction de Colombey.

Le long de la Moselle, jusqu'à Malroy, à 4 kilomètres de

Saint-Julien, les pentes qui dominent d'une quarantaine de mètres le lit de la rivière sont d'une grande raideur. Partout le terrain est fertile et les ondulations en sont nettement accusées par les lignes de beaux arbres plantés le long des routes et des chemins qui le sillonnent dans tous les sens. Les nombreux villages accumulés sur ce petit espace, tantôt cachés dans un repli du terrain, tantôt établis sur une saillie du plateau, peuvent offrir des points de repère et d'appui excellents à un général habile qui a pu étudier à loisir son échiquier.

Enfin, à 4 heures, Bazaine se décida à donner le signal de la lutte par les batteries qu'il avait fait construire sous ses yeux et qui furent atteintes en un instant par celles des Prussiens, auxquels on avait laissé plus que le temps nécessaire pour prendre leurs dispositions. Le feu n'en fut pas moins continué sur tout le front par l'artillerie des corps d'armée.

D'après les instructions générales, le 3e corps devait attaquer le premier, gagner d'abord du terrain en avant, puis se rabattre à gauche pendant que les 4e et 6e corps pousseraient l'ennemi droit devant eux. Malgré l'heure avancée, Bazaine prétend qu'il espérait encore faire enlever la position de Sainte-Barbe avant la nuit.

Aussitôt le signal donné, le maréchal Le Bœuf porta la division Montaudon sur Noisseville et la division Metman sur Nouilly. A 6 heures 1/2, le général Montaudon, soutenu par la division Fauvart-Bastoul du 2e corps, avait enlevé Montoy, Flanville et Noisseville ; en même temps la division Metman se rendait maîtresse de Nouilly. La nuit arrivait rapidement et les 4e et 6e corps n'avaient pas encore agi, en attendant sous une grêle d'obus que le corps Le Bœuf eût prononcé son mouvement. Tout à coup on entendit sonner la charge, un court frémissement parcourut les rangs et toutes les troupes s'ébranlèrent à la fois. Le corps Ladmirault occupa sans difficulté Villers-l'Orme et s'empara des tranchées creusées par l'ennemi aux abords de Poixe. Les divisions de Cissey du 4ᵉ corps et Aymard du 3ᵉ s'élancèrent ensuite sur Servigny, clé de la position prussienne. Le 20ᵉ bataillon de chasseurs et la tête de colonne de la division Aymard pénétrèrent dans le village à la baïonnette et le prirent presqu'en entier ; une seule maison crénelée résistait encore. Plus à gauche, les compagnies de partisans du corps Canrobert avaient pris Vany et Chieulles, soutenues en arrière par les divisions Tixier et Lafont de Villiers en première ligne, la division Levassor-Sorval en réserve. La division Tixier, qui marche à droite, est dirigée sur Failly, occupé par la 25ᵉ division hessoise, mais la nuit l'oblige à s'arrêter tandis que les officiers des corps Ladmirault et Le Bœuf font légèrement replier les troupes les plus avancées, afin de remettre un peu d'ordre. L'obscurité était complète, l'artillerie avait partout cessé son feu, et le maréchal Bazaine, sans s'inquiéter de la fusillade très nourrie qui crépitait entre Poixe et Servigny, se dirigea tranquillement vers le village de Saint-Julien pour y passer la nuit. Il ne donna aucun ordre, ne demanda aucun renseignement sur les événements de la journée, ni sur la position de ses différents corps d'armée ; tout lui semblait tellement indifférent qu'il se contenta de donner rendez-vous à l'état-major général pour le lendemain matin ; au même moment, la cavalerie de réserve achevait son mouvement ; il était 8 heures 1/2 du soir !

Ainsi se termina la journée du 31 août. Les Français avaient enlevé Montoy, Flanville, Noisseville, les tranchées en avant de Poixe, Vany, Chieulles. A notre extrême droite, Coincy avait été pris par deux escadrons de dragons qui avaient mis pied à terre et qui furent soutenus plus tard par une partie de la brigade Lapasset. L'armée prussienne conservait ses postes principaux de Failly, Sainte-Barbe, Servigny et Retonfey ; il est vrai qu'en commençant l'attaque à 5 heures du soir, il était difficile d'obtenir un meilleur résultat. Cependant, l'infanterie française semblait avoir retrouvé son ancien entrain quand, sur l'invitation du général Changarnier, les tambours et les clairons du 3ᵉ corps avaient battu et sonné la charge que Bazaine s'empressa d'arrêter, comme s'il avait redouté les conséquences favorables de l'ardeur des troupes.

A 10 heures du soir, l'armée de Metz occupait les positions suivantes : à l'extrême droite, la division Castagny était entre le fort Queuleu et Colombey, se reliant à la brigade Lapasset, qui occupait ce dernier village, ainsi que celui de Coincy. La division Fauvart-Bastoul du 2ᵉ corps était sur la route de Sarrebrück, appuyée à Flanville ; la division Vergé, du même corps, à Bellecroix, en réserve avec trois régiments ; son quatrième régiment, le 32ᵉ, était en soutien à Noisseville. Dans le 3ᵉ corps, une brigade de la division Montaudon occupait Montoy ; l'autre, général Clinchant, était à Noisseville. Les divisions Metman et Aymard entouraient Servigny. Le 4ᵉ corps avait une division, Cissey, devant ce même village, la division Grenier en face de Poixe et devant le chemin de Failly et la division Lorencez en réserve près des deux autres. Le 6ᵉ corps avait sa droite en arrière de Failly, sa gauche vers la Moselle par Vany et Chieulles. La garde s'était un peu avancée : la division de voltigeurs était en arrière du 4ᵉ corps ; celle de grenadiers, en avant du château de Grimont, de manière à couvrir nos réserves d'artillerie et de cavalerie restées autour du fort Saint-Julien.

Les troupes allemandes étaient placées comme il suit : la 4ᵉ brigade d'infanterie près de Laquenexy ; la 28ᵉ brigade et une partie de la 3ᵉ à Courcelles-sur-Nied, 5 compagnies et une batterie à Frontigny. De Marsilly à Retonfey, le terrain n'était pas gardé. Entre Retonfey et le château de Gras se trouvait le reste de la 3ᵉ brigade avec le 10ᵉ dragons et 3 batteries dont une de la division Kummer ; un peu en arrière, à Petit-Marais, la 3ᵉ division de cavalerie ; sur la ligne importante de Servigny-Poixe-Failly, la division Bentheim du Iᵉʳ corps et la division de landwehr de Senden, avec 6 batteries du Iᵉʳ corps en avant de Sainte-Barbe. La 50ᵉ brigade hessoise avait été envoyée dans le bois de Failly ; la 49ᵉ était restée à Antilly ;

la brigade d'infanterie de ligne de la division Kummer gardait les lignes de Charly à Malroy.

Prévoyant la continuation de la lutte et désireux de reprendre les positions perdues le 31, le prince Frédéric-Charles avait ordonné dans la nuit à la 18ᵉ division de franchir la Moselle avec l'artillerie du IXᵉ corps et de marcher sur Failly par Antilly. La 25ᵉ division, devenue disponible, fut appelée tout entière à Sainte-Barbe. En même temps, les têtes de colonne du XIIIᵉ corps, grand-duc de Mecklembourg-Schwerin, récemment appelé d'Allemagne, se montraient sur la route de Sarrebrück

Dès le matin du 1ᵉʳ septembre, les deux armées furent sur pied, mais l'ardeur des troupes françaises avait disparu devant les hésitations de leur général en chef qui continuait à ne jamais leur adresser un mot de nature à exciter leur courage ou à faire vibrer la fibre nationale. En se portant sur le champ de bataille, il se hâta d'envoyer aux commandants de corps d'armée l'avis suivant, qui fut écrit au crayon sous ses yeux, et qu'il recommanda de *détruire* aux officiers supérieurs chargés de le porter :

Le village de Sainte-Barbe reste toujours l'objectif de nos efforts ; mais si l'ennemi a reçu des renforts pendant la nuit, on se bornera à se maintenir sur les points occupés hier, afin de venir reprendre sous le canon de la place nos anciennes positions.

Avec son esprit vulgaire et à très courte portée, doublé d'une grosse finesse acquise dans les bureaux arabes de l'Algérie, Bazaine se croyait à couvert contre toute accusation ultérieure et s'imaginait avoir joué fort habilement la comédie de la sortie destinée à favoriser l'arrivée de Mac-Mahon par la rive gauche de la Moselle, arrivée, nous ne saurions trop le répéter, sur laquelle peu de militaires comptaient à Metz.

L'armée prussienne, debout à 4 heures, massa le plus d'artillerie possible sur les hauteurs entre Sainte-Barbe, Servigny et Retonfey. A 6 heures moins un quart, elle se mit à couvrir d'obus le village de Noisseville où éclatèrent plusieurs incendies. Vers 7 heures, le brouillard s'étant dissipé, le Ier corps tenta une attaque concentrique contre ce village, mais tous ses efforts vinrent échouer devant l'opiniâtre résistance de la brigade Clinchant, soutenue par le 32ᵉ de ligne de la brigade Valazé. Une première fois la division Bentheim dut reculer, après avoir essuyé des pertes sérieuses; la brigade Memerty, de la 2ᵉ division du corps Manteuffel, ne fut pas plus heureuse. A l'extrême droite, la division Castagny ayant reçu l'ordre de marcher sur le château d'Aubigny, son général montra la même inertie, la même incapacité qu'à Spickeren. Le maréchal Le Bœuf ne put obtenir qu'il avançât ses troupes de manière à attirer de leur côté une partie des forces ennemies acharnées sur Noisseville. Le général Castagny aurait mérité d'être traduit pour ce fait devant un conseil de guerre, ainsi que l'en avait du reste déjà menacé le général Decaen sur le champ de bataille de Borny. On s'est contenté de le mettre en disponibilité après sa rentrée de captivité.

La division Fauvart-Bastoul, placée sur la route de Sarrebrück à hauteur de Montoy, ne pouvant tenir sous le feu de la 2ᵉ division, Pritzelwitz, et de la 28ᵉ brigade, Woyna, qui venait d'être appelée de Laquenexy pour prendre position entre Ogy et Puche, se mit en retraite et découvrit ainsi le flanc des troupes de la division Montaudon, postées à Montoy et à Flanville. Le maréchal Le Bœuf lui ordonna de reprendre son ancienne position, ce qu'elle fit avec une grande vigueur, mais il ne tarda pas à reconnaître que la route de Sarrebrück n'était pas tenable en présence d'une artillerie écrasante, et prescrivit au général Fauvart-Bastoul de reprendre son mouvement de retraite. Ce vaillant officier, justement froissé du ton blessant de l'ancien major général, demanda un ordre écrit. La division Montaudon était alors prise d'enfilade et même à revers par les batteries prussiennes, de plus menacée de front par une attaque générale de tout le Ier corps, auquel venaient se joindre la brigade Woyna et la division de landwehr Senden, appelée de Sainte-Barbe. Dans cette situation, le 3ᵉ corps dut battre en retraite à son tour. Les corps Ladmirault et Canrobert conservèrent d'abord leurs positions de la nuit sans engager une lutte sérieuse. Vers 11 heures, Bazaine, voyant, suivant son attente, toute la droite de son armée se replier sur les forts, fit continuer le mouvement par échelons, et c'est de cette piteuse façon que se termina la bataille de Noisseville, que l'armée française entama avec une confiance qui ne paraît guère avoir été partagée par ses principaux chefs. Le maréchal Le Bœuf s'y montra d'une bravoure voisine d'une folle témérité ; si l'on ne s'était rappelé la vaillance du commandant de l'artillerie aux attaques de gauche de Sébastopol, on aurait pu supposer qu'il cherchait à se faire tuer. L'erreur aurait été d'autant plus grande que Le Bœuf n'a jamais eu conscience du mal qu'il a fait à la France et a toujours attribué nos désastres plutôt à la fatalité qu'à ses lourdes fautes.

Cette bataille a donné matière à des discussions peu approfondies devant le conseil de Trianon et à de longues controverses dans les relations de la bataille de Noisseville. Naturellement Bazaine reste le seul coupable ; on semble oublier le procès-verbal du conseil tenu le 26 août à la ferme de Grimont. Ce jour-là, les commandants de corps d'armée connaissaient les dispositions vicieuses arrêtées par leur général en chef pour livrer bataille aux Prussiens et l'on ne voit pas qu'un seul d'entre eux ait fait à ce sujet la moindre observation au maréchal Bazaine dont l'abord n'avait pourtant rien d'imposant ni de fascinateur. Ils savaient tous que le passage des ponts en plein jour attirerait l'attention du prince Frédéric-Charles et lui permettrait de concentrer ses forces, tellement on lui indiquait le point d'attaque et tellement on avait mis de lenteur dans l'exécution des mouvements préparatoires. Le 31, les mêmes fautes se renouvelaient sans susciter la plus petite protestation. Aussi, le mécontentement était-il des plus vifs dans les rangs de l'armée ; officiers et soldats se demandaient : « Avait-on bien l'intention de sortir ? »

La réponse doit être négative : ni Bazaine ni ses principaux lieutenants n'avaient l'intention de faire une trouée dans l'armée prussienne et voici pourquoi une armée forte de plus de 120.000 combattants d'élite n'a pas pu percer un arc de cercle de 30 kilomètres gardé par une soixantaine de mille Prussiens. L'idée du véritable plan de sortie germait alors dans la tête des vaillants officiers qu'il fut à la mode dans un certain monde d'appeler « les conspirateurs de Metz ». Le voici dans toute sa simplicité: la division Castagny préalablement débarrassée de son inepte chef, la division du brave Laveaucoupet et une partie des troupes formant la garnison de Metz devaient dans la journée passer de la rive droite sur la rive gauche de la Moselle pour attirer de ce côté de la rivière le gros de l'armée d'investissement. Par une marche de nuit, les corps Canrobert, Ladmirault, la garde et les réserves générales passaient sur la rive droite et se ruaient en trois colonnes le long de la route de Strasbourg avec Château-Salins comme premier objectif. On gagnait ainsi la ligne de communication de l'armée du prince royal qui aurait bien dû renoncer à sa marche sur Sedan, si l'opération avait été commencée en temps utile, vers le 23 ou le 24 août, comme cela eût été très possible.

Le 1$^{er}$ septembre, le jour même de Sedan, il était trop tard pour sauver l'armée de Châlons et la réussite de la tentative de sortie ne pouvait plus donner un résultat immédiatement appréciable. Dans tous les cas, on peut dire, sans crainte d'être contredit, que les maréchaux et les généraux élevés à l'école de l'empire ne pouvaient avoir les qualités voulues pour faire face aux événements ni pour se plier aux nécessités créées par des circonstances inattendues pour eux.

Le maréchal de Moltke, dans son historique de la guerre de 1870-71, cherche à innocenter le maréchal Bazaine, sans doute pour faire mieux ressortir l'impeccabilité des généraux prussiens et les qualités surhumaines de leurs soldats. Il blâme, il est vrai, l'attitude trop passive du général Castagny, mais va jusqu'à affirmer que « Bazaine a mis en ligne ses meilleures troupes pour atteindre le but proposé ». L'assertion est inexacte, car, outre que le 3ᵉ corps, mis en tête de colonne, se composait d'éléments n'ayant aucune supériorité sur ceux des autres corps d'armée, son chef, le maréchal Le Bœuf, n'avait pas fait preuve de grande initiative depuis le commencement de la guerre, si ce n'est pour commettre les fautes les plus grossières. Il est de règle, quand la situation d'une armée devient critique et qu'il s'agit pour elle de se faire jour à tout prix, de mettre en tête ses troupes les plus solides. L'état-major de Berlin sait ce que valait l'admirable corps de la garde impériale ; si l'on voulait faire une trouée, c'étaient les voltigeurs de la garde, commandés par les généraux Deligny, Brincourt et Garnier, qui devaient être chargés de percer la ligne d'investissement.

M. de Moltke fait montre de plus de franchise quand il déclare que les instructions adressées par Bazaine à ses lieutenants dans la matinée du 1ᵉʳ septembre ne pouvaient guère les engager à une action énergique.

Les pertes dans ces deux journées de lutte furent des plus modestes relativement à la valeur des deux adversaires ; elles s'élevaient : pour les Français, à 145 officiers et 3.397 hommes ; pour les Prussiens, à 126 officiers et 2.850 hommes.

Le 2 septembre, l'armée française reprit ses positions autour de Metz, les 2ᵉ et 3ᵉ corps sur la rive droite, les autres sur la rive gauche, pendant que la malheureuse armée de Mac-Mahon était internée dans la presqu'île d'Iges et que le général de Moltke préparait la marche sur Paris de la grande armée victorieuse à Sedan.

# CHAPITRE XXVI

Situation de l'armée française au 2 septembre. — Le roi de Prusse, Bismarck et de Moltke sont convaincus de la continuation de la guerre. — Premières dépêches répandues par le comte de Palikao et annonçant un succès. — Télégramme du général d'Exea du 1ᵉʳ septembre, 10 h. 35 du soir. — 3 septembre, le désastre de Sedan est annoncé officiellement. — Le général Palikao prend le commandement direct de la garnison de Paris. — Les députés se réunissent à minuit. — M. Jules Favre dépose une proposition de déchéance. — La journée du 4 septembre. — Envahissement du Corps législatif. — Attitude de la garde mobile. — Déclaration de la déchéance de la famille Bonaparte. — Proclamation de la République à l'Hôtel-de-Ville et formation du gouvernement de la défense nationale. — Le général Trochu est nommé président du gouvernement. — Le général Trochu. — Coup d'œil sur les relations extérieures de la France au moment de la catastrophe de Sedan. — La flotte française pendant les mois de juillet et d'août. — Préparatifs des Allemands contre les places fortes.

Le 2 septembre, l'armée de Châlons était prisonnière et l'armée de Metz définitivement refoulée dans cette place et réduite à l'impuissance par la volonté de son général en chef dont l'inaction n'avait été l'objet d'aucune observation sérieuse de la part de ses principaux lieutenants. En moins d'un mois, les armées allemandes avaient enlevé ou annihilé toutes les forces actives réunies par le maréchal Le Bœuf et le général Palikao.

La capitulation de Sedan avait livré à la Prusse : 38 régiments de ligne, les 3ᵉ, 5ᵉ, 11ᵉ, 14ᵉ, 17ᵉ, 18ᵉ, 20ᵉ, 21ᵉ, 22ᵉ, 27ᵉ,

30°, 31°, 34°, 36°, 37°, 45°, 46°, 47°, 48°, 49°, 50°, 52°, 53° 56°, 58°, 61°, 68°, 72°, 74°, 78°, 79°, 82°, 83°, 86°, 88°, 89°, 96° et 99°; — 4 régiments de marche portant les numéros de 1 à 4 ; — les 3 régiments de zouaves et les 3 régiments de tirailleurs algériens ; — 8 bataillons de chasseurs à pied, les 1er, 4°, 6°, 8°, 13°, 16°, 17° et 19° ; — 8 régiments de cuirassiers sur 10, les 7° et 10° étaient à Metz ; — 1 régiment de dragons, le 10°, et 7 régiments de lanciers, le 3° était à Metz avec la brigade Lapasset ; 2 régiments de chasseurs, 3 de hussards et 3 de chasseurs d'Afrique ; — 64 batteries d'artillerie et 17 compagnies de génie. 170.000 hommes étaient immobilisés dans Metz et le 87° de ligne du corps Mac-Mahon assiégé dans Strasbourg. Il ne restait disponibles de toute l'armée régulière que 7 anciens régiments d'infanterie : les 35° et 42°, rappelés de Civita-Vecchia pour faire partie du 13° corps, Vinoy ; et les 16°, 38°, 39°, 92°, plus le régiment étranger, que l'on avait laissés en Algérie ; la cavalerie ne comptait plus que 4 régiments de chasseurs, 1 de hussards, plus les 6° dragons et 6° hussards de la brigade Jolif-Ducoulombier qui n'avait pas eu le temps de rejoindre le corps Douay. L'ancienne artillerie avait disparu tout entière ; le génie, moins maltraité, disposait encore du tiers de ses compagnies et de la moitié de ses cadres qui rendirent dans la suite les plus grands services.

Le premier acte du terrible drame de 1870 était ainsi terminé. M. de Moltke avait rempli fidèlement son programme initial d'après lequel on doit chercher en rase campagne les grandes agglomérations de troupes ennemies et les attaquer aussitôt pour les détruire ou pour paralyser leur action. Les soldats allemands, le soir de Sedan, pouvaient donc de bonne foi croire la guerre terminée et la paix assurée par la prise de l'empereur, mais leurs chefs, le roi Guillaume, MM. de Bismarck et de Moltke, ne partageaient pas cette illusion, ils avaient une trop haute opinion de l'énergique vitalité de la nation française pour croire un seul instant qu'elle accepterait un désastre aussi humiliant que celui d'une armée de plus de cent mille hommes mettant bas les armes en rase campagne. Ils n'avaient pas besoin d'être grands prophètes pour savoir que l'existence de l'empire ne tenait plus qu'à un fil qui se romprait dès que la nouvelle de la capitulation de Sedan serait répandue dans Paris. Dans son entretien avec le général de Wimpffen, le comte de Bismarck n'avait pas dissimulé son sentiment à cet égard et, quelques heures après, le général de Moltke soulignait les paroles du chancelier. En effet, la capitulation était signée le 2 septembre à 11 heures et demie et, à midi, le grand état-major expédiait déjà les ordres de route pour la reprise de la marche sur Paris qui devait commencer le 4 au lever du soleil. Au point de vue de l'intérêt allemand, il avait grandement raison, car les événements ne devaient pas tarder à justifier les prévisions du roi et de ses deux conseillers.

Dans la journée du 2 septembre, des rumeurs confuses annonçaient que Mac-Mahon avait livré une grande bataille et remporté une brillante victoire. Ce dernier bruit était adroitement répandu par le comte de Palikao sur la foi de plusieurs télégrammes assez vagues, dont l'un, daté de Reims, 1er septembre, 10 heures 35 du soir, et expédié par le général d'Exea, commandant la 1re division du corps Vinoy, disait que les Prussiens avaient eu 80.000 hommes hors de combat et se repliaient en désarroi sur Châlons. Ce singulier morceau de littérature d'un général de Napoléon III se trouve dans le livre du comte de Palikao *Un ministère de vingt-quatre jours*, et mérite d'être reproduit pour donner un exemple de la clairvoyance et de l'intelligence militaires des officiers arrivés au sommet de la hiérarchie.

> Général commandant la 1re division du 13e corps à ministre de la guerre, Paris.
>
> J'apprends indirectement que le maréchal a livré un combat très meurtrier au roi de Prusse en personne et à son fils ; on prétend même que les Prussiens ont eu près de quatre-vingt mille hommes hors de combat ; ce qu'il y a d'à peu près certain du moins, on me rend compte

à l'instant que de nombreuses troupes arrivent à Châlons depuis cette nuit, toutes en désarroi. Si j'avais assez de monde, j'irais m'en assurer ; mais je n'ai ici que trois régiments d'infanterie, ayant mon quatrième à Epernay et Rethel, et pas de cavalerie. Je ne pourrais partir qu'avec un régiment, parce qu'il m'en faut laisser deux devant Reims pour éviter toute surprise.

Si je pouvais avoir une brigade d'infanterie de plus et un régiment de cavalerie, je pourrais tous ces jours-ci faire beaucoup de mal à l'ennemi. On m'affirme, à l'instant, que le roi Guillaume et son fils ont couché cette nuit à Clermont-en-Argonne, étant en pleine retraite.

Voilà ce que télégraphiait, le soir de Sedan, un général de division cantonné à Reims, une grande ville dans laquelle il lui eût été facile de trouver quelques agents capables de lui donner des nouvelles moins fabuleuses.

Dans la même soirée, le comte de Palikao avait reçu un télégramme du général Vinoy, alors à Mézières, à vingt kilomètres de Sedan, qui lui donnait de mauvaises nouvelles de la bataille. Dans la journée du 2, il avait dû recevoir la dépêche du général Wimpffen au ministre de la guerre dont la transmission avait été accordée par le général de Moltke et que l'état-major prussien avait intérêt à faire parvenir le plus rapidement possible à Paris, afin de frapper les imaginations et d'abattre les courages par une brusque annonce de la catastrophe. On est donc en droit de s'étonner quand le général Palikao affirme que le Conseil des ministres ne « fut informé de ce revers effroyable et inattendu, que le samedi 3 septembre, après la séance du Corps législatif ». Evidemment il savait la triste vérité depuis la veille, mais quand, le 3 septembre, à 4 heures du soir, l'impératrice eut reçu une dépêche conçue en ces termes : « L'armée est défaite et captive, moi-même je suis prisonnier », toute dissimulation devenait impossible et le Conseil s'assembla à six heures chez la régente à l'effet de décider les mesures à prendre pour donner connaissance au peuple français de cet épouvantable désastre. A huit heures, une proclamation faisant appel au patriotisme des Français leur annonçait la capitulation de Sedan et causa dans Paris une stupeur profonde à laquelle succéda presque aussitôt la plus vive indignation contre l'empereur et, il faut oser le dire, contre l'armée de plus de cent mille hommes qui, vociférait la foule, en mettant bas les armes avait déshonoré la France.

L'empire était condamné depuis Wœrth et ne pouvait survivre à une défaite, encore moins à une catastrophe sans précédent. Cependant l'aveuglement du ministère et de la majorité des Chambres était tel, que rien n'était préparé en vue de cette éventualité; l'imprévoyance politique égalait l'imprévoyance militaire. Le gouvernement s'était laissé surprendre par un mouvement irrésistible, car personne ne pouvait entendre dire sans un frémissement de rage qu'une grande armée française avait été livrée tout entière à l'ennemi. Plus tard, les esprits se sont trop familiarisés avec ces tristes défaillances, mais au 3 septembre 1870, la possibilité d'une pareille capitulation n'était pas encore admise; pour les masses elle ne pouvait être que le résultat de la trahison, pour les hommes réfléchis il y avait eu certainement lâcheté ou faiblesse. Telle fut la première impression qui se manifesta avec une grande énergie dans tous les partis, sans en excepter les bonapartistes; l'indignation était générale. On ignorait alors à la suite de quelles gigantesques fautes nos malheureux et braves soldats avaient été rangés en cercle autour d'une bicoque de manière à être exposés aux feux convergents d'une artillerie nombreuse dont la formidable puissance nous était révélée depuis Spickeren et Wœrth.

Le ministre de la guerre, en prévision de troubles graves, avait pris le commandement direct des troupes en garnison dans l'enceinte de Paris, sans seulement en informer le gouverneur, M. Trochu, auquel il manifestait de plus en plus sa haine jalouse. C'est donc par ordre du général Palikao seul que la ligne et la garde nationale ont occupé les emplacements désignés pour la soirée du 3 et pour la journée du 4 septembre.

Les députés se réunirent à minuit au Corps législatif sur une convocation de leur président M. Schneider, convocation que le comte de Palikao avait combattue de toutes ses forces, parce qu'elle compromettait le salut de la dynastie dont il semblait constamment plus préoccupé que de celui du pays. La gauche avancée chargea à l'unanimité M. Jules Favre de déposer sur le bureau de la Chambre une demande formelle de déchéance de la famille Bonaparte. M. Favre lut sans aucun développement la proposition, qui fut froidement accueillie par la majorité. Celle-ci, qui redoutait une surprise nocturne de la part des Parisiens et dont les idées n'étaient du reste pas très arrêtées, décida que la séance serait remise au lendemain à midi.

Le dimanche, 4 septembre, à 8 heures 1/2 du matin, le Conseil des ministres se réunit comme d'habitude sous la présidence de la régente, qui fit preuve d'une fermeté calme et digne, malgré l'imminence du danger et les inquiétudes mal dissimulées de son entourage. Il fut résolu que le gouvernement présenterait un projet de loi portant création d'un nouveau conseil de régence dont le titre impliquait le maintien de la dynastie impériale. Ce projet était ainsi conçu :

1° Un conseil de *régence* et de défense nationale est institué. Ce conseil est composé de cinq membres ; chaque membre de ce conseil est nommé à la majorité absolue par le Corps législatif. — 2° Les ministres sont nommés sous le contre-seing des membres du conseil. — 3° Le général comte de Palikao est nommé lieutenant général de ce conseil.

Présenté huit jours plus tôt, ce projet, qui annulait ou suspendait indéfiniment les pouvoirs de l'impératrice, aurait peut-être sauvé l'empire en maintenant en face du roi de Prusse un gouvernement régulier avec lequel il lui était possible de négocier sérieusement ; mais, après la défaite de Sedan et la capture de l'empereur, il n'avait plus aucune chance d'être adopté. L'opinion indignée réclamait une satisfaction plus complète et les députés le sentaient si bien qu'aucun membre de la majorité ne fut d'avis de laisser subsister le mot de *régence* dans le texte du projet de loi.

M. Thiers avait proposé de remplacer ce mot par celui de « gouvernement » et de libeller ainsi le projet de loi : « Vu les circonstances, la Chambre nomme une commission de gouvernement et de défense nationale. Une Constituante sera convoquée dès que les circonstances le permettront. » Le président du Conseil, plus habitué aux rouéries arabes qu'aux grandes affaires du gouvernement, crut parer l'attaque peu déguisée de M. Thiers en modifiant son projet primitif de la manière suivante : « 1° Un conseil *du* gouvernement...... 2°...... 3° Le général comte de Palikao est nommé lieutenant général de gouvernement. » Par l'intercalation du mot *du* dans l'article 1ᵉʳ, on espérait sauver la dynastie, c'est le général Palikao lui-même qui le dit dans *Un ministère de vingt-quatre jours*, page 131.

La Chambre était donc en face de trois propositions, celle du ministère, celle de M. Thiers et la demande de déchéance de M. Jules Favre. Vers une heure et demie, l'urgence est déclarée et les députés se retirent dans les bureaux pour en délibérer. Les membres de la gauche appuyèrent vivement la proposition de déchéance et la nomination d'une commission chargée de se rendre aux Tuileries pour y réclamer de la régente un acte formel d'abdication. La majorité persista dans sa résolution inflexible de maintenir le régime impérial ; la résistance fut la même dans tous les bureaux.

Pendant la discussion, la foule qui, depuis le matin, encombrait la place de la Concorde et les quais, rompit les rangs de la troupe préposée à la garde du Corps législatif ; les soldats, suivant la juste expression d'un questeur, le vénérable général Lebreton, « se laissèrent pénétrer par la multitude ». La troupe était en communauté évidente de sentiments avec ceux qui demandaient la déchéance. Quelques familiers de l'impératrice ont prétendu que le général Trochu aurait dû défendre le Palais-Bourbon et les Tuileries. D'abord le commandement des troupes était exercé directement par le ministre de la guerre qui affectait de ne tenir aucun compte du gouverneur de Paris ; ensuite, les personnes impartiales étaient étonnées d'une seule chose : c'est que l'impératrice ne fût pas partie dans la nuit ou dans la matinée, tellement le mouvement était dessiné dès la veille au soir. Le général Palikao se trompe quand il attribue « à la tourbe révolutionnaire » l'envahissement du Palais-Bourbon et reporte à la soirée du 4 septembre une tentative de mouvement sur Paris des gardes mobiles de la Seine campés à Saint-Maur.

La vérité est que, dès le 3 au soir, quand on eut appris officiellement la catastrophe de Sedan, plusieurs centaines de gardes mobiles quittèrent le camp sans permission en emportant leurs fusils et leurs cartouches. Le mouvement continua toute la nuit et, au petit jour, le général Berthaut s'étant rendu au bureau de son chef d'état-major, installé dans la tribune impériale d'où l'on dominait tout le camp, put constater que, sur les 12.800 hommes présents sous les armes la veille, plus des deux tiers étaient partis dans le but avéré de chasser les Bonaparte. Les avis transmis par les officiers supérieurs ne laissant aucun doute sur la gravité du mouvement, le général envoya aussitôt son chef d'état-major auprès du général Trochu pour l'informer de la situation et le prier de lever le camp à la première occasion pour caserner les turbulents mobiles parisiens dans les forts. Dans sa longue course à travers le quartier Saint-Antoine et la rue de Rivoli, cet officier entendit de toutes parts un cri unanime de « Vive la République ! » Grand fut son étonnement quand, arrivé au Louvre, le général Schmitz, chef d'état-major du gouverneur, lui fit part de ses préoccupations au sujet du sort de l'impératrice en montrant de sa fenêtre la foule menaçante qui enserrait les Tuileries. Le colonel des mobiles ne lui cacha pas qu'en présence de l'attitude unanimement hostile de la population et de celle de plusieurs milliers de soldats du camp de Saint-Maur armés de chassepots et abondamment pourvus de cartouches, l'impératrice commettrait une grave imprudence en ne se hâtant pas d'abandonner le palais.

Au Corps législatif, la situation devenait également grave ; le public ayant traversé le cordon des troupes s'était aussitôt répandu dans les salles, dans les jardins, dans les couloirs et dans la grande cour du Palais-Bourbon. Peu après apparut dans la salle des Pas-Perdus le comte de Kératry, qui, de sa propre initiative, proclama la déchéance ainsi que la liste des députés chargés par la gauche de former un gouvernement provisoire. Cette audacieuse manifestation excita jusqu'au délire les passions de cette foule inconsciente des dangers de la patrie et qui, imbue de la tradition révolutionnaire, s'empressa d'envahir la salle des séances pour y faire proclamer la République, considérée par les masses, en vertu de la légende, comme le palladium de la France et l'épouvantail de l'étranger. Les députés de la majorité, n'ayant plus la liberté de délibération, quittèrent presque tous la salle ; le marquis de Piré protestait seul sur son banc, un revolver au poing. Le président, sentant son impuissance, lève la séance à 3 heures, après une allocution de Gambetta qui avait inutilement essayé de calmer le bruyant auditoire. La gauche reste dans la salle où le grand tribun prononce de nouveau la déchéance. Des voix redemandent la République. « Ce n'est pas ici que nous devons la proclamer, » répond Jules Favre. « Citoyens, ajoute Gambetta, allons la proclamer à l'Hôtel de Ville. » En descendant de la tribune, il marcha avec MM. Jules Favre, Jules Ferry, Kératry, vers le palais municipal, où les attendait une foule impatiente d'entendre proclamer la forme de gouvernement si ardemment désirée par la partie tumultueuse, l'on peut dire aussi, vigoureuse de la nation. Peu auparavant, le drapeau des Tuileries avait été amené, les postes de la garde impériale, commandés par le brave général Mellinet, étaient partis, et l'impératrice, accompagnée de MM. le prince de Metternich, ambassadeur d'Autriche-Hongrie, et Nigra, ministre d'Italie, cherchait un asile en attendant le départ du train de Bruxelles.

Le général Trochu, prévenu vers deux heures du danger que courait le Corps législatif et sollicité par le général Lebreton d'intervenir personnellement pour conjurer la tempête, était monté à cheval, accompagné de deux aides de camp, dans la cour de l'hôtel du gouvernement, au milieu des acclamations d'une foule enthousiaste qui criait : Vive Trochu ! Vive la République ! Il n'est pas niable que le gouverneur de Paris était désigné par l'opinion comme le chef du futur gouvernement de la France, quelles que fussent sa forme et sa dénomination. On lui trouvait du talent, presque du génie, parce qu'il avait fait de l'opposition à l'empire, opposition qui s'était ouvertement manifestée dans le remarquable ouvrage *L'armée en 1867*, dont un grand nombre d'éditions n'avaient pas épuisé le succès.

Après une heure de lutte, le général parvint enfin à l'angle du pont de Solferino, où il rencontra le groupe qui escortait MM. Favre, Ferry et Kératry. Voici comment M. Trochu raconte son entrevue avec ces chefs de la gauche :

« Général, où donc allez-vous ? me dit M. Favre. — Je vais tâcher de sauver l'Assemblée. — A l'heure qu'il est, l'Assemblée est envahie ; j'y étais, je vous l'affirme ; je suis M. Jules Favre. » M. Jules Favre ajouta : « Voilà le comble du désastre : une révolution au milieu de la défaite des armées ! Et soyez sûr que la démagogie, qui voudra en bénéficier, jettera la France dans l'abîme, si nous n'intervenons. Quant à moi, je vais à l'Hôtel de Ville, c'est là que doivent se rendre les hommes qui entendent contribuer à sauver le pays. » Je lui répondis : « Monsieur, je ne puis prendre dès à présent une telle résolution. »

Ce récit, dont la sincérité n'est plus contestée, résume bien la situation : les députés de la gauche, et à leur tête ceux de Paris, avaient pris la direction du mouvement et se hâtaient de le faire aboutir pour éviter que le gouvernement ne tombât entre les mains des partisans de Blanqui, de Delescluze et des affiliés à l'Internationale. Mais, comme ils se sentaient peu populaires en province où leurs phrases creuses et leurs pompeuses déclamations inspiraient aux citoyens paisibles un sentiment de défiance craintive, leur plus vif désir était d'obtenir le concours du général Trochu, très aimé de l'armée, et dont les idées modérées ainsi que les sentiments religieux bien connus leur paraissaient de nature à calmer les appréhensions de la partie saine du peuple français.

Vers 4 heures, le général Trochu, rentré au Louvre, avait été vivement sollicité par des personnes considérables de devenir le chef militaire du nouveau gouvernement; il se rendit enfin aux instances de son chef d'état-major, M. Schmitz, et partit pour l'Hôtel de Ville où, d'après sa propre expression, « il allait faire du Lamartine ».

Peu avant son arrivée, Gambetta avait proclamé les noms des membres du *gouvernement de la défense nationale* et expédié en province la dépêche suivante :

A MM. les préfets, sous-préfets, généraux, gouverneur général de l'Algérie et à toutes les stations télégraphiques de France.

République française. — Ministère de l'intérieur.

La déchéance a été prononcée au Corps législatif.

La République a été proclamée à l'Hôtel de Ville.

Un gouvernement de défense nationale composé de onze membres, tous députés de Paris, a été constitué et ratifié par l'acclamation populaire. Les noms sont : Emmanuel Arago, Crémieux, Jules Favre, Jules Ferry, Gambetta, Garnier-Pagès, Glais-Bizoin, Pelletan, Picard, Rochefort, Jules Simon.

Le général Trochu est maintenu dans ses pouvoirs de gouverneur de Paris et nommé ministre de la guerre, en remplacement du général Palikao.

Veuillez faire afficher immédiatement, et au besoin proclamer par crieur public la présente déclaration.

Pour le gouvernement de la défense nationale, le ministre de l'intérieur. — Léon GAMBETTA.

Paris, ce 4 septembre 1870, 6 heures du soir.

Dans la même soirée, cette déclaration était complétée par l'adjonction du nom du général Trochu à la liste des membres du gouvernement et par ces mots significatifs : « Le général Trochu est chargé des pleins pouvoirs militaires pour la défense nationale. Il est appelé à la présidence du gouvernement. » Le général Le Flô, ancien questeur de l'Assemblée nationale, qui avait été emprisonné, puis exilé à la suite du coup d'Etat du 2 décembre 1851, fut nommé ministre de la guerre.

M. Rochefort, alors détenu à Sainte-Pélagie, aujourd'hui prison de la Santé, pour délit de presse, avait été mis en liberté par un groupe d'amis après la proclamation de la déchéance. Son arrivée à l'Hôtel de Ville rendit indirectement service au gouvernement, parce que sa présence, en désarmant une fraction des partis extrêmes, paralysa momentanément leur action.

Un seul des membres de ce gouvernement improvisé, le général Trochu, était franchement accepté par tous les partis ; sa popularité était extrême et, depuis nos premiers revers, son nom dans toutes les bouches. Cependant, quelques anciens officiers qui avaient eu l'occasion de servir avec lui ne partageaient pas l'engouement général. Ils se rappelaient bien le brillant aide de camp du général de Lamoricière et du maréchal Bugeaud, le chef d'escadron qui avait pris ouvertement le parti de son beau-frère, le général Neumayer, quand celui-ci blâmait les fêtes bonapartistes données à Satory en 1850, le prophète des désastres de la France, l'écrivain élégant, l'orateur un peu disert, mais ils savaient aussi que ces belles qualités étaient déparées par des défauts graves chez un quasi-chef d'État. Le général Trochu, malgré sa haute intelligence, son grand savoir et une incontestable prescience de l'avenir, signe certain d'un esprit élevé et clairvoyant, manquait de commandement, c'est-à-dire n'avait pas ce talent naturel et presque impossible à acquérir d'imposer ses volontés et de faire exécuter ses ordres ; il eût fallu à Paris un chef opiniâtre et impérieux comme le maréchal Pélissier et non un rhéteur à idées flottantes et d'un caractère indécis.

Des débuts trop faciles dans sa carrière militaire l'avaient rendu vaniteux et orgueilleux, au point de lui faire espérer un instant de pouvoir dominer une situation qu'il avait maintes fois déclarée irrévocablement perdue, avant son avènement au pouvoir. Enclin au mysticisme, d'une dévotion excessive, il croyait trop aux forces morales ainsi qu'à la puissance de la parole, et devenait incapable de trouver les moyens pratiques de parer à un événement qu'il avait pourtant su prévoir avec une remarquable sagacité. Trop porté à n'écouter que les voix du ciel, et la sienne, il ne savait pas, en manœuvrant habilement les éléments à sa disposition, diriger avec énergie la population passionnée et peu croyante de la capitale. Ses vertus privées et sa probité à toute épreuve lui attiraient le respect et l'estime de tout son entourage ; elles lui donnaient cette influence qui permet de contenir les mauvaises passions ; en revanche, son indécision, ses discours parfois incohérents et son regard plutôt extatique que ferme, avaient le don funeste d'enlever la confiance aux caractères les mieux trempés. Le plus triste, c'est que le général Trochu n'avait pas foi dans l'œuvre de la défense nationale ; il l'avait trop hautement déclaré pour ne pas mériter le reproche que lui adressent les personnes les moins prévenues, d'avoir accepté, on aurait le droit de dire brigué, une tâche que dans l'intimité il reconnaissait impossible à remplir. Cette pensée se traduisit plus tard dans tous les documents, tels que proclamations et ordres du jour, émanés de l'état-major général ; on aurait dit que leurs rédacteurs avaient pour mission constante de décourager la défense. Que pouvait du reste produire dans les circonstances où se trouvait la France, un gouvernement d'avocats et de journalistes, animés des meilleures intentions, mais profondément ignorants en art militaire, en science administrative, en diplomatie, condamnés par ces mêmes circonstances à se mettre sous la présidence d'un général plus avocat et plus journaliste qu'eux-mêmes ? Il fallait tout l'aveuglement des Français de 1870 pour conserver la moindre espérance ; leurs armées étaient condamnées à passer sous les Fourches Caudines et aucune puissance humaine ne pouvait les soustraire à cette suprême humiliation.

La capitulation de Sedan et le refoulement de l'armée de Bazaine dans Metz avaient brisé les ressorts indispensables pour que les troupes fussent à même d'accomplir ces actes de bravoure et d'opiniâtreté qui conjurent parfois la catastrophe finale. N'ayant pu être évitée malgré les prodigieux efforts réalisés par Gambetta et M. de Freycinet dans l'organisation d'énormes agglomérations d'hommes, on n'est nullement fondé à dire que l'on aurait pu faire mieux que le gouvernement de la défense nationale.

La raison commandait de traiter, mais l'honneur d'une grande nation justement fière de son brillant passé militaire ne nous permettait pas de consentir aux exigences de l'ennemi avant d'avoir lutté jusqu'à la dernière extrémité. Déjà, sous la régence de l'impératrice, notre ministre des affaires étrangères, le prince de la Tour d'Auvergne, avait déclaré que la guerre serait continuée à outrance si la Prusse réclamait une cession de territoire ; le gouvernement qui s'intitulait « de la défense nationale » ne pouvait faire autrement que d'adopter la même devise, que son ministre des relations extérieures, M. Jules Favre, eut peut-être le tort d'exprimer dans un langage plus académique que diplomatique.

La situation de la France était d'autant plus grave que l'Europe semblait se désintéresser de plus en plus de la lutte follement engagée par Napoléon III. L'Italie ne songeait plus qu'à Rome et ses députés témoignaient d'une vive impatience de l'avoir pour capitale. — L'Angleterre, comme le dit M. Sorel, « craignait tout, ménageait tout, arrêtait tout : elle cherchait à faire le vide et le silence en Europe ; elle semblait s'effrayer du bruit de sa propre voix, elle ne voulait point de congrès ; elle refusait à l'Autriche la médiation commune ; elle détournait l'Italie et la Russie d'une médiation isolée ; elle attendait, se réservant un rôle, sans savoir encore si elle voudrait ou saurait le remplir. » — L'Autriche, dont le gouvernement voyait avec peine les grands succès militaires de la Prusse, serait volontiers intervenue en notre faveur, mais la Hongrie se souciait médiocrement de nous venir en aide ; en outre, l'attitude prise par Alexandre II continuait à paralyser ses bonnes intentions à notre égard. Quant à la Russie, à l'exemple de l'Italie, elle attendait le moment favorable pour déchirer le traité de Paris et reprendre sa liberté dans la mer Noire.

Le roi Guillaume et ses deux conseillers connaissaient cette situation ; leur siège était fait depuis le refoulement de l'armée de Bazaine dans Metz : ils voulaient une grosse indemnité de guerre et l'annexion de l'Alsace, de la Lorraine allemande et de l'arrondissement de Metz, la possession de cette place forte ayant été déclarée par l'état-major allemand comme indispensable à la sécurité de l'Allemagne. Pour assurer la satisfaction de ses désirs ambitieux et de nature à éveiller l'attention des grandes puissances, il fallait que la Prusse mît tous ses soins à éventer et à repousser ensuite toute tentative d'intervention. Tout concourait donc pour la continuation de la guerre et l'on ne peut refuser un sentiment de reconnaissance et de sympathie aux hommes assez courageux et assez patriotes pour avoir assumé, dans les tristes conjonctures où se trouvait leur pays, la lourde et périlleuse tâche de diriger la défense nationale.

Plus des neuf dixièmes de l'armée active étaient prisonniers de guerre ou enfermés dans Metz ; il ne restait plus à la disposition du ministre de la guerre que les quatrièmes bataillons récemment formés, les compagnies de dépôt, la garde mobile, la garde nationale, les gendarmes et les douaniers qu'il s'agissait d'organiser et de grouper de manière à former des armées. Le ministre de la marine, plus favorisé que celui de la guerre, n'avait encore perdu que la belle division d'infanterie de marine avec ses trois batteries, mais il lui restait tous les marins des équipages de la flotte, ayant à leur tête des officiers et des sous-officiers tout à fait remarquables.

Au moment de la déclaration de guerre, lorsque Napoléon III comptait sur l'alliance danoise, M. Rigault de Genouilly avait rapidement armé une première escadre sous les ordres de l'amiral Bouët-Willaumez qui sortit de Cherbourg le 24 juillet. Arrivé le 30 à Copenhague, il en repartit le 5 août pour faire une croisière le long des côtes de la mer Baltique. Le 9, il se trouvait à la hauteur de Kolberg, quand il fut informé des défaites de Wœrth, de Spickeren et de l'impossibilité de mettre à sa disposition un corps de débarquement.

L'amiral Fourichon avait appareillé de Brest dans les premiers jours d'août avec une deuxième escadre destinée à bloquer les ports allemands de la mer du Nord et à surveiller la flotte de combat allemande embusquée dans le port de Wilhelmshafen, sur la Jahde. Sans troupes de débarquement et avec des cuirassés auxquels leur tirant d'eau rendait l'approche des côtes extrêmement dangereuse, nos amiraux ne pouvaient obtenir un résultat sérieux et le ministre de la marine prit le parti le plus sage en prescrivant aux deux chefs d'escadre de rallier leurs ports respectifs et de débarquer leurs équipages.

En prévision d'un débarquement, le gouvernement allemand avait pris des mesures de défense que le grand étatmajor énumère longuement dans son neuvième fascicule. Le général Vogel de Falckenstein, commandant en chef des troupes préposées à la défense des côtes allemandes avec le titre de gouverneur, disposait de cinq divisions d'infanterie dont la 17e de la ligne et quatre de la landwehr fortes de 77 bataillons, 5 compagnies de chasseurs, 33 escadrons, 17 batteries attelées, 48 batteries de forteresse et de défense des côtes, 11 compagnies de pionniers, fournis par les troupes de remplacement, en tout de 89.000 à 90.000 combattants. Quand l'état-major allemand fut convaincu qu'aucun débarquement n'était plus à craindre, il jugea que les 90.000 hommes de troupes de remplacement suffiraient pour faire face à toute éventualité et appela successivement en France les quatre divisions de landwehr et la 17e division. Cette dernière et la 2e division de landwehr formèrent le 13e corps d'armée sous les ordres du grand-duc de Mecklembourg.

Ainsi, pendant que les forces de la France étaient en grande partie anéanties, celles des Allemands augmentaient sans cesse et leur permettaient de garder leurs lignes d'étape et d'entreprendre le siège des places fortes, sans diminuer les effectifs des quatre armées d'opérations dont deux maintenaient Bazaine bloqué dans Metz. Jusqu'au 1er septembre, les Allemands n'avaient encore pris que les petites places de la Petite-Pierre, Lichtemberg, Marsal et Vitry-le-François ; ils ne devaient pas tarder à diriger leurs efforts contre Bitche, Phalsbourg, Toul, Verdun et Thionville, en commençant par celles de ces places qui, comme Toul et Verdun, gênaient le plus leurs communications. Mais la forteresse dont la prise leur importait surtout pour satisfaire l'amour-propre du peuple allemand, c'était Strasbourg, la ville-sœur (*Die Schwester-Stadt*), qu'ils allaient bombarder et incendier avec la dernière fureur pour mieux lui témoigner leur affection. L'investissement de la capitale de l'Alsace fut commencé trois jours après Wœrth et les opérations du siège étaient en pleine vigueur au moment de la chute de l'empire. Toutefois, afin de ne pas scinder le récit de ce siège mémorable, nous en ferons l'objet d'un chapitre spécial dans la deuxième partie de cet ouvrage.

FIN DU TOME PREMIER

# TABLE DES MATIÈRES

## CHAPITRE I

La politique de Napoléon III. — Revue rétrospective de 1852 à 1859. — Traité de Villafranca. — Ses conséquences. — L'union latine. — Expédition du Mexique. — Le Danemark battu par la Confédération germanique. — Convention de Gastein. — La guerre de 1866. — Sadowa. ................................................................ 1

## CHAPITRE II

Conséquences de la bataille de Sadowa. — Napoléon III demande le pays entre Rhin et Moselle. — M. de Bismarck refuse et offre en échange l'abandon de la Belgique. — Projet de traité écrit par M. Benedetti. — La Prusse s'allie avec la Russie, conclut la paix avec l'Autriche et signe les conventions militaires avec les Etats du Sud, en août 1866. — M. Rouher expose la théorie des trois tronçons. — Affaire du Luxembourg. — Le maréchal Niel est nommé ministre de la guerre. — La loi militaire de 1868 portant création de la garde nationale mobile. — Projets d'alliance avec l'Autriche et l'Italie. — Le plan de réorganisation militaire d'après les œuvres posthumes de Napoléon III. — Etat moral de l'armée française. — Opinion des généraux Trochu et Lewal. — L'empereur a conscience des dangers extérieurs. — Aveuglement de la majorité des Chambres. — Le ministère Ollivier. — Les ministres de la guerre et de la marine indépendants du président du Conseil. — Dispositions pacifiques du Cabinet du 2 janvier. — Opinion du colonel Stoffel sur la loi militaire de 1868 et sur les chances de guerre .................................................. 9

## CHAPITRE III

L'empire à la fin de juin 1870. — Les partis. — Les orléanistes et les démocrates libéraux se rapprochent de l'empire. — MM. Guizot et Prévost-Paradol. — Formation d'une gauche ouverte. — Le parti avancé. — Opinion de M. Gustave Flourens. — Les classes ouvrières. — Le parti conservateur. — L'armée .................................. 26

## CHAPITRE IV

La candidature du prince Hohenzollern au trône d'Espagne. — La première nouvelle en arrive à Paris le 2 juillet. — Dépêche de M. Mercier de Lostende, ambassadeur à Madrid. — M. de Gramont se rend à Saint-Cloud. — Son attitude hautaine vis-à-vis de la Prusse. — Sa dépêche du 3 juillet à M. Le Sourd, à Berlin. — Sa note au *Constitutionnel*. — M. Emile Ollivier appuie M. de Gramont. — Excitations imprudentes de la presse parisienne. — Réponse de M. de Thile à M. Le Sourd. — Le 5 juillet on annonce la réunion des Cortès. — Affolement général. — M. Cochery interpelle le gouvernement qui accepte de répondre. — Conversation de M. de Gramont avec lord Lyons et le prince de Metternich. — Conversation entre MM. Emile Ollivier et lord Lyons. — Impassibilité de Napoléon III. — Note du maréchal Le Bœuf du 6 juillet............................... 33

## CHAPITRE V

Déclaration du 6 juillet au Corps législatif. — Son effet belliqueux. — L'Angleterre et l'Autriche se montrent peu satisfaites de cette déclaration. — MM. de Girardin et Gambetta sont favorables à la guerre. — Attitude réservée de M. de Bismarck. — Le comte Benedetti est envoyé à Ems où il arrive le 8 juillet. — A la séance du 7, M. Jules Favre accuse M. Ollivier de favoriser des tripotages de Bourse. — Dépêche de M. de Gramont à M. Benedetti. — Conduite prudente et habile de l'ambassadeur. — Réserve calculée de la presse allemande. — Le comte Benedetti est reçu par le roi le 9 et le 11 juillet. — La France est sans alliances. — M. Olozaga annonce le désistement du prince Léopold dans la matinée du 12 juillet. — Imprudence de M. Emile Ollivier. — M. Clément Duvernois demande à interpeller le gouvernement. — Entrevue de MM. Olozaga, de Werther, de Gramont et Ollivier. — M. de Gramont se rend à Saint-Cloud .......... 47

## CHAPITRE VI

La soirée du 12 juillet. — M. de Gramont adresse à 7 heures du soir une nouvelle dépêche à M. Benedetti. — A 8 heures, arrivée d'une dépêche de M. Benedetti annonçant la réponse du roi pour le lendemain. — Conseils pacifiques de lord Lyons. — A 10 heures, M. de Gramont reçoit un télégramme de l'empereur réclamant les garanties. — Journée du 13 juillet. — A une heure quarante-cinq minutes du matin, nouvelle dépêche à M. Benedetti concertée entre MM. Ollivier et de Gramont. — La note du *Constitutionnel* du 13 juillet. — Conseil des ministres à 9 heures du matin. — Résolutions contradictoires. — Déclaration du gouvernement. — Son mauvais accueil au Corps législatif. — Interpellation de M. Jérôme David. — A 4 heures, M. de Gramont reçoit de M. Benedetti un télégramme annonçant le refus formel du roi d'accorder des garanties. — A 5 heures, nouveau télégramme d'Ems. — M. de Bismarck, arrivé le 12 à Berlin, ne se rend pas à Ems. — Revirement belliqueux de la presse allemande. — A neuf heures quarante-cinq minutes du soir, M. de Gramont adresse à Ems un nouveau télégramme réclamant les garanties. — A 4 heures et à 7 heures du soir, M. Benedetti envoie deux télégrammes annonçant l'approbation par le roi du désistement du prince Léopold. — Journée du 14 juillet. — Le Conseil des ministres et l'empereur croient l'incident terminé. — Vers midi, Paris a connaissance du télégramme de la *Gazette de l'Allemagne du Nord* annonçant que le roi a insulté notre ambassadeur. — Changement produit par cette nouvelle. — Attitude agressive du comte de Bismarck. — Sa conversation avec lord Loftus, le 13 juillet. — Ses manœuvres pour rendre la guerre inévitable. — Il expédie aux agents prussiens près des puissances amies une copie du télégramme de la *Gazette*. — Le Conseil des ministres réuni aux Tuileries apprend vers une heure l'envoi officiel de ce télégramme et décide le rappel des réserves. — A dix heures du soir le Conseil réuni à Saint-Cloud déclare la guerre. — Réflexions sur les fautes commises par Napoléon III et le maréchal Le Bœuf dans l'organisation de l'armée................................... 64

## CHAPITRE VII

Dernière entrevue du roi Guillaume et de M. Benedetti, 14 juillet. — Déclaration ministérielle au Sénat et au Corps législatif. — Discours de M. Thiers et de M. Emile Ollivier. — Intervention de M. de Gramont.

— Proposition d'enquête déposée par M. Buffet. — La commission de guerre. — La question des alliances. — Assurances données par MM. de Gramont et Le Bœuf. — Séance de nuit. — Le rapport de M. de Talhouët. — Un faux diplomatique. — Discours de M. Gambetta. — Réponse de M. Emile Ollivier. — Les votes décisifs............ 84

## CHAPITRE VIII

Effet produit en France par la déclaration de guerre. — Une dépêche du préfet de Marseille. — La Marseillaise. — Symptômes alarmants. — Formation de l'armée du Rhin. — Texte de la note du 6 juillet sur les effectifs. — Le prince Napoléon et le maréchal Le Bœuf. — Attitude de la Russie, de l'Autriche et de l'Italie. — Stratégie de M. Le Bœuf et politique du duc de Gramont. — L'empereur abandonne le projet de groupement des forces préparé par Niel. — Portrait du maréchal Le Bœuf. — Les aides-majors généraux Lebrun et Jarras. — Distribution des grands commandements. — Explications détaillées sur les effectifs. — Erreurs commises par le ministre de la guerre.......... 95

## CHAPITRE IX

Départ pour Metz du major général, le 24 juillet, et de l'empereur, le 27. — Concentration de l'armée française. — Composition des corps d'armée. — Atonie du maréchal Le Bœuf. — Attitude de l'Allemagne en vue de la guerre. — Retour du roi à Berlin, le 15 juillet. — Les États du Sud mobilisent leurs contingents. — L'état-major prussien. — Concentration des armées d'opérations. — Portrait du général baron de Moltke. — Énumération des forces de l'Allemagne. — Explication de certaines causes d'infériorité de l'armée française..... 111

## CHAPITRE X

Effet produit en Europe par la déclaration de guerre. — Opinion du gouvernement anglais. — Dernière tentative de médiation. — Projet d'alliance avorté avec le Danemark. — Le projet de traité Benedetti révélé par le *Times* le 25 juillet. — Commencement des hostilités. — Les prisonniers de Niederbronn. — Inertie de l'état-major français. — Situation respective des armées à la date du 18 juillet. — Propositions des généraux Ducrot et Frossard repoussées par l'empereur. — Plan de campagne concerté entre l'archiduc Albert et le général Lebrun. — Situation de l'armée française du 28 juillet. — L'incapacité et la

# TABLE DES MATIÈRES

négligence de la direction administrative empêchent tout mouvement offensif. — 2 août, escarmouche de Sarrebrück. — Récits mensongers de cruautés françaises répandus par les feuilles allemandes.... 127

## CHAPITRE XI

Plan d'invasion du général de Moltke. — Le maréchal de Mac-Mahon porte son armée au nord, le 3 août. — Position occupée par la division Douay près de Wissembourg. — Marche offensive de l'armée du prince royal. — Combat de Wissembourg. — Retraite des Français. — Mac-Mahon concentre ses troupes à Wœrth. — Les Allemands bivouaquent en face de Mac-Mahon, le 5 au soir................ 140

## CHAPITRE XII

Bataille de Wœrth. — Prélude de la bataille. — Le maréchal Mac-Mahon. — Description des positions occupées par les Allemands. — Héroïsme de l'armée française. — Charges des cuirassiers. — Enlèvement d'Elsashausen et de Frœschwiller. — Ducrot couvre la retraite. — Affreuse déroute. — Pertes des deux armées. — Réflexions finales............................................................ 159

## CHAPITRE XIII

Bataille de Spickeren. — Le corps Frossard se retire de Sarrebrück sur Spickeren, le 5 août. — Théâtre des opérations des 2ᵉ et 3ᵉ corps. — Le 6 août, le général Kameke attaque le 2ᵉ corps avec la 14ᵉ division prussienne. — Attitude de Frossard et de Bazaine. — Comparaison entre la conduite des généraux prussiens et celle des généraux du corps Bazaine. — Retraite du 2ᵉ corps et de toute l'armée de Lorraine sous le canon de Metz. — Le général Decaen remplace à la tête du 3ᵉ corps Bazaine, nommé commandant en chef d'une armée composée des 2ᵉ, 3ᵉ et 4ᵉ corps....................................... 173

## CHAPITRE XIV

Paris, à la suite des défaites de Wissembourg, de Wœrth et de Spickeren. Les fausses nouvelles. — L'impératrice revient à Paris. — Manifestations hostiles au ministère de la Justice. — Convocation des Chambres. — La chute du Cabinet est résolue. — Illusions de M. Émile Ollivier. — Son entrevue avec le général Trochu. — On offre le ministère de la guerre au général de Palikao, qui l'accepte. — Séance du 9 août. — Chute du Cabinet. — Le nouveau ministère. — Effet produit en Europe par nos premières défaites. — Attitude de l'Autriche. — La ligue des neutres proposée par l'Italie. — Attitude du Danemark. — Visées de la Russie. — Impéritie du Cabinet anglais...................... 191

## CHAPITRE XV

Positions des armées au commencement du mois d'août. — L'empereur et le maréchal Le Bœuf abandonnent définitivement la direction des opérations. — Bazaine est nommé commandant en chef avec le général Jarras comme chef d'état-major. — Marche en avant des trois armées prusiennes. — Le prince royal traverse les Vosges. — De Moltke concentre ses forces. — Proclamation des généraux prussiens. — Conduite inhumaine des troupes allemandes. — Attitude énergique des commandants de Bitche et de Phalsbourg. — Retraite précipitée des corps Mac-Mahon et de Failly. — Souffrances de leurs troupes. — Retraite du corps Douay. — Concentration de l'armée de Metz. — Belle réponse de Canrobert à l'empereur. — Projet de retraite de l'armée de Bazaine sur Châlons...................... 204

## CHAPITRE XVI

Premières séances du Corps législatif. — Travaux du ministère. — Levée en masse des hommes de 25 à 35 ans. — Organisation des gardes nationales. — Les princes d'Orléans demandent du service dans l'armée. — Le général Palikao annonce à la Chambre la démission du maréchal Le Bœuf. — Formation des 12e et 13e corps. — Éloignement des sujets allemands. — Rejet de la proposition de Jules Favre relative au comité de défense. — L'échauffourée de la Villette. — Réunion des gardes mobiles. — Appel des anciens militaires. — Secours aux familles. — Etat de l'armement. — La garde mobile de Paris. — Son départ pour le camp de Châlons. — Caractère révolutionnaire des actes du ministère. — Arrivée du prince de la Tour d'Auvergne dans la nuit du 14 au 15 août. — Coup d'œil sur la politique du Cabinet de Paris et des chancelleries européennes...................... 223

## CHAPITRE XVII

Le 14 août, l'empereur quitte Metz. — Sa proclamation aux habitants. — Effectifs de l'armée de Bazaine et de la garnison de Metz. — Les

TABLE DES MATIÈRES 455

Prussiens attaquent les corps Decaen et Ladmirault. — Bataille de Borny. — Singulière dépêche de Napoléon III. — Forces et pertes des deux armées. — Mort du général Decaen................................. 239

## CHAPITRE XVIII

Les 3e, 4e corps et la garde passent la Moselle dans la nuit du 14 au 15 août. — Désordre des convois. — Ordre de marche de l'armée française pour les journées du 15 et du 16. — L'affaire de Puxieux et le rapport du général de Forton. — Marche des armées allemandes les 14 et 15. — Démonstration contre Thionville. — Départ de l'empereur pour le camp de Châlons, le 16. — Ladmirault change l'itinéraire de son corps d'armée. — Surprise de la cavalerie Forton à Vionville. — Commencement de la bataille de Rezonville. — Le corps Frossard est obligé de reculer. — Belle conduite des cuirassiers de la garde. — Les zouaves et les grenadiers de la garde réparent héroïquement l'échec de Frossard. — Le 6e corps et la brigade Lapasset conservent leurs positions. — Charge et désastre de la brigade de cavalerie de Bredow. — Mouvements des Prussiens le 16 au matin. — A 2 heures, le 3e corps Le Bœuf entre en ligne. — A 4 heures, arrivée du 4e corps. — L'aile gauche prussienne est enfoncée. — Combat entre dix-neuf régiments de cavalerie. — Arrivée des VIIIe et IXe corps prussiens. — Dernière charge des hussards rouges. — Jugements sur la conduite de Bazaine à Rezonville................................................. 249

## CHAPITRE XIX

Retraite de l'armée française sur Metz. — Etonnement des Prussiens. — Ils annoncent enfin leur prétendue victoire du 16. — Marche de l'armée du prince royal du 14 au 18 août. — Mouvements des 1re et 2e armées les 16 et 17. — Description du champ de bataille de Saint-Privat. — Attaque de la 2e armée à midi. — A 4 heures, tentative de Steinmetz. — Mouvement tournant des Saxons. — Défaite du 6e corps et d'une partie du 4e. — Inaction de Bazaine. — Résultats de la bataille. — 14 août, le général comte de Bismarck-Bohlen est nommé gouverneur général d'Alsace. — 21 août, jonction à ce gouvernement de plusieurs arrondissements des départements de la Moselle, de la Meurthe et des Vosges................................................. 275

## CHAPITRE XX

Camp de Châlons. — Composition primitive du 12e corps. — Le général Schmitz arrive au camp le 15 août. — Aspect du camp. — Dépêche du général Schmitz au ministre de la guerre. — Arrivée de l'empereur et du général Trochu, le 16 août. — Arrivée de Mac-Mahon dans la nuit du 16 au 17. — Conférence du 17. — Graves résolutions. — Le général Trochu est nommé gouverneur de Paris. — Retour de la garde mobile à Paris. — Projet de retraite sur la capitale. — Réorganisation de l'armée de Châlons et du 12° corps. — Arrivée de Trochu à Paris. — Son entrevue avec l'impératrice-régente et avec Palikao. — Mission du prince Napoléon en Italie. — La circulaire de M. Visconti-Venosta, 29 août. — Projets du gouvernement de Florence............ 305

## CHAPITRE XXI

Levée du camp de Châlons, le 21 août. — Force de l'armée de Mac-Mahon. — Retraite sur Reims. — Triste aspect de l'armée. — Graves désordres à Reims. — Visite de M. Rouher au quartier impérial. — Le 22 août, l'empereur et Mac-Mahon reçoivent chacun une dépêche de Bazaine. — Histoire de la dépêche du 2 août inventée par le général Séré de Rivières. — Marche sur Montmédy. — Le 7, au Chêne-Populeux, Mac-Mahon veut revenir sur ses pas. — Dépêches pressantes de Palikao. — L'armée française reprend sa marche sur la Meuse. — Marche des armées allemandes du 19 au 27 août. — Démonstration contre Verdun exécutée le 24 août par le XII° corps saxon. — Combat de Buzancy, le 27................................................ 322

## CHAPITRE XXII

Mouvements des armées allemandes dans la journée du 28 août. — Mouvements de l'armée française. — Journée du 29. — Combat de Nouart. — Retard du corps Douay. — Positions des armées allemandes dans la soirée du 29. — Passage de la Meuse par le corps Ducrot dans la journée du 30. — Combat de Beaumont. — Défaite du corps de Failly. — Belle contenance de son arrière-garde. — Dévouement du 5° cuirassiers. — Retraite du 7° corps. — Dispersion de la division Conseil-Dumesnil. — Passage de la Meuse par le 5° corps à Mouzon, par le 7° corps à Rémilly, à Bazeilles et à Sedan. — Positions respectives des armées française et allemandes dans la nuit du 30 au 31. — Désordre et situation désespérée de l'armée de Mac-Mahon...... 346

## CHAPITRE XXIII

Le 30 août au soir, Mac-Mahon ordonne la retraite sur Sedan. — Marche de nuit. — Désordre des colonnes. — Description de la position de

Sedan. — Emplacements assignés aux différents corps de l'armée française. — Sages observations du général Ducrot. — Wimpffen prend le commandement du 5ᵉ corps. — Mouvement des armées allemandes dans la journée du 31. — Dépêche de Bismarck au ministre de Prusse à Bruxelles. — Premier combat de Bazeilles. — Dispositifs de combat des deux armées pour la bataille du lendemain. — Critique de celui de Mac-Mahon. — Conversation entre les généraux Douay et Doutrelaine, le 31 août au soir.................................................. 361

## CHAPITRE XXIV

Bataille de Sedan. — Préparatifs des Allemands pour entourer l'armée française. — Instructions du général de Moltke aux 3ᵉ et 4ᵉ armées. — A 4 heures du matin les Bavarois attaquent Bazeilles. — A 6 heures Mac-Mahon est blessé ; il désigne Ducrot pour prendre le commandement. — Wimpffen réclame le commandement en chef et veut percer sur Carignan. — Marche des armées allemandes. — L'armée française est acculée aux murs de Sedan. — Wimpffen supplie Napoléon III de venir le rejoindre. — L'empereur fait arborer le drapeau blanc. — Résistance de Wimpffen. — A 4 heures, dernière tentative pour faire une trouée par Bazeilles. — Préliminaires de la capitulation. — Wimpffen et de Moltke à Donchery. — Entrevue de Guillaume et de Napoléon III au château de Bellevue. — Les prisonniers français dans la presqu'île d'Iges. — Inhumanité du vainqueur. — Les convois de prisonniers, leurs souffrances........................................ 376

## CHAPITRE XXV

Bataille de Noisseville. — Position de l'armée de Metz du 19 au 26 août. On découvre 4 millions de cartouches. — 22 août, lettre du général Soleille à Bazaine. — Le prince Frédéric-Charles est nommé général en chef de l'armée d'investissement dès le 19 août. — Positions occupées par cette armée. — La dépêche du 23 août. — Tentative de sortie du 26 août. — Le conseil de guerre de la ferme Grimont. — Ordres donnés par le prince Frédéric-Charles en prévision d'une nouvelle sortie. — Le 29 et le 30, Bazaine reçoit deux dépêches importantes. — Il prépare une grande sortie pour le 31. — Lenteur de l'armée française. — Positions occupées par les armées française et allemande. — La bataille s'engage seulement à 4 heures du soir. — Premiers succès arrêtés par la nuit. — Le prince Frédéric-Charles envoie des renforts dans la matinée. — Retour offensif des Prussiens. — Retraite de l'armée de Metz. — Pertes des deux armées. — Jugements portés sur la bataille de Noisseville........................................ 407

## CHAPITRE XXVI

Situation de l'armée française au 2 septembre. — Le roi de Prusse, Bismarck et de Moltke sont convaincus de la continuation de la guerre. — Premières dépêches répandues par le comte de Palikao et annonçant un succès. — Télégramme du général d'Exea du 1er septembre, 10 h. 35 du soir. — 3 septembre, le désastre de Sedan est annoncé officiellement. — Le général Palikao prend le commandement direct de la garnison de Paris. — Les députés se réunissent à minuit. — M. Jules Favre dépose une proposition de déchéance. — La journée du 4 septembre. — Envahissement du Corps législatif. — Attitude de la garde mobile. — Déclaration de la déchéance de la famille Bonaparte. — Proclamation de la République à l'Hôtel de Ville et formation du gouvernement de la défense nationale. — Le général Trochu est nommé président du gouvernement. — Le général Trochu. — Coup d'œil sur les relations extérieures de la France au moment de la catastrophe de Sedan. — La flotte française pendant les mois de juillet et d'août. — Préparatifs des Allemands contre les places fortes.............. 432

# ERRATUM

Une erreur typographique a fait substituer des chiffres romains aux chiffres arabes pour la désignation des corps d'armée français aux pages 16, 104, 105, 112, 113, 119, 120 et 121.

www.ingramcontent.com/pod-product-compliance
Lightning Source LLC
Chambersburg PA
CBHW070205240426
43671CB00007B/550